일러두기

- 외국 인명·지명·작품명은 외래어표기법을 따르되 관용적인 표기와 동떨어진 경우 절충하여 실용적인 표기를 따랐습니다.
- 본문에 언급되는 작품명 중 원어 표기는 상단에 작게 표기하였으며, 국내에 이미 소개된 작품은 해당 작품명으로 기재했습니다.
- 앨범명·영화명·신문명·잡지명은 〈 〉로, 책 제목은 《 》으로, 곡명과 편명은 ' '으로 표기했습니다.
- 저작권자에게 사용을 허락받거나 제공받은 사진은 해당 사진 밑에 저작권을 표기했습니다. 또한 위키커먼즈의 퍼블릭 도메인은 본문 마지막에 따로 모아 정리했습니다. 특별한 언급이 없는 사진은 저자(최은숙)가 찍은 사진임을 밝혀둡니다.

숫자로 보는 도시_City by Numbers

0부터 100까지
런던101

숫자로 보는 도시_City by Numbers
0부터 100까지
런던101

1판 1쇄 인쇄	2017년 11월 29일
1판 1쇄 발행	2017년 12월 15일
1판 2쇄 발행	2019년 10월 10일
지은이	최은숙·지니 최
펴낸이	정지연
일러스트	허경미
펴낸곳	소소북스
디자인	203×디자인스튜디오
출판등록	2013년 6월 14일 제2013-000183호
주소	서울특별시 마포구 독막로 92-3(상수동) 태원빌딩 3층
전화	070-7713-9772
팩스	02-323-2562
페이스북	facebook.com/Street.H.2009
ISBN	979-11-954037-8-3 03980

책값은 뒤표지에 있습니다
잘못된 책은 구입하신 곳에서 교환해 드립니다

숫자로 보는 도시_City by Numbers

0부터 100까지
런던101

최은숙·지니 최 지음

소소넛스

Contents 차례

0	진짜 경도 0도 0분 0초를 찾아서	010
1	로마시대 1스퀘어마일에서 시작된 런던	015
2.8	높이 2.8m의 전화 박스 '타디스'	018
3	웨딩케이크는 왜 3단일까?	022
4	런던 공원을 지키는 펠리컨 4마리	026
5	매년 5일 동안 진행되는 '스완 업핑' 행사	029
6	6마리의 까마귀, 영국을 지켜라	032
7	소호에 숨겨진 7개의 코를 찾아서	036
8	8가지 재료가 들어간 영국식 아침식사	039
9	런던 명소를 도는 9번 버스, 타보셨나요?	043
10	다우닝가 10번지에 사는 '공직자 고양이'	046
11	메어 스트리트 11번지의 이상한 박물관	049
12	영국의 천재 디자이너가 만든 12m의 롤링 브리지	053
13	런던 시내에 13채 남은 초록 지붕의 택시 기사 식당	057
14	최대 14일까지 정박할 수 있는 보트가 우리의 집이죠!	060
15	15시간 만에 지하철 역 270개를 주파하다	063
16	루이 16세의 머리로 데드마스크를 만든 여인	066
17	17곳의 수제 양조장을 돌보는 흥겨운 맥주 순례	069
18	런던 대학(University of London) 소속 18개 칼리지	074
19	이색적인 런던의 길 이름 19가지	078
20	20파운드의 새 얼굴, 화가 윌리엄 터너	083
21	21개 유적을 찾는 런던 성벽 걷기	087
22	런던 타워에는 22명의 유령이 산다?	092

23	소빙하기에 23번 얼었다는 템스강	096
24	24번째 피터 래빗 시리즈 작가가 된 배우 엠마 톰슨	099
25	런던에서 가장 오래된 그래피티, 25년 만에 사라지다	102
26	생일 맞은 당신, 12시간 안에 26개 펍을 순례하라	108
27	폴리 스트리트 27번지의 어텐던트 카페	111
28	높이 28m의 '클레오파트라의 바늘'	114
29	영국 왕실이 소유한 29m 길이의 배, 글로리아나	118
30	하루 30분만 건강에 투자하면 다이어트가 필요없다!	122
31	31세에 구입한 집에 빅토리아 시대를 재현하다	125
32	윈저 가든스 32번지로 입양된 아기 곰의 모험	129
33	선사시대 동물 33마리를 재현하다	132
34	34일 차이로 최초 남극점 탐험에 실패하다	137
35	35세에 추잉껌 아트 시작한 벤 윌슨	140
36	36년간 런던에 산 '음악의 어머니' 헨델	147
27	37편의 희곡, 37편의 영화, 세익스피어를 완성하다	151
38	로버트 피츠로이의 집, 첼시 온슬로 스퀘어 38번지	154
39	브로드윅 스트리트 39번지 펍에서 존 스노를 기리다	157
40	40살 나이로 세상을 떠난 앵무새 폴리	160
41	천재 수학자, 41세에 독사과를 먹고 세상을 뜨다	164
42	42세로 세상을 뜬 로맨틱 코미디의 여왕	167
43	'선원의 귀향'으로 이름난 클로스 페어 43번지	172
44	아버지의 박물관 꿈꾸며 44년간 유품을 간직하다	176
45	45각도의 혁명, 해리 벡의 런던 튜브 맵	179
46	당대 최고의 지성인들, 고든 스퀘어 46번가에 모이다	182
47	부활절 47일 전, 런던 곳곳에서 열리는 팬케이크 데이	187
48	1년에 48시간만 열리는 비밀의 정원	190
49	49년 동안 수집된 고아의 증표, 예술로 돌아오다	194
50	버클리 스퀘어 50번가의 비밀	200

Contents 차례

51	데미안 허스트가 51세에 연 파머시 2 레스토랑	203
52	트라팔가 광장의 52m 넬슨 동상을 보며	209
53	53년 만에 다시 달린 증기기관차 플라잉 스코츠맨	213
54	쇼디치 홀리웰 레인 54번지, 빌리지 언더그라운드	216
55	대영 박물관 지하수장고 55번 벽장의 비밀	221
56	007 제임스 본드의 작가, 56세로 타계하다	225
57	57%의 투표율로 당선된 최초의 무슬림 시장	228
58	영국 청소년 58% "셜록 홈스는 실존인물"	231
59	59년 만에 돌아온 차이코프스키 악보 사본	235
60	원 설계보다 높이 60m를 낮춰야 했던 이유	238
61	런던대화재를 기억하자, 높이 61m 기념비 모뉴먼트	241
62	62명의 평범한 영웅들을 잊지 말아요	245
63	63세로 작고한 소설가, 메뉴판에 길이 이름을 남기다	248
64	64개의 조형물이 있는 웨스트 놀우드 공동묘지	251
65	높이 65m의 타워 브리지는 강철다리였다!	254
66	66편의 장편 추리소설을 남긴 애거서 크리스티	258
67	리처드 해밀턴의 팝아트 'SWINGEING LONDON 67'	263
68	제2차 세계대전 공습 후 68년 만에 되살아난 창문	267
69	69세로 떠난 글램록의 창시자, 데이비드 보위	271
70	맛있는 홍차의 온도는 70도로 맞추세요	276
71	독일의 71차례 공습을 피해 만든 지하 벙커	280
72	72층 전망대에서 즐기는 런던의 풍경	284
73	혹스톤 스트리트 73번지에서 시작된 '폴록 장난감 박물관'	287

74	74세에 탱크 몰고 돌진한 '영국 펑크의 여왕'	292
75	2016년까지 역대 수상작 75편 낸 맨부커상	295
76	비가 오나 눈이 오나 76년을 운행한 우편 열차	299
77	서더크 하이 스트리트 77번지, 조지 인	301
78	크리스토퍼 렌이 78세에 마지막 돌을 얹다	305
79	런던에 있는 79곳의 도시 농장과 커뮤니티 가든	309
80	아프리카로 돌아간 80kg의 사자, 크리스티앙	312
81	'곰돌이 푸'의 실제 모델, 81년 만에 두개골을 공개하다	316
82	웨스트민스터시에 걸린 82개의 정치 관련 블루 플라크	319
83	82점의 초상화와 1점의 정물 전시	324
84	마지막 희생자가 방문했던 커머셜 스트리트 84번지의 펍	329
85	월드 트레블 어워드, 프리츠커상 등 85개 상을 수상하다	333
86	86개의 계단을 딛고 볼 수 있는 런던의 비경	337
87	87세로 승마대회에서 우승한 여왕의 못 말리는 '말 사랑'	342
88	마일 엔들 로드 88번지를 떠나 대항해에 나서다	346
89	89곳의 식재료 가게가 있는 미식가의 천국	350
90	최대 90%까지 세일하는 런던의 쇼핑 대목	354
91	91세에 세상을 떠난 '백의의 천사'	356
92	찰스 디킨스와 손잡은 자선의 여왕, 92세로 영면하다	360
93	옛 부둣가 트리니티 부이 와프 앞의 등대선 LV 93	365
94	《황금 노트북》의 작가 도리스 레싱, 94세로 펜을 놓다	369
95	1존에서 버스킹 가능한 지역은 총 95곳	374
96	96m 탑에서 울리는 종소리를 들어라	379
97	메모지를 받은 지 97일 만에 징역형을 선고받다	381
98	런던 타워를 98일 동안 물들인 양귀비꽃 약 89만 송이	386
99	화력발전소 99m 기둥을 그대로 재생한 테이트 모던	389
100	역사상 최고 인기소설 100편 선정한 서점 해처즈	393

0/101

진짜 경도 0도 0분 0초를 찾아서
시간이 시작되는 곳, 그리니치 본초자오선

0° 0′ 0″

검은 대리석 바닥 사이에 경도 0도 0분 0초를 가리키는 그리니치 본초자오선 Greenwich Prime Meridian이 회색 대리석으로 길게 표시돼 있다. 사람들은 때로 한 시간 이상 기다려야 하는 지루함을 참고 그 선 위에서 사진을 찍고 싶어 한다. 금을 밟고 찍는 사람도 있지만, 대부분은 양쪽에 왼쪽 발과 오른쪽 발을 따로 놓고 찍는다. 경도 0도를 사이에 두고 한 발은 동쪽 끝, 한 발은 서쪽 끝. 만약 두 발이 각각 동쪽과 서쪽으로 멀리 여행을 떠난다면 180°, 즉, 지구 반 바퀴씩 돌아야 만날 수 있는 거리다.

경도 0도 위에서 사진을 찍은 사람들은 자신이 사는 도시가 경도 몇 도인지 찾는 데 여념이 없다. 동쪽으로는 동경East Longitude, 서쪽으로는 서경West Longitude 몇 도인지 확인하고 싶은 것이다. 서울은 '127° 00″ E'이다. 그리니치 본초자오선으로부터 동경 127도 0분 0초 떨어진 곳에 서울 사람들이 살고 있다는 표시다.

한자 세대가 아니면 일본어 번역에서 유래된 '본초자오선本初子午線'이란 어려

그리니치 왕립 뮤지엄(Royal Museums Greenwich)
위치 Blackheath Avenue, SE10 8XJ **지하철** Maze Hill 역
오픈시간 10:00~17:00(7.21~9.2 ~18:00), 12.24~26 휴무
입장료 성인 9.5파운드, 어린이 5파운드 **홈페이지** www.rmg.co.uk

운 용어를 이해하기는 어렵다. 하지만 본초자오선이 '그리니치 표준시$^{Greenwich\ Mean}$ $^{Time\cdot GMT}$'와 같은 의미라고 하면 이해가 된다. 경도 0의 기준점이 만들어지면 정확한 지구 전체의 항로와 표준화된 지도가 정해지고, 표준시간대 설정이 가능하다.

세계 시간이 영국 GMT를 기준으로 움직인다는 게 지금은 당연한 것 같지만, 나라마다 다른 기준을 사용하던 때도 있었다. 최초의 그리니치 자오선은 1884년 미국 워싱턴에서 열린 국제자오선회의에 참석한 25개국 중 22개국의 찬성으로 결정되었다. 파리 자오선, 백악관 자오선 등이 경합했으나, 당시 '해가 지지 않는 나라'로 위세를 떨치던 영국에게 밀렸다. 기준 자오선이 정해짐에 따라 그리니치 표준시간과 날짜 변경선도 정해졌다. 지구가 15도씩 자전할 때마다 1시간씩 변하게 설정된 것이다.

영국에는 그리니치 자오선 이전에 자오선이 몇 개 더 있었다. 그리니치 천문대에서 별자리 지도를 만들기 위해 초대 천문대장 존 플렘스티드가 천문대 벽에 맨 처음 자오선을 그었다. 이어서 천문대를 지은 건축가이자 천문학자 크리스토퍼 렌, 제2대 천문대장이자 핼리혜성 발견으로 유명한 에드먼드 핼리, 제3대 천문대장 브래들리가 그린 자오선이 더 있었다. 현재 사용하는 그리니치 자오선은 천문학자 조지 에어리가 1851년에 천문대 안에 설치한 천체 망원경인 '자오환'을 지나는 것이다.

그리니치 천문대는 세계에서 3번째로 세워진 천문대다. 1637년 덴마크 코펜하겐, 1667년 프랑스 파리에 이어 1676년에 세워졌다. 당시 국왕 찰스 2세는 수많은 정부를 두고 염문을 뿌린 사생활과는 달리, 옥스퍼드 출신 과학자 집단인 '왕립학회'에 특허장을 발부하고 그리니치 천문대를 세우는 등 과학기술 분야에 업적을 남겼다. 천문대의 설립은 뜻밖에 찰스 2세의 정부가 부추겼다. 찰스 2세가 가장 아끼던 정부인 루이즈 드 케루알이 '천문대를 세우면 경도 문제를 해결할 수 있다'는 프랑스 천문학자의 말을 전한 것이다. 찰스 2세의 집권기인 17세기는 스페인, 네덜란드, 프랑스 등 유럽 각국이 해상에서 각축을 벌이던 '대항해시대'였다. 유럽의 국가들은 세계를 탐험하고 다른 나라들과 교역을 하게 되면서 항해 기술, 정확한 지도, 표준 시각이 필요했고, 그 때문에 경도 측정을 비롯한 천문학적 정보가 필요했다.

그리니치는 세계 표준 시각이 시작되는 곳이다. ⓒ National Maritime Museum

왕이 천문대에 관심을 보인 후 일은 신속하게 진행됐다. 당대 최고의 건축가이자 천문학자 크리스토퍼 렌은 폐허가 된 그리니치성城을 허물고 공사를 시작한 지 1년도 채 되지 않아 왕립천문대의 첫 번째 건물 '플램스티드 하우스'를 완공했다. 건물 이름은 찰스 2세가 임명한 초대 천문대장 존 플램스티드의 이름에서 가져왔다.

당시만 해도 빛 하나 없는 그리니치 밤하늘은 별을 관측하기에 좋았다. 하지만 런던의 대기오염과 환한 불빛 때문에 별을 잘 관측할 수 없게 되자 왕립천문대의 수명도 다했다. 1947년 런던 남쪽 서섹스 허스트몬서성으로 이전했다가 스페인의 카나리아제도를 거쳐 케임브리지로 옮겨왔지만 결국 1998년에 문을 닫았다. 왕립천문대는 대대적인 수리를 거쳐 2007년에 역사와 교육 기능을 하는 그리니치 왕립 뮤지엄으로 다시 열었다.

한편, 그리니치 경도 0도를 찾아온 사람에게는 매우 실망스런 소식이 있다. 경도 0도가 표시된 선이 실제로 0도가 아니라는 점이다. 그리니치 본초자오선 바로 위에서 GPS 위성위치확인시스템 수신기나 스마트폰 GPS 앱으로 경도를 측정하면 0° 00' 05.4" W를 가리킨다. 0도에서 서쪽으로 아주 약간 비껴나 있다는 표시다.

그리니치 왕립천문대는 2007년 역사와 교육을 담당하는 박물관으로 재개장했다. ⓒ National Maritime Museum

실제 경도 0도는 이 선보다 동쪽으로 약 102.5m 떨어진 공원길에 놓인 쓰레기통 자리다. 사람이 손으로 그은 그리니치 본초자오선은 지형과 중력의 영향으로 측정값이 왜곡될 수밖에 없다. 이에 비해 GPS 위성에서 보내는 신호를 수신해 측정한 경도값이 훨씬 정확하기 때문에 1984년부터 그리니치 본초자오선 대신 GPS를 사용하고 있다.

이 때문에 그리니치 왕립 뮤지엄 직원들은 간혹 곤혹스런 질문을 받는다. 경도를 측정해본 사람들이 왜 이곳이 경도 0이 아닌지를 묻는 것이다. 그리니치 왕립 뮤지엄의 마렉 쿠쿨라 박사는 "그때마다 지금의 본초자오선이 잘못되었다고 설명해준다. GPS 자오선을 그리니치 공원에 영구적으로 표시하자는 의견에 적극 찬성한다"고 말했다. 공원길에 새로운 GPS 자오선이 설치되더라도 이미 쓰고 있는 세계 표준 시각까지 변경해서 시계를 다시 맞출 필요는 없다.

한 가지 팁. 그리니치 본초자오선은 입장료 9.5파운드를 내고 들어가는 그리니치 왕립 뮤지엄 내 자오선 빌딩 앞마당에 그어져 있다. 하지만 무료로 경도 체험을 하는 방법도 있다. 이 선은 언덕 아래로 연결되어 있어서 '셰퍼드 게이트 시계' 옆 철책 안으로 들어가면 무료로 그리니치 본초자오선의 연장선을 볼 수 있다. 여기도 언제나 줄이 길게 서 있다.

1/101

로마시대 1스퀘어마일에서 시작된 런던
시티 스퀘어마일에서 전해온 800년 전통 로드 메이어 쇼

2016년 7월 중순, 제프리 마운트에반스 런던금융시장이 한국을 방문했다는 뉴스가 여러 미디어에 보도되었다.

런던금융시장$^{The\ Lord\ Mayor\ of\ the\ City\ of\ London}$. 우리에게는 낯선 직함이다. 때로는 영어를 직역해 '런던 시장'이라거나 '런던 시티 시장'으로 오역되는 직함이다. 한국어로 '런던금융시장'이라는 공식 직함을 붙인 영국 정부의 설명을 참고해보자. 영국 정부 홈페이지에 따르면 '런던금융시장은 무보수, 비정치적 직위로 1년간 시티 오브 런던(런던 시티) 금융허브인 스퀘어마일$^{Square\ Mile}$을 총괄하는 중요한 직책'이란다.

런던 시티의 닉네임은 '스퀘어마일'이다. 시티 지역의 면적이 1스퀘어마일에 가까워서 붙은 애칭이다. 로마 정복 시대에 영국에 온 로마인들이 템스강 유역에 '론디니움'을 세우고, 그 둘레에 AD 190년부터 225년까지 35년간 성벽을 쌓았는데, 런던 성벽 안쪽의 면적이 1.05스퀘어마일이었던 데서 비롯됐다. 현재 시티의 면적은 1.12스퀘어마일(2.9㎢)로 서쪽 러드게이트 쪽으로 약간 확장된 것을 제외하면 시티는 기존 런던 성벽 내 지역과 거의 겹친다. 원조 런던이었던

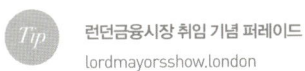

Tip 런던금융시장 취임 기념 퍼레이드
lordmayorsshow.london

런던금융시장의 로드 메이어 쇼는 830여 년 전통을 이어오고 있다.

시티가 세계 금융산업의 심장부로 현재까지 명성을 이어가고 있는 것이다.

특이한 건 런던에 선출직 시장이 있음에도, 스퀘어마일에서 시티의 금융회사를 중심으로 명예직 시장이자 런던금융시장으로 불리는 '로드 메이어'를 뽑는 전통이 지금도 전해 내려오고 있다는 것이다. 최초로 런던에 로드 메이어가 선출된 때는 1189년. 현재까지 830년 가까운 세월 동안 매년 로드 메이어가 선출되었다. 무보수직으로 임기는 1년이지만 중임할 수 있어서 많게는 24번 역임한 사람도 있다. 우리나라를 방문한 제프리 마운트에반스는 2015년 11월에 선출된 688번째 로드 메이어다. 영국의 69개 도시 중에서 로드 메이어를 선출하는 전통이 남아 있는 곳은 시티를 포함해 30곳이다.

중세시대에 왕의 자금줄 역할을 하며 때로는 왕실의 권력을 쥐락펴락했던 런던 로드 메이어의 위세는 옛 그림을 보아도 알 수 있다. 화가 지오반니 카날레토가 1746년에 그린 '로드 메이어의 템스강 행렬' 그림을 보면, 왕실의 행차 못지않게 화려했음을 알 수 있다. 당시 로드 메이어의 취임을 축하하기 위해 열렸던 이 축제의 전통이 오늘날까지도 일부 전해온다.

매년 11월 둘째 주 금요일과 토요일에 잇달아 열리는 취임식과 거리 행렬은

금융인들로 붐비는 시티의 리든홀 마켓.

화려하기로 유명하다. 스레드니들 스트리트의 길드홀에서 열리는 런던금융시장의 취임식은 일명 '침묵의 의식'으로 불린다. 여기서 런던금융시장이 군주에게 바치는 충성선서를 낭독하는 것 외에는 모든 식순이 모두 침묵 속에서 진행되기 때문이다.

취임식 다음날 열리는 '로드 메이어 쇼'는 런던이 내세우는 800년 전통의 축제이다. 국왕에게 새 로드 메이어가 충성을 서약하기 위해 행차하는 전통행사로, 예전에는 템스강을 따라 배를 타고 갔지만 요즘에는 말 6필이 이끄는 황금색 마차를 타고 거리를 행진한다. 이 선두마차 뒤에는 말 150마리가 이끄는 100여 대의 마차와 대규모 군악대가 뒤따른다. 오전 11시에 로드 메이어의 관저인 맨션 하우스에서 출발한 행렬은 왕립재판소에서 다시 한 번 취임선서를 하는 것으로 끝난다. 템스강에서도 아침부터 왕실의 배 조지아나를 비롯해 시티 회사 소속 배들이 깃발을 펄럭이며 퍼레이드를 벌이고 오후 5시 경 불꽃놀이로 행사의 막을 내린다. 이날 행사는 BBC 방송으로 생중계된다. 시티에 대한 BBC 다큐멘터리 제작을 위해 취임식 행사에 이어 로드 메이어 쇼를 따라다닌 배우이자 작가인 스티븐 프라이는 "찰스 디킨스가 살던 시절로 돌아간 것 같다"고 말했다.

2.8/101

높이 2.8m의 전화 박스 '타디스'
드라마 〈닥터 후〉에 등장한 타임머신

이언: 이건 폴리스 박스잖아. 이게 여기서 뭐하는 거지? 이건 보통 거리에 있는데. (폴리스 박스에 손을 갖다 대며) 만져봐요. 느껴져요?

바바라: 진동이 느껴져요.

이언: 살아 있잖아!

- 〈닥터 후〉 클래식 시즌 1. 1화 '초자연적인 아이'(1963) 중에서

이언과 바바라는 학교 선생님이다. 이들은 학교에서 이상하게 행동하는 10대 소녀 수잔 포먼의 집을 찾아 나선다. 수잔이 알려준 집 주소 토터스 레인 76번지는 엉뚱하게도 빈 야적장. 거기에는 집 대신 낡은 폴리스 박스가 덩그러니 놓여 있다. 의아하게 생각한 선생님들이 가까이 다가가자 박스 안에서 수잔의 목소리가 들린다. 닥터의 손녀인 수잔이 폴리스 박스 안에서 발견된다는 설정이다. 이처럼 살아 있는 폴리스 박스, 일명 '타디스'는 1963년 11월 영국 BBC에서 최초로 방영된 드라마 〈닥터 후〉 1화에 첫 등장한다. 물론 그때부터 타디스는 겉에서 보기보다 안이 훨씬 넓은 것으로 설정됐다.

BBC 드라마 〈닥터 후〉 타디스 형태의 폴리스 박스
위치 Police Box, Earls Court Road, SW5 9AA
지하철 Earl's Court 역

세계 최장수 SF 드라마 〈닥터 후〉 시리즈에서 특유의 전자음과 함께 나타났다 사라지는 타디스는 닥터와 동반자들을 지구 안에서의 모든 시간과 우주 어느 공간으로도 데려다 줄 수 있는 시공간 이동장치다. 타디스^{TARDIS}는 '우주의 시간과 공간의 상대적 차원$^{Time\ And\ Relative\ Dimensions\ In\ Space}$'의 줄임말로, 닥터가 속한 외계종족인 타임로드(시간의 지배자)족이 발명했다. 원래 타디스에는 '카멜레온 서킷'이 장착되어 있어서 외부 환경에 맞춰 자신을 변형시킬 수 있다. 닥터의 타디스는 런던에 착륙 후 폴리스 박스로 위장했다가 카멜레온 서킷에 이상이 생겨서 그 모습 그대로 굳어지고 말았다.

초창기 〈닥터 후〉 제작진은 런던에 착륙한 타디스를 위장하는 방법으로 폴리스 박스를 선택했다. 타디스는 주변 환경에 맞춰 자신의 모습을 바꾸는데, 닥터가 런던에 타디스를 타고 온 60년대 런던의 거리 곳곳에서 폴리스 박스를 쉽게 볼 수 있었기 때문이다. 타디스는 50여 년 방영되는 동안 1985년 에피소드 한 번을 빼고 줄곧 〈닥터 후〉의 주요 캐릭터였으며, BBC의 또 다른 SF 드라마 〈토치우드〉를 비롯해 만화, 노래 가사, 게임, 미술 작품에도 단골 소재였다.

심지어 이 타디스 상표권을 두고 긴 소송도 있었다. 2002년 BBC는 영국 특허청에서 타디스 상표권을 받았다. 폴리스 박스 이미지 저작권을 주장한 런던경찰청과의 8년 소송에서 BBC가 이긴 것이다. 재판부는 폴리스 박스가 역사적으로 런던 외 지역에서도 사용된 디자인이기에 런던경찰청이나 특정 지역 경찰청이 독점권을 가질 수 없다고 판결했다.

런던에서 타디스를 만나보려면 얼스 코트$^{Earl's\ Court}$ 지하철역으로 가면 된다. 런던 도심에서 지하철로 피카딜리 라인을 타고 히스로 공항으로 갈 때 경유하는 역이다. 관광명소와는 거리가 멀던 이곳이 요즘 타디스를 보러 오는 사

〈닥터 후〉의 폴리스 박스 '타디스'가 설치된 얼스 코트 역.

구글 지도의 타디스 가상 실내 공간.

람들로 북적이고 있다. 역 동쪽 출구 바로 앞에 타디스와 닮은 파란색 폴리스 박스가 서 있기 때문이다. 1996년에 지역 방범용으로 설치된 이 신형 폴리스 박스는 1981년에 런던에서 마지막으로 철거된 구형 모델을 본떠 15년 만에 부활시킨 것이다. 신형은 구형과 달리 꼭대기에 비상등 대신 CCTV 카메라가 설치돼 있다.

비록 복제품이지만 이 〈닥터 후〉 투어의 하이라이트를 인증샷으로 남기기 위해 많은 사람들이 찾아오고 있다. 2013년 구글은 〈닥터 후〉 50주년을 기념해 이 폴리스 박스의 실내를 가상현실로 볼 수 있게 만들었다. 구글지도에서 얼스 코트 역 또는 얼스 코트 폴리스 박스 주소 Police Box, Earl's Court Road 를 찾아 스트리트 뷰를 클릭하면 파란색 폴리스 박스가 보인다. 폴리스 박스 창문 쪽을 클릭하면 〈닥터 후〉에 등장한 타디스의 조정실이 360도 입체 화면으로 펼쳐진다. 구글의 상상력은 조정실을 보여주는 데까지였지만 언젠가 조정실 외에 도서관, 정원, 수영장 등 무한공간으로 늘어나는 드라마 속 타디스도 가상현실로 보게 될 수 있지 않을까?

타디스의 모델이 된 폴리스 박스는 1929년 디자인으로 거슬러 올라간다. 런던 경찰청 소속 측량사이자 건축가였던 길버트 매켄지 트렌치가 고안한 일명 '트렌치 스타일'이다. 높이 2.8m, 폭 1.4m의 직육면체 박스에는 4면에 격자 유리창이 각각 2개씩 총 8개 달려 있고 꼭대기에는 비상등이 달려 있다. 타디스 하면 떠오르는 파란색 폴리스 박스의 원조가 바로 트렌치 스타일이다. 이 폴리스 박스 안에는 작은 책상, 의자, 전등, 히터가 있었다. 박스 외부에 달려 있는 작은 문을 열면 일반 시민이 사용할 수 있도록 전화와 구급상자가 구비되어 있었다.

이 디자인이 나오기 전까지 폴리스 박스의 기원을 찾아가보자. 미국은 세계 최초로 폴리스 박스인 경찰 전화부스를 도입했다. 1876년에 전화기가 발명되자 이듬해부터 미국 경찰은 통신수단으로 전화를 이용하면서 전화부스도 만들었다. 최초의 경찰 전화부스는 1881년 시카고에 설치된 것으로, 경찰서와 직통으로 연결하는 특수 전화부스인 '폴리스 패트롤 & 시그널 서비스'였다.

영국 최초의 폴리스 박스는 1891년 스코틀랜드 글래스고우에 생겼다. 좀 더 공간이 넓어진 폴리스 박스는 1920년대부터 유행했다. 1923년 선더랜드에 이어 1925년 뉴캐슬에 오두막 형태의 폴리스 박스가 설치되었다. 경찰이 담당구역과 경찰서를 오가는 데 드는 시간을 절약하기 위한 일종의 미니 경찰서였다.

런던경찰청은 영국 여러 지역에 설치된 폴리스 박스들을 검토한 후 1929년 런던에 폴리스 박스를 설치했다. 초기 폴리스 박스는 목재로 만들었지만, 이후 목재보다 견고한 철재나 콘크리트로도 만들었다. 초기 10년간은 삼각 지붕, X자형 창문, 원통형 등 다양한 디자인이 나타났다. 그중에서 1926년에 트라팔가 광장 남서쪽 코너에 설치한 원통 형태의 폴리스 박스는 영국 역사상 가장 작은 폴리스 박스로 아직까지 남아 있다. 내부에는 한 사람이 간신히 들어갈 수 있는데, 지금은 웨스트민스터 청소부들이 청소도구함으로 사용 중이다.

폴리스 박스의 다양한 디자인 중 타디스의 모델이 된 트렌치 스타일이 가장 인기가 있었다. BBC에 따르면 1953년 당시 런던에만 685개, 글래스고에 323개의 트렌치 스타일이 설치되어 있었다. 1960년대 후반, 전화 보급률이 높아지고, 경찰들의 무전기 사용이 일반화되면서 폴리스 박스는 점차 런던에서 사라지게 되었다. 트렌치 스타일도 1969년에 마지막으로 생산됐는데, 지금까지 그대로 남아 있는 곳은 스코틀랜드 글래스고로 원조 타디스를 4개나 볼 수 있다. 잉글랜드 지역의 옛 폴리스 박스는 대부분 사라지고 일부가 박물관에 전시되고 있거나, 런던 얼스 코트, 북 요크셔 지역 등에 복제품이 설치돼 있다.

3/101

웨딩케이크는 왜 3단일까?
웨딩케이크에 영감을 준 세인트 브라이드 교회

2011년 4월 런던에서 윌리엄 왕자와 케이트 미들턴의 결혼을 축하하기 위해 특별한 사진 한 장이 공개되었다. 런던 공식 관광기구인 '비지트 런던(visitlondon. com)'이 왕실의 결혼식에 맞춰 뾰족한 첨탑으로 유명한 '세인트 브라이드 교회'의 모습을 그대로 본뜬 1.2m짜리 중세풍의 케이크를 주문해 촬영한 것이다. 런던 플리트 스트리트에 있는 세인트 브라이드 교회는 3단 웨딩케이크에 영감을 준 교회로 알려져 있다. 비지트 런던은 세인트 브라이드 교회 건물과 나란히 3단 케이크를 놓고 찍은 사진을 사이트에 올렸다.

이 케이크는 왕실용 케이크를 납품하는 가게 '소피스티케이크^{Sophisticake}'에서 만들었다. 소피스티케이크의 돈 블런던 대표는 2005년에 찰스 황태자와 카밀라 콘월 공작부인의 웨딩케이크를 만들었고, 2006년에는 엘리자베스 여왕의 여든 번

세인트 브라이드 교회(St. Bride's Church)
위치 Fleet Street, EC4Y 8AU   지하철 St. Paul's 역, Blackfriars 역
오픈시간 월~금 08:00~18:00, 일 10:00~18:30, 토요일은 유연 운영
홈페이지 www.stbrides.com

소피스티케이크(Sophisticake)
위치 Unit 6, The Broadway Centre, Woodhall Spa, Lincolnshire, LN10 6ST
홈페이지 www.sophisticake.co.uk

째 생일케이크도 만들었다.

"윌리엄 왕자 결혼 축하 케이크를 만드는 데 200시간이 넘게 걸렸습니다. 제대로 만들기 위해서 중세 레시피를 그대로 따랐지요. 육두구 씨와 껍질, 정향 같은 향신료를 추가하면서 18세기에 만든 최초의 웨딩케이크에 가까워질 수 있었답니다. 3단 웨딩케이크를 처음 만들었던 토머스 리치도 자랑스러워할 만한 케이크라면 좋겠네요."

3단 웨딩케이크를 만드는 데 들어간 재료만 해도 어마어마해서 달걀 200개, 밀가루 54.4kg, 버터 18kg이 들어갔다.

세인트 브라이드 교회는 이 케이크를 기증받아서 교구민들과 가난한 사람들과 함께 나눴다. 하지만 윌리엄 왕자와 케이트 미들턴의 실제 결혼식에는 다른 케이크 디자이너 피오나 케언즈가 제작한, 8단짜리 웨딩 케이크가 쓰였다. 이 케이크도 상단의 5단 케이크를 결혼식의 상징인 3단 케이크 2개가 받쳐주는 모양이다.

세인트 브라이드 교회를 본뜬 3단 웨딩 케이크.
© Sophisticake

이런 3단 웨딩케이크는 언제부터 시작된 것일까. 기원은 18세기 런던으로 거슬러 올라간다. 1703년 세인트 브라이드 교회 근처에 있는 러드게이트 힐의 빵집에서 수련 중이었던 제빵사 토머스 리치는 빵집 주인의 딸과 사랑에 빠졌고 결혼을 약속했다. 토머스는 결혼식 날 신부가 깜짝 놀랄 만한 선물을 하고 싶었고 어떤 선물이 좋을지 고민했다. 그러다 탑처럼 층층이 쌓아올려진 흰색 세인트 브라이드 교회를 보고 영감을 얻어 웨딩케이크를 만들었다. 그렇게 최초로 3단 케이크가 완성되었고 이후 이 케이크는 대단한 인기를 누리면서 널리 퍼져나갔다. 지금까지도 많은 나라에서 결혼식을 위해 3단 웨딩 케이크를 준비한다.

6세기 초에 이곳에 세워진 작은 석조 교회는 아일랜드 성인의 이름 브라이드

3단 웨딩케이크의 모델이 된 세인트 브라이드 교회.

를 따서 세인트 브라이드 교회가 되었다. 오랜 세월 동안 7차례나 교회가 허물어지고 새로 지어지기를 거듭한 후 세워진 지금의 세인트 브라이드 교회는 세인트 폴 대성당을 재건한 건축가 크리스토퍼 렌이 설계했다. 1666년 런던대화재로 교회가 타버린 이후 새 교회가 완성되는 데 9년이 걸렸다. 그리고 1940년에는 독일군의 공습으로 교회의 지붕이 부서졌고 다시 고치는 데 17년이 걸렸다. 이 교회의 지하 박물관에는 로마시대 포장도로를 포함해서 예전에 세워졌던 다른 일곱 개 교회의 잔해들이 전시되어 있다.

세인트 브라이드 교회는 이곳 플리트 스트리트에 영국 출판과 언론이 출현하는 데도 큰 역할을 했다. 1501년 인쇄업자 윈킨 드 워데는 세인트 브라이드 교회 마당에 이동식 인쇄기를 설치했다. 당시 시티 오브 런던에는 부유한 상인들이 많았고 시티 지역을 벗어나면 성직자들의 천국이었다. 성직자들은 최고의 지식인이자 인쇄된 책의 최대 고객이었다. 그래서 드 워데는 가장 많은 고객들을 확보하기 위해 시티와 웨스트민스터 사이에 있는 세인트 브라이드 교회 앞 플리트 스트리트에 인쇄소를 차렸다. 플리트 스트리트는 이내 문학의 중심지가 되었고 출판사들이 속속 들어서기 시작했다.

1702년 3월에는 플리트 스트리트에서 영국 최초의 일간지 〈데일리 쿠란트Daily Courant〉가 창간되었고, 1762년에는 또 다른 일간지 〈모닝 크로니클Morning Chronicle〉이 탄생했다. 그렇게 세인트 브라이드 교회 앞마당에서부터 영국의 저널리즘이 싹트기 시작했다. 세인트 브라이드 교회 앞마당에서 시작한 플리트 스트리트 저널리즘의 역사는 280여 년을 이어오다 주요 언론사 본사들이 다른 곳으로 빠져나감으로써 1980년대 말에 거의 막을 내렸다. 세계 최대 미디어그룹 뉴스코퍼레이션은 당시 맨 먼저 플리트 스트리트 본사를 런던 동부 와핑으로 이전해 타 언론사들의 이전 러시를 촉발했는데 아이러니하게도 플리트 스트리트를 시들하게 만든 장본인인 '미디어 제왕' 루퍼드 머독 뉴스코퍼레이션 회장이 2016년 3월 네 번째 결혼식 장소로 세인트 브라이드 교회를 선택했다. 그의 네 번째 부인인 슈퍼모델 출신 배우 제리 홀은 전설의 록그룹 롤링스톤즈 리더 믹 재거의 전 부인. 이날 세인트 브라이드 교회에는 두 유명인의 결혼을 축하하기 위해 앤드루 로이드 웨버, 밥 겔돌프, 마이클 케인 등 저명인사들이 모여 들었다.

4/101

런던 공원을 지키는 펠리컨 4마리
러시아의 선물, 세인트 제임스 파크의 주민이 되다

런던 한가운데 자리잡은 세인트 제임스 파크. 매일 오후 2시 30분에서 3시 사이에 이 공원의 동쪽 끝, 호수로 둘러싸인 덕 아일랜드 오두막 근처에서는 파란 유니폼을 입은 야생동물 조련사가 펠리컨 네 마리에게 신선한 생선을 던져준다. 티파니, 이슬라, 바츠라프, 가기. 이 네 마리의 펠리컨은 런던사람들의 관심과 사랑 속에 수년 간 세인트 제임스 파크를 지켜왔다.

양 날개를 펼치면 폭이 230cm에 달해 앨버트로스에 이어 지구상에서 두 번째로 큰 새인 펠리컨이 날개를 접고 뒤뚱거리며 조련사에게 먹이를 받아먹는 장면은 오리나 펭귄처럼 귀여워 보인다.

펠리컨들은 매일 생선 5.4kg과 비타민 보충제를 먹지만 공원에서 준비한 식사로는 양이 부족한지 야생본능 때문인지 직접 사냥에 나서기도 한다. 펠리컨들은 근처 리젠트 파크의 런던동물원까지 날아가 다른 동물들의 먹이를 빼앗아 먹거나 비둘기, 다람쥐, 오리를 잡아먹기도 한다.

펠리컨은 부리 아래 무시무시한 주머니를 숨기고 있다. 커다란 먹이를 먹을 때면 그 주머니는 어린 왕자의 코끼리를 삼킨 보아뱀처럼 한껏 늘어난다. 유튜브의 한 영상은 펠리컨의 부리 주머니 속에 갇힌 비둘기가 빠져나가기 위해 얼마나 사투를 벌이는지를 보여준다. 비둘기는 날개를 파닥이며 부리 밖으로 어떻게든 탈출해보려고 하지만 펠리컨의 기다란 부리는 쉽게 열리지 않는다. 안타

세인트 제임스 파크에서 조련사가 펠리컨에게 먹이를 주고 있다. ⓒ Greywolf, The Royal Parks

까워하는 사람들의 탄식에는 아랑곳없이 펠리컨은 부리를 꽉 다문 채 목을 길게 빼고서 부리 주머니를 계속 흔들어대며 비둘기를 서서히 삼켜버린다.

2006년 10월, BBC가 보도한 이 영상은 빠르게 퍼져나갔다. 펠리컨이 생선만 먹는 줄 알았던 대다수 런던사람들에게 그 보도는 충격적이었다. 세인트 제임스 파크 등 왕실 소유 공원을 관리하는 로열 파크 재단의 루이스 우드 대변인은 이렇게 말했다.

"펠리컨의 주식은 물고기이지만, 인간과 접촉하는 새들은 먹이가 다양해집니다. 펠리컨을 연구하는 사람들은 야생상태의 펠리컨과 도시 근처에 사는 펠리컨이 상당히 다르다고 말합니다. 하지만 추적하고 잡아먹는 펠리컨의 선천적 본능은 통제하기가 아주 어려워요"

하지만 펠리컨이 사나운 포식자의 모습만 보여주는 것은 아니다. 펠리컨은 공원을 지나다니는 사람들 중에 마음에 드는 사람을 발견하면 마치 친구처럼 그

> **Tip**
> 세인트 제임스 파크(St. James's Park)
> 위치 SW1A 2BJ 지하철 St. James's Park 역
> 오픈시간 05:00~24:00 입장료 무료
> 홈페이지 www.royalparks.org.uk/parks/st-jamess-park

사람 옆을 졸졸 따라가거나, 사람들의 벤치 옆자리를 차지하고 나란히 앉아 다정한 모습을 연출하기도 한다.

"몇 년간 펠리컨들을 유심히 지켜보고는 이런 결론에 이르렀어요. 이곳의 주인은 펠리컨들이고 그 녀석들을 멍청히 바라보고 있는 우리 인간들이 오히려 관찰당하고 있는 거라고요. 펠리컨들은 사진 찍히는 걸 좋아합니다. 수십 명이 한꺼번에 휴대폰을 꺼내 사진을 찍어도 거부하거나 공격하지 않아요. 대신 요청이라도 받은 것처럼 자세를 잡지요."

세인트 제임스 파크에서 수년간 펠리컨 사진을 찍어온 사진작가 스티븐 맥라렌의 말이다.

대체 어떻게 펠리컨이 런던의 도심 한가운데 공원에서 살게 되었을까? 펠리컨은 1664년 러시아 대사가 찰스 2세에게 선물하면서 처음 세인트 제임스 파크에 둥지를 틀었다. 펠리컨이 오기 오래 전에 이 공원은 헨리 8세의 사슴 사냥터였다. 찰스 2세 직전에 재임했던 제임스 1세가 동물원을 만들면서 낙타, 악어, 코끼리 등 이국적인 동물들과 열대지방에서 온 새들이 자리잡았지만 지금은 대부분 떠나고 펠리컨만 자리를 지키고 있다.

넓고 얕은 호수를 주 서식지로 하는 펠리컨에게 세인트 제임스 파크는 이상적인 곳이다. 세인트 제임스 파크 호수의 크기는 4만 6,000㎡로 잠실야구장(1만 4,000㎡)의 3배가 넘는다. 거기에다 새들이 호수 안팎을 자유롭게 드나들 수 있도록 일부만 울타리로 막아놓았다. 호수 옆에는 갈대밭과 섬도 있어 새들이 야생의 생활방식을 그대로 유지하면서 살아가기에도 적격이다. 특히 관광객들과 접촉이 많은 펠리컨들이 조용히 쉴 수 있도록 별도의 쉼터도 마련되어 있다.

5/101

매년 5일 동안 진행되는 '스완 업핑' 행사
템스강의 백조는 모두 여왕 폐하의 것일까?

"준비 완료!"

템스강을 노 저어 가던 6척의 작은 배가 선장의 구호에 따라 대열을 둥글게 이어 붙인다. 바이킹 배를 축소한 듯 뱃머리와 후미가 뾰족하게 솟아 있는 배들이 크고 하얀 백조 2마리와 회색 솜털이 보송보송한 새끼 백조 7마리를 둘러싼다. 배들이 포위망을 바짝 좁혀오자 부모로 보이는 암컷과 수컷 백조가 큰 소리로 꽥꽥거리지만 소용이 없다. 제복을 입은 선원들이 부모와 새끼 백조들을 조심스럽게 잡아채어 배에 싣는다.

백조를 몰래 포획하는 장면이 아니다. 해마다 7월 셋째 주 월요일부터 금요일까지 5일간 템스강 동쪽 지류에서 공식적으로 열리는 '스완 업핑Swan Upping · 백조 개체 수 조사' 행사에서 볼 수 있는 모습이다. 스완 업핑은 템스강에 서식하는 백조의 개체수를 확인하고 다시 강으로 돌려보내주는 연례행사다.

매년 스완 업핑에는 왕실에서 2척, 동업조합회사 두 곳에서 각각 2척 등 모두 6척의 배가 동원된다. 왕실의 배에는 영국 여왕을 표시하는 'E II R' 깃발이 내걸

스완 업핑(Swan Upping)
위치 서리의 선버리(Sunbury)~옥스퍼드셔의 어빙던(Abingdon) 약 127km
시기 7월 셋째 주 월~금 5일 동안   **홈페이지** www.royalswan.co.uk

리고, 선원들은 금박 글자를 수놓은 빨간색과 검은색 재킷에 흰색 바지 제복을 차려입고 챙 위에 커다란 백조 깃털을 꽂은 흰색 모자를 쓴다. 이들을 진두지휘하는 데이비드 바버는 1993년부터 왕실 소속의 '로열 스완 마커$^{Royal\ Swan\ Marker}$'로 일하고 있다. 그는 영국 왕실 공식 유튜브 영상에서 "여왕의 자산인 백조의 개체 수를 확인하고, 백조들이 건강한지 조사하는 게 목적"이라고 말한다. 로열 스완 마커 사무소의 나다 얀코빅이 이메일로 전해준 바에 따르면, 배에는 조류학자인 '로열 스완 워든'과 두 회사의 스완 마커 한 사람씩, 그리고 16명의 스완 업퍼^{Upper}가 탑승한다.

배에 실린 백조들은 강둑으로 옮겨져 조사를 받는다. 먼저 백조들이 도망가지 못하도록 양쪽 날개 끝을 교차시켜 실끈으로 묶는다. 그 다음에는 한 마리씩 초록색 천으로 된 저울에 올려 무게를 재고, 쇠자로 부리 길이도 잰다. 조류학자들은 병에 걸리거나 상처 입은 백조가 있는지 세심하게 조사한다. 새로 발견된 혹백조$^{Mute\ Swan}$의 새끼에게는 뒷다리에 둥근 고리로 된 표식을 달아준다. 건강한 백조 무리는 템스강에 다시 돌려보내는데, 이때 부모 백조와 새끼 백조가 헤어지지 않도록 한곳에 놓아준다.

스완 업핑 행사가 문서에 공식 기록된 해는 1186년으로 거슬러 올라간다. 템스강에 심한 홍수가 일어난 해를 제외하고 무려 830년 이상 지속된 전통 행사다. 스완 업핑의 초창기 목적은 왕실 소유의 '식재료' 조사. 새끼 백조의 개체수를 조사한 후 강에 돌려보내 식탁에 올릴 만큼 살이 찌는 것을 기다리는 것이었다. 백조 고기가 영국 왕실의 귀한 식재료였기 때문이다. 왕실에서는 크리스마스 요리로 칠면조 구이 대신 백조 구이를 즐겼으며, 대식가였던 헨리 8세는 두 번째 부인 앤 불린이 런던 타워에서 처형을 앞두고 있는 동안 백조 고기를 맛있게 즐겼다는 기록이 있다.

백조 요리는 왕실의 큰 연회 때마다 빠지지 않았다. 강에서 누구나 백조를 잡을 수 있다면 왕실의 몫이 줄어들 터. 이를 막기 위해 템스강에서 가장 흔히 볼 수 있는 혹백조를 '왕실 소유'로 선포하고 매년 개체수를 조사하는 스완 업핑을 시작한 것이다. 혹백조는 온 몸이 희고 부리가 선명한 오렌지색으로, 양쪽 부리 윗부분에 큰 붓으로 찍은 듯 검은색 혹이 있는 종이다. 한국에서는 '혹고니'라고

매년 템스강에서는 백조 개체수를 세는 '스완 업핑' 행사가 열린다. ⓒ The Queen's Swan Marker

부르며 천연기념물로 지정된 겨울 철새다.

영국 왕실은 수백 년 동안 혹백조를 독점적으로 소유하다가 이후 몇 곳에 조사와 소유권을 부여했다. 14세기 중반에는 일체스터 가문, 15세기부터는 와인 동업조합 빈트너스Vintners와 염직 동업조합 다이어스Dyers에도 조사 및 연회용으로 일부 포획을 허락한 것이다. 중세 기록에 따르면 이들 소유권자들은 주황색 부리에 점 3개, 열십자, 깃발 2개 등 각각 다른 표식을 새겼으며, 부리에 아무 표식을 하지 않은 혹백조는 모두 왕실 소유로 취급했다. 현재는 혹백조의 표식 방식이 고리로 바뀌었는데, '영국 조류 트러스트'에서 조류 개체수 조사 목적으로 한쪽 다리에 고리를 걸고, 조사회사에서 다른 한쪽 다리에 그 회사 소유임을 표시하는 고리를 건다. 단, 왕실 소속의 선원들이 잡은 새끼 백조에는 예전처럼 고리를 걸지 않으므로 한쪽 다리에 영국 조류 트러스트의 고리만 달게 된다.

거의 830년 동안 지속되어온 스완 업핑이 예전과 달라진 점이 있다면 조사 목적이 '식재료용'에서 '동물보호용과 교육용'으로 바뀌었다는 점이다. 백조는 더 이상 왕실이나 부자들의 식탁에 오르지 않게 되었으며, 개체수가 줄면서 보호의 목소리도 커졌다. 지난 30년 동안 '여왕의 백조 총감독'으로 일하고 있는 옥스퍼드대 조류 전문가 크리스 페린스에 따르면 1960년대에는 새끼를 돌보는 혹백조 암수가 76쌍이었으나 1985년에는 불과 7쌍밖에 보이지 않았다. 낚시꾼들의 무분별한 포획과 오염된 강물 탓이었다. 그 이후 동물보호운동에 힘입어 개체수가 서서히 늘어났으며, 2014년에는 혹백조 암수 34쌍과 새끼 120마리 등 총 2,014마리가 조사됐다. 2015년 퀸스 스완 마커 사무소에서 확인해준 바에 따르면 2015년에는 혹백조 암수 25쌍과 새끼 83마리로, 1년 전에 비해 크게 줄었다.

7월은 혹백조의 새끼를 조사하기 좋은 시기다. 늦봄에 태어난 새끼들이 아직 양 날개가 충분히 돋지 않아 날지 못하고 물 위에서 부모 곁을 따라다니는 때이기 때문이다. 동쪽에서 서쪽에서 템스강을 따라 가는 5일 동안, 스완 업핑팀은 강둑에서 초등학생들과 만나 백조의 생태에 대한 수업도 진행한다. 아이들이 어린 백조를 직접 안아보거나 달걀의 3배 크기쯤 되는 백조 알을 관찰하기도 한다. 로열 스완 마커인 데이비드 바버는 "최근에는 청소년들이 장난으로 쏜 공기총을 맞거나 낚싯줄에 걸려 상처를 입는 백조들이 많다"면서 "아이들이 교육을 통해 자연스럽게 백조를 보호하는 마음을 갖게 하는 게 최근 스완 업핑의 중요한 목적이 되었다"고 말한다. 영국에서 백조를 해치거나 죽이면 야생동물과 전원 보호법에 따라 최고 5,000파운드의 벌금형이나 6개월 구금형을 받을 수 있다.

혹백조(Mute Swan)는 이런 종

- 수컷은 양쪽 날개를 활짝 펴면 길이가 2.3m에 달한다. 몸무게는 15kg. 암컷은 이보다 약간 작다.
- 암컷은 한번에 5~6개의 알을 낳는다. 부화까지 35일이 걸린다. 알은 약 350g이고, 갓 태어난 새끼는 약 225g이다.
- 봄에 태어난 새끼들은 부화한 지 4~5개월 만에 날기 시작하는데 가장 빨리 날기 시작하는 시기가 9월부터다.
- 3~4세가 되면 짝짓기를 한다.
- 수명은 10~12년이고, 예외적으로 30년까지 장수한 경우도 있다.
- 영국조류학회에 따르면 런던 지역에는 총 115~120쌍의 암수 혹백조가 살고 있으며, 2016년 초 런던 와일드 라이프 트러스트에 따르면 모든 백조 종을 합쳐 약 8,578마리가 살고 있다.

출처: http://www.royalswan.co.uk '로얄 스완 업핑(ROYAL SWAN UPPING)'

6/101

6마리의 까마귀, 영국을 지켜라
런던 타워의 까마귀들이 '가디언스 오브 타워'로 불리는 이유

런던 타워를 둘러싼 넓은 잔디밭 위로 까마귀 한 마리가 보였다. 까마귀는 슬금슬금 학생들 주변으로 다가가기 시작하더니 어느새 간식타임을 즐기는 학생들 틈에 끼어든다. 순식간에 부리로 프링글스 한 통을 슬쩍한 까마귀가 적당한 곳에 포획물을 내려놓는다. 찢어진 종이 뚜껑을 통해 쏟아져 나온 부스러기 맛을 본 까마귀는 부리로 뚜껑을 말끔하게 뜯어내고 부리 한가득 감자칩을 물고 유유히 사라진다.

마블의 슈퍼히어로 영화 〈토르〉로 우리에게 친숙해진 북유럽신화에서 까마귀는 최고의 신 오딘의 눈이라 할 만큼 중요한 역할을 한다. 런던에서는 오딘의 까마귀만큼이나 중차대한 임무를 맡은 6마리의 까마귀를 실제로 만나볼 수 있는데 감자칩을 슬쩍한 이 녀석도 영국과 런던 타워를 수호하는 6마리 까마귀들 중 한 마리다.

6마리의 까마귀들은 17세기 후반 찰스 2세 때부터 350여 년째 런던 타워를 지

런던 타워(Tower of London)
위치 EC3N 4AB   **지하철** Tower Hill 역
오픈시간 화~토 09:00~17:30, 일·월 10:00~17:30(11~2월은 16:30까지), 12월 24~26일, 1월 1일 휴무
입장료 성인 25파운드, 어린이 12파운드(온라인 예매: 성인 23.10파운드, 어린이 10.50파운드)
홈페이지 www.hrp.org.uk/tower-of-london

런던 타워에 사는 까마귀들은 전속 근위병들의 극진한 보살핌을 받는다.

키고 있다. 찰스 2세는 자신의 재임 중에 콜레라가 창궐하고 대화재가 일어나는 재난이 계속되자 예언자의 말을 맹신하게 된다. 예언자는 런던 타워에서 까마귀들이 모두 날아가 버리면 런던 타워가 무너지고 영국에 대재앙이 닥친다고 말했다. 예로부터 런던 타워 주변에는 까마귀가 많았으니 당시에는 문제될 것이 없었다. 그런데 과학기술에 관심이 많던 찰스 2세가 그리니치 왕립천문대를 만들고 나서 말썽이 생기고 말았다. 초대 천문대장 존 플램스티드가 까마귀 때문에 관측이 힘들다며 까마귀들을 쫓아달라고 요청한 것이다. 깊은 고민에 빠진 찰스 2세는 결국 까마귀들을 쫓아버리되 반드시 6마리 이상의 까마귀를 런던 타워에 남길 것을 명했다.

'타워의 수호자들(가디언스 오브 타워)'이라 불리는 6마리의 까마귀는 지금도 영국 정부의 극진한 보살핌을 받고 있다. 퇴역 군인들로 구성된 런던 타워 관광 안내 근위병들 중에 까마귀를 보살피는 업무를 맡고 있는 근위병들이 따로 있을 정도다. 매일 아침 이 근위병들은 밤새 까마귀들을 안전하게 지켜준 새장의 문을 여는 일로 하루를 시작한다. 그리고 까마귀들이 그날 먹을 500g 가량의 날고기(주로 닭고기)를 준비한다. 런던 타워에서 발행한 브로셔에 따르면 이렇게 정성으로 보살핀 덕분에 야생 까마귀들의 수명이 10~15년인데 비해 런던 타워에서는 44년을 산 까마귀도 있다고 한다.

하지만 모든 까마귀가 이런 자신의 처지에 만족한 건 아니었다. TV 안테나를 공격했다가 망가트려 동물원으로 추방된 까마귀도 있고, 21년을 성실히 복무하다가 부러진 날개(런던 타워의 까마귀들은 멀리 날아가지 못하도록 날개 끝부분이 살짝 잘려 있다)로 타워를 떠나 멀리 날아가 버린 까마귀도 있다. 어느 한 마

까마귀의 이야기를 담은 브로슈어.

리는 탈출했다가 5일 후 그리니치공원의 경비에게 발견되기도 했다.

까마귀들은 관광객들에게 짓궂게 굴기도 하는데 사탕, 스낵, 샌드위치, 담배를 빼앗기도 하고 어린아이에게서 지갑을 슬쩍해 돈을 꺼내 땅에 묻기도 한다. 까마귀들은 심지어 '시체 놀이'도 즐기는데, 죽은 체하고 누웠다가 관광객이 "까마귀가 죽었나봐" 하고 말하면 일어나서 종종걸음으로 자리를 뜬 사례도 있다.

2013년에 영국인들의 간담을 서늘하게 만든 사건이 벌어졌다. 영국의 한 일간지 보도에 따르면 배고픈 야생 여우가 까마귀 새장에 은신해 있다가 까마귀 2마리의 목숨을 앗아갔다고 한다. 다행히 런던 타워에는 6마리 외에도 만일을 대비해 3마리의 까마귀를 더 두어서 까마귀 수가 6마리 아래로 내려가는 일은 피할 수 있었다고. 오래 전 예언자의 말대로 이 6마리의 수호자들 덕분에 런던 타워와 영국은 아직도 건재하는지 모른다.

7/101

소호의 숨겨진 7개의 코를 찾아서
예술가가 만들어낸 도시 전설

석고로 만든 코들이 하루아침에 도시 여기저기에 봉긋 솟아 있다면 사람들은 무슨 생각을 할까? 그 코들이 갑자기 왜 생겼는지 궁금해 하는 사람도 있겠지만 아주 오래 전부터 그 자리에 있었다고 당연시하는 사람도 있을 것이다.

 1997년 어느 날 아침, 런던 여기저기의 벽 위에 35개의 코가 생겨났다. 소호의 거리뿐 아니라 내셔널 갤러리와 테이트 갤러리의 외벽에도 생겼다. 그때부터 20여 년이 흐른 지금은 많이 사라지고, 그중 7개의 코가 소호 지역에 모여 있다.

 세기의 이야기꾼 찰스 디킨스의 후손인 런던사람들은 마치 그 코가 옛날부터 쭉 그 자리에 있었던 것처럼 코에 대한 전설을 만들어내기 시작했다. 어떤 코는 나폴레옹 황제의 코가 되기도 하고 나폴레옹을 워털루 전쟁에서 물리친 웰링턴 장군의 코가 되기도 한다.

 코에 대한 여러 전설 중 가장 매력적인 것은 '소호의 7개의 코'를 모두 찾으면 영원히 막대한 부를 누리게 된다는 것이다. 어디서 시작됐는지 모르지만 1997년 이후에 만들어진 이 따끈따끈한 '전설'에 사람들은 혹시 모를 막대한 부를 기대하면서 7개의 코를 찾아 나섰다.

 그런데 돌연 2011년 베일에 가려져 있던 코에 대한 진실이 밝혀졌다. 자신의 정체를 숨겨왔던 예술가 릭 버클리가 〈이브닝 스탠더드〉지와의 인터뷰에서 35개의 코는 정치적 의사를 표현하기 위해 설치한 자신의 작품이라고 발표했다.

예술가가 소호의 벽에 설치한 코 모형.

"계속 늘어나는 CCTV 카메라에 대한 논란이 일던 때였어요. 많은 사람들이 자유를 침해한다며 반대했죠. (코를 붙이는 아이디어는) 예술가들이 벌이는 산발적이고 불법적인 퍼포먼스에서 영감을 얻었습니다. CCTV에 추적당하지 않고 설치할 수 있을지 궁금했죠. 설치한 후에는 그 솟아나온 부분(코)이 저절로 건축물의 일부가 되는 것도 멋지겠다고 생각했어요."

릭은 자신의 코를 본떠서 만든 코들을 소호의 칼 마르크스 거주 건물 등 CCTV에서 잘 보일 만한 건물 벽에 몰래 설치했다. 설치 후 몇 시간 만에 제거되거나 몇 주가 지나서 제거된 것들도 있지만 여전히 남아 있는 것들도 있다. 예술가 팀 피시록은 이 아이디어를 본떠 소호에서 약간 벗어난 지역에 몇 개의 귀를 재미 삼아 설치하기도 했다. 그는 코벤트 가든 근처의 플로럴 스트리트에 2개, 그리고 런던의 다른 곳에 몇 개의 귀를 붙였다. 스트리트 아티스트들은 귀와 코 대신에

Tip 소호에서 귀와 코를 찾을 수 있는 장소
Covent Garden Piazza / Bateman Street / Meard Street / D'Arblay Street / Great Windmill Street / Shaftesbury Avenue / Endell Street / Floral Street

소호의 일곱 개의 코 투어
www.london-walking-tours.co.uk/the-seven-noses-of-soho.htm

소호에서 7개의 코를 다 찾으면 부자가 된다는 이야기가 전해온다.

해골이나 가면, 개와 오리 조형물을 붙여놓기도 한다. 런던 동부의 브릭레인 거리에 가면 벽에 그래피티 아트 외에도 갖가지 조형물이 붙어 있다.

소호의 7개의 코는 그 사실이 밝혀진 뒤로 여러 해가 지났지만 여전한 인기를 누리고 있다. 2015년에는 《소호의 일곱 개의 코: 런던 거리의 궁금한 이야기들》이라는 책이 출간되었고, 자주는 아니지만 '소호의 7개의 코 찾기' 투어도 있다. 사실, 가이드를 따라다니지 않고 구글에 표시된 소호의 코 지도만 가지고 다 찾아내기는 무척 어렵다. 하지만 소호에서 7개의 코를 다 찾지 못하더라도 허사는 아니다. BBC 드라마 〈셜록〉 시즌 1의 1화 '분홍색 연구'에서 셜록과 왓슨이 블랙 캡를 따라잡기 위해 누비고 다니던 소호 골목 탐험만으로도 즐거운 시간을 보낼 수 있으니 말이다.

8/101

8가지 재료가 들어간 영국식 아침식사
잉글리시 브렉퍼스트는 언제부터 계급의 상징이었을까?

"영국에서 잘 먹으려면 하루에 아침을 세 번 먹으면 된다."
– 작가 서머싯 몸

영국을 여행할 때 다소 비싸더라도 B&B 숙박은 반드시 해봐야 할 체험이다. B&B는 Bed & Breakfast의 약자로, 숙박과 다음날 아침식사가 제공되는 숙소다. 주인이 빈 방을 내주고 아침에 정성껏 차린 집밥을 내놓은 게 B&B의 시초로, 숙소를 잘 고르면 푸짐한 정통 잉글리시 브렉퍼스트를 맛볼 수 있다. 음식 맛없기로 소문난 영국에서도 시골 B&B에서 솜씨 좋은 주인이 커다란 접시에 차려낸 잉글리시 브렉퍼스트를 받아본 이들은 잊지 못할 맛이라 칭송한다.

언제부터 영국인들은 푸짐한 아침식사를 즐기기 시작했을까? 중세시대에는 늦은 아침과 저녁 식사로 보통 하루에 두 끼를 먹었다. 이때 아침식사는 주로 에일 맥주와 빵이었고 형편이 좀 나으면 차가운 고기, 치즈 정도가 더해졌다. 그러다 1300년대 초반, 귀족과 젠트리 계급이 결혼식 같은 가족행사를 치르거나 사교모임을 열면서부터 화려한 아침식사의 전통이 생겨나기 시작했다. 그때는 결혼식이 주로 정오에 치러졌기 때문에 하객들이 오전부터 모였고, 신랑 신부 측은 하객들에게 푸짐한 아침식사를 대접하여 감사를 표했다.

결혼식 외에도 사냥을 떠나기 전이나 파티가 벌어진 주말의 이튿날 오전에는

성대한 아침식사가 차려졌다. 젠트리Gentry는 영국의 귀족 아래 지주계급을 일컫는데 이 계급이 잉글리시 브렉퍼스트를 크게 유행시켰다. 시골에 거대한 토지를 소유한 젠트리는 지역사회에서 중심적인 역할을 했다. 푸짐한 잉글리시 브렉퍼스트의 재료는 주로 이들의 영지에서 나온 질 좋은 고기와 채소였다. 이들은 친구, 친지, 이웃 방문객들에게 정성을 가득 담은 아침식사를 대접함으로써 자신이 소유한 토지와 부를 과시했다. 이들에게 아침식사는 하루 중 가장 중요한 식사이자 사회적인 행사였고, 편지나 신문을 읽으면서 식사를 즐기는 습관도 생겼다.

빅토리아 시대로 접어들자 젠트리 계급은 급격히 쇠퇴해갔고 대신 상인, 사업가, 실업가들이 새로운 상류층으로 부상했다. 산업혁명으로 부를 일군 신 상류층은 젠트리처럼 되기를 열망했고, 그들의 상징이었던 잉글리시 브렉퍼스트를 적극 받아들였다. 이때부터 잉글리시 브렉퍼스트가 시골의 영지를 벗어나 도시로 옮겨왔고 지역과 집안마다 조금씩 달랐던 식재료가 표준화되었다.

빅토리아 시대에 신 상류층의 문화는 점차 노동계급으로 전파되었다. 특히 육체노동자일수록 아침을 든든하게 먹을 수 있는 잉글리시 브렉퍼스트를 선호했다. 주로 튀긴 음식으로 구성된 잉글리시 브렉퍼스트는 '기름진 식사'로 불리게 되었고, 런던을 비롯한 영국 어디서나 쉽게 찾아볼 수 있는 일명 '기름진 숟가락 greasy spoon'으로 불리는 식당들로 그 전통을 이어가고 있다. 원래 기름진 숟가락은 미국에서 유래한 표현으로, 달걀이나 베이컨 같은 고지방 고칼로리 메뉴가 포함된 식단을 의미하다가 1920년대부터는 '작고 가격이 싼 식당'을 뜻하게 된다. 역사 전문 웹사이트 히스토릭 UK에 따르면 잉글리시 브렉퍼스트는 1950년대 초까지 대단한 인기를 누려 당시 인구의 절반 정도가 잉글리시 브렉퍼스트로 아침을 시작했을 정도였다고 한다.

전통적인 잉글리시 브렉퍼스트는 베이컨, 달걀, 소시지, 콩, 토마토, 버섯, 블랙 푸딩(순대와 비슷한 음식으로 돼지피를 기름 곡류와 섞어 크게 만든 소시지의 일종), 빵 등 8가지 재료로 요리한 음식으로 차려진다. 흔히 영국 호텔 조식에 나오는 해시 포테이토(다진 감자를 튀긴 것)는 전통 메뉴가 아니다.

영국의 스코틀랜드, 웨일즈, 아일랜드 지방에서도 각각 풀 스코티시, 풀 웰시, 풀 아이리시라고 불리며 조금씩 다른 재료를 사용한다. 스코티시 브렉퍼스트는 블랙 푸딩 대신 하기스(양이나 송아지의 내장을 잘게 다져서 향신료로 양념하여 오트밀과 섞은 뒤 동물의 위장에 넣어 삶은 스코틀랜드 요리)를 넣고, 웰시 브렉퍼스트는 웨일즈 지방 토속의 래이버 브레드(오트 밀에 불린 김을 넣어 반죽해 튀긴 빵)와 삶은 새조개가 꼭 들어가며 때로 훈제 송어 등 해산물이 추가된다. 아이리시 브렉퍼스트는 화이트 푸딩(돼지피를 넣지 않고 만드는 소시지), 아이리시 소다 브레드, 아이리시 포테이토 케이크 등을 넣기도 한다.

잉글리시 브렉퍼스트가 맛있다며 작가 서머싯 몸의 권유대로 아침에 세 접시를 다 비워도 될까? 잉글리시 브렉퍼스트 한 끼의 열량은 대략 850~1,250kcal. 두 번만 먹어도 하루 성인 남녀 권장 칼로리(2,000~2,500kcal)에 육박하니, 작가의 농담에 넘어가지 말자.

전통 잉글리시 브렉퍼스트 레시피

재료: 베이컨, 달걀, 소시지, 콩, 토마토, 버섯, 블랙 푸딩, 빵
- 소시지는 골고루 익히기 위해서 칼집을 낸다.
- 토마토와 버섯은 얇게 썰어서 소시지, 베이컨과 함께 그릴에 굽는다.
- 블랙 푸딩도 골고루 익도록 돌려가면서 그릴에 굽는다.
- 달걀은 노른자가 반숙이 되도록 팬에 기름을 두르고 부친다.
- 빵은 갈색이 살짝 나도록 굽는다.
- 시판용 베이크드 빈스를 준비한다.
- 준비한 재료를 모두 접시에 담아 음료와 함께 차린다.

출처: 잉글리시 브렉퍼스트 소사이어티(www.englishbreakfastsociety.com)

런던 최고의 잉글리시 브렉퍼스트 레스토랑 5곳

- **쿼바디스(Quo vadis)**
메뉴 잉글리시 브렉퍼스트, 12파운드
위치 26-29 Dean Street, Soho, W1D 3LL
지하철 Tottenham Court 역
오픈시간 아침 월~금 08:00~11:00
점심 월~토 12:00~15:00
저녁 월~토 17:30~23:00
홈페이지 www.quovadissoho.co.uk
이메일 info@quovadissoho.co.uk

- **브렉퍼스트 클럽(Breakfast Club)**
메뉴 풀 몬티(잉글리시 브렉퍼스트의 은어), 10.50파운드
위치 33 D'Arblay Street, W1F 8EU
지하철 Oxford Circus 역
오픈시간 월~토 08:00~20:00
일 08:00~19:00
홈페이지 www.thebreakfastclubcafes.com/locations/soho

- **블리티 커피(Blighty Coffee)**
메뉴 풀 잉글리시, 9.50파운드
위치 35-37 Blackstock road, N4 2JF
지하철 Arsenal 역
오픈시간 주중 08:00~17:00
주말 09:00~17:00
(단, 브런치는 14:00까지)
홈페이지 www.blightycoffee.co.uk

- **혹스무어 길드홀(Hawksmoor Guildhall)**
메뉴 풀 잉글리시, 16파운드
위치 10 Basinghall Street, EC2V 5BQ
지하철 Bank 역
오픈시간 월~금 아침 07:00~10:00
점심 12:00~15:00
저녁 17:00~22:30
홈페이지 www.rivercafe.co.uk

- **리젠시 카페(Regency Cafe)**
메뉴 브렉퍼스트 세트, 5.50파운드
위치 17-19 Regency St, SW1P 4BY
지하철 Pimlico 역
오픈시간 월~금 07:00~14:30, 16:00~19:15,
토 07:00~12:00
홈페이지 regencycafe.co.uk

© The Breakfast Club

9/101

런던 명소를 도는 9번 버스 타보셨나요?
말 2필이 끄는 옴니버스에서 빨간 루트마스터까지 런던 버스의 역사

'버스는 버스인 것이 버스다 A bus is a bus is a bus.'

1978년 12월 2일자 캐나다 〈몬트리올 가제트〉지에 실린, 니노 로 벨로 기자가 쓴 런던 관련 기사의 첫 문장이다. 버스는 버스일 뿐 별거 있겠나? 이런 뉘앙스로 쓴 이 문장은 어니스트 헤밍웨이의 파리 시절 대모이자 작가인 거트루드 스타인의 시구 '장미는 장미인 것이 장미다 A rose is a rose is a rose'를 패러디한 글이다.

이 기자는 이 문장을 인용한 후 '하지만 버스가 다 비슷하다는 생각은 버려라. 런던의 9번 버스라면 다르다'고 주장한다. 9번 버스가 런던 최고의 랜드마크를 돌아다니기 때문이라는 것. 버킹엄 궁전 근처의 그린 파크, 내셔널 갤러리가 있는 트라팔가 광장, 뮤지컬 극장가가 있는 웨스트 엔드, 런던대화재 후 건축가 크리스토퍼 렌 경이 지은 세인트 폴 대성당, 영국 신문의 고향인 플리트 스트리트, 헨리 8세가 앤 불린을 처형시킨 런던 타워…. 기자는 9번 버스가 지나가는 명소

버스 9 노선
해머스미스 역 – 켄싱턴 하이 스트리트 – 켄싱턴 팰리스 – 로열 앨버트 홀 – 나이츠브리지 역 – 하이드 파크 코너 역 – 그린 파크 역 – 세인트 제임스 팰리스 – 트라팔가 광장 – 차링 크로스 역 – 코벤트 가든 – 서머셋 하우스

버스 15H(헤리티지) 노선
타워 힐역 – 모뉴멍 역 – 캐넌 스트리트 역 – 맨션 하우스 역 – 세인트 폴 성당 – 시티 템스 링크 역 – 얼드위치 – 스트랜드 – 차링 크로스역 – 트라팔가 광장

전통적인 버스 디자인을 유지하고 있는 '헤리티지 루트마스터.'

들을 자세히 나열하며 기사를 이렇게 끝맺는다. '런던을 저렴하게 돌아다니고 싶다면 9번 버스를 절대 놓치지 마라.'

지금도 런던에서 9번 버스 노선은 놓치면 안 되는 걸까? 그렇다. 세월이 흐르면서 노선이 조금 바뀌어 런던 타워까지 가지 않지만, 비싼 투어버스(1일 25~46파운드) 대신 일반 버스비로 여전히 수많은 명소에 들를 수 있다.

9번 버스 노선이 개설된 해는 1856년. 런던에서 가장 오래된 버스 노선이기도 하다. 이때 9번 버스는 자동차가 아니라 말 2필이 끄는 '옴니버스^{omnibus}'였다. 빅토리아 시대에 4번이나 수상을 역임했던 윌리엄 글래드스톤은 "런던을 구경하는 가장 좋은 방법은 버스 위에서 내려다보는 것"이라고 말했는데, 당시 수상이 언급한 버스도 말이 끄는 '옴니버스'였을 가능성이 크다. 모터를 장착한 옴니버스는 1897년에 도입되었기 때문이다. 작가 피터 아크로이드가 《런던 전기》에서 묘사한 바에 따르면 런던 거리에 최초로 옴니버스가 등장한 해는 1829년이며 25년 후인 1854년에는 3,000여 대의 옴니버스가 다녔고, 1대당 하루에 약 300명의 승객을 수송했다. 그는 화가 제임스 폴라드의 그림 '옴니버스 두 대의 거리 장면^A Street Scene with Two Omnibuses'에 대해 이렇게 묘사했다.

'첫 번째 버스의 개방된 지붕 칸에는 실크 모자를 쓴 신사들 8명이 타고 있다.

토머스 헤더윅이 디자인한 새 루트마스터.

버스 안의 승객들은 창밖을 내다보고 있다. 초록색 버스에는 큰 글자로 'FAVORITE' 그룹이라는 광고 문구가 쓰여 있고, 유스턴에서 첼시행이라는 행선지 표기도 돼 있다. 당시 노동자 계급은 1실링인 버스비를 내기도 어려웠다.'

책에는 '런던사람들은 옴니버스 없이 살 수 없으며, 버스라는 용어가 흔해졌다'고 전하는 목소리가 실려 있다. 1800년대 후반에는 '옴니버스가 많아지면서 수백 마리의 말들이 줄지어 서서 머리를 흔들며 콧김을 뿜는 광경을 흔히 볼 수 있다'며 옴니버스 때문에 런던 시내가 혼잡해졌다는 묘사도 나온다.

옛날 옴니버스 그림과 묘사를 보면, 런던의 아이콘이 된 빨간 2층 버스 디자인이 옴니버스에서 비롯됐다는 걸 알 수 있다. 9번 버스의 동력은 말에서 엔진으로 대체되었고, 1956년에는 런던교통국에서 디자인한 '루트마스터'로 바뀌었다. 루트마스터는 2층버스이면서 버스 뒤쪽이 뚫려 있어서 쉽게 타고 내릴 수 있는 스타일이며, 휠체어가 접근할 수 없다는 점 때문에 2005년을 끝으로 9번과 15번 버스만 빼고 사라졌다. 9번과 15번 버스는 전통적인 루트마스터 버스 디자인을 계속 보존하자는 의미에서 '헤리티지 루트마스터'로 불리며 2006년 이후에도 계속 운행했는데, 아쉽게도 9번 헤리티지 루트마스터는 2014년 말에 사라졌다.

기존 루트마스터 디자인에 대한 향수를 달래기 위해 런던시는 2012년에 새로운 루트마스터 디자인을 도입했다. 새로운 루트마스터는 영국의 '레오나르드 다빈치'라고 불리는 디자이너 토머스 헤더윅의 디자인으로 유명하다. 9번 버스도 뒤쪽이 뚫린 기존 루트마스터 디자인을 응용한 뉴 루트마스터로 운행하고 있다.

10/101

다우닝가 10번지에 사는 '공직자 고양이'
총리 관저 공식 수렵보좌관 래리와 프레야

다우닝가 10번지는 1735년부터 영국의 총리 관저로 쓰이고 있는, 런던에서 가장 유명한 집 주소다. 검정색 벽돌 외관과 검정색 대문, 대문과 벽 사이에 고풍스런 조각품 같은 하얀 석조 문틀, 대문 위에 적힌 숫자 10. 조지 다우닝 경이 1682~84년에 건물을 지으면서 다우닝가라는 이름이 생겨났다. 다우닝 경은 목사, 군인, 정치인, 외교관, 스파이에 이르기까지 화려한 이력의 소유자였다. 1642년 청교도혁명으로 크롬웰이 권력을 잡은 기간 동안 다우닝 경은 크롬웰의 참모로 지내면서 왕당파와 공화파를 오가며 스파이로 암약했고, 크롬웰이 몰락하고 왕정복고로 권좌를 차지하게 된 찰스 2세와도 좋은 관계를 유지했다. 의회파와 왕당파 모두에게서 좋은 평판을 유지하면서 상황에 따라 유리한 편에 가담했던 다우닝 경을 두고, 동시대를 살았던 사무엘 피프스는 자신의 일기에 '믿을 수 없는 사기꾼'이자 '배은망덕한 악당'이라고 쓰기도 했다.

옛 스파이가 지은 집에 스파이 혐의를 받는 고양이 사건이 등장했다. 독특한 이력의 '스파이 고양이 프레야'가 그 주인공이다. 2013년 인터넷신문 〈허핑턴 포스트〉 영국판은 다우닝가 10번지의 이웃에 살고 있는, 당시 재무장관 조지 오스

 다우닝가 10번지(10 Downing Street)
위치 10 Downing St. SW1A
지하철 Westminster 역

수렵보좌관으로 임명된 고양이 래리가 다우닝가 10번지 문 앞에 앉아 있다. © Palinchak, Dreamstime.com

본의 고양이 프레야가 스파이일지도 모른다는 의혹을 제기했다. 프레야는 2012년 9월부터 총리 관저 공식 수렵보좌관 Chief Mouser to the Cabinet Office이었다. 영국의 한 보수 소식통은 의문 속에 사라졌다가 3년 만에 다시 모습을 드러낸 고양이 프레야가 중국 정부에 잡혀 스파이 훈련을 받았을 가능성을 언급했다.

논란이 불거진 건 프레야가 국가 안보에 중요한 건물들을 마음대로 드나들면서부터다. 〈허핑턴 포스트〉 영국판은 이 주장을 황당하다고 일축하면서도 다른 스파이 동물들에 대한 기사를 함께 실었다. 러시아 교도소에서는 수감자에게 휴대전화를 전달한 고양이가 적발된 사례가 있고, 2012년에는 이스라엘에서 파견한 스파이 독수리를 사우디아라비아 정부가 발견한 일이 있었다는 것.

줄무늬 암고양이 프레야는 조지 오스본이 아이들에게 선물로 사준 고양이다. 몇 달 후 프레야가 감쪽같이 사라졌고 오스본은 재무장관으로 입각해 총리 관저와 내무부 등이 모여 있는 영국 다우닝가로 이사했다. 프레야가 사라지고 3년 후인 2012년, 어느 날 고양이 프레야를 길거리에서 찾았다는 한 통의 전화가 걸려왔다. 마이크로칩으로 신분이 확인된 프레야는 가족의 품으로 돌아올 수 있었.

프레야는 다우닝가로 이사온 후 이웃 총리 관저 수렵보좌관직을 넘보기 시작했다. 암고양이 프레야가 당시 총리 관저 수렵보좌관으로 일하던 수고양이 래리와 신경전을 벌인 것이다.

총리 관저 수렵보좌관은 사람이 아닌 고양이다. 지금도 총리 관저에 버젓이 돌아다니는 쥐를 잡기 위해 임명한 '공직자'다. 영국 정부 홈페이지(www.gov.uk)에는 공직자로서의 수렵보좌관에 대해 다음과 같이 설명한다. '거주지: 다우닝가 10번지, 임명권자: 영국의 총리, 재직기간: 정해진 기간 없으며, 은퇴나 사망 시 종료'. 엄연한 공직자 맞다.

영국에서는 헨리 8세 때부터 사냥실력이 뛰어난 고양이에게 참모 직책을 주고 쥐잡기 임무를 맡겨 왔다. 역사에 기록된 공식적인 수렵보좌관은 1924년에 임명된 '트레저리 빌'로 당시 일주일에 1실링 5페니에 채용되었다. 래리는 트레저리 빌 이후 12번째로 2011년에 임명받은 수렵보좌관이었다.

그러나 유기동물보호소 출신인 래리는 근무시간에 한가롭게 복도를 어슬렁거리고, 도로 한복판에서 낮잠을 자는 등 자질 논란에 휩싸이게 되었다. 2012년 다우닝가에 새로 이사 온 프레야가 래리보다 성격도 거칠고 돌아다니기를 좋아해서 수렵보좌관 일이 적성에 잘 맞아 보였고 래리의 보좌관 자리를 위협했다. 두 고양이는 만날 때마다 계속 신경전을 벌였고 프레야가 공식 보좌관으로 임명된 2012년 9월 직후 두 고양이는 격렬한 몸싸움을 벌이기도 했다. 당시 영국인들은 두 수렵보좌관의 권력다툼이었을 거라고 추정하기도 했다.

총리 관저 공식 수렵보좌관이 된 프레야는 스파이 혐의를 벗었을까? 프레야가 돌아다니기는 좋아하지만 방향감각과 주의력은 부족해 보인다. 어느 날 템스강 반대편에서 길을 잃고 헤매다가 시민에게 구조되어 하루 만에 겨우 집으로 돌아온 적도 있고, 길을 건너다가 자동차에 치이는 사고를 당한 적도 있기 때문이다.

아쉽게도 다우닝가에서는 더 이상 프레야를 만날 수 없다. 오스본 당시 재무장관 집에 새 식구인 하얀 비숑 프리제 강아지 로라가 들어온 것이 비극의 시작이었다. 오스본의 가족들은 물론 모든 사람들의 관심이 강아지 로라에게 집중되자 소외감을 느낀 프레야가 로라를 계속 위협했고 결국 프레야는 켄트에 있는 시골집으로 보내졌다.

11/101

메어 스트리트 11번지의 이상한 박물관
세상에 둘도 없는 괴짜, 빅터 윈드의 '호기심 천국 박물관'

런던의 예술가 동네로 불리는 해크니의 메어 스트리트 11번지. 허름해 보이는 건물 1층과 지하 1층에 세상에 둘도 없는 특이한 박물관이 있다. 이 작은 박물관의 이름은 '빅터 윈드 뮤지엄 오브 큐리어서티The Viktor Wynd Museum of Curiosities'. 이름 그대로 풀면 빅터 윈드의 호기심 천국 박물관이다.

필자의 인터뷰 요청에 분홍색 오토바이를 타고 나타난 빅터 윈드. 살구꽃 수천 송이를 흩뿌린 듯 화려한 분홍색 꽃무늬 셔츠 차림에 검은색 바지, 콧수염과 턱수염을 깎지 않은 얼굴에는 장난기가 배어 있다. 그는 만나자마자 자신의 인스타그램 계정(@viktorwynd)에 인터뷰어 사진을 찍어 올린다. '빅터 윈드가 한국 사람과 런던 가이드북을 위한 인터뷰를 하고 있다'는 메시지와 함께.

그는 박물관 1층 입구부터 지하 전시실까지 안내한다. 향유고래의 이빨, 멸종된 코끼리새의 알, 머리가 둘이어서 눈이 네 개 달린 염소의 박제, 하마, 개미핥기 등 500여 가지 동물 뼈대를 비롯해, 망원경, 깡통 장난감, 썩은 초콜릿, 빅토리아 시대의 때묻은 인형, 코발트 블루색 나비 표본이 보인다. 나폴레옹 황제의

빅터 윈드 뮤지엄 오브 큐리오시티(The Viktor Wynd Museum of Curiosities, Fine Art and Natural History)
위치 11 Mare Street, E8 4RP **지하철** Bethnal Green London 역
오픈시간 수~일 11:00~22:00 **입장료** 4파운드(음료 포함)
홈페이지 www.thelasttuesdaysociety.org

데드마스크, 쭈글쭈글한 피부와 머리카락이 붙어 있는 인간의 해골, 포르말린에 담긴 남자 성기, 중국 토우, 멕시코 주술사가 사용한 도구, 아프리카 가면과 장신구, 인체 해부 모형, 맥도날드 어린이 장난감이 공존한다. 심지어 인어, 유니콘, 멸종된 새의 깃털, 사람의 기름으로 만들었다는 양초 등 믿을 수 없는 물건도 있다. 벽에는 중세 연금술사의 도구함이 걸려 있는가 하면, 얼룩말과 사슴과 영양의 박제한 머리가 달려 있다.

이처럼 호기심 박물관에는 빅터 윈드가 수집한 물건들이 1층과 지하 1층을 빼곡하게 채우고 있다. 시대나 종류별로 구분된 것도 아니고 설명서 붙어 있지도 않아 이해하기 어렵다. 그는 박물관을 둘러본 소감을 물어본다. "아름다움과 추함, 삶과 죽음이 다 섞여 있는 것 같다. 뭔지 잘 모르겠다"고 하자 그게 바로 그가 의도한 바라고 설명한다. "물건들을 어떻게든 구분하고 이치에 맞게 만들려는 현대 박물관들이 재미가 없어서 이곳을 열었어요. 이 박물관은 어떤 범주에도 담을 수 없는 아름다움과 기적들이 온 세상에 퍼져 있다는 사실을 비추는 거울이죠. 아름다운 것, 초자연적인 것, 웃기는 것, 이상하고 희한한 것을 다 모으고 싶어요."

2009년 빅터 윈드는 가게와 박물관, 학술단체와 예술 갤러리가 뒤섞인 '공포의 작은 가게Little Shop of Horrors'를 열었다. 그러나 가게를 유지하기 위해 오랫동안 모아온 최고의 소장품들을 품에서 떠나보내야 했다. 빅터는 소장품들을 팔아야만 하는 것에 진저리가 났고, 가게를 박물관으로 전환하기 위해 소셜 펀딩 사이트 '킥스타터'에 모금 캠페인을 올렸다. 캠페인은 30일 만에 492명에게서 1만 6,000파운드(약 2,600만원)를 모금하면서 성공적으로 끝났다. 캠페인 모금이 씨앗이 되어 2015년 1월 박물관을 열었고, 모금에 참여한 사람들은 이곳의 단골이 되었다.

이곳에서는 전시 외에도 다양한 이벤트가 열린다. 박물관 지하에서는 매달 한 번 공포영화의 한 장면 같은 식사를 즐길 수 있다. 지하 '사자의 방'에는 기상천외한 식탁이 자리잡고 있는데 식탁 한가운데는 석관이 있고 관 안에는 19세기 사람의 전신 뼈가 들어 있다. 이 석관을 앞에 놓고 식사를 하며 괴기스런 이야기를 듣는 것이다.

뮤지엄 오브 큐리어시티에는 희한한 수집물들이 많이 전시되어 있다.

동물 박제 수업도 정기적으로 진행된다. 그동안 여우, 사슴, 뱀, 타란툴라, 개, 양, 고슴도치 등을 박제하는 수업을 했다. 또한 빅터 윈드가 창설한 문학 살롱 '라스트 튜즈데이 소사이어티'에는 1만 8,000여 명의 회원이 있는데, 저명 작가를 초대해 정기적으로 문학강연을 열기도 한다. 빅터 윈드가 직접 진행하는 박물관 투어도 인기 있는 프로그램이다.

이런 일을 벌이는 빅터 윈드는 누구일까? 그의 홈페이지(viktorwynd.org)는 '설치미술과 관계미학의 분야 등 다양한 분야에서 일해온 아티스트'라고 소개하고 있다. 그는 런던대학 SOAS School of Oriental & African Studies에서 중세 이슬람 역사를 전공하고, 미국 사우스플로리다 대학에서 순수 미술도 공부했다. 호기심 박물관에는 그가 섬세하게 스케치한 그림들이 걸려 있다. 미디어는 그를 호기심 어린 눈으로 주시한다. 〈가디언〉, 〈텔레그래프〉 등에 인터뷰 기사가 실렸으며, 2013년에는 내셔널 지오그래픽에서 '빅터 윈드의 하루'라는 다큐멘터리를 제작, 방영하기도 했다.

그의 직업을 굳이 규정하자면 미술품 수집가, 큐레이터, 시인이자 소설가다. 때로 예술에 대한 강연을 하고 칼럼도 쓴다. 그의 수집벽은 어릴 적 외로움을 달래려고 나비와 조개껍데기를 모으는 데부터 시작했다. 2014년에 그가 펴낸 책

뮤지엄 오브 큐리어시티의 빅터 원드 관장.

《빅터 원드의 경이로운 캐비닛》은 자서전이자 그동안 수집한 물건들의 이력서다. 그는 또한 책벌레에 문화 미식가다. 그의 홈페이지에는 영향을 준 작가, 예술가, 영화감독, 뮤지션 등 145명의 명단이 적혀 있다. 오페라 관람을 즐기며, TV는 아예 보지 않고 금지되어야 한다고 생각한다.

미술품 경매회사 크리스티에 따르면 빅터는 일본산 거대 키다리 게의 뼈와 멸종된 새의 깃털을 크리스티 경매로 판매했다. 또한 도도새의 뼈를 팔았다고 책에 썼다. 아프리카 동쪽 모리셔스 섬에 서식했던 도도새는 1681년에 마지막으로 발견된 이후 멸종된 새다. 그는 책에 '도도새 뼈가 쓰레기인지 진품인지 아는 건 사람들의 몫'이라고 썼다.

'도도새는 멸종된 수많은 새들 중에서 가장 상징적인 새다. 전세계에서 아마 5명 정도만 도도새의 뼈를 가지고 있을 것이다. 그중 2명은 내게서 그 뼈를 샀다. 도도새의 뼈는 세상에서 가장 희귀하고 아주 특별하고 신기해서 누구라도 갖고 싶어 한다. 내게서 뼈를 산 고객들이 진품이냐고 다시 물었을 때 나는 그 사람들에게 말해주었다. 스스로 진품인지를 구별도 하지 못하면 차라리 그 돈을 저축하고 닭뼈를 가지고 있으라고.'

12/101

영국의 천재 디자이너가 만든 12m의 롤링 브리지
런던 패딩턴 역 근처 수로의 '트랜스포머' 다리

운하 양쪽에 놓여 있던 길이 12m 철재 다리가 서서히 잠에서 깨어난다. 마치 발레리나가 긴 다리를 우아하게 내뻗으려는 동작처럼 지상으로 다리를 곧게 들어 올린다. 수직으로 뻗는가 싶더니 잠시 멈춘 후 이번에는 서서히 몸을 웅크리기 시작한다. 팔각형으로 완전히 구부러진 모습은 물레방아나 거대한 바퀴를 연상시킨다. 버튼을 누르자 다리는 서서히 원상태로 돌아간다. 웅크리고 있다가 기지개를 켜듯 천천히 옆으로 뻗어 양 운하를 이어준다. 버튼을 조작하던 사람은 커다란 USB처럼 생긴 연결장치를 빼낸다. 안전요원들이 다리 통행을 허가하고 사람들이 평소와 다름없이 다리를 건너기 시작한다.

   일자형 다리가 팔각형이 되었다가 다시 일자형으로 돌아오는 데 걸린 시간은 약 4분 30초. 초기엔 이보다 빠르게 움직였는데, 겁을 내는 사람들 때문에 속도를 늦췄다고 한다.

   영화 〈트랜스포머〉에서 노란 줄무늬 중고차가 외계 생명체 로봇 범블비로 변신하던 순간처럼 12m의 평범한 다리가 바로 눈앞에서 천천히 몸을 일으키기 시

롤링 브리지(Rolling Bridge)
위치 S Wharf Rd, W2 지하철 Paddington 역
작동시간 매주 금요일 12:00 홈페이지 www.heatherwick.com

평소의 롤링 브리지.

작하면 누구라도 신기할 것이다. 매주 금요일 오후 12시, 런던 패딩턴 역 근처 수로가 흐르는 패딩턴 베이슨에 가면 이 '롤링 브리지Rolling Bridge'를 볼 수 있다.

'롤링 브리지'는 빅토리아 시대에 성 주위를 둘러싼 못에 놓인 접었다 펼치는 다리를 불러왔던 이름이다. 다리가 위나 옆으로 회전한다고 해서 붙은 이름이다. 엄밀히 말하면 그랜드 유니언 운하에 놓인 다리는 롤링 브리지가 아니라 구부러지는 다리, 즉 '컬링 브리지Curling Bridge'다. 이 다리는 세계 최초의 컬링 브리지였지만, 웹사이트에 롤링 브리지라고 소개되는 바람에 그 이름으로 굳어졌다.

이 롤링 브리지는 2002년 영국의 디자이너 토머스 헤더윅이 디자인했다. 발명에 버금가는 혁신적인 디자인을 선보여 '영국의 레오나르도 다빈치'라 불리는 헤더윅은 영국 맨체스터 메트로폴리탄대학과 왕립예술학교에서 디자인을 공부했으며 20대 때 '헤더윅 스튜디오'를 설립해 조각, 건축, 인테리어, 제품 디자인, 패션까지 넘나들며 혁신적 디자인을 선보이고 있다.

앞서 소개한 2010년 '뉴 루트마스터'를 선보인 헤더윅 스튜디오는 2012년 런던올림픽 때 참가국을 상징하는 204개(올림픽용)와 164개(패럴림픽용)의 꽃잎 모양을 붙인 성화대를 제작하기도 했다. 또 6만 6,000개의 씨앗을 6.7m의 광학 막대 안에 담아 바람에 흔들릴 때마다 환상적인 빛을 연출하는 상하이 엑스포의

접히고 있는 롤링 브리지.

영국관 '씨앗의 성전'도 그의 스튜디오 솜씨다. 헤더윅 스튜디오가 건축을 맡은 구글의 샌프란시스코 신사옥은 SF 영화 속 우주선과 같은 조감도가 공개돼 화제가 됐다.

헤더윅은 2011년 TED 강연에서 스튜디오의 주요 프로젝트 5개를 소개하며 롤링 브리지를 착상한 계기를 설명했다. 그는 도개교(열리는 다리)의 설계를 의뢰 받은 후 그냥 열리고 닫히는 도개교가 아닌, 어떻게 다리가 열리는지에 초점을 맞췄다고 한다.

"예전에 어떤 사진을 봤는데 사진 속에서 한 축구 선수가 슬라이딩하면서 다리를 쭉 뻗자 상대 선수가 그 선수의 무릎을 밟았어요. 그러자 밟힌 선수의 다리가 꺾이면서 부러졌어요. 우리는 그런 종류의 교각을 검토했어요. 부러진 형태지만 아름다운 느낌. (…) 저희 아이디어는 양쪽 가장자리 끝이 서로 키스를 하면서 접히게 한 것이죠."

이처럼 틀을 깨는 발상으로 설계된 롤링 브리지는 2005년 브리티시 스트럭처 스틸 디자인 어워드를 수상했다. 이 상은 영국인과 아일랜드인이 디자인한 철강 구조물과 건축물에 주는 상으로, 런던올림픽 메인 스타디움, 로열 셰익스피어 극장 등이 역대 수상작이다.

롤링 브리지 근처에 있는 부채 모양의 팬 브리지.

헤더윅 스튜디오는 영국 정부가 추진하는 '그레이트 브리튼 캠페인 Great Britain Campaign'의 후원으로 2016년 싱가포르, 상하이, 서울 등 아시아 도시를 순회하며 '헤더윅 스튜디오: 세상을 변화시키는 발상'이라는 제목으로 그동안의 주요 프로젝트를 전시하기도 했다. 그레이트 캠페인은 기업가 정신, 지식, 창조성, 문화, 환경보호, 음악, 문화유산, 혁신 등의 분야에서 영국의 우수성을 알리는 정부 주도의 국가 브랜드 캠페인이다. 혁신적 디자이너이자 발명가인 헤더윅은 자연스럽게 이 캠페인의 간판스타가 되었다.

한편, 패딩턴 베이슨에 가면 움직이는 다리 하나를 더 볼 수 있다. 그랜드 유니언 운하 '롤링 브리지'에서 걸어가면 길이 20m짜리 두 번째 트랜스포머 다리가 보인다. 동양의 전통 부채모양을 본떠서 만든 '팬 브리지'로, 부채를 펼치듯이 5개의 금속 뼈대로 다리가 갈라지면서 접히고 펼쳐진다. 다리가 벌어지는 모양이 가위손을 닮았다며 '가위손 다리'라고 불리기도 한다. 다리 디자인 전문회사 나이츠 아키텍츠에서 2014년 10월 완공한 이 다리는 일주일에 세 번(수요일과 금요일 정오, 토요일 오후 2시) 작동된다.

햇볕이 좋은 날에는 롤링 브리지와 팬 브리지 사이 수로 옆길 잔디밭에 잠시 머물러도 좋다. 이곳 머천트 스퀘어 주변 회사들이 내놓은 커다란 쿠션과 데크 체어는 누구나 와서 쉬어갈 수 있다. 건물 사이로 흐르는 수로에 내로 보트 Narrow Boat라는 예쁜 배들이 정박해 있는 이곳 패딩턴 베이슨은 수로를 따라 천천히 산책하기에도 좋은 곳이다.

13/101

런던 시내에 13채 남은 초록 지붕의 택시 기사 식당
빅토리아 시대 마부들의 쉼터

대영박물관 근처의 작은 공원인 러셀 스퀘어. 공원 서쪽 출구로 나가면 아담한 초록색 오두막집 앞에 런던 택시 블랙캡이 줄지어 서 있다. 오두막집의 열려 있는 창문을 들여다보며 사람들이 음식을 주문한다. 인도에 놓인 테이블에서는 택시기사들이 햄버거나 감자튀김을 먹고 있다. 런던 도심 한복판에서 만난 빅토리아 시대 영화 세트장 같은 풍경이다. 이 오두막집은 런던의 기사식당이다. 우리나라 기사식당은 택시기사들이 자주 가는 식당을 말하지만 런던의 기사식당은 택시기사들이 밥을 먹고 쉴 수도 있는, 택시기사들만을 위한 쉼터다.

택시기사들의 쉼터는 마차 택시가 운행되던 빅토리아 시대에 처음 생겨 140여 년 동안 런던의 명물로 자리를 지키고 있다. 한때 61채에 달했던 쉼터는 제2차 세계대전 공습과 전후 도시 변화 때문에 거의 사라지고 지금은 13채만 남아 있다. 이들 13채는 영국의 보존 문화재 2등급 빌딩이다.

택시기사 쉼터가 생긴 계기는 빅토리아 시대로 거슬러 올라간다. 1875년 1월, 〈글로브〉지 편집장이었던 조지 암스트롱 경은 눈보라 속에 외출을 하기 위해 '마차 택시'를 불러오게 했다. 한 시간이나 지나서 빈손으로 돌아온 하인은 험

 오픈 하우스 행사
시기 매년 9월 셋째 주 토·일
홈페이지 www.openhouselondon.org.uk

런던에 13개 남아 있는 초록색 오두막은 택시기사들의 쉼터다. 레스터 스퀘어 앞 쉼터.

상궂은 날씨 때문에 마부들이 모두 동네 술집에 모여 술을 마시고 있어서 마차를 몰 사람이 없다고 전했다. 음주문제가 심각했던 빅토리아 시대. 런던 거리에서는 술에 진탕 취해 비틀거리는 사람들을 흔히 볼 수 있었다. 마부들도 예외는 아니었다. 암스트롱 경은 섀프츠베리 백작을 찾아가 마부들이 술을 마시지 않고도 휴식을 취할 수 있는 그들만의 쉼터가 필요하다고 도움을 청했다. 섀프츠베리 백작은 노동자들의 처우개선에 관심이 많은 정치가이자 사회개혁가였다. 그는 택시기사 쉼터 기금 Cabmen's Shelter Fund 을 조성하는 데 앞장섰다.

암스트롱 경은 우선 런던 도심 차링 크로스 반경 약 10km 내에서 가장 붐비는 택시승강장에 쉼터를 짓기로 했다. 첫 번째 초록 쉼터는 1875년 암스트롱 경의 집 근처 아카시아 애비뉴 세인트 존스 우드에 들어섰다. 그후 1914년까지 런던 일대에 쉼터 61채가 완성됐다. 쉼터는 '적당한 가격으로 완전한 휴식과 음식'을 제공했고, 출판업자와 후원자가 기증한 책과 신문을 비치하기도 했다.

처음 쉼터가 만들어질 때는 말 한 마리와 마차가 겨우 들어갈 만한 크기로 상당히 좁았지만 점차 넓어져서 1882년부터는 주방과 테이블도 갖추기 시작했다. 그러다가 마부 12명이 함께 앉을 수 있을 만큼 넓어졌다. 작가 P. G. 우드하우스가 1910년에 펴낸 소설 《지미의 침범》에는 초기 쉼터에 대한 묘사가 등장한다.

"하이드 파크 정문 바로 앞에 기사들의 쉼터가 있었다. 쉼터에는 빈자리가 거의 없었다. 실내는 따뜻했다. (…) 안에서는 여러 가지가 뒤섞인 냄새가 풍겼다. 씹는 담배 냄새도 코를 찌르긴 했지만 튀긴 양파 냄새가 단연 으뜸이었다. 예민한 후각을 가진 이라면 스테이크와 커피 냄새까지도 알아챌 수 있을 것이다."

택시기사이자 《런던 택시의 100년》이란 책을 쓴 작가 빌 먼로는 BBC와의 인터뷰에서 1950년대의 쉼터를 이렇게 회고한다.

"1950년대에는 이런 쉼터가 필수였어요. 그때 택시는 운전석에 유리창이 없이 오픈돼 있어서 비바람과 눈이 다 몰아쳤죠. 겨울이면 택시 안이 문자 그대로 얼어 죽을 만큼 추웠어요. 택시 운전은 아주 고독한 일입니다. 많은 사람들을 만나지만 그 사람들을 잘 알게 되진 않지요. 쉼터에서 사람들을 만나 커피, 샌드위치, 감자튀김 같은 걸 먹으면서 친분을 쌓을 수 있어서 좋습니다."

택시기사들은 긴 탁자가 있는 쉼터 안에서 식사를 할 수 있다. 일반인들은 테이크아웃만 가능하다. 일반인도 1년에 이틀은 쉼터 안에 들어가볼 수 있다. 매년 9월 셋째 주 주말에 열리는 오픈 하우스 행사 때 일부 쉼터를 개방한다.

택시기사들의 쉼터(Cabmen's Shelter) 13곳

첼시 임뱅크먼트(Chelsea Embankment) SW3 – 앨버트 브리지(Albert Bridge) 교차로 근처
임뱅크먼트 플레이스(Embankment Place) WC2 – 플레이하우스 극장(Playhouse Theatre) 근처
그로스버너 가든(Grosvenor Gardens) SW1 – 가든 북서쪽 근처
하노버 스퀘어(Hanover Square) W1 – 가든 중앙의 북쪽 옆
켄싱턴 파크 로드(Kensington Park Road) W11 – 8-10번 출구
켄싱턴 로드(Kensington Road) W8 – 퀸스 출구(Queen's Gate)
폰트 스트리트(Pont Street) SW1 – 슬론 스트리트(Sloane Street) 교차로 근처
러셀 스퀘어(Russell Square) WC1 – 서쪽 코너
세인트 조지 스퀘어(St. George's Square) SW1 – 북쪽
템플 플레이스(Temple Place) WC2 – 스위소텔 하워드(Swissôtel Howard) 반대편
써로 플레이스(Thurloe Place) SW7 – V&A 뮤지엄 반대편 길 중앙
워릭 애비뉴(Warwick Avenue) W9 – 워릭 애비뉴 역 옆 길 중앙
웰링턴 플레이스(Wellington Place) NW8 – 로드 크리켓 그라운드(Lord's Cricket Ground) 근처

14/101

최대 14일까지 정박할 수 있는 보트가 우리의 집이죠!
수로 위 하우스보트에 사는 워터 집시들

"자, 여기가 제 집이에요. '마법의 천국'이죠! 럭셔리한 저택과 임대주택 사이에 '워터 집시'가 살고 있어요. 우리도 다양한 지역 커뮤니티의 일원이에요."

뮤지션을 꿈꾸는 얀 예이츠는 강아지와 함께 배에서 산다. 그는 런던 리젠트 수로에서 2주마다 다른 곳으로 옮겨 다닌다. 배가 한곳에 정박할 수 있는 최대 기간이 14일이기 때문이다. 그는 몇 년 전에 이 하우스보트를 2만 2,000파운드에 샀다. 그의 하우스보트가 정박하는 캄덴 지역의 경우 침실 1개짜리 집은 약 24만 파운드. 하우스보트가 집값의 10분의 1도 안 되는 셈이다. 물론 배에서 생활하는 데도 다른 비용이 꽤 든다. 2년마다 배를 땅으로 들어올려 수리하는 데 1,500파운드를 내야 한다. 취사용 가스비, 엔진 연료비, 배의 면허세와 안전보험

캄덴–리틀 베니스 보트 여행
경로 Camden Lock Market(Camden Town역) – London Zoo – Regent's Canal – Little Venice(Warwick Avenue 역)
운행 시기 4~10월, 시간은 홈페이지에서 확인
운임 성인 편도 8.5~9.5파운드, 왕복 12.5~14.5파운드
홈페이지 보트 운행회사 London Waterbus (londonwaterbus.com), Trip(Jason.co.uk)

5월 보트 축제
위치 Little Venice(Maida Avenue)

교통 Warwick Avenue 역
시기 매년 5월 첫째 뱅크 홀리데이 긴 토~월 3일간
홈페이지 www.waterways.org.uk

London Canal Museum
위치 12/13 New Wharf Road, King's Cross, Islington, N1 9RT
교통 King Cross & St. Pancras 역
오픈시간 화~일 10:00~16:30
입장료 성인 4파운드, 어린이 2파운드
홈페이지 www.canalmuseum.org.uk

런던 수로를 다니는 하우스보트.

료도 별도다. 집 소유주와 마찬가지로 배 소유주에게 런던시에서 부과하는 세금도 내야 한다.

그런가 하면 핍 자미슨은 하우스보트를 사무실로 쓴다. "고객들에게 하우스보트에서 커피 한잔하며 미팅하자고 하면 무척 좋아해요." 회사와 구직자를 연결하는 회사를 운영하는 그녀는 하우스보트에 사무실을 차린 후 고객들이 많이 늘었다고 말한다. 차고나 부엌에서 스타트업을 시작하는 사람들처럼 하우스보트도 런던에서 인기 있는 창업공간으로 꼽힌다. 버진그룹을 이끌고 있는 리처드 브랜슨이 15살 때 2,000파운드에 구입한 하우스보트에서 사업을 시작한 것은 유명한 일화다. 그의 하우스보트는 런던 마이다 베일의 일명 '리틀 베니스'에 있었다. 한편, 부동산 중개 사이트에서는 럭셔리하게 수리한 하우스보트들이 부자들의 별장으로 거래되기도 한다. 휴가 때 배를 빌려 1주일~한 달 동안 떠나는 '보트 홀리데이'도 인기 있는 휴가 상품이다.

런던에는 서북쪽 패딩턴에서 템스강과 합류하는 라임하우스 지역까지 이어지는 '리젠트 캐널'이라는 수로가 있다. 총 길이는 13.8km. 버밍엄과 런던을 잇는 길이 220km의 수로인 '그랜드 유니언 캐널'의 일부이기도 하다. 리젠트 캐널은 산업혁명 초기인 18세기 초반에 건설된 인공 수로로, 석탄, 모래, 직물 등을 템스강까지 배로 실어 나르기 위해 민간이 투자해 만든 것이다. 이후 철도 시대가 열리면서 수로의 전성기가 막을 내렸고, 1948년에 생태환경과 문화유산 보존을 위해 수로가 국영화되었다. 폭이 좁은 수로에 맞게 고안한 일명 '내로 보트$^{Narrow\ Boat}$'의 대부분이 하우스보트 용도로 사용되고 있다. 런던시 의회가 2013년에 발표한 자료에 따르면, 런던의 수로에는 약 3,000~4,000척의 하우스보트가 있으며, 여기서 약 1만 명이 생활하고 있다.

런던 정박법에 따르면 하우스보트에 살면서 정박료를 내지 않으려면 14일까지만 머물고 다른 곳으로 가야 한다. 만약 계속 정박하려면 장소에 따라 연간 1,500~1만 2,000파운드를 내야 한다. 한곳에 오래 정박하려는 배 주인과 동네 사람들 사이에 분쟁이 생기기도 하는데, 이를 피하기 위해 배를 2주마다 수백 미터만 꼼지락거리며 이동하는 달팽이족들도 있다.

런던 여행자라면 배를 타고 수로를 운항하며 운치 있는 런던의 풍경을 만날 수 있다. 리젠트 캐널 중에서 일반인이 보트 여행을 할 수 있는 코스는 캄덴 타운과 리틀 베니스를 오가는 코스. 배를 타고 왕복 1시간 30분 정도 걸리며 좁은 터널을 지나기도 하고 수로 양쪽으로 빅토리아 시대의 낡은 벽돌 건물이나 유서 깊은 펍과 카페를 볼 수 있다. 또한 5월이면 '보트축제'도 열린다. 리틀 베니스 지역의 수많은 보트에 직접 승선하여 구경할 수 있다. 주거용만이 아니라 카페, 인형극장, 헌책방 등 다양한 용도의 배를 구경할 수 있다.

한편, 배가 왕복하는 캄덴과 리틀 베니스 지역은 찰스 디킨스 소설과 연관이 깊다. 캄덴 타운은 구두쇠 영감 스크루지가 등장하는 《크리스마스 캐럴》의 무대이고, 리틀 베니스는 《데이비드 코퍼필드》에서 착한 유모 페고티가 사는 하우스보트가 있던 곳이다.

15/101

15시간 만에 지하철 역 270개를 주파하다
기네스 신기록, 지하철 미로 아트프로젝트에 응용

15시간 45분 38초.

런던의 튜브(런던 지하철의 애칭) 역 270개를 한 곳도 빠뜨리지 않고 들르는 데 걸린 최단 시간이다. 영국인 스티브 윌슨과 핀란드인 앤디 제임스는 2015년 5월에 이 분야에서 다시 기네스 신기록을 세웠다. 두 사람은 2008년에 자신들이 세운 기네스 신기록(16시간 44분 16초)을 깨는 데 계속 도전, 거의 매년 기록을 경신하고 있다.

어떤 경로로 가면 270개나 되는 역을 가장 빨리 돌 수 있을까? 이들은 역과 역 사이를 최단 시간에 움직이기 위한 '순서도'를 만들었다. 270개 역에 가는 순서대로 일련번호를 매긴 것이다. 스티브와 앤디가 2009년 기네스 신기록을 세울 때 만든 이 일련번호는 2013년 런던 튜브 역사 150주년을 기념하는 아트 프로젝트 '미로^{Labyrinth}'에 요긴하게 쓰였다.

런던의 튜브 역에는 이 일련번호가 적힌 흰색 에나멜 패널이 붙어 있다. 가로,

 아트 온 더 언더그라운드(ART ON THE UNDERGROUND)
art.tfl.gov.uk

미로 아트 프로젝트
art.tfl.gov.uk/labyrinth

런던 지하철 역에 마크 웰링거가 설치한 미로 프로젝트. 모두 270개 역에 각각 다른 미로 패널이 설치돼 있다.

 세로 60cm의 정사각형 패널에는 아티스트가 일일이 펜으로 쓴 일련번호가 적혀 있다. 예를 들어 피카딜리 서커스 역은 61/270, 킹스 크로스 역은 172/270, 캠덴 타운 역은 177/270, 그린 파크 역은 232/270. 1번은 동북쪽 체스햄 역에서 시작하고, 맨 마지막 270번은 히스로 터미널5 역에서 끝난다.

 런던의 270개 역에 1개씩 붙어 있는 이 패널은 일련번호만 다른 것이 아니다. 270개 역에 270가지 각기 다른 미로 그림이 그려져 있다. 대부분은 흰 바탕에 검고 굵은 선으로 미로의 길을 그리고 미로의 입구에 빨간색으로 X를 표시했다. 각각의 패널은 입구에서 출발해 출구를 찾아나가는 미로 게임판과 비슷하다. 역마다 미로 패널이 붙어 있는 위치는 일정하지 않다. 플랫폼 벽에 붙어 있는가 하면, 매표소 근처나 지하철 지도 옆, 기둥 뒤에 붙어 있어서, 미로 패널을 찾는 것이 숨은 그림 찾기 같다. 아티스트는 왜 하필 '미로'를 주제로 선택했고 270가지 다른 미로 그림을 역에 붙였을까?

 이 아트 프로젝트를 진행한 사람은 2007년 터너상 수상자이자 예술의 사회적 역할을 강조해온 예술가 마크 웰링거$^{Mark\ Wellinger}$다. 그는 의회 앞 이라크전 반대 캠페인 현장을 그대로 재현한 '스테이트 브리튼' 프로젝트, 트라팔가 광장에 세운 예수 형상의 '백내장 인간' 동상, 베를린 뮤지엄에서 곰 의상을 입고 잠자는 영상 등 작품을 발표할 때마다 화제를 몰고 다녔다.

그는 미로 프로젝트를 어떤 의도로 기획했을까?

"어린 시절 에섹스에서 살았는데, 집이 센트럴 라인과 가까워서 튜브가 지나가는 소리가 들리곤 했어요. 튜브 소리를 들으면 제가 사는 시골에서 도시가 연결되는 느낌이 들었어요. 이런 개인적 경험과 상상을 영적인 여정으로 만들 수 있지 않을까 생각했어요. 그러다 고대로부터 내려온 영적인 순례를 대표하는 디자인으로 '미로'를 떠올렸습니다."

런던교통국의 '아트 온 더 언더그라운드' 페이지 영상에서 그는 "튜브 역에는 특별히 숭고한 뭔가가 있다"고 말한다. 수백만 명의 사람들이 매일 모르는 사람들과 어깨를 부딪치며 오가고, 모르는 사람에게 기대어 잠드는 곳. 지하에서 복잡한 길을 따라 일터로 가고 집으로 다시 돌아오면서 길을 잃은 것 같지만 결국엔 집으로 돌아가는 과정이 마치 미로의 여정과 닮았다는 것이다.

웰링거는 미로를 디자인할 때 런던 지하철 디자인의 대표 아이콘으로 꼽히는 2가지 그래픽 디자인을 응용했다. 빨간색 둥근 원에 중앙을 가로지르는 파란 선 하나로 튜브 역임을 표시하는 '라운델', 튜브 맵 디자인의 전설로 꼽히는 '해리 벡의 튜브 맵'이 그것이다.

지금도 런던교통국 홈페이지의 미로 아트 프로젝트 페이지에서는 다양한 리뷰를 확인할 수 있다. 존 쿠퍼는 "미로 디자인과 번호 찾기에 푹 빠져서, 지금까지 270개 중에서 75%를 수집했다"는 리뷰를 올렸다. 히스로 역의 로저 카펜터 매니저는 "튜브 역과 지역사회를 연결하는 이런 예술이 바로 우리가 하려는 일"이라며 자부심을 보였다.

2000년부터 시작된 '아트 온 더 언더그라운드'라는 아트 프로젝트도 눈여겨볼 만하다. 이 프로젝트의 사명은 150여 년 전통의 튜브 역을 창조적인 현대 예술의 무대로 만들고 시민들과 소통하는 것. 아티스트들이 시리즈로 디자인하는 튜브 맵의 표지, 지하철 역사를 화려한 작품으로 감싸는 래핑 아트 등 혁신적인 프로젝트뿐 아니라, 튜브 역을 소재로 한 영화, 음악, 팟캐스트까지 예술 장르를 넘나들며 진행되고 있다.

16/101

루이 16세의 머리로 데드마스크를 만든 여인
런던의 마담 투소 박물관

오바마 대통령, 베네딕트 컴버배치, ET, 터미네이터, 헐크, 콜린 퍼스, 아인슈타인을 모두 한자리에서 만날 수 있는 곳, 마담 투소에는 영화배우, 스포츠 스타, 각국 정상, 유명 가수, 유튜브 스타 등 유명인사들의 모습을 본떠 만든 밀랍인형들이 전시되어 있다. 이곳의 이름은 왜 마담 투소일까?

마담 투소(1761~1850)는 1835년 런던에 처음 밀랍인형 전시관을 만든 사람이다. 본명은 안나 마리 그로숄츠. 마리는 1761년 독일과 프랑스의 국경 지역인 알자스 스트라스버그에서 태어났다. 마리의 엄마는 밀랍인형 제작기술을 가진 의사이자 해부학자 커티스 박사의 집에서 가정부로 일했고, 마리는 커티스 박사를 '삼촌'이라고 부를 정도로 가까운 사이였다. 커티스 박사는 마리 모녀와 함께 1767년 경 파리로 이주했고, 파리에서 밀랍인형 박물관을 열었다.

커티스 박사에게서 밀랍인형 제작기술을 배운 마리는 어려서부터 밀랍인형 제작에 특출한 재능을 보였고, 16세 때 첫 작품으로 프랑스의 철학자이자 작가인 볼테르의 밀랍인형을 완성했다. 마리가 만든 실물과 흡사한 밀랍인형들은 파

마담 투소(Madame Tussauds)
위치 Madame Tussauds, Marylebone Road, NW15LR **지하철** Baker Street 역
오픈시간 월~금 09:30~17:30, 토·일 09:00~18:00
입장료(온라인) 성인 29파운드, 어린이 24파운드 **홈페이지** www.madametussauds.co.uk

마담 투소의 영국 왕실 밀랍 인형.

리 사교계에 널리 알려졌고, 마리는 왕궁을 출입하며 루이 16세의 여동생 엘리자베스 공주에게 밀랍인형 제작법을 가르쳤다. 하지만 1789년 프랑스혁명이 일어나자 마리는 더 이상 왕궁 출입을 할 수 없게 된다.

마리의 스승 커티스 박사는 프랑스혁명으로 인한 정치적 격변기에 적대적인 귀족세력과 시민 혁명세력 사이에서 약삭빠르게 처신했다. 마리 역시 그의 스승과 마찬가지로 혁명이 일어나고 공포정치가 시작되자 왕실과의 관계에 대해서 입을 닫고 혁명세력의 요구에 복종했다.

혁명세력은 마리에게 단두대에서 처형된 사람들의 데드마스크를 만들게 했다. 마리는 루이 16세가 처형된 후에 그 머리로 본을 떠야 했고, 마리 앙트와네트와 엘리자베스 공주의 데드마스크도 같은 방식으로 만들었다. 1794년 혁명세력 내부 갈등으로 마리 모녀는 감옥으로 끌려가지만 로베스피에르가 처형당하자 풀려났고, 로베스피에르의 데드마스크도 만들었다. 마리는 오로지 밀랍인형을 만드는 기술로 자신에게 유리한 선택을 해나간 덕분에 혁명과 반혁명의 소용돌이 한가운데서도 살아남을 수 있었다.

공포정치가 끝나던 해, 커티스 박사는 세상을 떠나면서 마리에게 박물관을 물려주었다. 이듬해 프랑수아 투소와 결혼하면서 그녀는 마담 투소란 이름을 갖게 되었다. 프랑수아는 불성실하고 무책임한 남편이었다. 마리는 41세가 되던 해 결혼생활에 종지부를 찍고 밀랍인형 전시 투어를 위해 영국으로 건너갔다.

마리는 자기가 만든 데드마스크와 밀랍인형들을 가지고 무려 33년간 영국 전역을 돌아다니면서 전시를 했다. 그러다 74세가 되던 1835년 런던 베이커 스트리트에 정착해서 박물관을 열었다.

마리는 탁월한 기획자이자 마케터였다. 살인범들과 희생자들의 처참한 모습을 실감나게 전시한 '공포의 방'의 경우, 마리는 범죄현장을 완벽하게 재현하기 위해서 살인범들에게서 직접 소품을 사들일 정도였다. 마리는 80세가 넘어서도 검정 드레스에 레이스가 달린 검은 보닛을 쓰고 박물관 입구에 앉아 관람객들에게 직접 입장료를 받는 일을 좋아했다. 1850년 마리는 89세를 일기로 세상을 떠났고, 1883년 마리의 손자가 지금의 메릴번으로 박물관을 이전했다.

박물관에는 테마별 방도 있다. 영화 〈스타워즈〉, 드라마 〈셜록 홈스〉 외에도 패션, 마블, 유튜브, 스포츠, 왕실, 문화, 음악, 세계 지도자, 런던의 탈것 등을 테마로 방을 꾸며 놓았다. 그중에서도 2015년에 설치된 〈스타워즈〉 방은 영화팬들의 발길이 끊이지 않는 곳이다. 당시 스타워즈 에피소드 7의 개봉에 맞춰 공개한 '스타워즈의 세계'는 디즈니, 루카스 필름과의 협업으로 스타워즈에 등장하는 캐릭터뿐만 아니라 영화 속 배경까지 그대로 살려냈다. 한 솔로의 우주선 밀레니엄 팔콘, 요다가 지내고 있던 다고바 행성 등 최대한 실감나는 장면을 연출하기 위해서 180명의 뛰어난 조각가가 참여했다. 가장 재현하기 힘들었던 캐릭터는 풍성한 털의 소유자 추바카로, 제작에 1,000시간이 넘게 걸렸다고 한다.

밀랍인형 제작에 얽힌 뒷이야기

밀랍인형 하나의 제작 기간은 4개월이다. 처음에는 밀랍인형의 안구를 유리로 만들었고 치아는 실제 치아를 사용했다. 지금도 안구는 유리로 만들지만 더 이상 실제 치아는 사용하지 않는다. 눈동자 제작기간은 2일, 머리 색칠에는 35시간, 모발 제작에는 140시간이 걸린다. 밀랍인형 크기는 실제보다 2% 크게 만든다. 제작기간 동안 그만큼 수축되기 때문이라고 한다.

17/101

17곳의 수제 양조장을 돌아보는 흥겨운 맥주 순례
버몬지 비어 마일 9곳, 해크니 브루어리 트레일 8곳

저녁이면 런던 시내는 펍 앞에 모여 서서 맥주잔을 들고 왁자지껄 떠드는 직장인들로 진풍경을 이룬다. 특히 금요일 저녁이면 맥주를 마시는 사람들이 인도를 가로막을 정도로 붐빈다. 그런데 이 광경을 보며 더 의아했던 건, '어떻게 안주 없이 마실까?'였다. 답은 단순할지 모른다. 맥주가 맛있기 때문에!

  런던은 신선하고 맛있는 수제맥주를 찾아다니는 사람들에게 성지로 주목받고 있다. 아일랜드의 더블린에 있는 기네스 공장까지 찾아갈 필요 없이 런던에서도

런던 버몬지의 수제 맥주공장 파티잔에서 일하는 사람들. © Partizan Brewing

버몬지 비어 마일(Bermondsey Beer Mile) 9곳

버몬지 지역 공장 9곳에서 갓 생산한 신선한 맥주를 즐길 수 있도록 만든 투어 코스다. '버몬지 비어 마일'은 포퓨어(Fourpure) 공장에서 시작해 앤스파크 앤 홉스데이(Anspach & Hobsday) 공장에서 끝난다. 거리는 약 2.4km다. 공장 안에 있는 탭(tap)이라는 공간에서 맥주를 사서 마실 수 있다. 햇볕이 좋은 날에는 맥주공장 앞에 설치된 임시 테이블에서 맥주를 마실 수 있다.

교통: 사우스 버몬지 기차 역(South Bermondsey Rail Station) 또는 버몬지(Bermondsey) 지하철역에서 내려서 포퓨어 브루잉(Fourpure Brewing)부터 출발.

1. Fourpure Brewing Co
위치 22 Bermondsey Trading Estate, Rotherhithe New Road, SE16 3LL
오픈시간 금 16:00~20:00, 토 11:00~20:00
홈페이지 fourpure.com

2. Eebria Tap Room
위치 15 Almond Road, SE16 3LR
오픈시간 토 11:00~17:00
홈페이지 www.eebria.com

3. Partizan Brewing
위치 8 Almond Road, SE16 3LR
오픈시간 토 11:00~17:00
홈페이지 www.partizanbrewing.co.uk

4. Kernel Brewery
위치 Arch 11, Dockley Road Industrial Estate, SE16 3SF
오픈시간 토 09:00~14:00(병맥주 테이크아웃으로만 판매)
홈페이지 www.thekernelbrewery.com

5. Brew by Numbers
위치 79 Enid Street, SE16 3RA
오픈시간 금 18:00~22:00, 토 11:00~19:00
홈페이지 www.brewbynumbers.com

6. UBrew
위치 Old Jamaica Business Estate, 24 Old Jamaica Road, SE16 4AW
오픈시간 화, 수, 토, 일 12:00~17:00, 목, 금 12:00~23:00
홈페이지 ubrew.cc

7. Bottle Shop
위치 128 Druid Street, SE1 2HH
오픈시간 토 10:00~17:00, 일 12:00~18:00
홈페이지 www.bottle-shop.co.uk

8. Anspach & Hobday
위치 118 Druid Street, SE1 2HH
오픈시간 금 17:00~21:30, 토 10:30~17:30, 일 12:30~17:00
홈페이지 www.anspachandhobday.com

9. Southwark Brewing Co
위치 46 Druid Street, SE1 2EZ
오픈시간 금 17:00~22:00, 토 11:00~18:00
홈페이지 southwarkbrewing.co.uk

해크니 브루어리 트레일(Hackney Brewery Trail) 8곳

버몬지 비어 마일이 인기를 끌자 해크니 지역 맥주공장들도 8km에 이르는 투어 코스를 공개했다. 해크니 투어에서는 40여 년 전통의 수제맥주 공장 런던 필즈 브루어리, 펍에서 만든 수제맥주를 맛볼 수 있는 듀크 브루, 런던 최초의 '탱크 바'로 저장탱크에 달린 꼭지에서 신선한 상태의 맥주를 바로 따라 마실 수 있는 하울링 호프 탱크 바를 비롯해 8곳의 독특한 맥주공장을 방문할 수 있다. 해크니 브루어리 트레일 역시 가이드가 따로 없이 공장이 문을 여는 시간에 들러보면 된다.

교통: 해제스턴(Haggeston) 지하철역에서 출발

1. Duke's Brew & Que
위치 33 Downham Road, N1 5AA
오픈시간 월~수 16:00~23:00, 금 16:00~23:30, 토 12:00~23:30, 일 12:00~22:30
홈페이지 dukesbrewandque.com

2. London Fields Brewery
위치 365-366 Warburton Street, E8 3RR
오픈시간 목 17:00~24:00, 금 15:00~24:00, 토, 일 12:00~24:00
홈페이지 londonfieldsbrewery.co.uk

3. The Cock Tavern
위치 315 Mare Street, E8 1EJ
오픈시간 월~목 11:00~23:00, 금 11:00~24:30, 토 10:30~24:30, 일 10:30~22:30
홈페이지 thecocktavern.co.uk

4. The People's Park Tavern
위치 360 Victoria Park Road, E9 7BT
오픈시간 일~목 12:00~24:00, 금 12:00~01:00, 토 12:00~02:00
홈페이지 peoplesparktavern.pub

5. Howling Hops Tank Bar
위치 Queens Yard, White Post Lane, E9 5EN
오픈시간 일~목 12:00~23:00, 금~토 12:00~24:00
홈페이지 howlinghops.co.uk

6. Crate Brewery
위치 Unit 7 Queens Yard, E9 5E
오픈시간 일~목 12:00~23:00, 금~토 12:00~24:00
홈페이지 cratebrewery.com

7. The Plough at Swan Wharf
위치 60 Dace Road, E3 2NQ
오픈시간 일~목 10:00~22:30, 금, 토 10:00~12:30
홈페이지 hackneyplough.co.uk/swan-wharf

8. Tap East
위치 7 International Way, E20 1EE
오픈시간 월~토 11:00~23:00, 일 12:00~22:00
홈페이지 tapeast.co.uk

수제맥주 공장 파티잔 맥주 로고들.

맥주공장 방문이 가능하다. 주로 금요일 저녁과 토요일에만 일반인에게 문을 열어주는 수제맥주 공장에 찾아가 신선한 맥주를 마시는 것은 맥주 마니아라면 놓칠 수 없는 즐거움이다.

런던의 맥주순례 코스는 맥주공장이 모여 있는 동네인 버몬지와 해크니 지역이 유명하다. 우선 템스강 남쪽의 버몬지 비어 마일$^{Bermondsey\ Beer\ Mile}$은 2010년 이후 새로 생긴 맥주공장 9곳을 차례로 둘러보는 코스다. 동부의 해크니 브루어리 트레일$^{Hackney\ Brewery\ Trail}$은 역사가 오래된 맥주공장과 소량 생산하는 수제맥주를 맛볼 수 있는 펍 등 8곳을 이어놓은 코스다.

《맥주의 모든 것》 저자 조슈아 번스타인에 따르면 수제맥주는 전통 맥주를 매년 600만 배럴 미만으로 생산하는 소규모 독립 양조장의 맥주를 말한다. 그러나 요즘은 전통 기법이나 소규모가 아닌데도 이 용어를 쓰는 경우가 꽤 있다.

맥주공장 투어 코스는 스스로 구글 지도 등을 검색해 공장을 찾아다니는 식이다. 구글지도에서 버몬지 비어 마일 또는 해크니 브루어리 트레일을 검색하면 맥주공장의 위치를 알 수 있다. 매주 토요일에 공장을 오픈하며, 금요일 오후에 여는 곳도 있으니 방문 전 확인은 필수다.

런던의 대표 맥주 10가지

맥주의 종류는 크게 라거와 에일로 나뉜다. 라거(lager)는 발효통 아래에 가라앉는 하면발효 효모로 낮은 온도에서 장시간 숙성한 맥주다. 밝은 색을 띠며 탄산이 많은 특징이 있으며, 시중에서 파는 맥주는 라거가 대부분이다. 에일(ale)은 효모가 상면에 떠 있는 상면발효 맥주로 쓴맛이 강하며 탄산이 적다. 에일은 다채로운 향을 낼 수 있고 풍미가 짙다. 전형적인 영국 맥주는 에일 맥주로, 에일의 향과 풍미에 따라 홉의 향이 더 강한 비터(bitter), 알코올 도수가 낮은 브라운 에일(brown ale)을 꼽는다.

런던이 원산지인 맥주 종류는 포터(porter)다. 피터 아크로이드의 《런던 전기》에 따르면 17세기 초, 달콤한 향을 첨가해 4~5개월 숙성한 맥주가 생산됐는데, 짐꾼(porter)과 같은 노동자들이 아침 저녁으로 마셨다고 해서 '포터'라는 이름이 붙었다. 포터는 시티지역에서 유일하게 양조되는 맥주였는데, 브라운 에일보다 향미가 강한 브라운 포터(brown porter), 카라멜과 과일향을 가미한 발틱 포터(baltic porter) 등 다양한 종류가 나왔다. 흑맥주 스타우트(stout) 종류에는 기네스와 같은 아이리시 드라이 스타우트(irish dry stout), 오트밀에 너트나 초콜릿향을 가미한 오트밀 스타우트(oatmeal stout) 등이 있다. 향미가 강한 포터를 스타우트로 부르기도 했는데, 오늘날에는 포터와 스타우트가 구분 없이 사용되기도 한다.

런던의 대표적인 맥주 브랜드는 무엇일까? 2016년 초에 〈인디펜던트〉지에서 수제맥주 전문가가 추천한, 전통에 신기술을 더한 일명 '컨템퍼러리 클래식' 맥주 10개를 발표했다. 메모했다가 런던에 갈 때 찾아보자. 대부분 막스 & 스펜서, 세인즈버리 등 슈퍼 체인에서 병맥주 또는 캔맥주로 살 수 있으며, 일부는 맥주공장이나 온라인숍에서만 살 수 있다.

1. Beavertown / 'Gamma Ray'
2. Fuller's / 'London Porter'
3. Anspach & Hobday / 'The Smoked Brown'
4. The Kernel Brewery / 'India Pale Ale'
5. Crate Brewery / 'Stout'
6. Howling Hops / 'Pils'
7. Fourpure / 'Beartooth'
8. Weird Beard / 'Saison 14'
9. Pressure Drop / 'Pale Fire'
10. The Five Points Brewing Co / 'London Smoke'

18/101

런던 대학(University of London) 소속 18개 칼리지
런던에 런던 대학이 없는 이유

케임브리지에는 케임브리지 대학이 없고, 옥스퍼드에는 옥스퍼드 대학이 없다. 마찬가지로 런던에는 '런던 대학'이란 이름의 대학이 없다. 런던 대학^{University} $_{of\ London}$은 런던에 있는 18개 독립적인 대학의 느슨한 연합체를 가리킨다. 지난 2007년 임페리얼 칼리지 런던이 빠지고, 2016년 9월 시티 대학이 합류하면서 대학 18곳을 비롯해 연구기관 9곳 등 모두 27곳이 런던 대학 소속이다. 학생 수는 런던에만 약 12만 명이고, 180여 개국의 해외 원격 러닝 이수자 약 5만 명을 포함하면 17만 명에 달한다.

   런던에 가서 런던 대학을 찾는 것도 무리지만, 소속 칼리지를 찾는 것도 쉬운 일은 아니다. 런던의 블룸스버리를 중심으로 런던대 소속 칼리지 캠퍼스가 140개 건물에 흩어져 있고, 캠퍼스에 담장도 거의 없어서 어느 구역까지가 어느 칼리지인지 구획짓기가 어렵다. 필자가 유니버시티 칼리지 런던^{UCL}에 다닐 때도 강의를 듣기 위해 블룸스버리 근처의 여러 건물들을 옮겨 다녔는데, 도서관이 있는 본관 건물을 제외하고는 건물 외관만 봐서는 구분하기 어려울 정도로 여러 건물과 여러 층에 흩어져 있었다.

   런던 대학의 시초인 '런던 유니버시티'가 출범한 때는 1826년. 중세에 세워진 옥스퍼드(1167년)와 케임브리지(1209년)가 종교 중심의 대학인데 비해 런던 유니버시티는 영국 최초로 종교와 무관한 대학으로 설립됐다. 설립자들은 제임스

런던대의 시초가 된 유니버시티 칼리지 런던(UCL).

밀, 헨리 보홈 등 제레미 벤담의 정신을 이어받은 자유주의자연합 출신. '최대 다수의 최대 행복'을 주장한 공리주의 철학자 제레미 벤담이 설립자로 알려져 있지만, 실제로 그는 설립 자금 100파운드를 냈을 뿐 설립 과정에는 거의 참여하지 않았다. 그럼에도 벤담은 런던 대학의 '정신적 지주'로 불리는데, 그의 공리주의와 실용주의 철학이 대학 설립 이념의 근간이 되었기 때문이다.

제레미 벤담은 사후에도 자신의 철학을 몸소 보여주고 있다. 현재 유니버시티 칼리지 런던 본관 남쪽 복도의 목재 캐비닛 안에 앉아 있는 그의 실물 크기 '자기 성상$^{auto-icon}$'이 그 증거다. 그는 사후에 시신을 해부용으로 누구에게 기증하고, 해부 후 초상은 누가 만들지 지정하는 유언을 남겼는데, 그 유언대로 사후에 시신이 해부되고 그가 소위 '자기 성상'으로 부른 박제가 제작된 것이다. 모자를 쓰고 의자에 앉아 지팡이를 쥐고 있는 형상을 만들기 위해 뼈 주변에 지푸라기를 채우고 생전에 입던 옷을 입혔는데, 두상은 왁스 작업으로 이후에 만든 것이라고 한다. 미라로 만든 두상이 부패해 대체한 것. 특이하게도 한동안 두상 미라를 그의 발치에 놓아두었는데, '학교 괴담'의 소재가 될 만큼 으스스해 보여서 다른 곳으로 옮겨 보존하고 있다.

제레미 벤담의 정신을 이어받은 UCL은 설립 이념에 맞게 종교, 계급, 인종,

UCL에 있는 공리주의자 제레미 벤담의 자기 성상.

성별에 관계없이 누구에게나 입학을 허가했다. 1850년에는 노동계급에게 입학을 허가했는데, 작가 찰스 디킨스는 1859년 한 잡지에 '다락방에서 공부하는 젊은 구두닦이에게조차 손을 내밀어주는 인민의 대학$^{People's University}$'이라고 평했다. 영국 대학 최초로 1876년 여성에게 입학을 허가한 곳도 UCL이다.

한편, 런던 유니버시티가 설립된 지 5년 후인 1831년에 영국성공회가 설립한 대학이 킹스 칼리지다. 두 대학이 학위수여권을 둘러싸고 왕실의 특허장$^{Royal Charter}$을 얻기 위해 다툼을 벌이자 이를 조정하기 위해 1836년 설립한 제3의 기구가 '유니버시티 오브 런던'. 오늘날 런던 대학의 뿌리다. 런던 유니버시티는 당시 '유니버시티 칼리지, 런던'으로 이름을 바꾸었다가, 1976년에 콤마(,)를 뺀 '유니버시티 칼리지 런던'으로 바꾸었다. UCL과 킹스 칼리지에 이어 이후 왕립음악원, 런던 비즈니스 스쿨 등 16개 대학이 런던 대학에 합류, 2017년 현재까지 모두 18개 대학이 소속돼 있다.

런던 대학이 배출한 노벨상 수상자는 2017년까지 총 98명. UCL 30명, 런던 정경대 18명, 킹스 칼리지 런던 12명 등이며, 주로 과학과 의학 분야 수상자가 많다. 문화예술계에도 런던 대학 출신 저명인사가 많다. 세계 각국의 대통령과 수상 54인이 런던 대학 출신이다. 영화감독으로 크리스토퍼 놀란 감독, 뮤지션으로 엘튼 존, 크리스 마틴을 비롯한 콜드 플레이 멤버들, 소프라노 레슬리 가렛 등이 꼽힌다. 데미안 허스트, 안토니 곰리, 마크 웰링거 등은 골드스미스 대학 출신으로 현대 미술계를 이끌고 있다. 작가로는 T.S. 엘리엇, 토머스 하디, 서머싯 몸, 존 러스킨, H.G. 웰스, 버지니아 울프, 알랭 드 보통 등이 런던 대학을 거쳐간 인물들이다.

한편 런던 대학 본부가 있는 블룸스버리의 세네트 하우스$^{Senate House}$는 조지 오웰의 소설 《1984년》의 무대라는 설이 있다. 《1984년》에는 빅브라더가 모든 사람들을 감시하는 진실부 Ministry of Truth가 나오는데, 작가가 세네트 하우스를 모델로 했다는 것. 건축가 찰스 홀든이 1930년대에 지은 이 건물은 당시에는 보기 드문 '아르데코' 양식으로, 단순하고 무뚝뚝한 흰색 외관을 비난하는 사람들이 많았다고 한다. 건물 높이는 64m로, 당시 성당 건축물을 제외하면 런던에서 가장 높았다. 어느 흐린 날, 높이 솟은 흰색 건물 위로 우중충한 먹구름이 지나가는 모습을 보면, 조지 오웰이 감시와 억압체제의 상징으로 묘사한 '진실부'의 이미지가 연상되기도 한다. 이 건물은 제2차 세계대전 중 영국 정보부 기지로 쓰였으며, 현재 이 건물 내 도서관은 영국에서 가장 큰 인문학 도서관으로 꼽힌다.

런던 대학(University of London) 소속 18개 칼리지(알파벳순)

1. 버벡(Birkbeck)
2. 코톨드 예술대학(Courtauld Institute of Art)
3. 골드스미스(Goldsmiths)
4. 헤이스롭 칼리지(Heythrop College)
5. 암 연구대학(The Institute of Cancer Research)
6. 킹스 칼리지 런던(King's College London)
7. 런던 비즈니스 스쿨(London Business School)
8. 런던 경제 정치과학 대학(The Londond School of Economics and Political Science)
9. 런던 위생&열대의학 대학(London School of Hygiene and Tropical Medicine)
10. 퀸 메리(Queen Mary)
11. 왕립 음악원(Royal Academy of Music)
12. 왕립 연설&연극 중앙대학(The Royal Central School of Speech and Drama)
13. 로열 훌러웨이(Royal Holloway)
14. 왕립 수의과 대학(The Royal Veterinary College)
15. 세인트 조지(St George's)
16. 동양·아프리카학 대학(SOAS, The School of Oriental and African Studies)
17. 유니버시티 칼리지 런던(UCL, University College London)
18. 시티 유니버시티 런던(City University London)

*대학명은 통일된 한국어 명칭이 없다.
출처: 런던 대학 홈페이지 www.london.ac.uk

19/101

이색적인 런던의 길 이름 19가지

하-하 길, 실바늘 길, 피 흘리는 심장의 길 들어보셨나요?

런던에서 독특한 거리 이름을 보면, 그 유래가 궁금해진다. 유머러스한 이름, 속어나 은어로 된 이름, 역사를 담은 이름 등 호기심을 자아내는 길 이름 19가지.

새장 길 ^{Birdcage Walk} | 세인트 제임스 파크 남쪽을 끼고 이어지는 버드케이지 워크. 매사냥을 좋아하는 제임스 1세가 17세기 초에 세운 왕립 새사육장이 있던 길이다. 그로부터 약 200년 동안 왕실 인사나 허락받은 새 사냥꾼들은 마차를 타고 지나가고, 일반인들은 걸어다녔다.

기마병 길 ^{Horse Guards Road} | 2002년에 이전한 기마병 청사가 있는 길이어서 '기마병 길'이라고 부른다. 더 몰에서 시작해 세인트 제임스 파크를 오른쪽에 끼고 버드케이지 워크까지 이어진다. 매년 6월에 열리는 여왕 생일 축하 퍼레이드 때 기마병들이 행진하는 길이다.

기사의 길 ^{Knightrider Street} | 기사의 길은 런던 시티에서 세인트 폴 대성당의 남쪽에 이르는 짧은 길이다. 16세기 역사학자 존 스토는 《런던 조사》(1598)에서 "런던 타워에서 무장을 하고 말을 탄 기사들이 이 길을 따라 스미스필드로 갔고, 거기서 왕이 지켜보는 앞에서 마창시합을 벌이거나 행사를 펼쳤다"고 유래를 밝혔다.

피 흘리는 심장의 공터
Bleeding Heart Yard

블리딩 하트 야드는 런던 동북부 패링던에 있는 자갈이 깔린 공터다. 블리딩 하트 야드란 이름은 엘리자베스 하튼 부인의 끔찍한 죽음과 연관이 있다는 설이 있다. 1626년 1월 하튼의 집에서 큰 무도회가 열렸고 젊고 아름다운 엘리자베스 부인은 어느 스페인 대사와 무도회장에서 춤을 추다가 함께 밖으로 나갔다. 다음날 그녀의 시신이 집 마구

17세기 엘리자베스 하튼 부인 전설로 알려진 '피 흘리는 심장의 공터'.

간 뒤편 자갈이 깔린 뜰에서 발견되었고 그녀의 심장은 여전히 자갈 위로 피를 뿜어내고 있었다. 스페인 대사가 악마였다는 소문이 퍼졌다. 한편, 이 지역에 정통한 찰스 디킨스는 소설 《작은 도릿》에서 블리딩 하트 야드에 얽힌 다른 이야기를 담았다. "한 어린 숙녀가 정혼자와 결혼을 거부하고 진정한 사랑을 쟁취하려 했고, 비정한 아버지가 딸을 탑에 가두는 바람에 끝내 죽음을 맞이했다. 그녀는 죽음에 이를 때까지 창가에 서서 사랑노래를 읊조렸다. '피 흘리는 가슴, 피 흘리는 가슴, 피 흘리며 세상을 떠나리.'"

고스웰 로드 Goswell Road

현재 런던 시티 스퀘어마일 안에 로드는 단 하나, 고스웰 로드뿐이다. 로드란 용어는 17세기에 유행하기 시작한 말로, 런던의 원도심인

스퀘어마일 안에는 로드란 명칭이 없었다. 고스웰 로드는 1994년 행정구획 변경으로 스퀘어마일에 편입되면서 유일한 로드가 되었다.

투계 계단 Cockpit Step | 웨스트민스터에는 코크핏 스텝(투계 계단)이란 이름의 계단 길이 있다. 버드케이지 워크와 올드 퀸 스트리트 사이를 잇는 이 좁은 계단 길은 엘리자베스 시대부터 닭들끼리 싸움을 벌이게 했던 투계에서 유래했다. 이 계단은 실제로 18세기 상류층들이 투계를 보며 도박을 즐겼던 '왕립 투계 경기장'의 일부였다.

사랑의 골목 Love Lane | 1343년 기록에 따르면 런던 여러 곳에 러브 레인이라는 길이 있었다. 지금은 세인트 폴 대성당 근처의 좁은 골목에만 이 이름이 남아 있다. 연인들이 프러포즈를 하거나 웨딩사진을 찍는 핫 플레이스.

푸딩 레인 Pudding Lane | 이 길은 먹는 푸딩과는 관계가 없다는 게 정설이다. 중세 시대에는 동물의 위를 '푸딩'이라고 불렀는데, 근처 템스강변에 도살장이 많았기 때문으로 추정된다. 푸딩 레인이 더 유명해진 것은 1666년 9월 초에 단 3일 동안 당시 런던의 80%를 불태운 대화재가 시작된 빵집이 있었기 때문이다.

스레드니들 스트리트 Threadneedle Street | 왜 거리 이름이 '실바늘'이 되었을까? 1347년부터 런던의 실 제작자와 바늘 제작자 동업조합의 회관이 여기 있었기 때문이라는 설이 있다. 런던 최초로 개통된 버스노선은 이곳 스레드니들 거리에서 패딩턴까지였다. 당시 버스는 마차를 개조한 '옴니버스'로 20명까지 탈 수 있었다.

페티 프랑스 Petty France | 세인트 제임스 파크 역 근처의 페티 프랑스. 300m가 채 안 되는 이 길은 16세기에 종교박해를 피해 영국에 망명온 어느 프랑스인이 정

착한 곳이었다. 당시 이 지역에 상류층이 주로 살았기 때문에 길 이름도 작은 프랑스라는 뜻의 '프티 프랑스'에서 유래했으리라는 설이 유력하다.

상한 길^{Rotten Row} | 하이드 파크 남쪽에 있는 '상한 길'이라는 이상한 이름은 본래 프랑스어 '왕의 길^{Route du Roi}'이 변형된 것으로 윌리엄 3세가 켄싱턴 궁전을 오가던 길이었다.

즐거운 산^{Mount Pleasant} | 길 이름과는 달리 중세 시대 때 온갖 오물을 버리던 길이었다. 템스강으로 이어지는 지류가 흐르던 이 길은 하수도 시설이 없던 당시에 악취와 전염병의 온상이었다. 이곳보다 템스강에 더 가까운 셔본 레인^{Sherborne Lane}은 오랫동안 인간과 동물의 오물을 마구 버리던 공중 화장실 역할을 했다.

리틀 브리튼^{Little Britain} | 두 코미디언이 수시로 역할을 바꿔서 나오는 TV 코미디물 〈리틀 브리튼〉과는 관계가 없다. 찰스 디킨스의 《위대한 유산》에 나온, 서점들이 모여 있는 거리를 응용한 이름이다.

목발 짚은 수도사^{Crutched Friars} | 크러치^{Crutch}는 '십자가'라는 라틴어 어원을 갖고 있다. 런던 타워 근처의 이 거리에는 1298년에 세워진 같은 이름의 수도원이 있다.

냉혹한 검의 길^{Hanging Sword Alley} | 영국 신문의 발상지인 플리트 스트리트 근처에 있는 골목. 이곳에 있는 펜싱과 검술학교에서 거리 이름을 본땄다. 빅토리아 시대에 이곳은 무시무시한 범죄 소굴이었다.

하-하 길^{HA-HA Road} | 하하^{HA-HA}는 웃음소리라는 뜻도 있지만, 갑자기 나타나는 수직벽을 뜻하기도 한다. 보통 정원이나 목초지의 언덕배기에 세워둔 작은 수직벽을 말하는데, 그리니치 동쪽에 있는 이 동네 울위치 근처에 숨겨진 참호가 있다는 표시로 하-하 길이 생겼다.

검은 왕자의 길 Black Prince Road | 영국의 왕 에드워드 3세의 장남의 별명으로 알려져 있다. 셰익스피어가 쓴 희곡 《리처드 2세》와 《헨리 5세》에도 '블랙 프린스'라는 별명이 등장한다. 프랑스와의 전쟁에서 검은 방패를 들고 용감하게 싸웠기 때문이라는 설이 있다. 그는 전장에서 얻은 병에 시달리다 46세 때인 1376년에 아버지보다 1년 먼저 세상을 떠났다.

인권운동가를 기리는 길 | 영국에는 남아프리카의 인권운동가 넬슨 만델라를 기리는 길이 25군데 있다. 전세계 만델라 길의 3분의 1로 추정된다. 런던에는 1981년 만델라 클로스 Mandela Close 가 북부 브렌트에 생긴 것을 시작으로, 캄덴 지역과 오벌 지역에 각각 만델라 스트리트 Mandela Street, 서더크 지역에 만델라 웨이 Mandela Way, 그리니치 지역에 넬슨 만델라 로드 Nelson Mandela Road 등이 자리잡았다.

시티의 거리 시장 | 상업과 무역의 중심지였던 런던 시티에는 칩사이드 Cheapside 라는 길이 있다. 칩은 중세 영어로 시장을 뜻한다. 이 길 근처에는 시장에서 거래되던 물품에서 유래한 길 이름이 많다. 빵의 거리는 제빵사들이 빵을 팔던 길거리 마켓이었다는 1302년 기록이 전해진다. 또한 꿀 골목 Honey Lane 은 꿀, 목재 거리 Wood Street 는 목재, 우유 거리 Milk Street 는 우유, 가금류 Poultry 골목은 닭과 오리와 같은 가금류를 거래하던 시장이 열리던 곳이다. 중세 시대에 금요일마다 수산시장이 열렸던 곳은 금요일의 거리 Friday Street 로 불린다.

런던 길 이름의 차이

런던의 길 이름에는 스트리트(street), 로드(road), 레인(lane), 앨리(alley), 패시지(passgae), 클로스(close), 플레이스(place), 애비뉴(Avenue) 등이 붙어 있다. 정확하게 구분되는 것은 아니지만, 스트리트와 로드는 비교적 큰 길, 레인은 일방통행로, 앨리와 패시지는 골목길, 클로스는 막다른 길, 플레이스는 주택을 둘러싼 길, 애비뉴는 가로수가 늘어선 길을 뜻했다. 도시가 개발되면서 길 이름도 혼용되고 있다.

20/101

20파운드의 새 얼굴, 화가 윌리엄 터너
영국인이 가장 사랑하는 화가, 지폐의 주인공이 되다

2020년부터는 20파운드 지폐의 새 얼굴로 영국의 국민화가 조지프 말러드 윌리엄 터너를 볼 수 있다. 영국 중앙은행은 2016년 4월, 윌리엄 터너가 20파운드 지폐의 주인공으로 선정됐다고 발표했다. 이 지폐에는 터너가 24세 때 그린 자화상과 64세 때 발표한 대표작 '전함 테메레르호 Fighting Temeraire'가 인쇄된다. 또한 "빛은 그러므로 색이다 Light is therefore colour"라는 터너의 말도 새겨진다.

윌리엄 터너는 영국인이 가장 사랑하는 화가다. 1995년 BBC 라디오4와 내셔널 갤러리가 공동으로 조사한 '영국이 소장 중인 가장 위대한 그림'을 뽑는 설문조사에서 영국인들은 1위로 터너의 작품 '전함 테메레르호'를 뽑았다. 런던 내셔널 갤러리 34번 전시실에 있는 이 그림은 테메레르 전함이 30년 가까운 항해를 마치고 배를 해체하는 마지막 여정으로 향하는 모습을 담은 것이다. 이 전함은 1805년 넬슨 제독이 프랑스와 스페인의 연합 함대와의 트라팔가 해전에서 승리

20파운드 지폐에 들어가는 윌리엄 터너의 그림이 있는 미술관
1. 1799년 자화상(self-portrait), Tate Britain(테이트 브리튼)
2. 전함 테메레르호(The Fighting Temeraire), National Gallery(내셔널 갤러리)
위치 내셔널 갤러리 내 룸 34, Trafalgar Square, Westminster, WC2N 5DN
지하철 Charing Cross 역 **오픈시간** 매일 10:00~18:00(금 10:00~21:00)
입장료 무료 **홈페이지** http://www.nationalgallery.org.uk

20파운드 지폐에 등장할 화가 윌리엄 터너의 '전함 테메레르호'.

를 이끄는 등 영국 해군의 상징과도 같은 배였다. 영국 중앙은행이 발표한 20파운드 새 지폐 시안에는 이 전함을 배경으로 청년 터너의 초상화가 담겨 있다.

영국 중앙은행은 위인들의 업적을 기리기 위해 파운드화 지폐 속 인물을 10년에서 15년 주기로 교체해왔다. 지폐 속 인물은 허구가 아닌 실존인물이되 살아 있는 인물은 제외된다. 2007년 발행되어 현재까지 통용되는 20파운드에는 《국부론》으로 유명한 경제학자 애덤 스미스의 얼굴이 들어 있다.

2015년 5월 19일 영국 중앙은행 총장은 V&A 뮤지엄에서 기자회견을 열어 20파운드 지폐의 새 얼굴이 될 인물을 추천해 달라고 요청했다. 조건은 비주얼 아티스트로 한정하되, 화가, 조각가, 패션 디자이너, 영화감독, 도자기 공예가, 건축가까지를 포함한다고 명시했다. 두 달 동안 2만 9,701명의 예술가가 추천을 받았고, 그중 590명의 예술가가 1차로 추려졌다. 심의를 통해 2차 후보군으로는 디자이너 알렉산더 매퀸, 토머스 버버리, 화가 프랜시스 베이컨, 윌리엄 호가스, 루시안 프로이드, 패션 사진작가 노먼 파킨슨, 그림책 작가 베아트릭스 포터, 영화감독 알프레드 히치콕, 토니 스콧, 스탠리 큐브릭 등이 올랐다. 윌리엄 터너와 경합한 최종 후보 4인은 여성 조각가 바버라 헵워스, 영화감독 찰리 채플린, 도자기 회사 웨지우드 창업자 조지아 웨지우드, 화가 윌리엄 호가스였다.

윌리엄 터너의 '자화상'.

윌리엄 터너는 1775년 런던 코벤트 가든에서 이발사이자 가발 제조가의 아들로 태어났다. 14세의 이른 나이에 뛰어난 재능을 인정받아 왕립 미술 아카데미에 입학한 그는 곧 두각을 나타냈다. 15세 때 왕립 미술 아카데미의 여름 전시에 참가 자격을 얻었고, 27세에 이미 왕립 미술 아카데미 회원이 되었다.

영국과 유럽 각지를 여행하며 주로 빛과 자연에 대한 탐구를 캔버스에 옮겨 담았던 터너는 '영국 인상주의 화가'로 불린다. 그는 훗날 에두아르 마네, 클로드 모네 등 프랑스 인상주의 화가들에게 영향을 주었다. 터너는 시시각각 변하는 영국의 하늘을 가장 잘 표현한 화가로, 템스강변에서 몇 시간이고 하늘을 계속 스케치하곤 했다. 런던의 테이트 브리튼과 내셔널 갤러리에 남아 있는 그의 풍경화 속 하늘에는 하얀 뭉게구름이 향연을 벌이다가도 바람에 몰려가는 영국 하늘의 변화무쌍한 순간이 담겨 있다.

터너는 유언을 통해 약 550점의 유화, 약 2,000점의 수채화, 약 3만 점의 스케치와 함께 스케치북 300여 개를 갤러리에 전시해달라는 조건으로 국가에 기증했다. 유언에 따라 터너의 작품들은 런던의 테이트 브리튼의 동관 빌딩 클로르 갤러리에 전시되어 있으며, 기증된 작품수가 많아서 테마별로 번갈아가며 전시된다. 아울러 테이트는 그를 기리기 위해 1984년 터너상을 제정, 해마다 영국 최고의 컨템퍼러리 아티스트에게 상을 주고 있다.

터너의 이야기는 영화로도 제작됐다. 칸 영화제 감독상과 황금종려상을 수상했던 영국 리얼리즘 영화의 거장 마이크 리 감독이 제작한 영화 〈미스터 터너〉(2014)가 그것이다.

한편, 윌리엄 터너가 지폐 주인공으로 선정되기 전인 2016년 초, 인터넷에서 갑작스런 청원운동이 일어났다. 2016년 1월 10일 데이빗 보위가 69세로 타계하자 인터넷 청원 사이트(Change.org)에서 영국 팝과 록 역사에 중대한 족적을 남긴 그의 얼굴을 지폐에 새기자는 청원이 시작되었다. 추모 열기가 뜨거워지면서 청원 참여자가 3만 명이 넘어섰다. 보위의 팬들은 "글램록 창시자이자 비주얼 아티스트인 보위도 후보로 충분하다"면서 20파운드 지폐에 데이빗 보위의 얼굴을 넣어 합성한 사진들을 소셜미디어로 퍼트리기도 했다.

영국 중앙은행은 서둘러 수습에 나섰다. 후보 선정 작업이 이미 끝나 데이빗 보위는 후보군에서 제외한다고 발표했다. 선정 일정이 6개월만 늦었어도 20파운드 지폐에서 데이빗 보위의 얼굴을 보는 일이 가능했을지도 모르겠다. 인터넷 청원운동으로 지폐 인물로 선정된 제인 오스틴의 선례가 있기 때문이다.

'우리는 영국 지폐에 여성을 원한다'
인터넷 청원으로 2017년 발행 10파운드 지폐에 제인 오스틴 선정

인터넷 청원운동은 10파운드 지폐의 새 얼굴이 결정되는 과정에서 위력을 발휘했다. 1971년 웰링턴 공작이 새겨진 5파운드 지폐 발행 이후로 14명의 위인이 지폐에 얼굴을 올렸다. 하지만 이들 14명 중에 여자는 단 2명. 플로렌스 나이팅게일(1975~1994, 10파운드)과 엘리자베스 프라이(2002~2015, 5파운드)뿐이었고 설상가상으로 2013년 4월 영국 중앙은행은 2016년 가을부터 5파운드 지폐가 윈스턴 처칠로 바뀐다고 발표했다. 그렇게 되면 엘리자베스 2세 여왕을 제외하고 지폐의 얼굴이 모두 남성으로 채워지고 만다. 이에 분개한 저널리스트이자 여성 권익 운동가 캐롤린 크리아도 페레즈는 '우리는 영국 지폐에 여성을 원한다'는 주제로 인터넷 청원을 올리고 트위터로 퍼트리는 등 꾸준히 알려 나갔다. 그리고 한 변호사의 조언에 따라 영국 중앙은행에 청원서를 보냈다. 영국 중앙은행은 이에 대해 '객관적으로 선택했다'는 식의 불성실한 답변을 보내왔고, 캐롤린은 그 답변을 인터넷에 공개했다. 그 결과 분노한 영국 네티즌 3만 5,000여 명이 이 청원에 서명했고 소송비용이 크라우드 펀딩으로 마련되었다.

사태가 여기까지 이르자 영국 중앙은행은 2013년 7월 작가 제인 오스틴을 10파운드의 새 얼굴로 결정했다고 발표했다. 제인 오스틴의 소설들은 현대 로맨틱 코미디 장르의 기원으로 불리며 장편소설 6편(《노생거 사원》, 《센스 앤 센스빌리티》, 《오만과 편견》, 《맨스필드 파크》, 《엠마》, 《설득》)이 모두 영화와 드라마로 만들어져 영국뿐 아니라 전세계적으로 많은 사랑을 받았다. 제인 오스틴은 찰스 다윈을 대신해 2017년 9월부터 10파운드 지폐에 등장했다.

21/101

21개 유적을 찾는 런던 성벽 걷기 Roman Wall Walk
타워 힐 역에서 세인트 폴 역까지 고대 로마의 흔적을 더듬다

타워 힐 역에서 동쪽 출구로 나와 계단을 오르다 보면 오른편에 높다란 성벽이 보인다. 계단과 길가 공원 가운데 우뚝 서 있는 이 성벽은 10.6m 높이로, 런던에 남아 있는 로마 시대 성벽 유적 중 가장 높다. 물론 이 성벽 전체를 로마 시대에 쌓은 것은 아니다. 성벽 하단에는 붉은 벽돌로 쌓은 경계선이 3줄 보이는데, 그 3번째 줄인 4m 높이까지만 당시 유적이고, 위로는 중세 시대에 덧붙여 쌓은 것이다. 로마 황제 트라야누스의 동상이 세워져 있는 이 공터는 중세 때 런던 타워의 처형장으로 쓰였던 곳이다.

여기서 발길을 돌려 위쪽 언덕길 쿠퍼스 로우 Cooper's Row를 따라 올라가면 또 하나의 로마 성벽을 찾을 수 있다. 길가에서 오른쪽으로 그렌지 시티 호텔 간판이 보이면 안마당으로 들어간다. 호텔 현관을 지나쳐 안으로 더 들어가면 예상치 않게 낡은 성벽이 가로막고 있다. 성벽의 초소 역할을 했던 게이트 하우스 잔해다. 이곳에는 군데군데 아치형 구멍이 뚫려 있고 벽을 따라 돌출형으로 쌓은 계단형 유적도 보인다. 궁수가 성벽 뒤에서 화살을 쏘기 위해 뚫어놓은 화살 구멍

런던 박물관(Museum of London)
위치 150 London Wall, EC2Y 5HN **지하철** Barbican 역, St Paul's 역
오픈시간 매일 10:00~18:00 **전시 내용** 로마시대(50~410) 론디니움 유적 전시
입장료 무료 **홈페이지** www.museumoflondon.org.uka

로마 시대 성벽 중 가장 높은 10.6m의 유적은 타워 힐 역 동쪽 출구에 있다.

과 성벽으로 올라가는 계단을 놓은 흔적이다. 게이트 하우스는 건설 당시 공사가 제대로 이루어지지 않아 점점 바스러지기 시작했고 1440년에 붕괴됐다.

　런던 박물관이 1984년에 로마 성벽 유적지를 따라 설치한 '런던 성벽 걷기 London Wall Walk' 코스에는 이들 성벽을 포함해 21개 이정표가 있다. 이 성벽들은 어디에 숨어 있을까? 타워 힐 역 근처 첫 번째 이정표처럼 눈에 잘 띄는 곳도 있지만, 대부분은 숨은 그림 찾기를 해야 한다. 컨퍼런스 홀 옆, 지하주차장, 사무실 복도, 교회 앞마당, 도심 정원, 인공수로 옆…. 2,000년 세월 동안 사라지지 않은 성벽, 성문, 타워들이 시티 둘레 곳곳에 흩어져 있기 때문이다.

　역사에 관심이 많은 런던 블로거들은 퍼즐을 맞추듯 런던 도심 곳곳에 조금씩 남아 있는 21개 성벽의 이정표를 찾아 나선다. 1번부터 21번 이정표까지 총 길이 2.8km. 타워 힐 역 근처에서 시작해 블랙프라이어스 역 근처에서 마치는 코스다. 하지만 이 코스 중 몇 곳은 빌딩 관리자에게 따로 요청해야 한다. 빌딩 지하에 묻혀 있기에 정식 요청을 해야만 접근할 수 있기 때문이다.

　이들 성벽이 세워진 때는 190년에서 200년 경으로 추정된다. 로마제국의 줄리어스 시저 장군이 영국 동남부 켄트를 거쳐 런던 템스강변 서더크에 입성한 것은 기원전 55년. 건너편 템스강변에 소수 부족이 살고 있을 때였다. 88년 후인 43년

런던 성벽 걷기(London Wall Walk) 코스 21개 이정표

타워 힐 역에서 시작하여 세인트 폴 역 근처까지 2.8km. 1984년 런던 박물관에서 타일로 설치했으나, 이후 다른 재질의 이정표로 바뀌거나 건물 신축, 도로 증설 등으로 사라지기도 했다.

1. 성벽: 타워 힐(Tower Hill) 지하철 역과 런던 타워 사이
2. 성벽: 타워 힐(Tower Hill) 지하철 역 동쪽 출구 옆 공원
3. 성벽: 쿠퍼스 로우(Cooper's Row) 옆 그렌지 시티 호텔(Grange City Hotel) 안마당. 3번 성벽을 지나 4번 이정표로 가는 길에 있는 원 아메리카 스퀘어(One America Square) 빌딩 지하에도 성벽 잔해가 남아 있다.
4. 성벽: 바인 스트리트(Vine Street) 서쪽 엠퍼러 하우스(Emperor House) 지하(일반인 접근 불가)
5. 성문: 존 카스(John Cass) 학교 벽 올드게이트(Aldgate)가 있던 자리
6. 성벽: 올드게이트(Aldgate) 지하철역 1번 출구 통로 근처(접근 불가)
7. 성벽: 베비스 마크(Bevis Marks) 길과 버리 스트리트(Bury Street) 사이
8. 성문: 비숍게이트(Bishopsgate)가 있던 자리. 1993년 IRA 폭탄 공격으로 파괴됨
9. 성벽: 웜우드 스트리트(Wormwood Street) 사이의 비숍게이트(Bishopsgate) 교회 마당
10. 성벽: 세인트 보톨프(St. Botolph) 교회 지하
11. 성문: 중세에 건설됐다가 사라진 무어게이트(Moorgate) 자리. 11번과 12번 사이 길드홀 아트 갤러리 지하에는 로마 원형경기장 잔해가 남아 있다.
12. 성벽: 세인트 알페지오 가든(St. Alphage's Garden)의 한쪽 울타리
13. 성벽과 성문: 우드 스트리트(Wood Street)와 세인트 알페지오 가든(St. Alphage's Garden) 사이에 성벽이 보인다. 크리플게이트(Cripplegate)도 있던 자리
14. 성벽: 세인트 자일스 크리플게이트(St. Giles Cripplegate) 성공회 성당 남쪽 연못 앞
15. 타워: 세인트 자일스 크리플게이트(St. Giles Cripplegate) 성공회 성당 지하의 중세 때 건축된 타워
16. 타워: 바버 서전스 홀(Barber Surgeon's Hall) 타워
17. 성벽: 바버 서전스 홀(Barber Surgeon's Hall) 옆 허브 가든에서 보이는 성벽
18. 성벽: 런던 월(London Wall) 지하 주차장 내부
19, 20. 성벽: 노블 스트리트(Noble Street) 근처
21. 성문: 올더스게이트(Aldersgate)

로마제국의 클라우디우스 황제가 브리타니아를 침략, 50년 템스강 옆에 항구도시 론디니움^{Londinium}을 세웠다. 론디니움은 켈트어로 '론디니우스라는 이름을 가진 사람의 땅'이란 뜻으로 오늘날 런던의 유래가 되었다. 로마인들은 폭이 좁고 수심이 깊은 템스강에 다리를 놓았다. 바다와 연결된 템스강으로 지중해와 교역

로마 성벽 걷기 코스 중 5번째 이정표는 옛 올드게이트 자리에 있다.

하고 로마와 왕래하면서 론디니움은 무역의 중심지가 되어 10여 년간 풍요로운 생활을 누렸다. 이때 론디니움에는 로마식 원형극장과 공중목욕탕인 바스가 만들어졌다. 120년 경 론디니움 인구는 약 4만 5,000명으로 1666년 런던대화재 때 런던 인구가 8만 명이었던 점을 감안하면 론디니움이 얼마나 번성했는지 상상할 수 있다.

200년 경 당시 론디니움을 둘러싼 로마 성벽은 런던 동쪽 타운 힐에서 서쪽 블랙프라이어스까지 고대 런던 시티 주변 약 3.2km 정도까지 뻗어 있었다. 이 성벽은 로마인이 벌인 가장 큰 규모의 건설 프로젝트 중 하나였다. 성벽 건설에는 총 8만 5,000톤의 켄트지역 경질암이 사용되었다. 성벽의 동쪽에는 20개가 넘는 요새가 만들어졌고, 서쪽에는 1만 4,000평에 이르는 커다란 성채가 지어졌다. 성벽의 용도는 다양했다. 처음에는 도시를 방어하기 위해 세웠지만 나중에는 도시 안팎을 오가는 사람들을 통제하고 통행세를 거두는 용도로 쓰였다. 추방당한 범죄자들이 다시 돌아오지 못하게 막는 장벽이기도 했다. 약 4m 높이의 성벽에는 7개의 성문이 있었는데, 오랜 세월 동안 무너지거나 파괴되어 모두 사라지고 지금은 그때의 흔적이 지역이나 교회의 이름에 남아 있다. 그 7개 성문은 올더스게이트[Aldersgate], 올드게이트[Aldgate], 비숍게이트[Bishopgate], 크리플게이트

로마 성벽 걷기 코스의 3번째 이정표가 있는 쿠퍼스 로우.

Cripplegate, 러드게이트 Ludgate, 무어게이트 Moorgate, 뉴게이트 Newgate다.

    410년 로마 군대가 떠난 후 성벽은 중세를 거치면서 수없이 고쳐지고 넓혀졌다. 1666년 런던대화재 때는 화재가 더 크게 번지는 것을 막아주었다. 하지만 이 무렵부터 일부 성벽이 부서지기 시작해서 다른 돌로 대체되기도 하고 건물 지하에 묻히기도 했다. 그리고 1940년 나치의 공습 이후 폐허 속에서 런던의 현대식 건물들 속에 숨겨졌던 고대 건축물들이 모습을 드러냈다. 런던 타워 근처 올 할로우스 바이 더 타워 All Hallows by the Tower 교회 지하실 입구의 돌로 쌓은 아치는 로마 시대 지붕 타일을 재활용한 유적이다. 시티 지역의 길드홀 아트 갤러리 지하에서는 70년에 세워져 관객 6,000여 명을 수용했던 로마 원형 경기장 잔해가 발굴되었다. 성벽에는 요새가 20개 이상 있었고, 북서쪽에는 시장과 만남의 장소를 겸한 4만 8,000여㎡의 큰 포럼이 있었다. 웨스트민스터의 스트랜드 지역에는 로마 시대의 공중목욕탕(약 4.7x1.9m) 유적이 남아 있다.

    제2차 세계대전이 끝나고 도시를 재건하는 과정에서 도시의 구심점이 될 상징적인 건축물이 필요했고, 로마 유적지가 그 역할을 맡았다. 1956년에 런던 성벽 길 London Wall Road 이 지정되면서 그때부터 지어지는 새 건물들은 런던 역사를 보존하도록 설계되었다.

22/101

런던 타워에는 22명의 유령이 산다?
헨리 6세, 앤 불린 등 처형당한 왕족과 귀족들의 이야기

매년 5월 21일, 자정을 알리는 시계종이 울리기 한 시간 전, 런던 타워의 41개 타워 중 하나인 웨이크필드 타워에는 으스스한 기운이 감돌기 시작한다. 1471년 이곳 작은 기도실에서 의문의 죽음을 당한 헨리 6세의 유령이 억울한 죽음을 알리고 싶다는 듯이 해마다 같은 시각에 나타나 자정을 알리는 시계 종소리와 함께 서서히 돌벽 안으로 사라져버린다.

1100년 런던 타워의 중심 화이트 타워가 완공되었고, 그때부터 런던 타워는 1,000년 가까이 런던을 지켜왔다. 1066년 영국의 에드워드 왕은 자식을 남기지 않고 죽었다. 이를 기회로 여긴 노르망디의 공작 윌리엄은 영국의 왕위 계승권이 자기에게도 있다면서 전쟁을 일으켰고 승리를 거둬 '정복왕' 윌리엄이 되었다. 윌리엄 왕은 자신의 승전을 축하하며 입성할 수 있도록 성을 새로 지었는데 그 성이 바로 런던 타워다.

런던 타워에는 억울하게 죽은 왕과 왕비의 유령 이야기가 전해 내려온다. 매

런던 타워(Tower of London)
위치 The Tower of London EC3N 4AB　**지하철** Tower Hill 역
오픈시간 화~토 09:00~17:30, 일, 월 10:00~17:30(11~2월은 16:30까지), 12.24~26, 1.1 휴무
입장료 성인 25파운드, 어린이 12파운드(온라인 예매시 성인 23.10파운드, 어린이 10.50파운드)
홈페이지 www.hrp.org.uk/tower-of-london

억울하게 죽은 왕비와 왕자의 유령이 나타난다는 전설이 있는 런던 타워. © Tower of London

년 헨리 6세 유령이 나타나는 곳은 웨이크필드 타워다. 여기에는 왕들이 썼던 회의실과 작은 기도실이 있고 지하에는 고문실이 있다.

헨리 6세의 별명은 '아기왕'이다. 헨리 6세는 아버지 헨리 5세가 36세라는 이른 나이에 죽자 생후 9개월에 왕위를 이어 받았다. 헨리 6세 재위 기간은 1337년에 일어난 100년 전쟁이 계속되던 시기였다. 100년 전쟁은 프랑스 내 영국령이었던 지역을 프랑스가 재탈환하기 위해 두 나라 사이에 벌어진 전쟁이다. 100년 동안 국지전이 벌어졌다 멈추기를 반복해서 100년 전쟁이라 불린다. 헨리 6세는 재임 기간 동안 프랑스 내의 영국 영지를 거의 잃었다. 게다가 뒤이어 일어난 장미전쟁(1455~1485) 중에 반대세력에 의해 런던 타워에 갇혔다. 장미전쟁은 왕위를 차지하기 위해 영국 귀족 랭커스터가와 요크가 두 가문 사이에 벌어진 전쟁이다. 랭커스터가의 헨리 6세가 힘이 약해지자 요크가가 왕권을 넘보면서 전쟁이 시작되었다. 랭커스터가는 붉은 장미, 요크가는 흰 장미라서 '장미전쟁'이라 불렸다. 1471년 헨리 6세의 외아들은 장미전쟁 중에 목숨을 잃고 헨리 6세도 그 해 5월 21일 사망했다. 헨리 6세에 이어 왕위를 차지한 에드워드 4세는 '헨리 6세가 아들을 잃은 슬픔을 이기지 못해 죽었다'고 주장했지만 헨리 6세가 에드워드 왕에게 암살당했다고 주장하는 역사학자들도 있다.

런던 타워에 나타나는 또 다른 유령은 앤 불린이다. 6명의 왕비와 결혼하고 그중 2명의 왕비를 처형한 헨리 8세. 그의 두 번째 왕비이자 엘리자베스 1세의 어머니였던 앤 불린은 1536년 런던 타워에서 처형당했다. 헨리 8세와의 첫 동침 1,000일 후 단두대에서 목숨을 잃어 '천일의 앤'이라고도 불린다. 검은 눈동자에 금빛이 도는 붉은 머릿결을 가진 아름다운 여인 앤 불린은 헨리 8세의 총애를 받았다. 당찬 성격의 앤 불린은 헨리 8세에게 자신의 딸이 서녀가 되게 할 수 없다며 정식으로 결혼해줄 것을 요구했다. 헨리 8세는 로마 가톨릭 교회에서 이혼을 허락하지 않자 스스로 영국 성공회 교회를 만들어 교회의 수장이 된다. 영국의 종교를 송두리째 바꾸고 두 사람은 정식으로 결혼식을 올린다. 하지만 이 세기의 결혼도 앤 불린의 불 같은 성격과 헨리 8세의 변심으로 파국을 맞고, 앤 불린은 단두대에서 처형당한다. 《찰스 디킨스의 영국사 산책》에 따르면 처형장에 끌려가면서도 '자신은 목이 가늘어서 통증도 금방 사라질 거라고 이야기했던' 앤 불린의 유령은 런던 타워에서 꽤 자주 목격되었다. 머리 부분이 아예 없거나 얼굴 없이 보닛만 두른 모습으로 주로 런던 타워의 세 곳에 나타난다고 한다. 그 세 곳은 앤 불린이 처형되기 전까지 지냈던 화이트 타워의 퀸스 하우스, 처형대가 있었던 잔디밭 타워 그린 앞, 시신이 묻힌 왕실 예배당이다.

런던 타워에서 가장 애처로운 유령은 '타워의 두 왕자' 유령이다. 1483년 12살의 에드워드 5세는 대관식을 앞두고 있었다. 에드워드의 삼촌 리처드는 에드워드와 그의 동생을 보살펴주겠다며 가든 타워에서 지내도록 했다. 하지만 대관식 날, 에드워드 5세와 그의 동생은 실종되었고 삼촌 리처드가 왕위를 계승했다. 리처드 왕이 에드워드 5세와 그의 동생을 암살했다는 소문이 떠돌았지만 아무런 증거가 없었다. 그리고 1674년 가든 타워에서 작업 중이던 한 인부가 땅 속에 묻혀 있던 나무상자를 발견했다. 그 상자 안에는 어린이 해골 두 개가 들어 있었다. 타워에서 실종된 두 왕자의 해골이었다. 사람들은 에드워드 5세와 그의 동생을 '타워의 두 왕자'로 부르기 시작했다. 암살이었는지는 알 수 없지만 '타워의 두 왕자'가 어린 나이로 죽음을 맞았다는 사실이 밝혀졌고, 사람들은 왕자들의 해골이 발견된 타워를 '피의 타워Bloody Tower'라 부르기 시작했다. 이제 '블러디 타워'는 가든 타워를 대신하는 정식 이름이 되었다.

삼촌 리처드가 왕위를 뺏기 위해 암살했다고 추정되는 에드워드 왕자 형제(왼쪽)와 런던 타워 처형장 성벽.

    런던 타워는 오랜 역사를 지닌 만큼 얽힌 이야기도 많다. 처음에는 왕궁과 방어용 성채였지만 호화로운 방들이 더 많은 웨스트민스터가 주로 왕궁의 역할을 하게 되었다. 이후 런던 타워는 왕실 보물 저장고, 화폐국의 역할도 했지만, 감옥, 처형장, 무기 저장고로도 사용되었다. 수많은 처형과 고문의 현장 런던 타워에는 무시무시한 피의 역사가 흘렀다. 숱한 사람들이 대중 앞에서 공개처형되었지만, 왕비들이나 귀족들은 타워 안에서 비밀 처형되거나 소수만 지켜보는 앞에서 처형되었다. 헨리 8세의 둘째 왕비 앤 불린, 다섯째 왕비 캐서린 하워드, 단 9일 동안 여왕의 자리에 있다가 메리 여왕에게 밀려 폐위된 제인 그레이 등 왕비와 여왕 3명이 세인트 피터 애드 빈큘라 왕실 예배당$^{\text{Chapel Royal of Saint Peter Ad Vincula}}$의 앞마당 타워 그린에 놓인 단두대에서 처형되고 예배당 지하에 묻혔다. 또한 그들과 공모했다는 죄로 친척과 귀족 4명이 처형됐는데, 그 공간에는 현재 유리로 만든 단두대가 설치돼 당시 역사를 기록하고 있다.

    그후 수백 년 동안 처형장으로 드문드문 등장하던 런던 타워는 20세기에 접어들어 제1, 2차 세계대전 때 다시 피를 적시는 곳이 되었다. 12명의 스파이에 대해 런던 타워에서 총살형이 집행되었고, 그중 마지막은 1941년 8월 14일 집행된 독일인 스파이 조세프 제이콥스다.

23/101

소빙하기에 23번 얼었다는 템스강
템스강이 얼면 얼음축제가 열린다

시골 사람들이 궁핍 때문에 극도로 시달리고 지방의 교역이 정지상태에 있었지만, 런던에서는 최고의 눈부신 축제가 벌어졌다. 그리니치에 있는 왕궁의 새 왕은 대관식을 기회로 시민들의 호감을 사려고 했다. 그는 자기 개인 비용으로 6~7마일에 걸쳐 20피트 깊이까지 얼어붙은 강을 청소하고 정자와 미로, 오솔길, 음료 매점 등을 마련해서 공원이나 유원지로 보이게 할 것을 지시했다. (…) 왕비가 시녀를 거느리고 행차하면 얼린 장미들이 비오 듯 쏟아지고, 색색의 풍선들이 공중을 떠돌았다. 초록색, 주황색, 자주색의 불꽃을 내기 위해 소금을 뿌려댄 삼나무와 떡갈나무 장작불이 여기저기에서 타올랐다.
― 버지니아 울프, 《올랜도》 중에서

버지니아 울프의 소설 《올랜도》에 나오는 템스강 얼음축제 장면은 지어낸 이야기만은 아니었다. 실제로 지금으로부터 200여 년 전, 런던사람들은 얼어붙은 템스강 위에서 떠들썩한 축제를 벌였다. 사람들은 템스강 위에 서서 진저 브레드를 먹으면서 독한 진을 홀짝거렸다. 2월 1일에 시작되는 이 축제는 그후 4일 밤낮 동안 벌어졌다. 블랙프라이어스 다리 아래를 따라 코끼리 한 마리가 강을 가로질러 걸어다녀도 끄떡없을 정도로 얼음이 두꺼웠다고 한다. 이때 축제를 즐겼던 사람들은 몰랐겠지만 그로부터 먼 훗날 런던의 후손들이 '얼음축제'라는 이

템스 강변 서머셋 하우스의 아이스 링크. ⓒ James Bryant, Somerset House with Fortnum & Mason

름을 지어주었다.

요즘은 템스강이 얼어붙는 일이 거의 없지만 '장기적 소빙하기'라고도 불렸던 1309년과 1814년 사이에 최소한 23번 이상 템스강이 얼었고 5차례 얼음축제가 열렸다. 강이 얼면 사람과 짐을 나르던 템스강의 뱃사공들은 생계를 유지하기 힘들어 얼음축제를 열어 상인들과 입장객들에게 받은 돈으로 생계를 유지했다.

1814년 2월 2일자 〈타임〉지는 '얼음의 두께가 1m가 넘는 곳들이 있긴 하지만 다른 곳들은 위험을 무릅써야 할 정도'라고 보도하기도 했다. 축제는 블랙프라이어스 다리와 런던 브리지 사이에서 벌어졌다.

그보다 앞서 1684년에 벌어진 축제에서는 닭에게 막대 던지기, 여우 사냥, 소 놀리기(개를 이용해서), 썰매, 볼링 같은 놀이를 했다는 기록이 나온다. 1814년에 이르면 이런 놀이들은 거의 사라지고 음식과 술이 축제의 대부분을 차지했다. 요리사학자 이반 데이에 따르면 축제의 하이라이트는 황소 통구이였다. 황소 통구이는 굽는 시간만 꼬박 하루가 걸리고 요리가 끝나면 800여 명이 먹을 수 있었다. 차와 커피, 코코아를 파는 곳도 있었고, 진저 브레드를 파는 곳에서는 잔에 담긴 진도 팔았는데 특히 도수가 높은 진은 '올드 톰'이라고 불렀다. 그후에도 1962년 겨울에 템스강이 언 적이 있었다. 그때는 윈저 브리지 근처 강 위에서 자전거를 타는 사람이 등장하기도 했다. 그래도 이때에는 템스강 북쪽 일부만 얼었고 금방 녹아내려 얼음축제를 벌이기는 어려웠다.

이제 더 이상 얼어붙은 강 위의 떠들썩한 축제는 볼 수 없지만 여전히 런던의 겨울은 신나는 놀이로 가득하다. 특히 겨울이 되면 런던 시내 곳곳에서 스케이트장이 생겨나서 '스케이트 왕국'이 된다. 스케이트장이 열리는 기간이 정해져 있으니 각 스케이트장의 일정 확인은 필수다.

옛 얼음축제 분위기를 즐길 수 있는 아이스링크

서머셋 하우스 아이스링크(Somerset House Ice Rink)
겨울철이면 템스강변의 서머셋 하우스의 안마당에 아이스링크가 설치된다. 고풍스럽고 웅장한 건축물로 둘러싸인 링크에서 야간 조명을 받으며 스케이트를 탈 수 있는 공간이다. 밤늦게까지 계속되는 '클럽 나이트' 시간에는 DJ가 선곡한 음악들과 함께 스케이트를 즐길 수 있다. 스케이트를 타지 않더라도 빙판 주변의 라운지에 앉아 유리창 밖으로 서머셋 하우스의 야간 조명과 아이스링크의 풍경을 보면서 따뜻한 차 한잔의 여유를 즐길 수도 있다. 여름 시즌 동안 이 장소는 영화 상영장으로 바뀌기도 한다.

위치 South Building, Strand, WC2R 1LA
지하철 Temple역, Charing Cross역, Covernt Garden역
오픈시간 겨울 시즌 매일 10:00~22:15(클럽 나이트 ~23:30)
입장료 7.50파운드
홈페이지 www.somersethouse.org.uk

하이드파크 윈터 원더랜드 아이스링크(Hyde Park Winter Wonderland Ice Rink)
옛날 '얼음축제'와 가장 비슷한 아이스링크다. 윈터 원더랜드에는 아이스링크와 함께 각종 놀이기구와 마켓까지 한자리에 모여 있다. 자이로드롭, 롤러코스터, 바이킹 등 각종 놀이기구 종류도 많고 규모도 커서 놀이공원 하나를 통째로 옮겨온 것 같다. 아이스링크 옆에서 열리는 마켓에는 크리스마스 장식품뿐 아니라, 초콜릿 소스를 올린 팬케이크, 구운 소시지, 초콜릿을 입힌 과일, 프레첼 등 맛있는 간식거리도 즐비하다.

위치 Hyde Park, W2 2UH
지하철 Hyde Park Corner역, Marble Arch역
오픈시간 매일 10:00~22:00, 크리스마스 휴무
입장료 14.50파운드, 어린이 9.50파운드
홈페이지 www.hydeparkwinterwonderland.com

24/101

24번째 피터 래빗 시리즈 작가가 된 배우 엠마 톰슨
110살 토끼에게서 받은 수상한 소포

2010년 여름, 스코틀랜드에서 가족과 휴가를 보내고 있던 여배우 엠마 톰슨에게 '수상한 소포'가 배달되었다. 소포는 손바닥만한 갈색 종이상자였는데, 자그마한 상자 안에는 앙증맞은 파란색 피터 래빗 재킷, 반쯤 먹다 남은 무와 함께 한 통의 편지가 들어 있었다.

'저는 곧 110살이 된답니다. 당신이 제 이야기를 새롭게 써주시겠어요?'

아카데미 역사상 여우주연상과 각색상을 모두 받은 유일한 배우 엠마 톰슨은 어느 TV 토크쇼에서 그때의 감동을 되살리며 말했다.

"그런 편지를 받고서 어떻게 싫다고 말할 수 있겠어요. 만약 출판사에서 피터 래빗 후속편을 써달라는 공식적인 편지를 보냈다면 거절했을 거예요."

엠마 톰슨은 피터가 편지에서 부탁한 대로 2012년 피터 래빗 탄생 110주년을 맞아 24번째 피터 래빗 시리즈 《피터 래빗의 새로운 이야기》를 재탄생시켰다. 그리고 2013년에는 《피터 래빗의 크리스마스 이야기》를, 2014년에는 《피터 래빗의 요란한 이야기》를 잇달아 발표했다. 피터 래빗이 엠마 톰슨의 마음을 연 이상

V&A 박물관(Victoria and Albert Museum)
위치 Cromwell Road, SW7 2RL **교통** South Kensington 역
오픈시간 토~목 10:00~17:45(금요일 ~22:00)
입장료 무료 **홈페이지** www.vam.ac.uk

작가 베아트릭스 포터와 피터 래빗 일러스트.

한 상자를 보내게 된 계기는 이렇다. 세상에서 가장 유명한 토끼 피터는 2012년에 맞이할 110번째 생일을 준비하고 있었다. 피터는 이 뜻깊은 생일에 아이들에게 새로운 이야기를 들려주고 싶었고, 자기를 도와줄 사람으로 엠마 톰슨을 눈여겨보고 있었다. 엠마 톰슨은 1964년 출간된 동화책 《보모 마틸다》를 2005년 영화 '내니 맥피'로 훌륭하게 각색한 데다 못생기고 신비한 능력을 가진 '내니 맥피' 역할도 직접 맡아 보모 마틸다에게 새 생명을 불어넣어 주었으니까.

엠마 톰슨은 어린 시절 침대맡에서 아버지로부터 피터 래빗 이야기를 들으며 자랐다. 아버지가 피터 래빗 이야기들 중에서 짧은 이야기를 고르면 그녀는 그보다 훨씬 긴 《토드 아저씨 이야기》를 읽어달라고 조르곤 했다. 엠마 톰슨은 어린 시절 베아트릭스 포터가 그려낸 숲속 동물들 이야기에 매료되었다고 한다.

토끼 피터는 어떻게 세상에 처음으로 태어났을까? 작가 베아트릭스 포터는 1866년 7월 런던 켄싱턴에 있는 볼튼 가든스 2번지 주택에서 태어났다. 그녀는 집에서 애완 토끼 피터를 키웠다. 토끼를 너무나도 아끼고 사랑해서 1893년 여름에는 머나먼 스코틀랜드 여행에까지 피터를 데려갔다. 여행 중에 그녀는 옛 가정교사의 어린 아들이 아프다는 편지를 받고 그 아들을 위로하기 위해 피터 래빗 이야기를 흑백 그림과 함께 편지에 써서 보내주었다.

이야기 속 피터는 말썽꾸러기 토끼다. 어느 날 피터는 엄마 말을 어기고 맥그레거 씨의 농장에 몰래 들어가 무를 훔쳐 먹다 들킨다. 맥그레거 씨는 피터의 아빠를 잡아 파이로 만들어버린 무서운 사람이다. 맥그레거 씨를 피해 도망치던 피터는 재킷과 신발을 잃어버리고 겨우 집으로 돌아온다는 내용이다.

피터가 그림책으로 세상에 알려지기까지는 우여곡절이 많았다. 베아트릭스는 그림책을 출간하기 위해 출판사 6곳에 원고를 보냈지만 모두 거절당했다. 그녀는 1901년 자비를 들여 250권을 제작했다. 그후 출판사 6곳 중 하나였던 '프레드릭 원 출판사'에서 베아트릭스에게 일러스트를 컬러로 바꿀 것을 제안하고 마침내 1902년 《피터 래빗 이야기》가 그림책으로 탄생하게 된다. 그 책은 그해 크리스마스까지 2만 권이 넘게 팔리며 대성공을 거뒀다. 베아트릭스는 그후 거의 매년 1~3권씩 모두 22권의 피터 래빗 책을 출간했다. 2016년에 나온 23번째 책 《부츠를 신은 키티 이야기》는 런던 V&A 박물관의 베아트릭스 소장품 중에서 발견된 원고를 기초로 베아트릭스 사후 103년 만에 출간한 것이다. 베아트릭스는 책 수익금으로 사들인 레이크 디스트릭트의 땅 4,000에이커와 오두막들, 자신이 살던 힐탑 집과 농장을 자연과 문화유산 단체 영국 내셔널 트러스트에 기증한다는 유언을 남겼다.

베아트릭스가 쓴 23편의 피터 래빗 시리즈는 35개 언어로 1억 5,000만 부 이상 팔리면서 전세계인의 사랑을 받았다. 피터 래빗과 베아트릭스 포터에 관한 더 많은 자료들은 런던 V&A 박물관에서 만나볼 수 있다. V&A 박물관은 세계 최대 규모의 베아트릭스 포터 컬렉션을 소장해 전시하고 있는데, 여기에는 베아트릭스의 편지, 사진, 일러스트, 《피터 래빗 이야기》 초판 등이 포함되어 있다. 그녀 팬이자 연구가였던 레슬리 린더가 평생 수집한 소장품을 기증하면서 시작된 베아트릭스 컬렉션은 출판사와 가족의 소장품이 더해지면서 더 풍부해졌다. 베아트릭스는 켄싱턴에서 보낸 어린 시절, 아버지와 함께 런던 자연사 박물관과 사우스 켄싱턴 박물관을 정기적으로 방문해 종일 그림을 그리며 시간을 보냈다고 한다. 당시의 사우스 켄싱턴 박물관이 지금의 V&A 박물관으로 바뀌어 베아트릭스와의 오랜 인연을 이어가고 있다.

25/101

런던에서 가장 오래된 그래피티, 25년 만에 사라지다
킹 로보 vs. 뱅크시의 그래피티 전쟁

킹 로보는 15살 때인 1985년 런던 지하철 객차에 그래피티를 그리기 시작했다. 그리고 같은 해 캄덴 지역의 리젠트 운하 옆 런던 교통경찰국 본부 아래 담벼락에 그래피티 한 점을 그렸다. 그곳은 배를 타야만 접근할 수 있어서 런던시가 그래피티를 제거하기 어려운 곳이었다. 이 벽에 화사한 색깔로 그려진 'Robbo INC(로보 주식회사)'는 런던에서 가장 오래된 그래피티 중 하나로 남아 있었다. 그런데 2009년 새롭게 부상하던 그래피티 아티스트 뱅크시가 킹 로보의 작품에 '페인트칠하는 남자'를 덧씌워 그리는 사건이 벌어졌다.

뱅크시는 1990년부터 브리스톨에서 그래피티 아티스트로 작품 활동을 시작했고 이후 런던으로 건너왔다. 당시 런던의 그래피티 아티스트들은 주로 스프레이 페인트로 벽에 직접 그리는 프리 핸드$^{free\ hand}$ 방식으로 작업했다. 하지만 뱅크시는 스텐실 기법을 활용해 작품 활동을 했고 특유의 유머러스한 내용과 강렬한 정치적 메시지로 금방 유명 아티스트의 반열에 올랐다. 2009년의 사건은 뱅크시와 킹 로보 그리고 그 팬들이 서로의 작품을 훼손하는 그래피티 전쟁의 도화선이 되었다. 당시 30대 후반이던 킹 로보는 그래피티 아트에서 거의 손을 떼고 킹스크로스에서 구두를 수선하고 열쇠를 만들고 있었다. 그랬던 킹 로보는 뱅크시의 도발로 컴백했다. 뱅크시의 첫 도발 이후 킹 로보는 담벼락에 다시 자신의 이름 KING ROBBO를 그려 넣었고, 뱅크시는 로보의 이름 KING 앞에 FUC를 그

런던 그래피티 1세대인 킹 로보의 작품을 뱅크시가 훼손하고, 다시 킹 로보가 복구하는 반격이 되풀이됐다.

려 욕설로 만들었다. 그리고 킹 로보는 다시 욕설을 지웠다. 킹 로보의 'Robbo INC'가 그려지고 25년이 지난 2010년 킹 로보도 뱅크시도 아닌 익명의 제3자가 그 벽을 새까맣게 칠해버렸다. 그래도 전쟁은 여전히 계속됐다. 킹 로보는 다시 까만 담벼락 위에 뱅크시의 묘비를 그렸고, 뱅크시는 2011년 스텐실 기법으로 그린 물고기와 거실 그림으로 반격했다.

　하지만 그해 4월, 킹 로보는 불의의 사고를 당했다. 집의 계단에서 굴러 머리를 심하게 다친 것. 킹 로보가 사고 후 뇌사상태에 빠지자 뱅크시는 'Robbo INC'를 다시 원래 자리에 옛 모습 그대로 그려놓았다. 킹 로보는 뇌사상태로 3년여 병상에 누워 있다가 2014년 7월 45세에 딸 둘, 아들 하나를 남긴 채 숨을 거두었고 둘 사이의 그래피티 전쟁은 영원히 막을 내리는 듯했다. 하지만 아직도 인터넷에서는 둘을 대신해 열렬한 팬들이 댓글 전쟁을 벌이고 있다. 로보를 런던 그래피티의 왕으로 존경하는 로보의 팬들과 뱅크시의 팬들이 벌이는 후속전이다.

　킹 로보는 낙서와 예술의 경계를 뒤흔들고 경직된 법질서 너머 표현의 자유를 주장한 1세대 그래피티 아티스트였다. 런던의 노동자계급 가정에서 태어난 그는 실명을 감추고 '킹 로보'라는 닉네임으로 활동했다. 10대 때 그는 머리를 박박 민 스킨헤드였고, 축구 훌리건이었다. 불량배 친구들과 벽에 낙서를 하고 돌아다녔

킹 로보와 뱅크시는 리젠트 수로 벽에 서로를 조롱하는 그래피티를 남겼다.

는데, 그들은 낙서 끝에 스킨헤드를 상징하는 스펠링 O를 붙이곤 했다. 그의 실명 로버트슨을 줄인 롭Robb에 O를 붙인 닉네임 '로보Robbo'가 탄생한 유래다.

    10대 때 학교에서 퇴학당한 그는 런던의 여러 곳을 돌아다니며 그래피티를 그리기 시작했다. 에미레이트 축구 스타디움, 삼촌의 공사 현장 벽, 전철 차량에서 'Robbo'라는 글자가 눈에 띄었다. "뉴욕 스타일로 큼직하게 차량에 쓴 내 이름을 전철이 빨리 달리고 있는 중에도 알아볼 수 있는 게 너무 좋았다. 전철 차량이야말로 내가 갈 수 있는 예술 대학이었다"고 그는 말했다. 그래피티 동네에서 그는 곧 유명인사가 되었다. 1988년 크리스마스 날은 로보와 친구들에게 축제의 날이었다. 이들은 올드게이트 이스트 지하철역으로 가서 차량에 그래피티를 그렸다. 사다리를 놓고 전철 옆면은 물론 지붕까지 올라가 한 칸 한 칸 칠해나갔다. 90년대 초에는 친구들과 그래피티를 그리러 뉴욕으로 원정을 가기도 했다. 〈사보타주 타임스〉와의 인터뷰에서 로보는 그래피티에 빠진 이유에 대해 말했다.

    "그래피티는 나에게 도피처였어요. 나는 창의적인 사람이지만, 노동자가 되지 않으면 범죄자가 되는 우리 가족 같은 출신으로는 아무도 나를 예술 쪽으로 밀어주지 않았죠. 우리 가족들은 왜 내가 밖에 나가서 불법이고 돈도 되지 않는 그림을 그리는지 이해하지 못했어요. 내게 늘 그래피티는 저항하고 독창적으로

왼쪽 위부터 시계방향으로 뱅크시, 벤 아인, 자부의 그래피티. 브릭레인에서 작업 중인 아티스트.

살아가는 일종의 로큰롤이었죠."

킹 로보는 '런던의 그래피티 선구자'로 불린다. 그래피티 아트의 중심지였던 뉴욕에서 런던으로 시선을 돌리게 한 초창기 리더이기 때문이다. 킹 로보의 팬들은 그의 이러한 선구자적인 면을 높이 우러르면서 뱅크시를 폄하하기도 한다.

2000년대 이후 스텐실 기법으로 두각을 나타내기 시작한 뱅크시는 2세대 그래피티 아티스트로 단순히 그림으로 담벼락을 점령하는 1세대를 뛰어넘어 여러 정치적 이슈에 대한 자신의 주장을 재치 있게 표현하는 도구로 그래피티를 활용했다. 뱅크시식의 풍자는 많은 팬들을 양산했고 뱅크시가 하는 새로운 시도들은 언제나 사람들의 관심을 끌었다.

로보와 뱅크시는 1990년대 말 브릭레인의 한 술집에서 실제로 만났다고 한다. 뱅크시의 전기 《뱅크시: 벽 뒤의 남자》를 쓴 윌 엘리스워스 존스에 따르면 로보는 뱅크시와 첫 만남에서 아주 불쾌한 경험을 했다. 로보는 윌에게 이렇게 증언했다.

"그(뱅크시)는 당시 존재감이 없었죠. 뱅크시에게 인사하며 네 이름을 봤다고 했더니, '네가 누군지 모르겠어' 하면서 가버렸어요. 쫓아가서 한방 날렸죠. '네가 나에 대해 못 들었을지 모르지만, 너는 절대 나를 못 잊을 거야. 그렇지?' 그는 무례했어요."

 훗날 뱅크시는 그런 일이 없었다고 부인했다. 킹 로보가 세상을 떠난 후 뱅크시의 유명세는 높아지고 있다. 뱅크시는 갤러리 안이 아니라 거리를 오가는 사람들 누구나 쉽게 작품을 볼 수 있도록 담벼락에 작품을 그리는 그래피티 예술가다. 하지만 뱅크시의 인기가 높아지자 그림이 그려진 벽이 사라져버리거나 벽을 소유한 사람들이 벽을 뜯어 경매에서 파는 일들이 벌어지고 있다. 영국 남부 도시 브라이튼의 한 펍 벽에 그려진 뱅크시의 '키스하는 경찰'은 2014년 한 경매에서 57만 5,000달러(약 6억 6,000만원)에 팔려나갔다.

 뉴욕의 미술품 판매상 스티븐 케즐러는 몇 년 동안 뱅크시의 작품 11점을 팔

"브릭레인과 쇼디치는 세계 최고의 스트리트 아트 무대"
인터뷰 / 스튜어트 홀스워스(스트리트 아트 블로그 'inspiringcity.com' 운영자)

스튜어드 홀스워스는 주말이면 브릭레인을 누비고 다닌다. 일주일이 멀다 하고 바뀌는 브릭레인 골목의 스트리트 아트를 촬영하고, 아티스트를 만나기 위해서다. 런던 동부 브릭레인은 스트리트 아트의 본산지로, 런던의 유명 스트리트 아티스트는 물론 프랑스, 독일, 미국의 유명 아티스트들이 몰려드는 곳이다. 최근에는 인도, 중국, 일본 아티스트들도 대열에 합류했다. 다음은 그와의 인터뷰.

Q. 스트리트 아트 블로그를 하게 된 계기는?
2012년 고향 요크셔에서 직장을 따라 런던으로 이사 오면서 이곳 브릭레인 근처에 집을 구했다. 어느 날 골목을 걷다가 담벼락과 셔터에 그려진 그림을 봤는데, 다음에 가면 또 다른 그림으로 바뀌어 있었다. 그 소중한 예술이 사라져버리는 게 아쉬워서 기록으로 남기고 싶었다. 블로그에서 시작해 텀블러, 페이스북, 핀터레스트, 인스타그램까지 매체를 늘렸고, 최근에는 스트리트 아티스트를 인터뷰하는 팟캐스트도 만들었다.

Q. 브릭레인과 쇼디치가 매력적인 이유는?
런던 동부의 브릭레인과 쇼디치 사이에서 볼 수 있는 스트리트 아트는 세계 최고 수준이다. 가게 셔터와 벽에 거대한 알파벳으로 의미 있는 메시지를 담는 벤 아인(Ben Eine), 단순한 막대 그림으로 사람의 형상을 그리는 스틱(Stik) 등 영국인뿐 아니라, 흑백으로 멸종위기 야생동물을 그리는 벨기에 출신 로아(ROA), 2008년 버락 오바마를 지지하기 위해 만든 포스터 'HOPE'가 캠페인 본부에 정식 채택되면서 팔

았다. 같은 해 런던의 한 호텔에서는 이벤트 업체 신큐라 그룹이 뱅크시의 작품 10점으로 '뱅크시 훔치기?'라는 비밀 경매를 진행했다. 신큐라 그룹은 뱅크시의 작품이 그려진 벽의 주인들에게 허락을 받은 후 벽에서 벗겨낸 그림을 다시 캔버스에 옮겨 담아 전시하고 경매를 진행했다. 신큐라 그룹은 자신들의 수익을 위해서 이 경매를 진행하는 것이 아니며 수익금 전부가 토트넘 지역사회에서 쓰이게 된다고 발표했다. 하지만 이 경매에 대해 뱅크시는 홈페이지를 통해 '역겨운' 일이라며 불쾌감을 드러냈다.

유명해진 미국 출신 셰퍼드 페어리(Shepard Fairey), 그래픽 스타일로 화려하게 채색하는 독일 출신 여성 스트리트 아티스트 매드씨(MadC) 등 세계 최고의 아티스트를 한곳에서 만날 수 있다. 최근에는 여성 스트리트 아티스트들도 새로운 흐름을 만들어내고 있다. 방독면을 쓴 마리아 그림으로 유명한 프랑스 출신 자부(Zabou), 포효하는 사자 등 동물을 주로 그리는 남아프리카 출신 페이스 47(Faith 47), 멕시코 출신 파블로(Pablo), 싱가포르 출신 미시 창(Mish Chang), 홍콩 출신 캔디 로(Candy Lo) 외에도 여러 나라 여성 아티스트들도 이곳을 무대로 활약한다.

Q. 런던에서 스트리트 아트를 볼 수 있는 곳은?
브릭레인과 쇼디치 사이 거리가 스트리트 아트의 양과 질에서 최고의 장소다. 우선 런던 동부에는 화이트 채플 역부터 베스널 그린 역 사이, 쇼디치부터 브릭레인까지 빈 벽과 빈 셔터가 없을 만큼 그림이 꽉 차 있다. 이 거리 말고도 런던의 여러 곳에서 빼어난 스트리트 아트 작품을 만날 수 있다. 덜위치 픽처 갤러리(Dulwich Picture Gallery)가 주축이 돼 갤러리 주변 거리에 스트리트 아트를 채운 덜 위치 지역, 캄덴 록(Camden Lock), 해크니 웍(Hackney Wick)도 추천한다. 최근 붐을 일으키고 있는 브릭스턴(Brixton) 역 주변, 사우스 뱅크 센터의 공식 주문으로 벽화가 채워지고 있는 템스강변도 흥미로운 곳이다. 그리고 매년 5월 여성 스트리트 아트 축제가 열리는 워털루 역 지하 리크 스트리트(Leake Street)의 이른바 '그래피티 터널'도 꼭 가봐야 할 장소다.

Q. 스트리트 아트를 더 재미있게 볼 수 있는 방법은?
작가마다 개성이 다르기에 좋아하는 작가의 스타일을 알고 찾아다니면 더 재미있다. 스케치 없이 한 번에 그리는 프리핸드 기법으로 큰 벽에 굉장한 그림을 작가도 있지만, 스텐실 7~8장을 미리 만들어 와서 벽에 대고 스프레이 페인트를 뿌려 입체적인 그림을 완성하는 작가도 있다. (벽을 가리키며) 여기 뱅크시가 자주 찾아오던 카고(Cargo) 카페 앞뜰 벽에 보이는 뱅크시의 스텐실 작품을 보라. 스텐실 1장으로 재빨리 작업하기 때문에 단선인 것이 뱅크시 작품의 특징이다.(스튜어트가 안내해준 카고 카페는 쇼디치의 리빙턴 스트리트(Rivington Street)에 있다.)

26/101

생일 맞은 당신, 12시간 안에 26개 펍을 순례하라
영국식 차수 변경의 묘미, 모노폴리 펍 순례

우리나라에선 술집을 바꿔 술을 마실 때마다 차수가 올라간다. 1차, 2차, 3차. 그런데 런던에도 이렇게 여러 차수까지 술을 마시는 문화가 있을까? 그렇다. 영국 사람들이 주로 이용하는 술집은 펍인데, 영국에서는 이렇게 펍을 돌아다니면서 술을 마시는 것을 '펍 순례$^{Pub\ Crawl}$'라고 하며 순례의 종류도 다양하다.

런던의 대표적인 펍 순례는 '모노폴리 펍 순례'다. 생일이나 특별한 날에 모여 12시간 안에 무려 26개의 펍을 모두 돌아야 하는 순례다.

이렇게 힘든 모노폴리 펍 순례는 어떻게 생겨났을까? 모노폴리 펍 순례는 영국판 모노폴리 보드게임판에 착안해서 만들어졌다. 모노폴리는 부루마블과 유사한 게임인데, 주사위 두 개를 굴려서 나온 수만큼 자신의 말을 옮기고, 도착한 곳의 땅을 구입한다. 소유주가 있는 땅에서는 이용료를 내고, 특수 칸에서는 지시에 따른다. 영국판 모노폴리 펍 게임판에는 각각의 땅에 런던의 거리와 지하철역 이름 26개가 나와 있다. 여기에서 아이디어를 떠올린 사람들이 언젠가부터 모노폴리 게임판 위의 26곳에 있는 각각의 펍을 12시간 안에 모두 방문하고 펍 한 곳에서 1잔 이상의 술을 마시는 펍 순례 게임을 시작했다. 이후 많은 사람들이 도전했고 각자의 성공담과 비법을 인터넷으로 공유했다.

비영리 모노폴리 펍 순례 사이트를 운영하는 그레이엄 베넷은 자신만의 특별한 전략을 공개했다. "방문하는 펍마다 맥주를 1파인트(pint는 약 568ml)씩 마신다면 순례를 끝내기 어렵죠. 그러니 맥주는 반 파인트가 좋아요. 술을 마시든 마시지 않든 재밌는 하루를 보낼 수 있어요. 먹을 수 있는 한 안주도 잔뜩 먹고, 시간이 갈수록 물도 마시면서 하는 편이 훨씬 더 수월할 겁니다."

펍 이름 26개가 적힌 모노폴리 펍 순례 게임판.

순례의 필수품은 지하철 1~2존 트래블 카드와 런던지도 한 장. 코스는 런던 남부 올드 켄트 로드에 있는 펍 조지^{George}에서 시작한다. 조지는 토요일치고는 꽤 이른 시간인 10시에 문을 여는데 특별히 모노폴리 펍 순례의 순례자들을 위해서라고 한다.

순례를 하다 보면 영국의 전통 펍과 새로운 문화를 골고루 만날 수 있다. 플리트 스트리트에는 런던에서 가장 오래된 펍인 예 올데 체셔 치즈$^{Ye\ Olde\ Cheshire\ Cheese}$가 있는데, 1666년 런던대화재 후 복원되어 오늘날까지 남아 있는 펍이다. 지하 굴속 같은 옛날 분위기가 그대로 남아 있는 이곳은 찰스 디킨스, 코난 도일 등 유명인사들의 단골집이었다.

그런가 하면 레스터 스퀘어의 '문 언더 워터'는 젊은 분위기의 개스트로 펍 체인으로 조지 오웰의 수필 제목을 본떠 이름을 지은 곳이다. 아일랜드 펍 체인 오닐스에서는 아일랜드 음식을 맛볼 수 있다.

런던의 여행 블로거 트래블러 온 어 미션$^{Traveller\ on\ a\ Mission}$은 무료로 자기 집을 빌려주는 '카우치 서핑' 회원들과 매년 7월이면 모노폴리 펍 순례를 한다. 2015년 펍 순례에서는 5명으로 시작한 여정 중간 중간에 국적이 다양한 회원들이 합류하면서 25명으로 순례를 마쳤다. 그는 친구의 말을 인용하며 그날을 생생하게 전했다.

"오전 10시 20분에 시작한 여정은 밤 11시가 되어서야 끝이 났다. 진 21잔과 맥주 5종류를 마셨다. 오늘 걸었던 16km 정도면 술 17잔 정도의 칼로리는 충분히 태워버렸을 것이다."

런던 거리를 여행하다 커다란 모노폴리 보드판을 들고 다니는 무리를 만나면 합류하겠다고 제안해보는 건 어떨까. 단, 그들이 너무 취하지 않았을 경우에만 말이다.

모노폴리 펍 순례

1. 올드 켄트 로드 / 더 조지(The George)
2. 펜처치 스트리트 / 더 팬(The Fen)
3. 화이트채플 로드 / 더 올드게이트 익스체인지(The Aldgate Exchange)
4. 리버풀 스트리트 / 해밀턴 홀(Hamilton Hall)
5. 앤젤 이슬링턴 / 더 올드 레드 라이언(The Old Red Lion)
6. 팬튼빌 로드 / 더 캐슬(The Castle)
7. 킹스 크로스 / 더 듀크 오브 요크(The Duke of York)
8. 우스턴 로드 / 더 로켓(The Rocket)
9. 메릴번 지하철역 / 더 빅토리아 앤 앨버트(The Victoria & Albert)
10. 파크 레인 / 더 로즈 앤 크라운(The Rose & Crown)
11. 메이페어 / 예 그레이프스(Ye Grapes)
12. 피카딜리 / 더 블루 포스츠(The Blue Posts)
13. 폴 몰 / 더 레드 라이언(The Red Lion)
14. 화이트 홀 / 더 로드 문 오브 더 몰(The Lord Moon of the Mall)
15. 노섬버랜드 에비뉴 / 더 셜록 홈스(The Sherlock Homes)
16. 플리트 스트리트 / 예 올데 체셔 치즈(Ye Olde Cheshire Cheese)
17. 스트랜드 / 더 웰링턴(The Wellington)
18. 보우 스트리트 / 더 마르케스 오브 앵글레시(The Marquess of Anglesey)
19. 트라팔가 광장 / 더 챈도스(The Chandos)
20. 레스터 스퀘어 / 더 문 언더 워터(The Moon Under Water)
21. 코벤트리 스트리트 / 더 코미디(The Comedy)
22. 리젠트 스트리트 / 더 캡틴즈 캐빈(The Captain's Cabin)
23. 바인 스트리트 / 더 레스터 암즈(The Leicester Arms)
24. 말보로 스트리트 / 오닐스(O'Neills)
25. 본드 스트리트 / 호그스헤드(Hogshead)
26. 옥스포드 스트리트 / 더 스프레드 이글(The Spread Eagle)

27/101

폴리 스트리트 27번지의 어텐던트 카페
빅토리아 시대 남성용 공중화장실, 카페가 되다

"2012년 우연히 이 낡은 화장실을 발견하고 라이언과 저에겐 대단한 영감이 떠올랐고 그것이 새로운 여정의 시작이었어요. 적어도 가게의 청결상태나 음식의 위생에 대해 걱정하거나 당황하는 사람은 없는 것 같아요."
— 보시 맥퀸(어텐던트 카페 창업자)

　런던의 한복판, 번화한 옥스퍼드 서커스 역 근처에서 500m 정도 떨어진 폴리 스트리트 골목길 27A번지. 마차 지붕이나 오두막 지붕처럼 생긴 검은색 철재 지붕 아래 카페 어텐던트가 있다. 동네 단골도 있지만, 호기심에 찾아온 손님들이

어텐던트 카페(Attendant Cafe)
위치 27A Foley Street, W1W 6DY　　지하철 Oxford Circus 역
오픈시간 월~금 08:00~18:00, 토 09:00~18:00, 일 10:00~18:00
가격 아침 토스트 2.5파운드, 런치 샌드위치 5파운드, 브런치 6~9파운드
홈페이지 the-attendant.com

WC 바(WC Bar)
위치 Clapham Common South Side, SW4 7AJ　　지하철 Clapham Common 역
오픈시간 월~목 17:00~11:30, 금 17:00~24:30, 토 15:00~24:30, 일 15:00~22:30
가격 빵과 간단 요리 5~12파운드, 치즈와 샤퀴테리 요리 16~26.5파운드
홈페이지 www.wcclapham.co.uk

검은색 철재 지붕 아래에 빅토리안 시대의 화장실을 개조해 만든 카페 어텐던트가 있다. © Attendant Cafe

일단 냄새부터 맡아보는 이곳은 화장실을 개조해 만든 카페다.

어텐던트 카페는 본래 버려진 빅토리아 시대 남성용 공중화장실이었다. 이 화장실은 1851년에서 1885년 사이에 만들어졌고, 제2차 세계대전 이후에는 사용이 중지되어 50년 이상 방치되어 있었다. 우연히 이곳을 지나가던 두 청년이 '임대' 표지판을 눈여겨보았고, 그들은 이 화장실을 카페로 변신시켰다. 카페 이름은 어텐던트. 빅토리아 시절 화장실의 이용객들은 화장실 관리인(어텐던트)에게 1페니를 지불해야 했고 거기서 이름을 땄다.

화장실을 카페로 바꾸는 일은 의외로 손쉬웠는데, 빅토리아 시대에 만들어진 이 화장실은 입구부터 고급스런 분위기였기 때문이다. 지붕과 입구는 화려한 철재 구조물로 꾸며져 있었다. 화장실에 설치된 기다란 남성용 변기는 영국 최대 도자기 그룹인 '로열 달튼'의 계열사 '달튼 앤 코' 제품이었고, 변기임에도 불구하고 고풍스런 멋을 그대로 간직하고 있었다. 두 청년 창업자는 최소한의 리모델링만으로 카페를 만들고자 했다. 내부 구조물 중에서는 벽 하나만 제거했고, 청소에는 상당한 노력을 기울였다. 거기에 산뜻한 페인트칠로 실내 분위기를 밝게 꾸미고 가구 배치에도 신경을 많이 썼다. 도자기 변기 중간쯤에 나무로 된 바^{Bar}를 설치하고 변기 아랫부분은 잘라냈다. 오목한 곡선 형태로 남아 있는 도자기는

옛날의 변기를 그대로 응용해 배치한 어텐던트 카페 실내 모습. © Attendant Cafe

마치 독서실 책상처럼 각각 한 사람씩의 자리를 구분해주고 있다.

런던에는 어텐던트처럼 빅토리아 시대 공중화장실을 개조한 공간이 몇 군데 더 있다. 클래펌 커먼 지하철역 인근에 'WC 바'를 오픈한 제이크 맨지온은 '레이디 루$^{Loo \cdot 화장실}$'란 별명을 얻었다. 이름부터 노골적인 이곳은 옛 화장실에서 쓰던 바닥 모자이크와 벽타일은 그대로 남겨두고 나무 칸막이를 테이블로 변신시켰다. 그리고 화장실에서 쓰던 변기를 직접 사용하지는 않지만 가게 한편에 장식용으로 전시해 놓았다. 정부가 지역위원회에 빈 공간을 활용해 수익을 창출하도록 압박하자 방치된 공중화장실과 폐쇄된 지하철역이 임대시장에 쏟아져 나오면서 또 하나의 매력적인 화장실 개조 공간 'WC 바'가 탄생하게 된 것이다. WC는 이곳의 주 메뉴인 와인^{Wine}과 샤퀴테리^{Charcuterie}(프랑스식 숙성 육가공품)의 약자이기도 하다.

해크니에 위치한 카페 겸 와인바 '컨비니언스' 역시 20년간 사용하지 않고 있던 빅토리아 시대 공중화장실을 개조한 곳이다. 이곳은 해크니 지역위원회가 지역 주민들이 교류할 수 있는 사랑방으로 활용하고 수익도 얻기 위해서 만든 곳이다. 지역 노인들이 수제 음식을 만들어 판매하는 카페 '나나'에서 위탁받아 운영한다.

28/101

높이 28m의 '클레오파트라의 바늘'
영국 나일강 승리를 기념해 보낸 이집트의 선물

스핑크스와 오벨리스크(대형 첨탑)의 땅, 이집트. 그러나 런던에서도 스핑크스와 오벨리스크를 볼 수 있다. 언제부터 이집트의 고대 유물들이 런던에 놓이기 시작한 걸까?

   1798년 영국의 넬슨 제독은 나일강 전투에서 나폴레옹이 이끄는 프랑스군을 물리쳤다. 이 전투 이후 영국 사람들에게 이집트가 유명해지면서 고대 이집트풍이 런던에서 유행하기 시작했다.

   런던 속의 이집트를 가장 잘 느낄 수 있는 곳은 템스강변 빅토리아 임뱅크먼트다. 이곳에는 이집트에서 직접 들여온 오벨리스크 '클레오파트라의 바늘'과 실물 크기의 스핑크스가 있다. 클레오파트라의 바늘이라 불리는 오벨리스크는 런던, 뉴욕, 파리에 각각 하나씩 있다. 특히 런던과 뉴욕의 오벨리스크는 붉은색 화강암 재질뿐 아니라 높이, 무게가 같은 쌍둥이다. 이 오벨리스크는 기원전 1450년 경 이집트의 파라오였던 토트메스 3세를 위해 만들어졌다. 처음에는 이집트의 헬리오폴리스에 세워졌는데 클레오파트라 여왕이 통치했던 알렉산드리

클레오파트라의 바늘(Cleopatra's Needle)
위치 Victoria Embankment, WC2N
지하철 Embankment 역

이집트에서 가져온 오벨리스크, 클레오파트라의 바늘.

아로 옮겨오면서 '클레오파트라의 바늘'로 불리게 되었다.

이 오벨리스크는 영국의 나일강 전투 승리를 기념해서 이집트가 보낸 선물이다. 1798년 영국의 넬슨 제독이 알렉산드리아 부근 바다에서 나폴레옹이 이끄는 프랑스 함대를 격파해 이집트로의 진출을 막게 되자 이집트의 통치자 무하마드 알리가 1801년 클레오파트라의 바늘을 영국 정부에 선물했다.

하지만 이 오벨리스크를 런던까지 실어오는 게 문제였다. 높이가 21m에 달했고, 무게는 성년 코끼리 40마리를 합친 224톤에 달했다. 이 육중한 유물을 이집트에서 런던까지 운송할 방법이나 수송비용도 만만치 않았기에 오벨리스크는 70년이 넘게 알렉산드리아에 그대로 남아 있었다. 1877년 유명한 피부과 전문의였던 에라스무스 윌슨 경은 오벨리스크를 가져오는 것도 사회공헌의 한 방법이라고 생각하고 자비를 들여 이 거대한 오벨리스크를 런던으로 옮겨오기로 했다. 윌슨 경은 막대한 재산을 모았지만 가족이 없어 자신의 재산을 주로 자선사업과 교육사업에 투자한 자선사업가였다.

1877년 9월 21일 '올가'라는 배가 오벨리스크를 넣은 철로 만든 원통을 끌고 알렉산드리아를 떠났다. 하지만 여정의 절반쯤 갔을 때 배는 폭풍우를 만나 가라앉아버렸고 선원들은 다행히 목숨을 건졌다. 바다를 떠다니던 오벨리스크는 며칠 만에 발견되어 스페인 북서쪽의 항구로 인양되었다. 1878년 1월에 오벨리스크는 다시 '앵글리아'라는 예인선에 실렸다. 이번에는 무사히 영국 동남부의 그레이브젠드까지 운송되었고, 그해 12월에 런던에 도착했다.

런던의 건축가 조지 존 벌리아미는 빅토리아 임뱅크먼트에 놓을 오벨리스크 주위를 이집트식으로 디자인했다. 클레오파트라의 바늘 높이는 21m인데, 조지가 만든 받침대 위에 얹자 28m가 되었다. 그는 오벨리스크를 호위하듯 스핑크스 동상 2개를 양쪽에 놓았다. 브론즈로 만든 스핑크스 동상에는 '토트메스 3세가 생명을 준 훌륭한 신'이라는 글이 상형문자로 적혀 있다. 주변에 낙타 모양의 손잡이가 달린 벤치, 돌고래 모양 램프도 설치했는데, 마치 오벨리스크의 입성을 예견한 듯 조지가 미리 제작해둔 것이다. 사실인즉슨 런던 하수 시설을 확장하면서 템스강 폭이 줄어들어 생겨난 둑을 장식해 달라는 런던시의 요청에 조지가 이집트 스타일로 디자인을 했고 우연히도 그 강둑에 클레오파트라의 바늘이 설치된 것이다. 이곳도 독일의 공습으로 피해를 입었지만, 다행히 오벨리스크가 파괴되지는 않았다.

설치 당시만 해도 높다랗게 보이던 클레오파트라의 바늘은 그러나 이후 뒷자리에 들어선 흰색 쉘 맥스 하우스 빌딩 때문에 위상이 바래졌다. 1931년 완공된 아르데코풍의 쉘 빌딩은 58m 높이로, 3,500년 역사의 오벨리스크를 무색하게 한다.

한편 런던 속 이집트를 만날 수 있는 또 다른 곳은 이슬링턴의 리치몬드 애비뉴다. 1840년대에 고급 주택가로 조성된 이곳의 46~72번지 주택 출입구 계단에는 미니어처 스핑크스 조각상들이 세워져 있다. 런던에 이집트 스타일이 유행하면서 조성된 이집트풍 거리다. 런던의 사진작가들이 즐겨 찾는 이곳에서 이국적인 운치와 함께 176년을 훌쩍 넘긴 시간 동안 코도 부러지고 마모된 스핑크스들을 보며 세월의 흔적도 느낄 수 있다.

29/101

영국 왕실이 소유한 29m 길이의 배, 글로리아나
여왕 취임 60주년을 기념해 템스강 축제를 재현하다

2016년 6월 11일, 템스강을 따라 배 50여 척이 노를 저어간다. 엘리자베스 2세 여왕의 90세 생일을 축하하기 위해 오전 11시 반 경 웨스트민스터 의회 근처에서 출발한 행렬은 런던 아이를 지나 여왕이 기다리는 런던 타워 앞으로 향한다. 오후 1시, 런던 타워에서 여왕의 생일을 축하하는 62발의 예포가 울리면서 템스강의 축하 행렬은 막을 내렸다. 이날 맨 앞에서 소형 함대를 이끈 배는 29m 길이의 '글로리아나Gloriana'. 여왕이 이름 붙인 글로리아나는 영국 왕실을 상징하는 붉은색과 금색으로 화려하게 장식된 여왕 소유의 배로, 18명이 노를 저을 수 있는 조정용 배다.

글로리아나는 2012년 여왕의 취임 60주년을 기념해 템스강에서 열린 '다이아몬드 주빌리' 축하 행렬 때 처음 등장했는데, 이때 선두에서 노를 저으며 1,000여 척의 배를 이끌기도 했다. 글로리아나를 비롯해 17~18세기 배를 재현한 조정용 배 50여 척, 카약 50여 척뿐 아니라 드래곤 보트, 호화 요트 등 사극에 등장할 것 같은 배들이 11km의 행렬을 이루고 강물을 가르며 나아가는 이날의 모습은 평생 한 번 볼까 말까한 장면으로 기록됐다.

이 장면은 이탈리아 출신 화가 지오반니 카날레토의 그림을 거의 비슷하게 재현해 화제가 되었다. 카날레토는 조지 2세의 재임 시절인 1746년 10월 웨스트민스터 다리와 세인트 폴 대성당 근처에서 목격했던 템스강 축하 행렬을 몇 점 그

템스강을 항해하는 여왕 소유의 배 글로리아나.

렸는데, 이 장면이 266년 후 재현된 것이다. 글로리아나도 이 그림에 등장한 조정용 배를 모델로 2012년 여왕의 주빌리 다이아몬드 행사에 맞춰 4년간 제작된 것이다. 뱃머리를 덮은 지붕 색깔이 파란색에서 실제 금을 도금한 황금색으로 바뀌고 길이가 7~9m 길어졌을 뿐, 배의 모양이나 18인승 조정용 구조 등이 266년 전 그림과 거의 비슷하다.

튜더 왕조 시대는 템스강 축제가 시작된 시기였다. 왕실의 주요 행사 때는 템스강에 배를 띄우고 시티에서 웨스트민스터 다리 부근 또는 그리니치까지 축하 행렬이 이어졌다. 헨리 8세는 템스강에서 펼쳐지는 배들의 축제를 즐긴 것으로 유명하다. 그는 1533년에 두 번째 부인 앤 불린이 그리니치에서 런던으로 입성하는 것을 축하하는 행렬을 벌였고, 1540년에는 네 번째 부인 클레페와의 결혼식 때도 템스강에서 화려한 축제를 열었다. 헨리 8세와 앤 불린 사이의 딸 엘리자베스 1세가 왕위를 물려받은 1558년에도 런던 타워 근처 템스강에서는 대대적인 축하연이 열렸다.

템스강 축제 때 글로리아나와 같은 배들은 일종의 왕실 '리무진'이었다. 이후에는 왕실뿐 아니라 시티의 무역상과 길드들도 자사 소유 배를 동원해 파티를 열었고, 왕실 행렬 때 함께 참여하면서 템스강 축제 행렬은 점점 더 화려해졌다.

화가 지오반니 카날레토가 템스강 축하행렬을 그린 그림. 글로리아나를 만들 때 이 그림 속 배를 거의 그대로 참고했다.

트럼펫과 플루트와 드럼 등으로 구성된 악단이 음악을 연주하고, 온갖 화려한 깃발이 펄럭이는 이 행사는 런던사람들과 외국인 방문객들에게 큰 구경거리가 되었다.

17세기 중반의 20년 역사를 일기로 남긴 사무엘 피프스도 이 행렬을 기록했다. 그는 찰스 2세 재임 시절인 1662년 8월 23일 일기에서 왕과 왕비가 햄튼 궁전부터 화이트홀까지 템스강을 따라 축제 행렬을 벌이는 모습을 "캐노피를 씌운 1만 척의 배와 보트로 가득 차서 강물이 보이지 않을 정도였다"라고 썼다.

프리드리히 헨델은 템스강 축제 때 연주할 음악으로 '수상음악$^{Water\ Music}$'을 작곡했다. 1717년 7월 17일 밤에 조지 1세가 배에 타고 첼시로 향하는 동안 수상음악이 초연되었는데, 왕이 음악을 무척 좋아해서 3회 이상 다시 연주했다고 한다. 당시 수상음악을 연주하기 위해 왕의 배와 그 뒤를 따르는 배에 50여 명의 연주가들이 타고 있었고 시민들이 헨델의 음악을 듣기 위해 강가에 모여 들었다는 기록이 있다. 벨기에의 화가 에두아르 함만은 당시 조지 1세 옆에 헨델이 앉아 있는 모습을 묘사한 그림을 남기기도 했다.

스튜어트 왕조 시절에 전성기를 누리던 템스강 축제는 그후 서서히 쇠퇴했다. 특히 1858년 여름, 혹독한 더위와 가뭄이 지속되면서 템스강의 악취가 극심해졌

2012년 엘리자베스 여왕의 다이아몬드 주빌리 축제 장면.

는데, 이때를 계기로 축제가 중단되었다. 찰스 디킨스는 소설 《작은 도릿》에서 당시 템스강에 냄새가 지독한 하수가 흘러 들어오는 장면을 묘사했는데, 생활 하수뿐 아니라 산업폐기물, 콜레라로 죽은 시체들까지 강에 떠다니면서 그후 몇 년간 템스강에 얼씬거리지 못할 만큼 악취가 진동했다고 전했다.

 템스강 축제는 맥이 끊긴 지 150여 년 만인 2012년 여왕의 다이아몬드 주빌리 축제 때 되돌아왔다. 그후 템스강에서는 글로리아나를 필두로 연간 10~20회 배들의 축제가 펼쳐지고 있다. 글로리아나는 항해 시기인 4월에서 11월까지는 템스강에 유일하게 남은 요트 정박지인 세인트 캐서린 도크에 정박해 있다. 겨울에는 맨체스터 인근 덴턴 지역의 창고에 둔다. 글로리아나에는 노젓는 선원 18명, 갑판장 2명, 선장 1명, 승객까지 총 25~30명이 탑승할 수 있다. 선원들이 노를 저어 갈 때 최대 시속 7km, 모터로 갈 때는 시속 11km까지 낼 수 있다. 글로리아나는 현재 영국 왕실에서 유일하게 공식적으로 소유한 배로, 스털링 경이 다이아몬드 주빌리를 기념해 여왕에게 헌납했다.

30/101

하루 30분만 건강에 투자하면 다이어트가 필요없다!
'안티 다이어트' 주장하는 바디코치 조 웍스

전세계 사람들의 영국 음식에 대한 평판은 신랄하기 그지없다. 이 사실은 구글 검색창에 '영국 음식English Food'을 입력해보면 자동 완성되는 단어가 '끔찍한terrible', '나쁜bad'이라는 것만 봐도 쉽게 확인할 수 있다. 하지만 아이러니하게도 고든 램지나 제이미 올리버처럼 세계적으로 주목받는 인기 셰프들을 배출한 곳 또한 영국이다.

특히 제이미 올리버는 BBC2의 '네이키드 셰프'라는 새로운 요리 프로그램에서 실제 생활 속에서 요리하는 상황을 보여주면서 요리가 복잡하고 어려운 일이 아니라 매일매일 할 수 있는 손쉬운 일이라는 인상을 강하게 심어주었다. 2010년에는 '제이미의 30분 요리', 2012년에는 '제이미의 15분 요리'를 히트시키며 짧은 요리시간에도 제대로 된 요리가 가능하다는 것을 보여줬다.

그리고 2015년 누구나 쉽게 요리할 수 있다는 제이미의 가르침을 실현한 새로운 영국요리 스타가 탄생했다. 전문 셰프가 아니라 일상에서 쉽고 간단하게 요리를 즐겼던 이 스타는 멋진 식스팩을 갖추고 '다이어트 반대'의 기치를 든 바디코치 조 웍스다. 조 웍스는 〈이브닝 스탠더드〉지와의 인터뷰에서 이렇게 말했다.

> **Tip**
> 조 웍스 홈페이지
> www.thebodycoach.co.uk

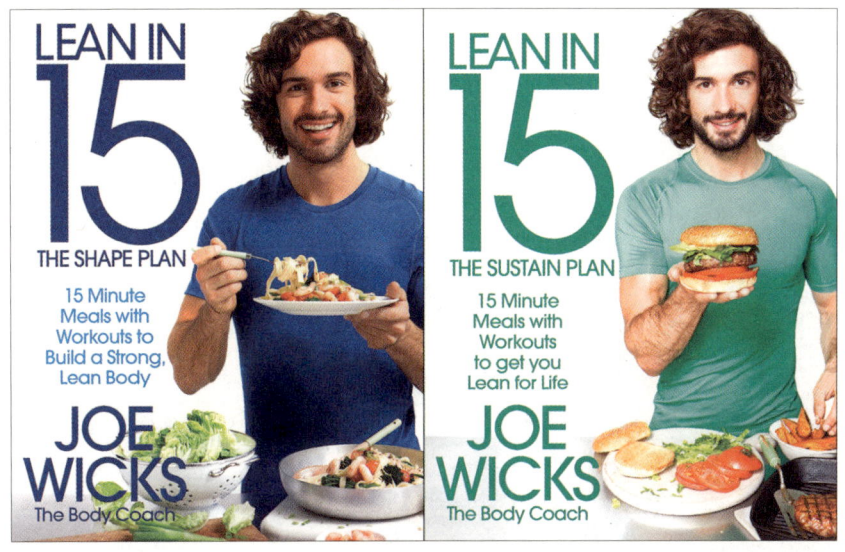

"저는 다이어트를 싫어합니다. '안티 다이어트 가이'죠. 다이어트는 소용없다는 게 제 철학이에요. 생활방식을 변화시켜야죠. 고섬유질 다이어트와 구석기 다이어트(원시시대 사람들의 식단을 적용한 다이어트 법, 저탄수화물 고지방 다이어트)를 5:2 비율로 시도해볼 수는 있겠지만 계속 그렇게 먹기도 어렵고 먹는 즐거움도 전혀 없어요. 제 주장은 줄곧 외식을 하거나 정크푸드로 한 끼를 때우는 대신 제대로 된 식품으로 요리를 해먹자는 겁니다. 저는 칼로리 계산도 싫어해요. 그건 구시대 산물입니다. 다양한 식품들은 칼로리뿐만 아니라 다른 영양소들도 많이 함유하고 있어요. 나는 사람들이 매일 저울에 올라서서 자기 몸무게 재는 걸 바라지 않습니다."

바디코치로 활동 중이었던 조는 소셜미디어에서 체중관리에 어려움을 겪는 사람들을 발견했다. 조가 보기에 다이어트업계에서 쏟아내는 정보들은 끔찍했다. 거기에서 새로운 기회를 발견한 조는 자신만의 프로그램인 '90일 SSS'를 만들었다. SSS는 각각 Shape^{체형}, Shift^{변화}, Sustain^{지속}을 의미한다. 이 프로그램은 이용자들이 체중조절이 아닌 더 건강한 생활방식에 적응해 나갈 수 있도록 15분 동안 균형 잡힌 식사를 만드는 것과 15분간 강도 높은 운동을 병행하도록 짜여 있다. 그리고 그 결과는 경이로웠다. 조의 15분 레시피는 각종 스무디, 팬케이크, 베이글처럼 '요리'라고 이름 붙이기 무색할 만큼 간단한 것들부터 식욕을 자극

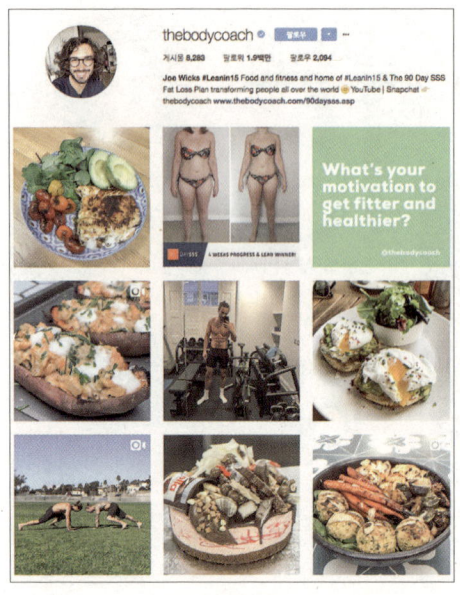

하는 육류 요리까지 다양하다. 조의 레시피에 따르면 각종 인스턴트 음식에 기댈 필요 없이 신선한 과일과 채소, 견과류, 육류를 골고루 섭취하면서 건강한 식생활을 유지할 수 있다. 조의 인스타그램(@thebodycoach)에 올라온 15분 요리 사진과 SSS 프로그램에 성공한 사람들의 인증샷은 폭발적인 반응을 얻었고 팔로워 수는 190만 명이 넘는다. 조는 수시로 자신의 인스타그램에 SSS 프로그램을 실천해본 사람의 경험담과 전후 사진을 올리고 있다.

조는 인스타그램의 인기를 몰아 2015년 12월에 자신의 첫 책 《린 인 15$^{\text{Lean in 15}}$—The Shift Plan—15분 요리와 15분 운동으로 늘씬하고 건강하게》를 출간했고, 2016년 6월에는 두 번째 책 《린 인 15—체형 플랜$^{\text{Lean in 15—The Shape Plan}}$》을 출간했다. 조의 책에는 15분 만에 완성할 수 있는 다양한 요리 레시피와 짧은 시간에 지방을 연소시킬 수 있는 운동법이 담겨 있다. 조의 책은 두 권 모두 출간과 동시에 아마존 UK에서 베스트셀러 1위를 차지했다.

31/101

31세에 구입한 집에 빅토리아 시대를 재현하다
미국인 데니스 서버의 유별난 영국 사랑

바람이 서늘한 날, 구글지도 앱에 '폴게이트 스트리트 18'을 입력하고 따라 간다. 금요일 저녁, 런던 동부의 스피탈필즈는 파티를 즐기러 나온 젊은이들로 넘친다. 런던에 올 때마다 여러 번 다녔던 스피탈필즈 마켓을 지나, 큰길에서 폴게이트 골목으로 접어들었다. 구글지도 앱에 표시된 주소까지 왔는데, 어디에도 '데니스 서버의 집'이라는 간판은 없다.

빨간색 덧창이 달린 벽돌집. 검은색 현관문에 쓰인 빨간색 숫자 '18'을 쳐다보고 있는데 한 남자가 현관문 앞으로 나온다. 데니스 서버의 집이 맞느냐고 묻자 고개를 끄덕이며 예약 명단을 확인한다. 범상치 않은 환영이다. 안내자가 이끄는 대로 지하로 향한 계단을 내려가면 지하실부터 여정이 시작된다. 그리고 어둠과 침묵. 어둑어둑한 실내에는 촛불과 흐릿한 전등이 켜져 있다. 층마다 방 앞에 안내하는 사람이 서 있기는 하지만, 이 집의 방문객들은 10개의 방을 침묵 속에 돌아다녀야 한다. 이 집을 디자인한 데니스 서버는 침묵 속에서 펼쳐지는 '정물 드라마'를 즐기기 원했다. 방문객은 아주 오래된 정물화의 프레임 속으로 걸

데니스 서버스 하우스(Dennis Server's House)
위치 18 Folate Street London E1 6BX **지하철** Liverpool Street 역
오픈시간 월수금, 법정 공휴일 17:00~21:00(인터넷 예약 필수)
입장료 15파운드 **홈페이지** www.dennissevershouse.co.uk

어 들어가듯 기묘한 체험을 하게 된다. 화가 데이비드 호크니는 이 집에서의 경험을 좀 더 특별하게 표현했다. 위대한 오페라 무대에 서 있는 것 같다고. 그림이든, 오페라 무대든 우리는 이 집으로 들어서는 순간 다른 시간으로 여행을 시작한다.

데니스 서버의 집에는 지하실에서 지상 4층 다락방까지 10개의 방이 있다. 1724년부터 1914년까지 과거로의 여행이다. 첫 번째 방은 지하실의 부엌. 장작이 빨갛게 달궈져 있는 무쇠 벽난로에 다가가니 열기가 느껴진다. 탁자 위에는 금방 구워서 따끈따끈할 것 같은 파이가 놓여 있다. 반 고흐의 그림 '감자 깎는 여인'이 바로 이 탁자 앞에 앉아 있을 것 같은 풍경이다. 정적 속에서 타닥타닥 장작 타는 소리와 냄새에 기분이 좋아진다.

두 번째 방은 식품 저장고이자 하녀 방이다. 어두컴컴한 돌무더기 사이로 램프가 켜져 있고 스피탈필즈의 유래가 적힌 메모 한 장이 있다. 어디선가 종소리가 들려온다. 먼지 낀 거울에 방문객의 얼굴이 비친다. 지상으로 올라와 세 번째 방으로 들어가면 다이닝 룸이다. 타원형 테이블에는 금방 자리에서 일어난 듯 구겨진 냅킨이 놓여 있고 의자에는 가발이 걸려 있다. 벽난로 주변에는 왕과 귀족의 초상화 몇 점이 걸려 있다. 여기서 주인과 손님들이 토리당과 휘그당의 정치적 논쟁을 벌였을 거라고 데비스 서버는 상상했다.

삐걱거리는 계단을 올라가 2층 방으로 들어가면 남자들만 사용했던 흡연실이 있다. 이 네 번째 방을 지나 앞쪽 방으로 발길을 옮기면 여자들이 모여 독서를 하고 바느질을 하던 드로잉 룸이 있다. 초록색 벽에 빨간색 커튼이 드리워져 있고 화려한 꽃무늬 암체어가 있는 이 방은 네오클래식풍이다. 여섯 번째 방은 아이들 방이다. 하늘색 파스텔톤으로 밝게 꾸민 이 방에는 아이들이 갖고 놀던 장난감들이 있다. 3층은 부부 침실이다. 린넨 침대보 위에 조각처럼 앉아 있던 검은 고양이 한 마리가 날카롭게 야옹 소리를 내며 방문객을 놀라게 한다. 이제 4층으로 올라가는 계단이다. 가업으로 실크를 직조했던 집답게 계단참에는 실크 옷들이 걸려 있다. 4층 실크 직조실은 초라하다. 거미줄이 쳐진 방에서는 곰팡내와 양초 타는 냄새가 난다. 이 방의 시점은 1837년 새벽이다. 국왕 에드워드 5세가 죽은 새벽, 18세의 소녀 빅토리아가 왕위를 물려받게 되었다는 소식을 듣

데니스 서버의 집. 10개의 방을 테마별로 장식했다. © Roelof Bakker, Dennis Server's House

는다. 소녀는 울면서 말한다. "나는 잘할 거야$^{I\ will\ be\ good}$." 런던 타워에서 여왕의 취임을 축하하는 대포소리가 들려온다. 열 번째 방은 큰길과 접하고 있는 1층 응접실로 배치했다. 흰색으로 칠한 이 방은 빅토리아 시대 유물로 가득하다.

 데니스 서버의 집이 있는 스피탈필즈는 시티의 동쪽에 자리잡고 있다. 한때 멋진 조지 시대의 타운하우스, 넓고 매력적인 광장, 유명 건축가가 지은 교회가 있던 이곳은 유행을 선도하는 지역이었다. 프랑스 실크의 수입이 금지되자 위그노 이민자들이었던 방직업자들과 상인들이 부자가 되었다. 하지만 이후 수입 금지가 풀리자 실크 가격이 폭락했고 스피탈필즈 지역 사람들은 가난의 수렁에 빠지게 되었다. 19세기에는 스피탈필즈가 게토(유대인 강제 격리 지역)가 되었고, 유대인은 물론 아일랜드, 방글라데시, 인도 이주민들이 이곳에 살았다. 고급 주택가는 황폐해졌고 과일과 채소 시장이 들어선 슬럼가가 되었다. 하지만 사람들은 가난 때문에 집을 수리할 수 없었고 그 덕분에 집들은 옛 모습 그대로 유지되었다. 그러다 1970~80년대에 스피탈필즈의 건축물과 역사에 대한 방대한 지식과 열정을 가진 사람들이 나타나 이곳에 새 생명을 불어넣었다. 그 중심에 데니스가 있었다.

데니스는 미국 캘리포니아주 남부에서 나고 자랐다. 학창시절 데니스의 선생님은 그를 '특수교육이 필요하며 정신발달이 더딘' 아이로 여겼다. 데니스는 어린 시절부터 막연하게 신비로운 '영국의 빛$^{English\ Light}$'에 끌렸다. 그가 느끼기에 그 빛은 미국의 건조하고 분명한 빛보다 따뜻하고 풍부한 빛이었다. 그는 18세 때 꿈꾸던 영국행을 실행에 옮겼다. 데니스는 하이드파크 주변에서 마차를 몰면서 관광 가이드를 했다. 하이드파크 마구간이 개발업자들 손에 헐리게 되자 데니스도 직업을 잃었다. 1979년 31세의 데니스는 스피탈필즈 지역에서 가장 싼 땅이었던 낡아빠진 도살장을 사서 붉은 벽돌집을 지었다. 그리고 20년간 그 집의 역사를 다시 썼다.

이야기꾼 데니스는 이 집에 저비스 가족이 살았다고 가정했다. 저비스 가족은 위그노 교도들로 종교적 박해를 피해 영국으로 이민온 사람들이다. 뛰어난 직조업자들이었던 이 가족은 실크 상인으로 성공했다. 그래서 자신들의 생활수준에 걸맞은 사치스런 집에서 살았다고 했다. 데니스는 폴게이트 스트리트 18번지에 있는 4층짜리 집을 자신의 상상 속의 가족에게 어울리는 성으로 꾸몄다. 실제 크기의 '인형의 집'인 셈이다. 데니스는 10개의 방에서 잠을 자고 난 후에 얻은 영감에 따라 각각 방을 장식했다. 집안을 둘러보면 알겠지만 저비스 가족은 깔끔하게 정리정돈을 잘하는 사람들은 아니다. 여기저기 앤티크 소품과 가구, 잡동사니를 놓아 두어 공간이 더 사실감 있게 느껴진다.

이 집의 모토는 '보거나, 보지 못하거나'이다. 데니스 서버는 관람객들에게 수많은 퍼즐을 던져주었다. 퍼즐의 조각들은 이 집에 남아 있는 각각의 소품들이다. 그 퍼즐을 맞출 수 있는 사람에게 이 집은 흥미로운 고전소설 한 편을 들려주겠지만, 퍼즐을 맞출 수 없는 사람에게 이 집은 그저 평범한 옛날 집에 불과하다. 거기서 본 것은 기억이 잘 나지 않지만, 다른 시간을 다녀온 느낌은 잊지 못할 것 같다. 양초 타는 냄새와 희미한 빛, 벽난로의 온기와 장작 타는 소리, 멀리서 울리던 종소리가 여운으로 남을 것이다.

32/101

윈저 가든스 32번지로 입양된 아기 곰의 모험
전세계 어린이들의 사랑을 받아온 패딩턴 이야기

페루의 깊고 깊은 숲에서 온 아기 곰 한 마리가 패딩턴 역 플랫폼에 앉아 있다. 어두운 밤색 털, 까만색 두 귀, 커다랗고 동그란 눈을 가진 그 아기 곰은 낡고 찌그러진 여행가방 위에 비스듬히 앉아 있었다. 곰은 수하물인 것처럼 자기 목에다 '이 곰을 돌봐주세요. 감사합니다'라는 꼬리표를 달고 있었다. 브라운 씨가 그 곰에게 이름을 물어보았지만 곰은 자기의 페루 이름은 너무 어렵다고 대답한다. 브라운 씨의 아내는 이 곰을 발견한 역 이름을 따서 '패딩턴'이라고 부르기로 한다.

1950년대에 BBC 카메라맨으로 일하던 작가 마이클 본드는 제2차 세계대전 때 있었던 일을 떠올리며 《내 이름은 패딩턴》의 도입부를 썼다. 당시 영국은 런던의 아이들을 독일군의 공습 위험에서 대피시키기 위해 농촌 지역으로 보냈다. 많은 아이들이 부모 곁을 떠나 농촌의 위탁가정에서 지내야 했다. 아이들은 가슴에 이름표를 달고 어디로 가게 될지 모른 채 낯선 기차역에 내려 불안하고 초조한 마음으로 새 보호자를 기다렸다. 아기 곰 패딩턴은 그때의 아이들을 상징

패딩턴 동상(Paddington Statue)
위치 Paddington 기차역 1번 플랫폼 시계탑 아래
교통 Paddington 기차역　**홈페이지** www.paddington.com

패딩턴 역에 있는 패딩턴 곰 조각상은 아이들에게 늘 인기 있다.

하는 존재였다.

　책 속에서 패딩턴은 친절한 브라운 씨 가족에게 입양되어 윈저 가든스 32번지 집에서 지내게 된다. 실제 런던의 윈저 가든스에는 32번지가 없다. 패딩턴을 사랑하는 사람들은 패딩턴이 늘 지나다니는 포트벨로 거리 근처에서 32번지의 모델이 되었을 만한 집들을 찾기 시작했다. 그리고 웨스트본 그린이 패딩턴이 살았던 32번지일 것이라고 추측했다. 하지만 작가 마이클의 딸 카렌 잔켈이 〈인디펜던트〉지와 한 인터뷰에 따르면 이 주소는 가상의 주소라고 한다. 마이클이 부모가 살던 집과 자신이 살던 집의 주소를 뒤섞어 만든 것이라고.

　패딩턴은 삼촌에게서 물려받은 커다란 빨간 모자에 더플코트를 입고 낡은 여행가방을 들고서 1958년 10월에 처음으로 사람들 앞에 모습을 드러냈다. 작가 마이클 본드는 BBC를 그만두고 패딩턴 시리즈에 전념했다. 그리고 지금까지 150권이 넘는 동화책과 그림책이 탄생했다. 패딩턴 시리즈는 전세계 40개국 넘는 나라에서 3,500만 부 이상 팔렸다.

　2014년에는 영화 〈패딩턴〉이 나왔다. 〈해리 포터〉 제작진이 참여한 이 영화에는 〈007 스카이폴〉에서 MI6 요원으로 인상적인 연기를 보여준 영국 배우 벤 위쇼가 패딩턴 목소리 연기를 했다. 같은 해 11~12월에는 패딩턴을 주제로 한

마이클 본드의 패딩턴 시리즈.

깜짝 쇼가 런던 전역에서 펼쳐졌다. 50개가 넘는 패딩턴 동상이 박물관, 공원 등 런던의 명소 곳곳에 세워졌다. 패딩턴 동상 제작에는 유명 연예인과 예술가들이 참여했다. 여배우 산드라 블록은 영화 〈그래비티〉 속 자신의 모습을 본뜬 그래비티 베어를 탄생시켰고, 뮤지컬의 거장 앤드류 로이드 웨버는 뮤지컬 '캣츠'의 등장인물처럼 분장한 패딩턴 로이드 웨버를 선보였다. 배우 베네딕트 컴버배치는 셜록과 똑같은 코트와 모자로 분장한 셜록 패딩턴 베어를 만들어냈다. 행사가 끝난 후에 패딩턴 베어들은 크리스티 경매를 통해 판매되었다. 총 9만 3,000 파운드가 넘는 경매 수익금이 모였고 이 수익금은 어린이에 대한 가혹행위를 방지하기 위한 단체인 NSPCC National Society for the Prevention of Cruelty to Children 에 전달되었다.

아쉽게도 런던 거리에서 더 이상 50여 개의 패딩턴 동상을 만나볼 수 없지만, 패딩턴 역에 가면 오리지널 패딩턴 동상을 만날 수 있다. 패딩턴 기차역 1번 플랫폼 시계탑 아래에 가면 작가 마이클 본드가 맨 처음 패딩턴을 만났을 때처럼 여행가방 위에 앉아 있는 귀여운 아기 곰 패딩턴이 보인다. 몸집이 4~5살 아이처럼 작은 이 브론즈 동상 옆에는 귀여운 아이들로 늘 붐빈다.

33/101

선사시대 동물 33마리를 재현하다
'쥐라기 공원'의 원조, 크리스털 팰리스 파크

"이구아노돈은 이구아나와 매우 비슷한 이빨을 갖고 있었습니다. 그래서 거대한 이구아나처럼 생겼을 거라고 확신했습니다. 발굴된 뼈를 토대로 이구아노돈의 실제 크기와 비례를 정했습니다. 뿔같이 생긴 뼈는 코뿔소의 뿔처럼 코 위에 놓이는 것이 가장 그럴 듯해 보였습니다."
— 《공룡을 사랑한 할아버지》(바버라 컬리 글, 브라이언 셀즈닉 그림) 중에서

그림책 《공룡을 사랑한 할아버지》는 세계 최초로 실물 크기의 공룡을 제작하고 평생을 공룡을 알리기 위해 헌신한 워터하우스 호킨스의 삶을 감동적으로 그려내고 있다. 책 속의 한 장면에서 워터하우스는 당시 공룡 제작에 흥미를 보여 직접 현장에까지 찾아온 빅토리아 여왕과 앨버트 공 부부에게 이구아노돈을 직접 상상해서 만들어낸 과정을 설명해주는 모습이 바로 위에 인용된 부분이다. 워터하우스의 노력은 결실을 보아 1854년 런던 남부 크리스털 팰리스 파크에서 실물 크기의 공룡과 선사시대 15종의 동물 모형 33개를 선보일 수 있었다. 세계

 크리스털 팰리스 파크(Crystal Palace Park)
위치 Thicket Rd, SE19 2GA 지하철 Crystal Palace 역
오픈시간 매일 07:00~19:00 입장료 무료
홈페이지 www.crystalpalacepark.org.uk

크리스털 팰리스에 설치된 공룡 조각들.

최초로 선보인 실물 크기 공룡 모형이었다. 크리스털 팰리스 파크에서 가장 큰 공룡인 이구아노돈은 길이가 무려 12m가 넘었고, 이구아노돈 한 마리를 만드는 데만 점토 30톤, 벽돌 600장, 타일 1,500장이 들어갔다.

공룡 제작을 위한 과학 고증은 영국 최고의 고생물학자이자 비교해부학자인 리처드 오언이 맡았다. 리처드 오언은 그리스어로 'Deinos^{무섭다}'와 'Sauros^{도마뱀}'를 섞어 'Dinosaur^{공룡}'란 학명을 만든 주인공이자 공룡에 관한 최고 전문가였다. 공룡과 선사시대 동물의 제작은 조각가이면서 동물에 관한 학식과 조예가 깊었던 워터하우스 호킨스가 맡았다. 워터하우스는 찰스 다윈의 《찰스 다윈의 비글호 항해기》에 일러스트를 그렸고, 동물 모형제작 경력이 풍부했다.

크리스털 팰리스 파크의 이구아노돈은 코에 뿔이 달려 있지만 이후 연구에서 이구아노돈의 뿔은 앞발에 달려 있는 것으로 밝혀졌다. 지금 기준으로 보면 이구아노돈뿐만 아니라 다른 공룡들과 고대 동물들의 모습도 실제와는 차이가 많이 난다. 딕시오돈은 하마를 닮은 공룡인데 크리스털 팰리스 파크의 딕시오돈은 거북이처럼 생겼고, 이크티오사우루스는 바다에 살았던 돌고래를 닮은 공룡인데, 이곳에서는 땅 위에 서 있다. 하지만 공원이 문을 연 19세기 중반에는 발굴된 화석이 적었고 공룡에 대한 자료가 지금처럼 많지 않아서, 과학자들조차 적은 단

서로 공룡의 모습을 추측할 수밖에 없었다. 그럼에도 크리스털 팰리스 파크에 남아 있는 공룡과 고대 동물들은 자연사 연구 역사의 자료로 상당한 가치가 있다.

크리스털 팰리스 파크의 공룡에 관한 가장 유명한 일화는 '이구아노돈에서의 만찬'이다. 워터하우스는 공룡이 모두 완성되고 나서 과학자들에게 어떻게 소개해야 할지가 걱정이었다. 그래서 이런저런 궁리 끝에 기발한 생각을 떠올렸다. 과학자 21명을 새해 전날인 1853년 12월 31일 5시 특별한 만찬에 초대한 것이다. 그리고 이 만찬을 준비하기 위해서 이구아노돈 모형을 야외로 옮겨서 무대와 천막을 설치했다. 만찬에 참석한 과학자들은 거대한 공룡의 등 안쪽에 차려진 식탁에서 8가지 코스요리를 즐겼다. 워터하우스는 식탁 주위를 빽빽하게 둘러싼 사람들의 모습을 직접 그려서 그림 자료로 남겼다.

34/101

34일 차이로 최초 남극점 탐험에 실패하다
아문센 팀에게 밀린 로버트 스콧 남극 탐험대

"홀로 남겨질 아내에게

　사랑하는 여보, 우리는 궁지에 빠졌어요. 이 난관을 극복할 수 있을지는 미지수군요. 간단한 점심식사를 마치니, 어쩌면 마지막이 될지 모를 편지를 쓸 수 있을 만큼 온기가 생겼어요. 첫 편지는 당연히 자나 깨나 생각나는 당신에게 써야겠지요. 만약 내게 무슨 일이 생긴다면 당신이 내게 얼마나 의미있는 사람인지 알려주고, 내가 즐거운 기억들을 간직하며 떠나리라는 것도 알려주고 싶었어요."

　- 로버트 스콧이 1912년 3월 부인에게 보낸 편지 중에서

　남극의 얼음벌판에서 자신의 죽음을 예감한 로버트 스콧이 부인에게 마지막

런던의 로버트 스콧 흔적

● 로버트 스콧이 살았던 집(블루 플라크)
위치 56 Oakley Street, Chelsea, SW3 5HB　**지하철** South Kensington 역

● 조각가 부인이 만든 로버트 스콧 동상(Robert Scott Statue)
위치 Waterloo Place, SW1　**지하철** Piccadilly Circus 역

● 자연사 박물관(Natural History Museum)
위치 박물관 내 테라 노바 컬렉션, Cromwell Road, SW7 5BD
지하철 South Kensington 역　**오픈시간** 매일 10:00~17:50, 12.24~26 휴무
입장료 무료　**홈페이지** www.nhm.ac.uk

으로 남긴 편지 중 서두다. 스콧은 부인 캐슬린 스콧에게 두 살배기 아들이 '자연사Natural History에 관심을 갖게 해달라'고 당부한다. 영하 70도의 강추위와 배고픔에 시달리던 스콧 일행 5명은 1912년 2~3월 전원 동사하고, 약 7개월이 지난 그해 11월 12일에 발견되었다.

결혼 3년 반 만에 남편을 잃은 조각가 캐슬린 스콧은 그 3년 후에 런던 폴 몰 거리의 워털루 가든에 남편의 브론즈 동상을 세운다. 남극탐험 당시처럼 후드가 달린 긴 망토를 입고 얼음판에 미끄러지지 않도록 끝이 뾰족한 지팡이를 들고 있는 모습이다. 이어 1917년에는 스콧이 남극으로 항해를 떠났던 출발지인 뉴질랜드의 크라이스트처치에도 이 동상을 본뜬 흰색 대리석 동상을 세웠다. 그녀는 스콧과 결혼하기 전에 로댕의 화실에서 배우고 조지 버나드 쇼 등 런던의 여러 문화계 인물과 교류한 예술가다.

영국의 로버트 스콧 탐험대는 웨일스의 카디프 해변에서 테라 노바호를 타고 출발, 남극 로스섬에 1911년 1월 4일 도착했다. 이어서 14일에는 노르웨이의 로알 아문센 탐험대가 프람호를 타고 남극 웨일스만에 도착했다. 스콧은 호주 멜버른을 경유하는 도중에 아문센의 전보를 받고 처음으로 남극탐험의 경쟁자가 있음을 알았다. 해안가에 따로 베이스캠프를 구축한 이들은 세계 최초로 남극점에 도달하기 위해 출발했다. 아문센팀은 그해 10월 19일에, 뒤이어 스콧팀은 11월 1일에 베이스캠프를 나섰다.

이 두 탐험대의 운명은 극적으로 엇갈리고 말았다. 아문센 탐험대는 1911년 12월 14일, 세계 최초로 남극점에 도달하고 무사히 돌아왔다. 스콧 탐험대는 34일 후인 1912년 1월 17일에야 남극점에 도달했지만 이미 노르웨이 국기와 프람호 깃발이 꽂혀 있는 것을 발견하고 절망했다. 스콧 탐험대는 베이스캠프로 돌아오는 길에 극심한 추위와 식량부족으로 전원이 목숨을 잃고 말았다.

스콧 탐험대의 사고는 두 탐험대의 치열한 경쟁에 기인한 측면도 있었다. 스콧과 아문센은 모두 세계 최초로 남극점에 도달하는 것을 목표로 탐험을 시작했지만 탐험대의 성격과 방향이 완전히 달랐다. 아문센의 탐험대는 4명으로 단출했고 목표도 오로지 최초의 남극점 도착으로 단순했다. 스콧의 탐험대는 16명이었는데 그중에는 생물학자 2명, 지질학자 3명, 기상학자 1명이 있었다. 스콧은 탐험대를 3팀으로 나누었고, 최종적으로 자신이 속한 1팀 5명만 남극점을 향해 출발했다. 스콧 탐험대는 남극점을 정복하는 일뿐 아니라 과학적 기여 역시 중요한 사명으로 여겼다. 과학자들은 탐험 중에 남극에서 빙하를 측정하고, 기상관측 기구의 영역을 개척하고, 광대한 영역의 지도를 작성하고, 어류를 포함한 동물의 샘플 2,109종과 새로 발견된 동물 401종의 샘플을 조사했다. 이들 동식물 샘플은 런던 자연사 박물관에 '남극 테라 노바 컬렉션'으로 보관되어 있다.

로버트 스콧. 그의 영국 탐험대는 아문센의 노르웨이 탐험대보다 34일 늦게 남극점에 도착했다.

극지방 탐험은 북극에 가까운 나라인 노르웨이 출신의 전문 탐험가 아문센에게 훨씬 유리했다. 스콧은 영국 남서부 데본포트에서 태어나고 자란 해군 출신이었다. 아문센은 추운 기후에도 더 잘 적응했고, 극지방 이동수단인 스키에도 능숙했다. 거기다가 아문센은 이누이트족(북극해 연안에서 주로 생활하는 수렵인종)이 입는 옷과 생활양식에 대해 미리 배워두기도 했다. 아문센은 운송수단으로 썰매를 끄는 숙련된 개 50여 마리를 준비해서 짐을 끌게 하고, 비상시에는 식량으로도 활용했다. 아문센은 남극에서 돌아와 남긴 저서에서 "사람들이 행운이라고 부르는 승리는 모든 것을 준비한 자에게만 기다린다. 사람들이 불운이라고 칭하는 패배는 제때 필요한 예방책을 세우지 않은 사람에게 온다"고 썼다.

스콧 탐험대는 상대적으로 추위에 취약했고, 옷과 다른 생활용품들도 기후에

로버트 스콧의 부인이 조각한 스콧의 동상. 남극점 탐험에 나설 때의 모습을 담았다.

맞춰 철저히 준비하지 못했다. 그리고 개, 조랑말, 전동 썰매의 세 가지 수단으로 썰매를 끌었는데, 모터는 고장나고 조랑말들은 추위에 적응하지 못하고 죽었다. 그리고 탐험대는 썰매 끄는 개들에게 무거운 짐을 지우지 않은 데다 개를 먹이고 보살피는 일 때문에 더 힘들어졌다. 탐험대는 결국 썰매 끄는 개들을 베이스캠프로 돌려보냈다.

"남극. 그렇다, 하지만 기대했던 것과는 완전히 다른 상황이다. (…) 위대한 신이시여! 이곳은 무시무시한 장소다. 우리는 최초로 도달하지 못했지만 끔찍하게 힘겨운 노력을 기울일 수밖에 없었다. 어쨌든, 이곳에 도착한 것은 대단한 일이다."

스콧이 남극점에 도착한 날 남긴 일기다. 스콧은 아문센과 만나고 싶어 했지만 1912년 1월 18일 스콧 탐험대가 아문센의 텐트를 발견했을 때는 아문센의 흔적만 남아 있었다. 스콧의 일기에 따르면 텐트 안에는 약간의 보급품들과 함께 아문센이 남긴 편지가 있었다. 편지는 '스콧 대장님에게'로 시작되었다. 아문센은 4명의 동료들과 1911년 12월 14일에 이곳에 도착했다는 내용을 편지에 남겼다. 또한 노르웨이 왕에게 보내는 편지를 전달해 달라는 요청과 함께 남겨진 보급품들을 망설이지 말고 써달라면서 무사히 돌아가기를 바란다는 인사말을 남겼다. 남극점에서 돌아오는 길에 스콧 탐험대는 악천후, 식량부족, 동상으로 고통 받다가 끝내 전원사망이라는 비극을 맞게 되었다. 당시 탐험대원 로렌스 오츠는 동상에 걸린 발 때문에 전체 탐험대의 이동속도가 느려지자 동료들을 구하기 위해 "잠시 밖에 다녀오겠습니다. 시간이 좀 걸릴지도 모릅니다"라는 말을 남기고 눈보라 속으로 종적을 감춰버렸다. 스콧이 세상을 떠나기 12일 전인 3월 17일의 일이었다.

해군으로 복무하던 스콧이 남극탐험을 결심한 것은 왕립지리학회 회장이었던 클레멘츠 마크햄 경과의 인연 때문이다. 해군 생도로서 배에서 마크햄 경을 만난 적이 있는 스콧은 1899년 6월 런던 거리에서 우연히 다시 마주쳤다. 마크햄 경에게 남극탐험에 대해 전해들은 스콧은 가족의 생계를 해결하고 자신의 명예도 높일 겸 자신이 적임자임을 강하게 내세웠다. 마크햄 경은 이후 스콧을 탐험대장으로 세웠고, 사람들이 스콧 탐험대의 무모함을 비웃을 때도 '우리 시대의 가장 뛰어난 사람들 중 한 사람'이라며 끝까지 스콧을 지지했다. 스콧은 남극에서 죽음을 앞두고 부인에게 보낸 편지 마지막 줄에 '경에게 편지를 쓸 시간이 없지만, 내가 그를 존경하고, 탐험하라는 지시를 받은 것을 결코 후회하지 않았다고 전해달라'고 남겼다. 마크햄 경은 스콧의 부인이 스콧의 동상을 세울 때도 후원자가 되었으며, 스콧의 외아들의 대부이기도 했다. 그 외아들의 이름은 대부의 성을 넣은 피터 마크햄 스콧 경으로 조류학자, 야생동물보호 운동가, 화가로 활동했으며 자연보호를 위한 비정부 기구 세계자연기금[WWF]을 공동 창설하기도 했다.

35/101

35세에 추잉껌 아트 시작한 벤 윌슨
길바닥에 버려진 껌에게서 아름다움을 찾다

'추잉껌 맨'으로 불리는 벤 윌슨에게 인터뷰를 요청했더니, 자신이 사는 머스웰 힐Muswell Hill로 와달라고 했다. 머스웰 힐 교차로에 있는 피자가게 앞에서 오전 11시에 만날 약속을 했는데, 그 시간에 도착해보니 벤 윌슨은 벌써 가게 앞 보도에 누워 작업을 하고 있었다.

벤 윌슨은 매트를 깔고 땅바닥에 껌처럼 딱 붙어서 한 손에 붓을 들고 한창 집중하고 있었다. 아크릴 물감이 얼룩덜룩 묻어 있는 청재킷과 황토색 면바지를 입은 차림새에 큰 덩치에 어울리지 않게 손바닥만한 스프링 수첩의 메모를 보면서 땅바닥에 그림을 그린다. 길을 지나던 여학생이 부탁한 메모를 옮기는 중이다. 그가 그림을 그리는 캔버스는 큰 동전만할까. 사람들이 아무렇게나 땅바닥에 뱉은 후 시커멓게 변한 껌딱지가 그의 캔버스다. 팔레트는 작은 통 외에 입고 있는 바지로 대신한다. 작은 공간에 세밀하게 그리기 위해 붓 터치를 하기 전에

벤 윌슨의 추잉껌 작품을 많이 볼 수 있는 곳

• **머스웰 힐(Muswell Hill)**
위치 Muswell Hill Broadway, Queens Avenue 일대
교통 Highgate 지하철역 앞 버스 정류장 G에서 버스 43 또는 134 타고 6정류장

• **밀레니엄 브리지(Millenium Bridge) 위**
위치 Thames Embankment, London   교통 St. Paul 역, Blackfriars 역

추잉껌 아티스트 벤 윌슨이 런던 북부 머스웰 힐에서 길바닥 추잉껌에 그림을 그리고 있다.

수시로 여분의 물감을 닦아내는 것이다.

　작업 순서는 이렇다. 우선 검은색 껌에 가스 토치를 가열해 말랑말랑하게 만든다. 엄지로 눌러 펴준 껌 위에 래커 스프레이를 뿌려 면을 더 편편하게 한다. 그 다음 흰색 아크릴 물감으로 바탕색을 바르고 다른 색을 두세 번 덧칠한다. 벤 윌슨만의 캔버스 준비를 마친 것이다. 이 작고 동그란 캔버스 위에 가장자리 선을 먼저 그리고, 안에 그림을 그려 넣는다. 꽃, 동물, 아이콘, 풍경화, 초상화 등 어떤 그림이든, 축하, 감사, 기념, 사랑 등 어떤 메시지든 그의 초미니 캔버스 안에 담기지 않는 것은 없다. 오늘은 분홍색 바탕색에 하늘색과 검은색으로 가장자리 선을 그리고, 그 안에 로마 숫자와 하트 2개를 그려 넣는다. 여학생이 남자 친구와 처음 만난 날을 기념하기 위해 부탁한 그림을 '주문대로' 그려준 것이다. 끝으로 완성한 그림 위에 투명한 래커를 뿌린다. 그림을 보호하기 위해서다. 작품이 완성되자 여학생은 스마트폰으로 인증샷을 찍고 떠났다.

　벤 윌슨은 작업에 몰두하면서도 지나다니는 사람을 알아보고 일일이 이야기를 나눈다. 커피를 사러 가던 남자와 인사를 나누고, 건강 걱정이며 가족 이야기를 끝없이 늘어놓는 90세 할머니에게도 귀를 기울인다. 젊은 여자가 말을 더듬으며 홈리스 자활용 잡지 〈빅 이슈〉를 팔러 오자 주머니에서 몇 파운드를 꺼내 건네준다. 한동네에 사는 친누나와도 우연히 마주친다. 그가 1시간쯤 일하는 동안 족히 15~20명과 인사를 나눈 것 같다. 대부분 알고 지내는 동네 사람들이다.

교차로에 차들이 멈춰 서자 한 남자가 차 문을 열고 '당신 TV에서 봤어!' 하면서 큰소리로 아는 척을 하기도 한다.

벤 윌슨은 이날 오전 길거리에서 처음 만난 사람들의 주문을 다 그려주고 짐을 챙겨 일어났다. 평소 같으면 오전에 시작해서, 때로 밤늦게까지 작업을 하는데, 오늘은 인터뷰를 위해 일찍 끝낸 것이다. 바로 앞 카페로 자리를 옮겼다. 여기서 그가 언제, 어떻게 추잉껌 아트를 시작했는지, 왜 하고 있는지, 지금까지 어떤 그림을 그렸는지 등에 대해 들었다. 이어서 그의 집으로 찾아가 추잉껌 아트 외에 목공예 작품과 석판화 등 그의 다른 작품들도 볼 수 있었다.

벤 윌슨의 아버지는 화가다. 그의 집에는 아버지가 그린 유화 몇 점이 걸려 있다. 케임브리지 지방에서 태어나 런던 북부 바넷에서 자란 그는 아버지의 영향을 받아 예술가의 길을 걷게 되었다. 20대에는 바넷의 숲속에서 목재로 사람 형상을 띤 대형 조각상들을 만들었고, 핀란드 카우스티넨 민속박물관에 설치할 대형 작품을 만들기도 했다. 그후 벤의 관심 영역은 점차 재활용 예술과 거리 예술로 바뀌었다. 재활용 예술 활동을 하는 동안에는 숲속에서 쓰레기, 자동차, 각종 산업폐기물들로 작품을 만들었고, 담배꽁초와 과자 포장지로 콜라주 작품을 만들기도 했다. 거리예술 활동으로 거리에서 상업 간판이나 디스플레이 위에 그림을 그리고 다녔다. 하지만 이 활동은 불법이어서 경찰과 충돌이 불가피했고, 다른 방법을 모색하던 벤은 이번에는 길바닥에 버려진 껌을 활용하기로 했다.

35세 때인 1998년에 처음으로 길바닥에 붙은 껌에 그림을 그리기 시작했다. 그리고 2004년부터는 전업으로 추잉껌 그림 작업에 몰두했다. 지금이 54세이니, 무려 13년째 추잉껌 아트에 매달려온 것이다. 비가 오거나 눈이 오는 날에는 연두색 야광 방수복을 입고 길거리에 엎드려 작업한다.

"길바닥에 붙은 껌을 볼 때 우리는 역겨움을 느낍니다. 저는 이 역겨움을 아름다움으로 바꾸고 싶어요. 껌 위에 그림이 그려지고 나면 껌을 뱉은 행위는 새로운 의미를 갖게 됩니다. 그림이 아니었다면 전혀 생각지 못했던 가치 있는 행위가 되죠. 보이지 않지만 우리는 모두 연결되어 있거든요. 우리 사회는 한 사람

벤 윌슨이 만난 사람들 중에는 불타버린 남대문이나 사랑하는 반려동물을 추잉껌에 그려달라는 경우도 있었다.

한 사람 행위의 총체입니다."

 그는 뱉어진 껌과 그 '공간'을 다시 보기를 원한다. 그가 보기에 대량 생산물이자 인공향이 가미된 껌은 먹을 수도 없고 씹다가 뱉어야 하는 '가짜'를 상징한다. 씹던 껌이 달라붙어 있는 공간은 어떤가. 그 공간은 정부나 지자체의 소유가 아니며, 사고 팔 수 없다는 것. 그는 2005년과 2009년에 껌에 그림을 그리다가 경찰에 체포된 적이 있지만 몇 시간 후에 풀려났다. 쓰레기를 훼손한다고 처벌할 수 없듯, 뱉어진 껌에 그림을 그리는 것은 불법이 아니기 때문이다.

 그는 재창조한 껌의 공간에서 나이와 성별, 인종이 다른 사람들이 연결되기를 바란다.

 "런던 폭탄테러 사건 때 킹스 크로스 역에 사람들을 구하러 갔던 경찰관이 찾아와서 그때 희생된 사람을 기억하는 그림을 그려달라고 했어요. 우리 동네 어느 소녀는 사고로 돌아가신 아빠를 추모해달라고 찾아왔고요. 런던에서 일하다 죽은 스리랑카 노동자를 추모하는 그림도 그렸어요. 작은 껌 위에 수많은 R.I.P^{Rest} $^{In\ Peace}$(안식을 비는) 그림을 그렸지요. 제 나름의 방식으로 사람들을 돕는 겁니다. 인터넷 시대에 우리는 연결돼 있는 것 같지만 서로 단절되어 살고 있어요. 같은 공간에서 얼굴을 맞대고 만나야 진정한 만남이 이뤄집니다. 제가 거리에서 사람을 만나서 그림을 그리는 이유이지요."

카페에서 긴 이야기를 나누는 동안 큰딸에게서 전화가 오자 그는 환한 얼굴로 전화를 받는다. 영락없는 '딸 바보' 아빠다. 오늘은 큰딸이 놀러오기로 약속한 날이라고. 그에게는 23살 딸과 함께 10대 아들 둘이 있다. 생계는 어떻게 해결할까? 그는 선생님으로 일하는 파트너의 도움을 받고, 그를 후원하는 사람들에게 약간의 기부금을 받아서 생활한다. BBC, 〈뉴욕 타임스〉와의 인터뷰로 이름이 알려지면서, 영국 아트 축제나 국제 아트 축제 때 초청돼 가기도 하고 런던의 갤러리에서 세 차례 전시도 했다. 전시작은 추잉껌 아트를 큰 액자 사이즈로 확대해 그린 그림이나 목공예 작품이다.

카페를 나와 그의 집에 가보기로 했다. 큰길을 따라 걷는 동안 그는 수시로 멈춰선다. 길바닥에 있는 그의 추잉껌 아트 작품을 닦고 수선하기 위해서다. 머스웰 힐 도서관 앞에는 여러 개의 작품이 있는데, 그는 매트도 깔지 않고 바로 맨바닥에 엎드려 수선을 시작한다. 휴지로 먼지를 닦고, 떨어진 가장자리는 물감으로 다시 메우고 빛바래 가는 표면에 래커를 뿌린다. 작품 하나하나를 바라보는 눈길과 돌보는 손길이 자식을 대하는 것 같다.

"머지않아 이 도서관이 옮겨간대요. 동네 사람들의 삶이 담겨 있는 공간이 어느 날 사라지는 게 안타깝습니다. 책을 빌려보고 가족과 함께하던 삶의 스토리가 담긴 공간이잖아요. 사람들이 단절돼 있지 않고 커뮤니티의 일원임을 느끼게 해주는 공간을 지켰으면 좋겠어요."

그는 보수작업을 하며 그림마다 담겨 있는 사연을 들려준다. 시리아 내전이 일어났을 때 평화를 기원하기 위해 그린 작품, 할머니를 좋아하는 손녀가 부탁해서 그려준 작품, 고양이를 그린 작품도 있다. 그의 집까지 300m쯤 걸어가는 동안 셀 수 없이 많은 작품이 보인다. 짧게는 10분에 완성했고, 서너 시간 걸린 것도 있다. 테이트 모던 앞에 있는 작품은 사흘 걸려 그렸지만, 지금은 사라지고 없다. 훼손된 부분이 보일 때마다 수선을 하지만 언젠가는 사라지고 말 작품들이다. 작품이 사라지면 아쉽지 않을까? 벤은 눈에 띄는 대로 수선하지만 작품

벤 윌슨의 작품들.

이 사라지는 데 대해서 서운하거나 아쉬운 마음은 없다고 한다. 작품이 사라지는 것도 하나의 과정이며 창작에서 중요한 것은 결과물보다는 창작의 과정이라는 것이 벤의 예술철학이다.

벤 윌슨은 집으로 들어서며 화가였던 아버지의 그림을 보여준다. 그림 옆에는 그의 방수 작업복이 걸려 있다. 작업실로 들어가니 그의 다른 작품들이 보인다. 천 캔버스에 추잉껌 작품을 크게 확대해 넣은 유화는 갤러리에 전시했던 것이다. 길에서 주워온 담배꽁초에 그린 초미니 그림도 있다. 여기저기 쌓여 있는 붉은 벽돌에도 상형문자와 같은 흑백 추상화가 그려져 있다. 요즘 그가 공을 들이고 있는 작품은 가로 세로 약 5cm의 까만 석판 위에 흑백의 명암만으로 그리는 그림이다. 자신의 내면을 담는 그림으로 이미 수백 장을 그렸는데 아직 외부에 전시할 의향은 없다고.

작업실을 지나 뒤뜰로 나가니 그가 오래 전부터 해온 목재 조각 작품들이 서 있다. 뜰의 한가운데 어른 키의 두 배가 넘는 여자 형상의 조각이 서 있는데, 작가 자신의 수호여신이라고 부른다. 여신상 외에도 크고 작은 사람의 군상이 보인다. 녹음이 우거진 큰 나무의 중간에는 트리하우스와 작은 통나무집이 보인다. 숲에 버려진 나무들을 주워 와서 아이들을 위해 만들어준 집이다. 방 하나는 큰

벤 윌슨이 내면의 이야기를 새긴 석판화들.

딸이 놀러오면 묵으라고 꾸며놓았다. 그에게 이 뜰은 작업장이자 사랑하는 아이들과 함께할 수 있는 낙원이다.

그는 추잉껌 아티스트로 많이 불리지만, 주변 환경을 활용하는 '환경 아티스트', 기존 예술의 경계를 허무는 '아웃사이더 아티스트'로도 불린다. 그와 긴 시간 대화를 나누다 보니 스스로 어떤 아티스트로 불리고 싶은지 궁금해졌다. 그는 짧게 답한다. 그냥 '인간'으로 불리고 싶다고. 그와 인터뷰하면서 에른스트 프리드리히 슈마허의 책 《작은 것이 아름답다》에 대해 나눈 이야기가 떠오른다. "당신이 하는 일이 바로 '작은 것이 아름답다'는 슈마허 철학의 실천"이라고 말하자, 그는 그 책에 대해 라디오에서 들었다면서 "지금 필요한 것은 사람을 중시하는 작은 행동"이라고 답했다.

런던에서 길을 걷다가 길바닥에서 언뜻 알록달록한 뭔가가 눈에 띄면, 지나치지 말고 다가가서 자세히 살펴볼 것. 거기엔 동전만한 크기의 멋진 작품이 그려져 있을 테니까. 벤의 작품은 머스웰 힐에 가장 많고 밀레니엄 브리지, 세인트 폴 대성당 앞, 테이트 모던 미술관 앞 길바닥에서도 많이 찾아볼 수 있다.

36/101

36년간 런던에 산 '음악의 어머니' 헨델
지미 헨드릭스와 벽을 허물고 만나다

헨델과 헨드릭스. 두 사람의 공통점은 무엇일까? 헨델은 '음악의 어머니'라고 불리는 클래식 음악 작곡가이고, 헨드릭스는 전설적인 기타리스트이자 싱어송라이터. 헨드릭스(1942년생)는 헨델(1685년생)보다 257년 후에 태어났으니 판타지 소설이 아니라면 두 사람이 만날 가능성은 전혀 없다.

그럼에도 두 뮤지션은 시대를 초월해 같은 박물관에서 만났다. '헨델&헨드릭스 인 런던 Handel & Hendrix in London'이란 박물관이 그곳이다. 런던 중심가인 본드 스트리트 역 근처 브룩 스트리트 23번지와 25번지. 한적한 골목 모퉁이에 이란성 쌍둥이처럼 나란히 자리잡은 4층짜리 두 건물이 2016년 2월, 두 뮤지션의 공간으로 선보였다. 23번지 검은색 벽돌 건물에는 헨델이 36년간 살았다는 블루 플라크가, 25번지 흰색 석조 건물에는 헨드릭스가 1년간 살았다는 블루 플라크가 붙어 있다. 두 사람은 영국인이 아닌 이방인이면서 런던에 정착해 생을 마감했다는 공통점을 갖고 있다.

Hendel & Hendrix in London
위치 25 Brook Street, Mayfair, London W1K 4HB　**교통** Bond Street
입장료 성인 10파운드, 어린이 5파운드
오픈시간 월~토 오전 11:00~18:00(금요일 ~21:00), 일 12:00~18:00
홈페이지 handelhendrix.org

프리드리히 헨델의 방. © Hendel & Hendrix in London

　헨델은 독일 태생의 요한 세바스찬 바흐와 동갑내기. 독일 할레에서 1685년 태어난 헨델은 20대 초반 이탈리아를 여행하며 왕과 귀족의 든든한 후원 아래 작곡가로서의 명성을 쌓아나갔다. 당시 이탈리아는 오페라 음악의 중심 무대로 헨델은 피렌체와 베니스에서 잇달아 새 오페라를 발표하며 스타로 떠올랐다.

　그의 오페라를 관람한 영국 왕실 대표단이 그를 런던으로 초빙하면서 런던과의 인연이 시작되었다. 그는 런던으로 건너가 26세 때 초연한 오페라 〈리날도〉가 큰 성공을 거두면서 앤 여왕의 눈에 들게 되었다. 앤 여왕 사후에도 영국 왕실의 후원이 이어졌다. 그는 조지 1세가 벌인 템스강 축제를 위해 '수상음악'을 작곡했으며, 조지 1세의 아들 조지 2세가 왕위를 물려받자 대관식에서 연주될 축하곡을 헌정하며 평생 영국 왕실의 지지와 금전적 후원을 받았다.

　또한 헨델은 34세 때 런던 최초의 이탈리아 오페라단 '로열 아카데미 오브 뮤직'의 악장이 되었다. 그는 흥행의 귀재였다. 30~40대에는 오페라 30여 곡을 무대에 올려 박수갈채를 받았고, 런던에서 오페라의 인기가 시들해진 1740년대 이후에는 오라토리오(종교적 합창곡) 작곡에 매달렸다. 그는 자신의 대표작으로 꼽히는 '메시아'를 비롯한 오라토리오 20여 곡을 영국 관객이 알아듣기 쉽도록 영어 가사로 선보여 큰 성공을 거두었다.

지미 헨드릭스의 방. © Hendel & Hendrix in London

　브룩 스트리트 25번지는 헨델이 38세 때 이사해 74세로 세상을 떠날 때까지 살던 곳이다. 헨델은 지하와 지상 4층을 모두 임대해 썼다. 헨델은 이 집에서 하프시코드를 연주하고 작곡을 했으며, 간혹 오페라 시즌 티켓이나 악보를 팔기도 했다. 42세 때 영국 시민권자가 된 것도 이 집에서였고, 67세에 시력을 잃은 후에도 이 집에 머물렀다. 평생 독신으로 산 헨델은 고아들의 병원인 파운들링 병원과 다른 자선재단에 많은 유산을 기부했다.

　기타리스트이자 가수인 지미 헨드릭스가 브룩 스트리트 23번지에 이사온 것은 1968년 7월 4일. 옆집 25번지에 살던 헨델의 사후 209년 만이다. 미국 시애틀 출신의 헨드릭스도 헨델의 경우처럼 초청을 받아 런던 땅에 첫발을 디뎠다. 영국 그룹 '애니멀스'의 베이스 기타를 그만두고 신예 뮤지션을 발굴하려던 채스 챈들러가 헨드릭스의 신들린 듯한 기타 연주에 반해 런던으로 그를 초청한 것이다. '기타의 신'으로 존경하던 에릭 클랩튼을 만날 수 있다는 기대에 부푼 헨드릭스는 1966년 9월 히스로 공항에 내렸다. 그는 런던에서 새로운 밴드 '더 익스피리언스'를 조직하고 '퍼플 헤이즈' 등 팝역사를 바꿔놓을 노래를 잇달아 발표하면서 영국 전역은 물론 유럽과 미국에서 일약 스타로 떠올랐다.

　브룩 스트리트 23번지는 헨드릭스가 런던에서 찾은 3번째 집이다. 그는 몬테규 스테어, 어퍼 버클리 스트리트를 거쳐 1968년 7월 4일 브룩 스트리트 23번지의 2층 플랫으로 이사했다. 헨드릭스는 이사를 앞두고 여자친구 캐시 에칭엄과 함께 실내를 화려하게 장식했다.

청록색 벨벳 커튼과 바닥의 양탄자, 조개 껍데기로 만든 재떨이까지 헨델&헨드릭스 인 런던에 있는 헨드릭스 방에 들어가면 45년 전에 이들이 살던 모습이 거의 완벽하게 재현돼 있다. 재현이 가능했던 것은 당시 헨드릭스가 침실에서 여러 미디어와 인터뷰를 하며 찍은 침실의 실내 사진들이 남아 있었기 때문이다. 뮤지엄 측은 전 여자친구인 캐시에게도 도움을 청했다.

침실 옆방에는 오래된 턴테이블과 음반이 전시돼 있다. 헨드릭스는 밥 딜런, 비틀스와 함께 헨델의 음반도 소장하고 있었다. 그는 옆집에 헨델이 살았다는 얘기를 듣고 무척 기뻐했는데, 어느 날 유령의 발자국을 벽 사이로 보았다고 주장하기도 했다. '잠옷을 걸치고 은발을 땋은' 늙은 작곡가 헨델을 보았다는 것이다. 헨드릭스는 여자친구와 함께 집 근처 레코드숍에 가서 클래식 음반을 사기도 했는데, 그 목록 중에는 바흐, 말러의 음악과 함께 헨델의 '수상음악', '메시아'가 들어 있었다.

헨드릭스는 이 집에서 불과 1년 정도밖에 살지 않았지만 '내가 가졌던 유일한 집'이라며 각별한 애정을 보였다. 여자친구와 결별한 후 집을 내놓은 그는 1970년 9월 18일 노팅힐의 사마르칸트 호텔에서 기도가 막혀 숨을 거둔다. 그의 나이 불과 27세 때였다. 런던에 온 지 4년째, 최고의 전성기를 누리던 그의 갑작스런 죽음에 팬들은 큰 충격에 빠진다.

'벽 하나와 200여 년의 시간으로 나뉘어졌던 이곳은 런던을 선택하고 음악을 바꿔놓은 두 뮤지션의 집이다.' 헨델&헨드릭스 인 런던 박물관 홈페이지에 소개된 문구다. 2001년 '헨델 하우스'로 문을 열었던 브룩 스트리트 25번지. 헨델 하우스 트러스트는 15년 후인 2016년, 옆 집인 23번지 헨드릭스 집까지 합쳐 하나의 박물관으로 오픈했다. 다른 나라에서 왔고 다른 시대를 살고 음악 장르도 전혀 달랐지만, 런던에 뿌리내린 두 뮤지션. 런던이야말로 이들 영혼의 고향이었다.

37/101

37편의 희곡, 37편의 영화, 셰익스피어를 완성하다
셰익스피어 서거 400주년을 기념한 컴플리트워크

대문호 셰익스피어가 배우이자 극작가로 활동했던 주요 무대는 바로 런던이었다. 셰익스피어는 26세 때인 1590년부터 세상을 떠나기 3년 전인 1613년까지 약 23년간 런던에서 생활했다.

런던 셰익스피어 글로브 극장은 2016년 4월, 셰익스피어 서거 400주년을 맞아 대규모 무료 영화 상연 이벤트인 '컴플리트 워크'를 준비했다. 컴플리트 워크에서는 셰익스피어 희곡 37편 전편을 각각 10분짜리 짧은 영화로 제작해 스크린에 담았다. 이 행사를 총괄한 예술 감독 도미닉 드롬굴은 이날의 행사에 대해 이렇게 설명했다.

"셰익스피어는 생의 절반을 런던에서 보냈습니다. 이곳에서 모든 희곡을 쓰고 무대에 올렸어요. 셰익스피어 서거 400주년을 기념해서 우리는 폭넓은 그의 작품세계를 대규모 공공 무료행사로 보여주는 것도 괜찮다고 생각했습니다. 이번 행사에서는 최신형 기술들을 쓰겠지만 그때와 변함없이 먼지 쌓이고 오래된 템스 강둑의 산책로를 따라서 진행될 예정입니다. 아주 풍성한 역사를 지닌 곳이니까요."

셰익스피어 글로브 극장(Shakespeare Globe Theatre)
위치 21 New Globe Walk, Bankside, SE1 9DT　**지하철** Blackfriars 역
오픈시간 매일 09:00~17:00　**입장료** 무료

셰익스피어 글로브 극장.

    컴플리트 워크는 영국의 젊은 감독들이 연출하고, 12대 닥터 역을 맡고 있는 피터 카팔디 등 영국에서 왕성하게 활동 중인 배우들이 여럿 출연했다. 특히 셰익스피어의 희곡들을 더 생생하게 구현하기 위해 〈헨리 8세〉는 햄프턴 코트 펠리스, 〈햄릿〉은 덴마크 크론보르 성, 〈로미오와 줄리엣〉은 이탈리아 베로나의 '줄리엣의 무덤' 등 작품에 등장한 장소에서 영화를 찍었다. 학계의 통설에 따르면 셰익스피어는 이 장소들 중 단 한 곳도 방문한 적이 없다고 한다. 컴플리트 워크를 위해 2016년 4월 23~24일 이틀 동안 웨스트민스터에서 타워 브리지에 이르는 템스강변 37곳에 스크린이 설치되었다. 런던 외에도 영국의 리버풀, 스페인의 마드리드, 바르셀로나, 팜플로나, 폴란드의 그단스크, 이집트의 알렉산드리아에서도 컴플리트 워크가 동시에 진행되었다.

    셰익스피어 글로브 극장은 엘리자베스 시대인 1599년에 템스강 남쪽 강둑, 서더크에 있던 글로브 극장을 그대로 복원한 곳이다. 엘리자베스 1세 여왕 시대의 초기 연극은 주로 여관의 마당이나 학교 강당 또는 개인 집에서 상연되었다. 1576년에 배우이자 매니저였던 제임스 벌바지가 런던 쇼디치에 처음으로 극장을 지었고 셰익스피어도 그 극단에 합류했다. 20여 년간 부흥을 누리던 극장은 제임스의 사망과 임대기간 만료로 위기를 맞았다. 그래서 배우로도 활동한 셰익스피어를 포함한 4명의 배우가 새로 극장을 짓는 데 투자했다. 자료에 따르면 이 극장은 원형으로 설계된 3층 높이에 지름이 약 30m로, 관객 3,000명을 수용할 수 있는 규모였다. 이런 대형 극장에서 셰익스피어는 14년간 자신의 위대한 희곡 작품들을 무수히 상연했다. 그런데 1613년 6월 29일 〈헨리 8세〉 공연 도중에 무대 위에 있던 대포가 잘못 발사돼 짚으로 된 객석 지붕이 불타기 시작했고 극장은 잿더미로 변해버렸다.

이듬해 6월 새로 지어진 극장은 객석 지붕을 짚이 아니라 타일로 덮었다. 향락을 엄격히 금지한 청교도들로 인해 1642년에 런던의 모든 극장이 문을 닫게 되면서 글로브 극장도 문을 닫았고, 2년 후에는 극장 건물 전체가 헐렸다. 이어 1666년 런던대화재 때는 극장이 있던 흔적도 완전히 사라졌다.

미국의 배우이자 감독 겸 프로듀서였던 샘 워너메이커는 1949년 처음으로 런던을 방문하면서 글로브 극장의 재건을 꿈꾸었다. 21년이 흐른 후 샘은 셰익스피어 글로브 트러스트를 만들어 교육과 전시를 아우르는 지금의 극장을 만들기 위한 초석을 마련했다. 샘은 트러스트 소속 건축가 테오 크로스비와 함께 옛 글로브 극장을 그대로 재현하기 위한 자료조사에 적극적으로 나섰다. 하지만 안타깝게도 그는 꿈이 이뤄진 것을 보지 못한 채 1993년 세상을 떠났다. 그가 떠난 해 글로브 극장의 부지가 선정되고 공사가 시작되었으며, 1997년 옛 글로브 극장을 본떠 만든 새 극장이 모습을 드러냈다.

400여 년간 무대 위 또는 스크린에서 수많은 모습들로 변형되어 온 셰익스피어의 희곡들은 이제 색다른 모습으로 청소년들과의 만남을 시도하고 있다. 이 시대의 가장 급진적인 음악인 힙합과의 만남을 통해서. 2015년 로열 셰익스피어 컴퍼니는 11세에서 18세 청소년들이 랩을 통해 셰익스피어의 희곡을 경험할 수 있도록 앱을 출시했다. '다시: 셰익스피어[RE: Shakespeare]'라는 앱으로 자신이 좋아하는 시를 따라 읽을 수도 있고, 시인의 문장을 비트박스 리듬에 섞어 부를 수도 있다. 영국 드라마 〈닥터 후〉에서 10대 닥터로 활약한 배우 데이비드 테넌트가 앱 제작에 참여했다. 데이비드 테넌트는 2009년 로열 셰익스피어 컴퍼니가 제작하고 BBC에서 방영된 TV용 영화 〈햄릿〉에서 햄릿을 연기한 경력이 있다.

38/101

로버트 피츠로이의 집, 첼시 온슬로 스퀘어 38번지
찰스 다윈의 항해 동반자, 로버트 피츠로이 비글호 선장

로버트 피츠로이는 찰스 다윈이 《종의 기원》을 쓸 수 있는 배경이 되어준 영국 해군 측량선인 비글호의 선장으로 유명하다. 1831년 피츠로이는 토리당 후보로 출마한 선거에서 떨어지자 삼촌인 그래프턴 공작에게 다시 선장으로 일할 수 있게 해달라고 부탁했다. 국왕 찰스 2세의 후손 집안에서 태어난 피츠로이는 12세에 해군에 입대하고 14세에 항해를 시작해서, 23세에 이미 비글호의 선장이 되었다.

   삼촌의 도움으로 비글호의 선장이 된 피츠로이는 5년 동안 남아메리카와 호주를 탐사하고 영국으로 돌아올 예정이었다. 피츠로이는 오랜 기간 배에 말이 통하는 사람 하나 없이 외로움과 심한 스트레스에 시달릴까봐 염려했다. 특히 자신의 또 다른 삼촌인 카슬레이 자작과 예전 비글호의 선장이었던 프린글 스톡스 선장이 모두 자살로 생을 마감한 것도 마음에 걸렸고, 집안 대대로 전해 내려오는 정신병 병력도 신경이 쓰였다. 그래서 피츠로이는 오랜 항해 기간 동안 말이 통하는 동행자를 수소문했고 마침 찰스 다윈이 적임자로 뽑혔다. 찰스 다윈은 당시 케임브리지에서 지리학을 공부한 22세의 청년이었는데, 교수의 추천으로

로버트 피츠로이(블루 플라크)
위치 Onslow Square 38, Kensington, SW7 3NS
지하철 South Kensington 역

비글호에 합류하는 행운을 얻었고, 이 항해에서의 관찰을 토대로 유명한 '진화론'을 완성했다.

피츠로이와 다윈은 1831년 12월 27일에 영국 플리머스항을 출발해 남아메리카, 뉴질랜드, 호주, 아프리카를 항해한 후 브라질을 거쳐 1836년 10월 2일에 플리머스항으로 돌아왔다. 항해를 시작한 지 약 5년 만이었다. 두 사람은 항해

세계 최초의 기상 캐스터 피츠로이가 살던 집의 블루 플라크.

기간 동안 과학에 관한 주제로 깊이 있는 대화를 나누면서 보냈다. 한번은 노예제도에 관한 견해 차이로 다투는 바람에 한동안 사이가 벌어지기도 했지만 이내 예전의 관계로 돌아갔다. 피츠로이는 욱하는 성격 때문에 주변 사람들에게 '뜨거운 커피'라고 불렸지만 다윈은 여동생에게 쓴 편지에서 '그는 아주 독특한 사람'이며 '나폴레옹이나 넬슨 장군 같은 그런 사람을 본 적이 없다'고 칭찬했다. 1836년 긴 항해를 무사히 마치고 돌아온 피츠로이는 신앙심이 깊은 메리 헨리에타 오브라이언과 결혼했다. 아이러니한 것은 평생 충실한 종교인으로 살아온 피츠로이가 창조론을 종교를 공격하는 《종의 기원》을 쓰는 데 도움을 준 사실에 대해 죄책감을 느꼈다는 점이다. 그는 아내와 결혼한 이듬해 항해에서 남긴 업적으로 왕립지리학회에서 주는 '항해 메달'을 받았다.

1843년 피츠로이는 뉴질랜드 총독으로 파견되지만 1848년 영국으로 돌아왔다. 그후 왕립 해군 조선소와 애로건트호 함장으로 일했고, 건강 악화로 잠시 은

퇴했다가 왕실의 요청으로 바다에서 날씨 데이터를 수집하는 일을 시작했다. 이것이 세계 기상청의 기원이다. 기상청은 상선들이 항해 기간을 단축시키는 데 도움을 주기 위해서 만들었지만 피츠로이는 이 기관을 일기예보를 하는 곳으로 바꿨다. 선박들이 악천후에 미리 대비할 수 있도록 돕기 위해서였다.

피츠로이는 자기가 만든 '기상 예측$^{Forecasting\ the\ Weather}$'이라는 명칭으로 〈타임〉지에 일기예보를 싣기 시작했다. 세계 최초의 기상캐스터가 탄생한 것이다. 1860년대 초반에 피츠로이는 일기예보로 영국에서 일약 스타덤에 올랐다.

하지만 피츠로이는 미래를 예측하는 일을 하며 극심한 스트레스에 시달렸고 안타깝게도 평생 우려했던 일이 실제로 일어나고 말았다. 1865년 4월 29일 런던 전역에 천둥과 돌풍이 예상된다는 일기예보가 피츠로이의 마지막 예보였다. 다음날 아침 피츠로이는 11년간 살았던 온슬로 스퀘어 38번가 집에서 평소처럼 자리에서 일어나 딸에게 키스를 하고 드레싱룸으로 향한 후 스스로 목숨을 끊고 말았다. 피츠로이의 묘는 런던 남부 어퍼 놀우드의 올 세인트 교회 묘지에 있다.

39/101

브로드윅 스트리트 39번지 펍에서 존 스노를 기리다
런던 콜레라를 막아낸 전염병학의 아버지

오늘날 사람들은 수도꼭지만 돌리면 쉽게 물을 얻을 수 있다. 하지만 200여 년 전 런던에서 살던 사람들에게는 꿈 같은 이야기다. 빅토리아 여왕이 재임하던 1800년대 중반, 런던에 대규모 상수도 시설이 들어섰지만 부유한 집과 공장이나 가게에서만 개별 상수도를 쓸 수 있었다. 대부분의 가난한 사람들에게는 집안에서 언제든 물을 쓸 수 있다는 사실이 믿기지 않았다.

빅토리아 시대 역사가이자 작가인 잭슨 리는 《지저분한 옛 런던: 빅토리아인들의 오물과의 전쟁 Dirty Old London: The Victorian Fight Against Filth》이라는 책에서 당시의 모습을 다음과 같이 묘사하고 있다.

"많은 사람들에게 목욕과 빨래는 엄두도 못낼 일이었다. 무엇보다도 물을 구하는 일 자체가 난관이었다. 많은 공동주택 단지 안에는 수도꼭지가 하나도 없었다. 그래서 사람들은 교회에 있는 펌프를 사용하거나, 가게 주인이나 공공시설에서 양동이 단위로 물을 사거나, 일주일에 몇 시간만 사용할 수 있는 공용 펌프에서 물을 길었다. 여자들은 서로 먼저 물을 길으려고 세게 밀치거나 싸우기도 했다."

1854년에는 사람들이 물을 길어가던 공용 펌프로 인해 수많은 사람들이 목숨을 잃는 사건이 발생했다. 그해 8월 31일 런던에서 콜레라 환자가 발생했다. 그리고 소호 지역에서 갑자기 콜레라의 전염 속도가 빨라져 소호 인근에서 3일 동

1854년 소호 지역 콜레라의 원인을 밝힌 존 스노의 이름을 붙인 펍 건물에는 그의 업적을 기리는 플라크가 붙어 있다.

안 무려 127명이 콜레라로 목숨을 잃었다. 그해 10월 콜레라가 완전히 모습을 감추기까지 총 616명이 목숨을 잃었다.

 빅토리아 여왕의 주치의로 활동하기도 했던 의사 존 스노는 끈질긴 연구 끝에 콜레라의 원인을 밝혀낸 사람이다. 당시 전염병의 원인은 공기라는 것이 런던 의학계의 상식이었다. 존 스노는 환자의 발생 지역이 소호 브로드 스트리트를 중심으로 퍼져 있다는 것을 확인하고 식수가 오염원이었을 것이라고 추정했다. 다른 펌프 근처의 집에서 발생한 콜레라는 10건에 그쳤고, 그중 다섯 집도 브로드 스트리트 펌프까지 물을 길으러 간다고 했다. 그리고 또 다른 세 집의 아이들이 브로드 스트리트 펌프 근처의 학교에 다니고 있었다. 오염된 물을 제공한 펌프가 콜레라의 원인이라는 존 스노의 주장은 처음에는 다른 의사들의 동조를 얻지 못했다. 하지만 전염병의 기세가 꺾이지 않자 런던의 의사들은 마지못해 그의 주장을 받아들였다. 런던시는 존 스노의 말에 따라 콜레라 발병 9일 만인 9월 8일, 브로드 스트리트 펌프의 손잡이를 없애 사용을 금지시켰고 이후 콜레라는 자취를 감추게 되었다. 오늘날 존 스노는 전염병학의 창시자로 인정받고 있다.

 콜레라의 주범이던 이 펌프는 손잡이가 떨어진 채 200여 년 동안 소호 거리에 서 있었다. 원래 있던 자리는 소호 브로드 스트리트와 케임브리지 스트리트

존 스노는 콜레라의 원인으로 펌프를 지목했고, 물을 사용하지 못하도록 손잡이를 떼어내자 콜레라가 잠잠해졌다.

사이. 도시가 커지면서 브로드 스트리트의 바뀐 이름인 브로드윅 거리와 렉싱턴 거리 사이로 자리를 옮겼다. 이 거리는 베네딕트 컴버배치가 주연한 〈셜록〉 1편 '주홍색 연구'에서 셜록 홈스가 블랙캡 택시를 따라 이동하던 골목이기도 하다.

펌프가 있던 자리에서 대각선으로 마주보는 자리에는 존 스노의 이름을 딴 펍이 있다. 이 펍은 존 스노가 콜레라의 원인을 밝혀낸 지 100년째가 되던 1955년, '존 스노'로 이름을 바꾸었다. 원래 이 펍의 이름은 '뉴캐슬 어폰 타인'이었는데 공교롭게 존 스노도 뉴캐슬 어폰 타인에서 외과의사로 근무했었다고 한다.

이 펍은 1870년대에 지어진 건물 1층에 자리잡고 있으며 벽에는 존 스노의 업적을 기리는 육각형 블루 플라크가 붙어 있다. 플라크에는 이렇게 적혀 있다. '전염병학의 창시자. 1854년에 이 근처 펌프가 죽음과 연관됐다는 조사연구로 콜레라가 물로 인한 질병임을 밝혀냈다.' 다른 이들의 목숨을 구하는 데 기여한 존 스노는 그로부터 4년 후 건강이 악화돼 45세에 세상을 떠났다.

40/101

40살 나이로 세상을 떠난 앵무새 폴리
200여 개 신문에 부고가 실린 플리트 스트리트의 명사

'신성모독의 전문가 죽다' – 미국 〈뉴욕 타임스〉
'플리트 스트리트의 죽음' – 영국 〈크라이스트 처치〉
'폴리의 죽음' – 인도 〈캘커타〉
'체셔 치즈의 유명한 앵무새, 폐렴 희생자가 되다' – 중국 〈노스 차이나 스타〉

1926년 10월 30일, 한 앵무새의 죽음을 애도하는 부고 기사가 전세계 200여 개 신문에 실렸다. 앵무새가 살던 펍이 자리한 런던 플리트 스트리트의 신문은 물론 멀리 미국, 인도, 중국의 신문 지면에도 부고가 실렸다. 폴리의 사망 소식은 '런던의 반을 울적하게 만들었다'고 어느 신문은 보도했다.

당대 최고 유명인사에 버금가는 인기를 누렸던 앵무새의 이름은 폴리. 사망 당시 40세로 추정되며, 회색 깃털에 주황색 부리와 빨간색 꽁지를 가진 아프리카산 앵무새였다. 앵무새의 수명이 보통 70~80년인데 비해, 폴리는 폐렴을 앓다가 단명하고 말았다. 암컷인지 수컷인지는 의견이 분분하다.

올드 체셔 치즈(Ye Olde Cheshire Cheese)
위치 145 Fleet Street, EC4A 2BU   **지하철** Blackfriars London 역
오픈시간 월~금 11:00~23:00, 토 12:00~23:00, 일 12:00~16:00
홈페이지 없음. 헤리티지 펍 지정 사이트: www.heritagepubs.org.uk

앵무새 폴리는 자신이 살던 펍 '올드 체셔 치즈'에 박제로 남아 있다. ⓒ Steve Davey, Alamy Stock Photo

폴리는 런던에서 가장 오래된 펍으로 추정되는 '올드 체셔 치즈$^{Ye\ Olde\ Cheshire\ Cheese}$'에 살았다. 영국 신문산업의 본산지인 플리트 스트리트에 있어서 언론인들이 자주 찾았던 이곳에서 폴리는 특출한 목소리 연기로 사랑을 독차지했다. 스코틀랜드 억양으로 말하는가 하면, 쥐가 나타나면 '마우스' 하고 소리치고 수시로 가짜 주문을 외치기도 했다. 폴리는 특히 술병의 코르크 마개 따는 소리를 흉내 내는 데 명수였는데, 제1차 세계대전 휴전일(1918년 11월 11일)에 손님들이 축하하느라 수많은 술병을 땄던 이날 폴리가 너무 많은 코르크 마개 소리를 흉내 내느라 기진맥진해졌다는 소문이 퍼질 정도였다.

폴리의 죽음을 애도하기 위해 묘비명 공모가 진행될 정도였고 폴리의 주인인 무어 씨는 생전 모습 그대로 박제해 폴리를 옆에 두었다. 지금도 박제된 폴리는 유리장에 담긴 채, 체셔 치즈 펍 지하층 카운터의 선반 위에서 손님들을 지켜보고 있다.

폴리는 생전에 유명인사들과 교류하기도 했다. 1919년 국왕 조지 5세의 딸 메리 공주가 시티 여성 클럽$^{City\ Women's\ Club}$의 오픈식에 들렀을 때, 폴리는 체셔 치즈 펍의 수석 웨이터의 손목에 앉아 있었다. 메리 공주가 폴리에게 다가가자 사람들은 폴리가 평소처럼 무례한 욕을 할까봐 조마조마했지만, 마치 신분이 높은

앵무새 폴리가 살던 올드 체셔 치즈.

공주임을 알아본 듯 폴리는 조용했다.

대본부터 음악, 연기, 연출까지 소화한 영화감독 찰리 채플린은 1921년 펍을 방문해 폴리와 즐거운 대화를 나눴다고 전해진다. 〈노팅엄 이브닝 포스트〉지에 따르면 채플린이 폴리에게 말을 걸자 폴리는 마치 진짜 숙녀처럼 수다를 떨고 심지어 노래까지 불러줬다. 평소 마음에 들지 않는 손님에게 못된 욕을 하기로 소문난 이 앵무새가 채플린에게는 호감을 가졌던 걸까.

폴리가 둥지를 틀고 살았던 올드 체셔 치즈 펍의 역사를 알아보자. 좁은 골목에 자리잡은 이 펍은 이름에 붙은 수식어 Olde에서부터 오래된 곳임을 짐작할 수 있다. 런던에서 오래된 가게에는 올드의 옛 말 'Olde'를 앞에 붙이는 경우가 많다. 13세기에 이 자리는 수도원이었고 이후 '혼 태번Horn Tavern'이라는 술집으로 바뀌었다. 1666년에 일어난 런던대화재로 혼 태번도 사라졌다. 1667년, 혼 태번이 있던 자리에 들어선 것이 바로 이 올드 체셔 치즈 펍이다. 펍 입구에는 펍이 세워진 조지 2세 때부터 350년 간 재임한 영국 왕들의 이름이 순서대로 적혀 있다. 영국 국가유산관리국에 따르면 이 펍의 외벽과 실내는 17~19세기에 수리된 걸로 추정된다. 350년 역사 동안 여러 번 수리가 됐지만, 16세기 중반에 열었다는 설이 있는 올드 마이터 태번Ye Olde Mitre Tavern을 포함해 런던에서 가장 오래된 펍 중 하나라는 명성은 변함이 없다.

2016년 5월 말, 영국 공인 관광 가이드인 블루 배지 가이드의 킴 듀드니 씨의 안내로 올드 체셔 치즈 펍을 방문한 적이 있다. 평일 3시 경이었음에도 손님들이 꽤 많았다. 1층도 있지만 고풍스런 분위기를 보려면 지하로 내려가봐야 한다. 어두침침한 조명 아래 삐걱대는 낡은 목재 계단을 따라 아래층으로 내려가면 둥

올드 체셔 치즈 펍의 내부.

근 아치형 천장에 밀실처럼 보이는 중간층이 나온다. 지하층으로 내려가면 빅토리아 시대극의 한 장면에 등장할 것 같은 홀이 있다. 이 홀 안쪽 카운터의 높은 선반에서 앵무새 폴리의 박제가 손님들을 내려다보고 있다.

내가 앉았던 오래된 의자가 이집의 단골이었던 작가 찰스 디킨스, 아서 코난 도일 경이 앉았던 의자였을까? 시인 알프레드 테니슨, 소설가 윌리엄 새커리 등 셀 수 없는 작가들과 언론인들이 이 펍을 드나들었다. 미국 작가 마크 트웨인도 런던 여행 중에 이 펍에 들렀다. 윌리엄 셰익스피어가 이 펍의 전신인 혼 태번을 드나들었다거나, 영국 최초로 영어사전을 만든 새뮤얼 존슨이 들렀다는 얘기는 미확인 소문으로 남아 있다.

영국에서 문화·역사적 보존 가치가 높은 펍을 보존하기 위해 활동하는 헤리티지 펍 그룹에서는 5만 여 개의 영국 펍 중에서 190곳의 런던 '헤리티지 펍'을 지정했다. 펍 인테리어를 보존 가치에 따라 3등급(국가적 중요성, 지역적 중요성, 일부 지역적 중요성)으로 나눠 별점을 매기는데 올드 체셔 치즈 펍은 가장 등급이 높은 '국가적 중요성' 등급이다. 현재 런던에는 43곳이 같은 등급으로 지정되어 있다.

41/101

천재 수학자, 41세에 독사과를 먹고 세상을 뜨다
독일 에니그마 암호를 푼 앨런 튜링의 비극적 생애

2014년에 개봉된 영화 〈이미테이션 게임〉은 한 천재 수학자의 이야기다. 이 영화의 주인공이자 현대 컴퓨터 공학의 아버지라 불리는 앨런 튜링은 런던 태생으로 독일의 암호체계인 에니그마^{Enigma}를 깨기 위해 컴퓨터의 모태가 되는 거대한 기계, 콜로서스^{Colossus}를 만들었다.

에니그마는 '수수께끼'라는 뜻의 그리스어로, 독일에서 만들어진 암호기계에 붙은 이름이다. 제1차 세계대전 후 1918년 독일의 엔지니어 아르투어 세르비우스가 이 기계를 만들었다. 처음에 에니그마는 기업의 보안을 위해 사용되었지만, 제2차 세계대전이 시작되자 나치의 군사기밀 암호화에 사용되었다. 커다란 타자

앨런 튜링의 런던

• 태어난 곳(예전 병원, 현재는 Collanade Hotel) 블루 플라크
위치 2 Warrington Cresent, Maida Vale, W9 1ER   **교통** Warwick Avenue 역
블루 플라크 내용 암호 해독가이자 컴퓨터 과학의 선구자가 여기서 태어났다.

• 런던 집(1945~1947) 블루 플라크
위치 78 High Street, Hampton, TW12 1NY   **교통** Fulwell 기차역(내셔널 레일)
블루 플라크 내용 암호 해독가가 여기서 1945~1947년에 살았다.

• 앨런 튜링 연구소(The Alan Turing Institute)
위치 British Library 내, 96 Euston Road, NW1 2DB   **지하철** St. Pancras 역
입장 도서관만 입장 가능. 연구소는 일반인 참관 불가   **홈페이지** turing.ac.uk

독일 암호체계 에니그마를 해독한 수학자 앨런 튜링.

기차처럼 생긴 이 기계는 알파벳이 새겨진 회전판 3개와 문자판으로 구성되어 있다. 문자키를 누르면 나란히 놓인 3개의 회전판이 회전하면서 복잡한 형태로 종이에 구멍이 뚫리고 그 모양을 읽어서 암호를 해독한다. 에니그마의 문자판을 한 번 두드릴 때마다 생성 가능한 문자 조합의 가짓수는 무려 40경 개에 달하는데, 문자 조합의 모든 설정을 확인하려면 거의 2,000만 년이 걸린다고 한다. 24시간마다 1,590억의 10억 배의 배수가 생성되는 이 기계는 사실상 해독이 불가능한 암호기로 악명이 자자했다.

그런데 어느 독일인이 빼내온 정보와 폴란드의 암호 영웅 마리안 레예프스키의 활약에 힘입어 에니그마의 해독 가능성이 열렸다. 이를 눈치챈 독일은 회전판을 3개에서 5개로 늘렸고 에니그마 해독은 다시 미궁 속으로 빠져버렸다. 영국 정부는 에니그마 암호 해독을 위해 런던 도심에서 서북쪽으로 약 80km 떨어진 버킹엄셔의 블레츨리 파크에 암호학교를 설립했다. 거기에서 당대 최고의 수학자 앨런 튜링은 체스 챔피언과 퍼즐 전문가 등과 함께 팀을 이뤄 에니그마 해독 작업을 했다. 마침내 앨런 튜링은 에니그마의 암호를 역추적하는 기계 '봄베'를 만들었고, 그후에 세계 최초의 연산 컴퓨터 '콜로서스'를 만드는 데 성공했다. 앨런 튜링은 콜로서스로 에니그마의 굳게 닫힌 빗장을 열어 연합군이 승리하는

데 공헌했다.

전쟁 종식에 큰 기여를 했음에도 이 천재 수학자의 삶은 평탄치 않았다. 대학 컴퓨터 실험실을 다니던 39세의 앨런은 맨체스터 거리에서 만난 19세 소년과 사귀고 있었다. 어느 날 앨런의 집에 도둑이 들었는데 이 도둑은 소년과 알고 지내던 사이였고, 경찰의 심문에 앨런은 동성애자임을 실토하고 말았다. 사건이 일어난 1952년 당시, 동성애는 엄격하게 법으로 금지되어 있었다. 앨런은 1895년 봄, 작가 오스카 와일드가 체포된 이유와 같은 '중대한 풍기문란 gross indecency' 혐의로 기소되었다. 앨런 튜링은 재판 직전에 친구 수학자에게 보내는 편지에서 '나는 곧 젊은 남자와의 성범죄 혐의로 유죄 판결을 받을 것'이라며 괴로움을 토로했다.

재판 끝에 앨런은 감옥에 가는 대신, 1년간의 감호 처분과 함께 화학적 거세 처분을 받았다. 당시 화학적 거세란 성적 충동을 억제한다는 목적으로 1년간 여성호르몬인 에스트로겐 주사를 맞는 것이었다. 에스트로겐 주사를 맞으면서 그는 여자처럼 체형이 변하고 중추신경계가 손상되었다. 결국 그는 자택에서 청산가리를 넣은 사과를 베어 먹고 41세의 나이로 스스로 목숨을 끊었다.

천재 수학자가 비극적인 죽음을 맞은 후 반세기가 더 지난 2009년, 그를 사면 복권하라는 청원운동이 일어났다. 이 청원에 수만 명이 서명하면서 고든 브라운 당시 총리가 사과문을 발표했다. 2014년에는 엘리자베스 여왕이 공식적으로 그의 사면복권을 발표했다.

한편, 앨런 튜링은 스티브 잡스가 앨런 튜링을 기려 한 입 베어 문 사과를 애플사의 로고로 만들었다는 소문이 퍼져나가면서 화제가 되기도 했다. 하지만 이 이야기는 사실이 아닌 것으로 밝혀졌다. 전기 《스티브 잡스》의 작가 월터 아이작슨은 이메일로 스티브 잡스에게 사실 여부를 물었지만 스티브 잡스는 자신이 '그런 사실까지 염두에 두었더라면 좋았을 테지만 그러지는 않았다'고 답신해 왔다고 한다.

2015년 영국 정부는 앨런 튜링의 업적을 기려 '앨런 튜링 연구소'라는 국립 데이터 과학 연구소를 설립했다. 앨런 튜링 연구소의 본부는 런던 대영도서관 내에 있다.

42/101

42세로 세상을 뜬 로맨틱 코미디의 여왕
의혹에 쌓인 제인 오스틴의 죽음

1995년 BBC의 TV용 영화〈설득〉에 원작에 없는 키스신이 나오자 제인 오스틴의 열성팬들은 엄청난 비난을 퍼부었다. 프로그램의 제작 책임자였던 레베카 이튼은 당시 상황에 대해 이렇게 말했다. "시청자들이 2시간 동안 앤과 대령의 사랑이 이루어지고 재결합하기를 응원했는데 키스신이 없으면 실망해서 화를 낼 것 같았어요. 제인 오스틴 시대에는 애정 표현을 드러내놓고 하지는 않았으니 기둥 뒤로 그림자가 보인다던가 하는 걸로 은근히 표현할 수도 있었겠죠. 그렇게 하면 제인 오스틴 순수파 팬들의 분노를 피할 수 있으니까요."

영국 내 열성팬들은 제인 오스틴을 아주 열정적이고도 고집스럽게 숭배한다. 그 사람들은 제인 오스틴의 작품이 영화나 드라마로 만들어질 때 원작에 없는 그 어떤 짜릿한 애정 표현도 받아들이지 않는다. 특히 키스신에 대해 유난히 민감해서 2005년《오만과 편견》이 영화로 제작될 때는 마지막 키스신을 넣은 미국용 버전을 따로 만들었을 정도였다. 제인 오스틴의 모든 소설에는 키스에 대한 직접적인 표현이 단 한 번도 나오지 않는다.

제인 오스틴은 영국의 열성팬들뿐 아니라 전세계적으로 수많은 팬을 거느린 '로맨틱 소설의 여왕'이다. 19세기 후반에 들어서 영국의 문학평론가들로부터 그의 작품이 재조명받기 시작하면서 알려졌고 20세기와 21세기에 가장 사랑받는 작가 중 한 명이 되었다. 그녀가 남긴 장편소설 6편《오만과 편견》,《이성과 감

평생 싱글로 살았던 작가 제인 오스틴.

성》,《엠마》,《설득》,《맨스필드 파크》, 《노생거 사원》은 모두 드라마와 영화로 제작되었다. 뿐만 아니라 제인 오스틴의 삶을 주제로 한 영화도 만들어졌고, 제인 오스틴을 소재로 삼은 소설과 에세이도 계속해서 출판되고 있다.

제인 오스틴은 1775년 영국 남부 해안 햄프셔에서 6남2녀 중 다섯째로 태어났다. 제인의 아버지는 존경받는 교구 목사였다. 제인의 집안은 교육열이 높아서 제인과 제인의 언니 카산드라는 한때 기숙학교를 다니기도 했지만

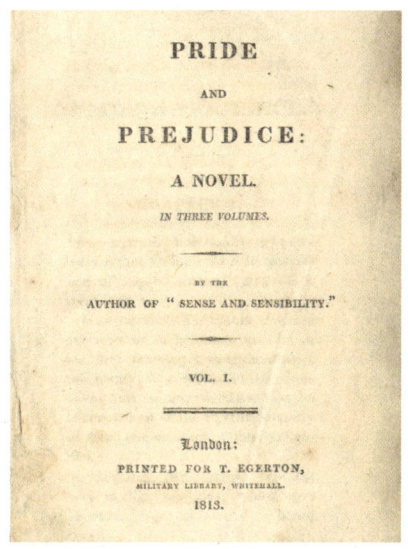

제인 오스틴의 대표작《오만과 편견》의 초판본.

가정형편 때문에 이내 그만두어야 했다. 제인은 15살 때인 1790년부터 노트에 자신의 이야기를 계속 쓰면서 글쓰기에 대한 열정을 불태웠다. 1801년 제인은 아버지, 어머니, 언니와 함께 영국 동부 바스로 이사했고, 4년 후에 아버지가 세상을 떠났다. 아버지의 죽음으로 남겨진 세 여인은 경제적 어려움에 처하게 되고 한동안 이집 저집을 떠돌면서 생활했다. 이때의 생활 모습은 그녀의 소설 속에 잘 그려져 있다.

그리고 1809년에야 햄프셔의 초턴에 있는 친오빠의 집에 정착할 수 있었다. 제인은 30대가 되고 익명으로 자신의 소설들을 출판했는데 1811년에서 1816년 사이에《이성과 감성》을 시작으로《오만과 편견》,《맨스필드 파크》,《엠마》를 잇달아 발표했다. 41세가 되던 해부터 몸이 아프기 시작했지만, 펜을 놓지 않고 옛 작품들을 편집하면서 새 작품을 집필했다. 그리고 이듬해《샌디튼》이란 미완의 작품을 남기고 세상을 떠났다. 제인이 마지막 8년을 보낸 초턴의 집은 현재 제인 오스틴 박물관으로 꾸며져 있다.

제인은 42세라는 이른 나이에 세상을 떠났는데 죽기 한 해 전까지만 해도 상당히 건강했다. 그런 그녀는 왜 1년 만에 죽고 말았을까?

2011년 범죄 소설가 린제이 애슈퍼드는 저서《제인 오스틴의 미스터리한 죽

제인 오스틴의 산책 코스에 있는 리츠 호텔.

음The Mystreious Death of Miss Jane Austin》을 통해 '비소 중독'설을 펼쳤다. 린제이는 제인의 증세가 비소 중독이며 더 나아가 누군가 비소로 제인 오스틴을 살해했을 가능성까지 제기했다.

1964년에는 영국의 의사 재커리 코프가 제인의 일기에 드러난 증상을 토대로 부신 피질 호르몬 부족으로 생기는 에디슨병으로 죽었을 것이라고 추측했다. 지금까지도 제인 오스틴의 사망 원인은 의혹에 싸여 있다.

한편 바스와 햄프셔 지역에서 살았던 제인 오스틴은 런던과 어떤 인연이 있을까? 제인은 1811년부터 책을 출판하기 위해 런던에 머무르곤 했는데 그때마다 오빠인 헨리 오스틴의 집에서 묵었다. 하이드 파크 옆 나이츠브리지역과 가까운 슬론 스트리트 64번지(지금의 해롯백화점 뒤편)가 헨리 오스틴의 집이었다. 헨리는 제인의 소설 집필을 적극적으로 지지하고 에이전트를 자처하며 출판사와의 협상이나 계약을 도맡아 처리했다. 제인은 오빠 집에 있을 때면 런던을 탐색하고 쇼핑도 하고 극장도 방문했다. 헨리와 그의 아내 엘자는 유쾌하고 매력적인 부부여서 주변 사람들에게 인기가 많았다. 《오만과 편견》과 《이성과 감성》이 출판되었을 때는 헨리의 집에서 떠들썩한 축하파티가 열렸다.

1813년 헨리의 아내 엘자가 병으로 세상을 떠났다. 헨리는 도심에 더 가깝고 자신이 운영하던 은행이 있는 코벤트 가든의 헨리에타 스트리트로 집을 옮겼고 제인은 이곳에서 《맨스필드 파크》의 출판을 준비했다. 그리고 이듬해 헨리는 나이츠브리지에 있는 한스 플레이스로 이사했다. 제인은 한스 플레이스에 있는 아름다운 정원을 좋아했고, 이곳에서 《엠마》의 출판을 준비했다. 한스 플레이스 23번지 집 벽에는 제인 오스틴을 기념하는 블루 플라크가 붙어 있다.

제인 오스틴을 따라가는 런던 산책 코스 8곳
– 루이스 앨런 《제인 오스틴의 런던 산책: 현대의 여행자들을 위한 투어 가이드》

1. 슬론 스트리트(Sloane Street)~켄싱턴 팰리스 가든(Kensington Palace Gardens)
   - 제인 오스틴이 머물던 오빠 헨리 오스틴 집(Sloane Street 64)부터 산책하던 길
   - **지하철** Knightsbridge 역, Sloane Square 역, Hyde Park Conner 역
2. 메릴번(Marylebon)과 본드 스트리트(Bond Street)
   - 《맨스필드 파크》의 등장인물 마리아 러시워스가 살았던 곳
   - **지하철** Bond Street 역, Oxford Circus 역, Green Park 역
3. 메이 페어(Mayfair)
   - 제인 오스틴의 책을 출판한 존 머레이 출판사가 있던 곳(Albemarle Street, No.50)
   - **지하철** Green Park 역
4. 레스터 스퀘어(Leicester Square)~그린파크(Green Park)
   - 최고급 클럽 화이츠(Whites Gentlemens Club)가 있는 곳(32-38 Leman Street, Aldgate)으로 오빠 헨리 오스틴이 초청 받았다.
   - **지하철** Green Park 역
5. 소호(Soho)~브리티시 뮤지엄(British Museum)
   - 제인 오스틴이 살던 시대를 엿볼 수 있는 거리
   - **지하철** Russell Square 역, Holborn 역
6. 웨스트민스터(Westminster)~차링 크로스(Charing Cross)
   - 제인 오스틴의 기념비가 있는 웨스트민스터 사원 내 시인의 코너
   - **지하철** Westminster 역
7. 서머셋 하우스(Somerset House)~링컨즈 인 필즈(Lincoln's Inn Fields)
   - 《이성과 감성》에 나오는 드루리 레인 로열 극장이 있는 곳
   - **지하철** Covent Garden 역
8. 템플 바(Temple Bar)~런던 브리지(London Bridge)
   - 제인 오스틴이 홍차를 샀던 트와이닝 티 본점이 있던 곳
   - **지하철** Temple 역

43/101

'선원의 귀향'으로 이름난 클로스 페어 43번지
런던 시민들이 사랑하는 '가짜 유리창'

'존 베처먼 경, 1906~1984, 계관 시인, 여기서 살다.'

시인의 집이었음을 기념하는 블루 플라크가 검은색 벽돌 벽에 붙어 있다. 짙은 청색 문은 굳게 닫혀 있고, 문 옆의 흰색 벽에는 '43'이란 숫자가 크게 쓰여 있다. '가짜 유리창'으로 유명한 43번지 클로스 페어를 제대로 찾아온 것이다.

이 집은 '선원의 귀향'이라는 가짜 유리창으로 유명하다. 런던 걷기여행 가이드 젠 페들러는 런던 최고의 유리창으로 클로스 페어 43번지 '선원의 귀향' 유리창을 꼽았다. 이 유리창은 커다란 통유리에 목재 창틀과 창살이 있고 커튼까지 달려 있어 얼핏 보면 진짜 유리창과 별 차이가 없다.

"내가 런던에서 가장 좋아하는 유리창은 진짜 창문이 아니에요. 그래도 그 유리창은 창문 너머에 있는 방에서 한번은 벌어졌을 것만 같은 장면을 슬며시 보여주죠. 이 가짜 유리창은 세인트 바르톨로메오 수도원 맞은편, 클로스 코트의 좁은 통로를 향해 나 있고 이 유리창 안에는 한 가족의 모습이 그려져 있는데 그림 속 여인은 집으로 돌아온 선원을 안으려고 두 팔을 벌리고 있답니다."

'선원의 귀향' 속 여인은 과연 선원을 반기는 모습일까? 세월이 흐르면서 그림

클로스 페어(Cloth Fair) 43번지
위치 43 Cloth Fair, Smithfield, EC1A 교통 Barbican 역
숙소 예약 랜드마크 트러스트 www.landmarktrust.org.uk

클로스 페어 43번지에 있는 '선원의 귀향' 유리창.

이 흐릿해졌는지 가까이 다가가서 봐도 선명하지 않다. 그림을 여러 각도로 보고 있는데, 2층 테라스에서 은발의 여인이 활짝 웃고 있다.

43번지의 현관문을 열어준 독일인 루이제 갠서 씨는 휴가차 이 집에 머물고 있다고 했다. 실내는 아담하고 소박하면서도 품위가 있다. 2층 거실 벽은 시인 베처먼이 살던 때의 윌리엄 모리스 벽지를 재현하기 위해 샌더슨에서 특별히 비슷하게 제작한 벽지로 도배되어 있다. 거실에 딸린 테라스에는 테이블과 의자가 놓여 있다. 테라스를 구경하는 사이에 루이제 씨의 남편이 3층 침실에서 내려온다. 이 집은 오래된 건축물을 보존하는 단체 '랜드마크 트러스트' 소유로, 이들 부부는 휴가철에 이 트러스트 소유의 옛집들에 머물곤 한다고 했다. 43번지 집 전체를 빌려 숙박하는데, 1인당 하루 87파운드 정도. 보통 2인 기준으로 4박 이상 예약을 받는다.

왜 유리창을 그림으로 막게 되었을까? 정치가이자 군인이었던 존 실리와 동업자 폴 파젯은 1930년대에 클로스 페어 43번지를 사서 사무실 겸 집으로 썼다. 옆집과 간격이 너무 좁아서 창문을 통해 방이 다 들여다보이는 것이 걱정스러웠던 그들이 결국 창문을 벽돌로 모두 막아버렸다. 그런데 공사를 하고 나니 밖에서 보이는 꽉 막힌 벽도 끔찍했다. 결국 두 사람은 성당 벽화를 그리는 유명 화

존 베체트가 보존운동을 벌였던 세인트 판크라스.

가에게 작업을 의뢰하여 그림이 있는 가짜 유리창이 만들어진 것이다.

시인 존 베처먼은 1954부터 1973년까지 이 집에 살았는데, 시인도 이 묘한 창문을 좋아했다고 한다. 영국 왕실이 영국의 가장 명예로운 시인에게 내리는 '계관 시인' 수여자였던 그는 유머러스한 시와 현실을 반영한 글을 주로 썼다. 나치수용소의 철창을 사이에 둔 두 소년의 우정을 그린 영화 〈줄무늬 파자마를 입은 소년〉 첫 장면에 흐르는 "유년기는 이성理性의 어두운 시간이 자라기 전에 소리와 냄새와 시각에 의해 재단된다"를 기억하는가. 바로 존 베처먼이 쓴 시 '종소리에 눈을 뜨고'에 나오는 구절이다. 그는 신문 칼럼니스트이자 방송 진행자로도 이름을 날렸다.

또한 빅토리아 시대 건축물 애호가로 '빅토리안 협회'를 창립했던 존 베처먼은 적극적으로 그 시절 건축물들의 철거를 반대하는 운동을 벌였다. 그는 웅장한 건축물인 세인트 판크라스 역의 철거 계획이 발표되자 '바보 같은 범죄'라고 맹비난하고 철거 반대운동에 적극적으로 나섰다. 2007년 재개장한 세인트 판크라스 역 플랫폼 앞에는 그의 브론즈 동상이 세워져 있다. 그가 보존한 세인트 판크라스 역을 감개무량한 듯 올려다보고 있는 포즈로, 바람에 날아가지 않도록 한 손으로 지그시 모자를 누른 채 다른 손에는 책이 든 가방을 들고 있다.

한편 클로스 페어는 '중세 거리'로도 유명하다. 세인트 바르톨로메오 수도원 교구 땅이었던 이 거리는 엘리자베스 1세 여왕 시대부터 교구 마당에서 옷을 팔던 시장이 열리던 데서 '클로스 페어'라는 이름이 생겼다. 클로스 페어 41/42번지를 차지하고 있는 집 한 채는 붉은 벽돌에 커다란 돌출 창문이 특징으로, 런던에서 사람이 거주하는 집 중에 가장 오래된 집이라고 추정된다. 1597년과 1614년 사이에 교구 안마당을 중심으로 지은 11채의 집 중 하나로, 바르톨로메오 수도원의 세탁소가 있던 곳이어서 '론더스 그린$^{Launders\ Green}$'이라고도 불렸다고 한다.

이 집은 런던의 80%를 잿더미로 만든 1666년 런던대화재 때도 수도원으로 불길이 막히는 덕분에 살아남는다. 제1차 세계대전 때 숱한 공습도 피해갔다. 400여 년 동안 몇 차례 수리하긴 했지만 기본 골조는 거의 변치 않은 채 보존돼

런던의 가장 오래된 집으로 추정되는 클로스 페어 41/41번지(오른쪽 건물).

왔다. 41/42번지 집 역시 43번지의 폴 파젯과 존 실리가 1930년대에 구입하여 집과 건축사무소로 사용했다는 기록이 있다. 이들은 클로스 페어의 39번지에서 45번지까지 모두 소유하고 있었는데, 1970년 랜드마크 트러스트가 이들 집을 인수하면서 보존할 수 있게 되었다. 스위스 건축가 안드레아 첸치가 이 집의 기본 골조를 살리면서 세심하게 수리한 후 2000년에 잘 수리된 건축문화유산에게 주는 시티 헤리티지 상$^{City\ Heritage\ Award}$을 받았다. 중세 때부터 살아남은 집이라는 점 때문에 유명인도 종종 다녀갔다, 대표적으로 윈스턴 처칠, 엘리자베스 2세 여왕이 있다.

44/101

아버지의 박물관 꿈꾸며 44년간 유품을 간직하다
안나 프로이드가 세운 '프로이드 박물관'

1889년, 30대 초반의 지그문트 프로이드는 파니 모저라는 여성 환자를 맡게 되었다. 파니는 스위스의 유서 깊은 귀족 가문 출신으로, 23세 때 65세의 시계 제조업자 하인리히 모저와 결혼했다. 부부 사이는 좋았지만 남편의 전 부인의 자식들과 불화로 신경증이 생겼다. 그리고 둘째딸이 4살이 되던 해에 남편이 세상을 떠나자 히스테리, 우울증, 불면증 등 여러 증상으로 고통 받으면서 여러 의사들을 찾아다니다 프로이드를 찾아왔다.

프로이드는 파니를 '긴 소파에 눕게 하고' 최면술을 시도했다. 하지만 프로이드는 아직 숙달되지 않은 최면술사였고, 파니는 최면에 걸리지 않았다. 오히려 파니는 자신의 속내를 이야기하고 싶어 했다. 프로이드는 파니가 떠오르는 것을 그대로 이야기하도록 내버려두었다. 최면용으로 쓰이던 의자가 이야기를 털어놓는 의자로 변하게 된 것이다.

런던 북부 햄스테드에 있는 프로이드 박물관에는 프로이드가 빈에서 활동할 당시 그를 찾아온 수많은 환자들이 자신의 내면을 털어놓았던 긴 소파가 남아

프로이드 박물관(The Freud Museum)
위치 20 Maresfield Gardens, NW3 5SX   **지하철** Finchiley Road 역
오픈시간 수~일 12:00~19:00
입장료 성인 7파운드, 12~16세 4파운드, 12세 이하 무료   **홈페이지** www.freud.org.uk

나치를 피해 런던으로 이주한 프로이드 가족이 살던 집이 프로이드 박물관이 되었다. © Freud Museum London

있다. '정신과 의사의 의자'라는 별칭이 붙은 이 소파는 한 여성 환자가 프로이드에게 선물로 준 것이다. 박물관 큐레이터 이반 워드는 BBC와의 인터뷰에서 빅토리아 시대에 '데이 베드'라고 불리던 이 긴 소파는 여성들이 병석에 있을 때 주로 사용했고, 환자가 이 소파를 프로이드에게 보낸 것은 '나는 다 나아서 이젠 이 소파가 필요 없다'는 의미로 해석된다고 말했다. 1909년 프로이드의 미국 방문 후 이 스타일의 소파는 한동안 미국 정신과에서도 인기를 끌었다.

런던과 프로이드와의 인연은 1938년으로 거슬러 올라간다. 독일 나치의 오스트리아 합병을 피해 런던으로 도망쳐온 프로이드와 그의 아내 그리고 막내 딸 안나는 런던 햄스테드의 마레스필드 가든스 20번가 주택에 정착했다. 구강암으로 투병 중이던 프로이드는 1년 후인 83세에 세상을 떠났다. 막내 딸 안나 프로이드는 이후 세상을 떠날 때까지 44년간 이 집에 살면서 6형제 중 유일하게 아버지의 연구를 이어나갔다. 아버지 프로이드가 특히 아꼈던 안나는 평생에 걸쳐 아동심리학을 연구했다.

안나는 아버지가 말년을 보내고 가족이 살았던 햄스테드의 집을 프로이드 박물관으로 만들고 싶어 했지만 그 소망은 안나의 사후 4년 만인 1986년에야 이뤄졌다. 현재 박물관 외벽에는 지그문트 프로이드와 안나 프로이드 모녀의 블루 플라크가 나란히 붙어 있다.

지그문트 프로이드 서재, 안나 프로이드 방, 홀, 전시실 등으로 구성된 프로이드 박물관의 중심은 프로이드가 생전에 썼던 서재다. 프로이드의 책장에는 그가 생전에 좋아했던 작가 괴테, 셰익스피어, 하이네, 아나톨 프랑스 등의 책들이 꽂혀 있다. 열정적인 고대 유물 수집가였던 프로이드가 수집한 이집트, 그리스, 로마, 동양의 유물 2,000여 점 역시 보존되어 있다. 프로이드 가족이 오스트리아를 떠날 때 가져온 18~19세기 컨트리풍 가구는 물론 프로이드가 오스트리아 빈 시절부터 환자용으로 사용한 긴 소파 역시 이곳에 있다. 알록달록한 페르시안 양탄자로 덮여 있고 부드러운 벨벳 쿠션이 놓여 있는 모습으로.

박물관과 가까운 마레스필드 근처 12번지에는 안나 프로이드가 생전에 운영했던 탁아소와 클리닉 자리에 '어린이와 가족을 위한 안나 프로이드 내셔널 센터'가 들어서 있다. 전쟁으로 집을 잃은 아이들을 맡아 돌봤던 탁아소에서 출발, 어린이 정신건강 클리닉을 세웠던 안나 프로이드의 뜻을 이어받은 기관이다. 프로이드 박물관과 안나 프로이드 내셔널 센터는 런던 북부에서 유명한 녹색 평원 햄스테드 히스와 멀지 않다. 박물관에 가는 날, 햄스테드 히스를 느긋하게 산책하고 그 안의 켄우스 하우스를 들러보는 일정을 잡는 것도 추천한다.

45/101

45각도의 혁명, 해리 벡의 런던 튜브 맵
세상에서 가장 혁명적인 디자인을 만들고도 쫓겨나다

런던은 세계에서 가장 먼저 1863년에 지하철(튜브)을 개통한 도시다. 150여 년 튜브 역사상 가장 혁명적인 디자인 아이콘은 무엇일까? 런던교통국은 지난 2015년 10월 런던 시민들에게 가장 좋아하는 교통 디자인 아이콘이 무엇인지 투표에 붙였다. 그 결과 1위는 런던 택시 블랙캡, 2위는 튜브 역의 타이포그래피와 포스터를 고안한 프랭크 픽의 디자인, 그리고 3위에 해리 벡의 오리지널 튜브 맵이 뽑혔다.

해리 벡이 1931년에 디자인하고 2년 후에 출시한 오리지널 튜브 맵은 디자인 역사상 혁명적인 사례로 추앙받고 있다. 현재 런던에서 사용하는 튜브 맵뿐 아니라 세계 주요 도시의 지하철 노선도가 해리 벡의 기본 아이디어에서 거의 벗어나지 않았을 정도로 실용적이기 때문이다.

해리 벡은 튜브 맵을 그릴 때 지리적인 요소를 무시했다. 즉, 지도상의 거리나 정확성은 고려하지 않고 철저하게 이용자 중심의 실용성을 우선했다. 지하철 승객이 한 역에서 다른 역으로 어떻게 갈지, 어디서 갈아타야 빠를지를 중시하는 데 착안한 것이다. 그래서 그는 역과 역 사이 거리를 실제 거리와 상관없이 거의

 해리 벡이 살던 집(블루 플라크)
위치 14 Wesley Road, Leyton, E10 6JF
교통 Leyton 역

해리 벡이 제작한 1933년 오리지널 튜브 맵과 블루 플라크.

같은 길이로 잡고, 직각자를 활용해서 가로 세로 선에 45도 각도로 선을 그려 넣었다. 이는 직렬과 병렬 구조로 된 전기 회로도와 거의 비슷한 구조다. 당시 '런던 교통 승객부'에서 임시직으로 일하면서 지하철의 전기 회로도 설계를 담당하고 있던 해리 벡이 이를 응용해 튜브 맵을 그린 것이다.

29세 청년 해리 벡의 혁신적인 제안은 그 자리에서 거절당했다. 디자인팀장 프랭크 피크는 지리적으로 정확하지 않은 게 가장 큰 문제라며 반대했다. 그러나 해리 벡은 물러서지 않았다. 그리고 2년 후인 1933년 그는 다시 정교하게 그린 튜브 맵을 가져가서 설득했고, 그의 고집에 못 이긴 회사가 1,000부를 인쇄해 튜브 역에 비치하고 승객들의 반응을 보기로 했다. 한 시간도 안 돼 승객들이 1,000부를 모두 집어갔다. 대성공이었다. 회사는 75만 부를 다시 찍어 배포했다. 튜브 맵만 성공한 것이 아니었다. 뱀처럼 배배 꼬이게 그린 기존 튜브 맵 때문에 지하철을 어떻게 탈지 모르던 사람들이 해리 벡의 튜브 맵을 보고 자신감이 생겨 지하철을 타기 시작했다. 해리 벡의 전기를 쓴 작가 켄 갈랜드는 "그의 맵이 지하철 승객을 늘리는 촉발제였다"고 말한다. 승객이 늘면서 튜브 맵도 날개 돋친 듯 배포대에서 나갔다. 해리 벡의 튜브 맵은 초기 6개월 동안 무려 100만 부 이상 배포되었다.

해리 벡은 그 이후에도 프리랜스 디자이너 자격으로 튜브 맵을 수정했다. 30여 년 동안 그의 집은 온통 맵으로 뒤덮일 정도로 그는 이 일에 매달렸다. 그의 아내 노라는 아침에 침대를 정돈할 때 남편이 밤새 그린 맵이 베개 밑에 쌓여 있는 걸 발견할 정도였다.

임시직이던 해리 벡은 '공식적으로' 회사에서 튜브 맵 디자인을 위임받은 적이 없었고 디자인 대가로 받은 돈은 푼돈이었다. 그럼에도 그의 열정은 사그라들지 않았는데 1959년부터는 튜브 맵 작업에 더 이상 참여할 수 없게 됐다. 어느 날 아침, 회사에 가보니 다른 디자이너가 사인한 튜브 맵이 벽에 붙어 있었던 것이다. 그는 빅토리안 노선이 추가된 그 맵은 자신의 디자인을 조잡하게 모방한 것이라고 주장했지만 소용이 없었다. 맵에서 그의 이름은 사라졌고 법정 소송까지 끌고 갔지만, 몇 년 후 아내가 병에 걸려 소송을 포기하고 말았다.

그후로 해리 벡은 대학에 출강하면서 타이포그래피와 컬러 디자인을 가르치기도 했다. 전기 작가 갈랜드는 1950년대에 해리 벡의 튜브 맵에 흥미를 느껴 해리 벡을 찾아갔다가 친구가 된 사람이다. 갈랜드는 해리 벡이 생전에 인정받지 못한 것을 안타깝게 여겨 그의 전기를 쓰고 스케치를 보존했다. 갈랜드가 보존한 해리 벡의 1931년 튜브 맵 초안 연필본은 현재 빅토리안&앨버트 뮤지엄에서 전시되고 있다.

혁명적인 디자인을 선보였지만 생전에 빛을 보지 못했던 해리 벡. 오랜 시간이 흘러 그를 재조명하는 움직임이 활발해지고 있다. 현재 런던의 튜브 맵 아래에는 '이 다이어그램은 해리 벡이 1931년에 고안한 오리지널 디자인의 진화된 버전'이라는 글귀가 적혀 있다. 또 튜브 맵 출시 80주년을 기념하여 2013년에는 해리 벡이 태어난 런던 북부 리튼의 벽돌집에도 블루 플라크가 걸렸다. 거기에는 '해리 벡, 1902~1974, 런던 언더그라운드 맵의 디자이너가 여기서 태어났다'라는 글귀가 적혀 있다. 아이러니하게도 이 플라크에 쓰인 타이포그래피는 해리 벡의 튜브 맵 제안을 거절했던 디자인팀장 프랭크 피크가 고안한 것이다.

46/101

당대 최고의 지성인들, 고든 스퀘어 46번가에 모이다
버지니아 울프의 목요 모임에서 출발한 블룸스버리 그룹

숙모 할머니 버지니아 울프가 스스로 목숨을 끊은 지 거의 75년이 다 되어 가지만 할머니 덕분에 우리 집안은 여전히 세계적으로 유명하다. 택시기사부터 미국인 관광객에 이르기까지 우리 할머니를 모르는 사람이 없을 정도다(할머니 책을 읽어본 사람은 거의 만나지 못했지만). (…) 그 열광의 일부는 블룸스버리 그룹으로 알려진 작가와 예술가들이 종교, 예술, 동성애에 대해 토론했던 모임에서 버지니아가 했던 역할에서 나오는 것이다. 또 버지니아의 실험적인 글쓰기와 예민한 천재라는 명성 때문이기도 할 것이다.
― 작가 엠마 울프, 〈데일리 메일〉 칼럼(2015.7.23) 중에서

버지니아 울프의 피를 이어받은 작가 엠마 울프의 글이다. 버지니아 울프에 대한 관심은 해가 갈수록 커지고 있다. 2015년 여름에는 도로시 파커의 재기 넘치는 소설 《블룸스버리 그룹 The Bloomsbury Group》을 원작으로 제작한 BBC 미니시리즈 '라이프 인 스퀘어즈'가 방영되었다. 총 3편의 이 드라마는 소설가 버지니아 울프와 그녀의 언니인 화가 바네사 벨, 이 두 예술가 자매의 친밀하면서도 복잡

블룸스버리 그룹(Bloomsbury Group)
위치 Gordon Square 46(그룹이 시작된 곳), 50(그룹의 블루 플라크가 있는 곳)
교통 Euston Square역, Rusell Square역

블룸스버리 그룹은 46번가 목요 모임에서 시작했다. 블룸스버리 그룹 기념 플라크가 있는 50번가.

한 관계와 사랑 이야기를 그리고 있다. 이 드라마의 방영으로 빅토리아 시대의 막을 내리고 새 시대의 신호탄 역할을 한 '블룸스버리 그룹'이 다시 사람들의 관심을 끌었다.

블룸스버리 그룹은 공식적인 단체가 아니었지만 그렇다고 단순한 친목 모임도 아니었다. 확실한 구성원이 있다거나 그룹의 이름으로 무슨 성명서를 발표한 적도 없다. 영국 문학평론가이자 엄격한 전통주의자였던 프랭크 리비스는 블룸스버리 그룹이 '열등한 부류들의 동아리 활동에 지나지 않았다'고 주장했고, 소설가 D. H. 로렌스는 '비슷한 부류의 사람들이 벌떼처럼 모인' 집단이라고 폄하했다. 블룸스버리 그룹의 창립 멤버이자 버지니아 울프의 남편이 된 버나드 울프는 '상당히 허황된 목적과 성격을 지닌, 상당히 허황된 사람들의 모임'이라고 유머러스하게 정의했다.

한편 블룸스버리 그룹의 매력을 높이 평가하는 사람들은 스티븐가와 스트레치가라는 뛰어난 두 집안 사람들이 뿜어낸 광채가 기라성 같은 사람들을 불러모았다고 평가했다.

버지니아 울프의 아버지 래슬리 스티븐은 당대 최고의 문학비평가였다. 그의 첫 번째 아내는 해리엇 마리안으로 작가 윌리엄 새커리의 딸이었다. 래슬리

블룸스버리의 타비스톡 스퀘어에 있는 버지니아 울프의 두상 조각상.

가 첫 아내와 사별하고 만난 두 번째 아내는 영국의 선구자적인 사진작가 줄리아 마가렛 카메론의 조카 줄리아 프린셉 잭슨이었다. 래슬리와 줄리아 사이에 난 자녀들이 바네사, 토비, 아드리안, 버지니아였고 이 네 남매는 1895년 어머니의 죽음에 이어 1904년 아버지의 죽음을 겪은 후 블룸스버리 고든 스퀘어 46번가로 이사했다.

버지니아 울프는 수필집 《존재의 순간들》에서 고든 스퀘어로 이사한 1904년 10월 '그곳은 세상에서 가장 아름답고, 가장 자극적이고, 가장 낭만적인 곳'이었으며, '블룸스버리는 켄싱턴보다 훨씬 더 흥미롭다'고 회고했다. 버지니아 울프 자매는 이듬해 3월 16일 저녁, 친구들 몇몇과 함께 블룸스버리 그룹의 씨앗이 된 '목요 모임'을 열었다.

블룸스버리 그룹의 구심점은 케임브리지를 다녔던 토비 스티븐의 친구 리튼 스트레이치였다. 스티븐 집안의 남매들이 전형적인 빅토리아 시대 중상류층 지식인 집안의 가풍을 물려받은 반면, 스트레이치 집안의 남매들은 과학, 예술, 정치 등 다방면에 친구가 많고 열정적인 페미니즘의 개척자였던 어머니 제인 스트레이치의 영향을 많이 받았다. 버지니아의 표현대로라면 '키가 크고 불길하게 생긴' 리튼은 작가로 성장했다. 사교적인 리튼이 블룸스버리 그룹에 데려온 친구들은 《전망 좋은 방》의 작가 E. M. 포스터, 경제학자 존 메이너드 케인스, 예술비평가 클라이브 벨, 화가 로저 프라이, 저널리스트 데스몬드 매카시 등이었고, 이들이 서로 가까워지면서 블룸스버리 그룹이 탄탄해졌다.

고든 스퀘어 46번지에 모인 사람들은 새벽까지 불을 밝히고 이야기를 계속하면서 섹스든 동성애든 토론 주제에 금기를 두지 않았다. 버지니아는 이 자유 논쟁을 '문명의 위대한 진전이었다'며 자랑스러워했다. 결속력이 단단한 이들 사이

버지니아 울프는 작은 공원 타비스톡 스퀘어를 남편과 함께 걷곤 했다.

에 이뤄진 결혼은 자연스러웠다. 1907년 바네사는 블룸스버리 그룹의 멤버였던 클라이브 벨과 결혼했고, 1912년 버지니아 역시 멤버 레너드 울프와 결혼했다.

케인스와 화가 던컨 그랜트처럼 멤버들 사이에 동성애 관계가 성립하기도 했다. 판매가 금지된 래드클리프 홀의 동성애 소설 《고독의 우물》을 옹호하기 위해 작가 E. M. 포스터와 버지니아 울프는 변론을 준비하기도 했다. 저무는 빅토리아 시대에 조종을 울리며 이들의 의식은 새로운 시대로 성큼성큼 나아갔다.

버지니아 울프의 친지와 가까운 사람들의 증언을 통해 그녀의 다채로운 인상을 담아낸 책 《버지니아 울프, 인터뷰와 기억들》에는 화가 던컨 그랜트가 블룸스버리 그룹과 버지니아 울프에 대해 남긴 글이 실려 있다.

"1층에는 서재가 자리잡고 있었다. 목요일 밤이면 그 방에서 친구들이 모였다. 고든 스퀘어에서 시작된 이 밤 모임은 토비 스티븐이 죽고, 바네사가 결혼하고 나서도 계속되었다. 좋았든 나빴든 '블룸스버리'라고 불리게 된 모임은 이렇게 탄생했다. 밤 10시 무렵부터 자정까지 사람들이 하나 둘 나타나기 시작해서 새벽 두세 시가 되기 전에 마지막 손님이 자리를 뜨는 일은 거의 없었다. 우린 롤빵을 먹고 위스키와 코코아차를 마시면서 대화를 나누었다. (…) '살롱'이 아닌 건 분명했다. 당시 버지니아는 그런 부류의 안주인은 아니었다. 버지니아는 상당히 수줍음이 많아 보였고, 동료들을 응대하지도 않았다. 그녀는 주로 오가는 논쟁들을 들으려 했고 가끔씩만 말했다. 자기 바로 옆자리에 앉은 사람에게만."

버지니아 울프 가족은 고든 스퀘어 46번지에서 1904년부터 1907년까지 약 3년간 살았으며, 이어 언니 부부가 신혼집으로 썼다. 같은 46번지에서 존 케인스도 1916년부터 1946년까지 30년간 살았다. 블룸스버리 그룹의 공간은 이사를 자주 다니던 버지니아와 레너드 울프 부부를 따라 피츠로이 스퀘어 9번지, 브런스윅 스퀘어 38번지, 타비스톡 스퀘어 52번지 등으로 옮겨 갔다. 모두 고든 스퀘어에서 반경 1km 안에 있는 집들이다. 버지니아 울프는 '블룸스버리'는 이 모든 공간, 당대 지식인들이 만났던 이 일대의 공간을 의미한다고 회고했다. 블룸스버리 그룹의 몇몇 멤버들이 살았던 고든 스퀘어 50번지 벽에는 블룸스버리 그룹을 기념하는 브라운색 플라크가 붙어 있다.

버지니아 울프가 살던 런던과 서리의 집

시기	주소
1882.1~1904.5	22 Hyde Park Gate
1904.10~1907.3	46 Gordon Square
1907.4~1911.11	9 Fitzroy Square
1911.11~1912.10	38 Brunswick Square(현재 UCL 건물)
1912.10~1913.9	3 Clifford's Inn
1914.10~1915.3	17 The Green, Richmond upon Thames, Surrey
1915.4~1924.3	Hogarth House, Richmond upon Thames, Surrey
1923.3~1939.8	52 Tavistock Square(현재 타비스톡 호텔)
1939.10~1940.8	37 Mecklenburgh Square

버지니아 울프 소사이어티 홈페이지: www.virginiawoolfsociety.co.uk

47/101

부활절 47일 전, 런던 곳곳에서 열리는 팬케이크 데이
프라이팬을 들고 팬케이크를 뒤집으며 달려라

2016년 2월 9일, 런던의 국회의사당 옆 빅토리아 타워 가든 잔디밭에서는 앞치마를 두르고 요리사 모자를 쓴 영국 국회의원들과 언론인들이 팬케이크가 담긴 프라이팬을 들고 릴레이 경주를 벌였다.

경주에는 하원의원 팀, 상원의원 팀, 언론 팀 등 세 팀이 참가했다. 팀마다 4명의 주자가 달리는 이 경주에서 참가자는 반드시 한 번씩 팬케이크를 뒤집어야 하고 결승점에 도착할 때까지 프라이팬 안에 팬케이크가 있어야 한다. 때문에 일부 참가자들은 떨어진 팬케이크를 황급히 주워 담고 달리기도 한다. 이 우스꽝스러운 팬케이크 경주는 영국의 재활치료 시스템을 홍보하기 위해서 해마다 열리는 행사로 1997년 시작되었다. 이날의 우승은 하원의원 팀에게 돌아갔다. 작년에 팬케이크를 떨어뜨린 실책으로 아깝게 우승을 놓쳤던 데이비드 의원과 동

리햅 국회 팬케이크 레이스(Rehab Parliamentary Pancake Race)
위치 Houses of Parliament, Westminster, SW1A 0AA
지하철 Westminster 역   **일시** 매년 2월 참회의 날   **입장료** 무료
홈페이지 rehab.ie/pancake-race

스피탈필즈 팬케이크 레이스(Great Spitalfields Pancake Race)
위치 The Old Truman Brewery, 91 Brick Lane, Spitalfields, E1 6QL
지하철 Shoredich High Street역   **일시** 매년 2월 참회의 날 12:30   **입장료** 무료
홈페이지 www.alternativearts.co.uk

팬 케이크 데이에 프라이팬을 들고 달리는 영국 의원들. © The Rehab Group

료들은 올해의 우승을 위해 1년간 프라이팬을 들고 훈련에 매진했다고 한다.

해마다 2월 이날이 되면 런던 곳곳에서 프라이팬을 든 사람들이 달리기 시합을 하는 진풍경이 벌어진다. 이날은 '참회의 화요일'이자 팬케이크 데이다. 그레이트 스피탈필즈 팬케이크 경주에는 일반인도 참가할 수 있다. 올드 트루먼 브루어리에서 열리는데, 이곳은 버려진 맥주 양조장을 예술가들이 화려하게 변신시킨 곳이다. 경주에는 각 팀이 개성 넘치는 분장을 하고 참가할 수 있으며 '최고의 분장상'도 주어진다. 경기 참가자가 프라이팬을 가져오면 주최 측이 팬케이크를 제공한다. 경기는 4인 1팀으로 진행되며 트랙 중간중간에 정해진 곳에서 팬케이크를 한 번 뒤집고 결승선까지 달려야 한다. 이곳 경기장은 늘 요란한 복장의 참가자들과 구경꾼들로 가득하다.

팬케이크 경주의 관람 포인트는 팬케이크 뒤집기다. 달리면서 뒤집어야 하기 때문에 고난도의 기술이 필요하다. 이 어려운 팬케이크 뒤집기에는 그 유래가 있다. 15세기에 영국 버킹엄셔에 살았던 한 정신없는 여인이 참회의 날에 서둘러 자신의 죄를 고백하러 가느라 팬케이크를 반쯤 굽다 말고 교회로 달려갔다고 한다. 그때부터 팬케이크 경주에서는 팬케이크를 반만 익히는 일이 없도록 중간에 뒤집도록 했다고 한다. 팬케이크 경주의 시작은 1445년으로 버킹엄셔 올니

펜 케이크 데이 때 결승점에서 우승을 기뻐하는 영국 의원. © The Rehab Group

지역에서 비롯됐다.

    참회의 화요일은 왜 팬케이크 데이가 되었을까? 기독교에서 참회의 화요일은 사순절이 시작되는 수요일의 바로 전날이다. 사순절은 부활절에서 여섯 번의 주일을 뺀 40일 전의 기간을 말한다. 그래서 참회의 화요일은 부활절이 되기 47일 전이다. 사순절 동안 교인은 회개와 기도, 절제와 금식을 해야 했다. 사순절이 시작되기 전에 남은 식재료를 모두 처리하기에 얇게 구워 온갖 토핑을 얹어 먹는 영국의 팬케이크는 제격이었다. 그래서 참회의 화요일에 팬케이크를 구워 푸짐한 토핑을 얹어 먹기 시작했고 그것이 관습으로 굳어져 팬케이크 데이라고 불리게 되었다. 현재 영국, 아일랜드, 캐나다, 호주 등 여러 기독교권 나라에서 팬케이크 데이 행사를 열고 있다.

48/101

1년에 48시간만 열리는 비밀의 정원
매년 6월 셋째주 주말에 열리는 '오픈 가든 스퀘어스 위크엔드'

"영국인들에게 집은 견고한 성城이고, 정원은 천국이다."
– 문화인류학자 케이트 폭스, 《영국인 발견Watching the English》 중에서

영국인들에게 집과 정원이 얼마나 애틋한지 알려주는 비유다. 《영국인 발견》의 저자이자 문화인류학자인 케이트 폭스는 '(영국의 집들은) 대문에서 현관문까지 몇 발자국이라도 길이 나 있으며 화분이 놓여 있거나 꽃밭 비슷한 것이 있다. 앞뜰과 입구 길은 해자나 도개교를 닮았다'고 비유한다. 해자垓子, 연못는 중세 시대 성城을 외부 세계와 차단하던 수단이며, 도개교는 영주의 허락을 받아야만 열리는, 성과 연결되는 다리다.

영국인의 정원 사랑은 시골은 말할 것도 없고, 도시도 예외가 아니다. 한여름에 런던의 상공에서 내려다보면 거의 절반이 녹색으로 보일 정도. 실제로 런던 녹지정보GiGL에 따르면 런던의 47%가 녹지공간으로 세계 수도 중에서 녹지 비율이 가장 높은 곳으로 꼽힌다. 집안에 정원을 둘 수 없는 도심에서 정원 대신 사

오픈 가든 스퀘어 위크엔드(Open Garden Squares Weekend)
시기 매년 6월 셋째 주 토~일   **위치** 런던 일대 200여 정원
입장료 성인 12파운드, 12세 이하 무료(홈페이지에서 사전 예약 필수)
홈페이지 www.opensquares.org

1년에 이틀만 문을 여는 '오픈 가든 스퀘어스 위크엔드' 때 선보인 엔젤 지역의 정원. © Grace Kim

들은 공공 정원public garden과 공원park을 즐긴다.

《이방인》의 작가 알베르 카뮈는 런던을 방문한 후 "런던은 아침마다 새들이 잠을 깨우는 정원의 도시"라고 기억했다. 피터 애크로이드는 《런던 자서전London: The Biography》에서 '런더너라면 정원을 갖지 않는 걸 이상하게 생각한다'며 '런더너는 소속감을 느끼기 위해서라도 정원이 필요하다'고 썼다. 문화인류학자 케이트 폭스는 '영국인은 자신만의 조그만 상자 안에서 자신만의 초록색 조각을 가지고 살기 원한다'며 '정원을 보면 그 주인의 지성, 사회적 지위, 라이프 스타일, 예술 감각을 알 수 있다. 상류층에서 하류층 정원으로 내려갈수록 야하고 화려하다'면서 상류층 정원일수록 '꾸미지 않은 것 같고 바래고 연한 색깔'이라는 게 그의 주장이다.

정원 가꾸기는 영국인들이 가장 사랑하는 취미다. 영국 방송국들은 가드닝 프로그램을 수시로 방영한다. BBC에서 방영하는 프로그램만 해도 〈정원사의 세계〉, 〈채소 정원〉, 〈정원사의 궁금증 해결〉 등 다양하다. 제작진이 정원 전문가와 함께 직접 시청자의 정원을 찾아가 리모델링을 해주는 프로그램은 신청자가 쇄도한다. 라디오 프로그램에도 청취자들의 가드닝 상담을 받는 시간이 있다.

영국인이 자신의 정원에 손님을 초대하는 것은 이례적인 일이다. 영국에 살

런던 정원 오픈 행사 때 공개된 정원들. ⓒ Grace Kim

때 보면 이웃 사람들과 상당히 친해진 후에야 정원에 초대를 받을 수 있었다. 길가에서 보이는 앞뜰과 달리, 평소 공개하지 않는 뒤뜰을 구경하는 건 사생활을 엿보는 듯 흥미롭다. 런던에서 정원을 사랑하는 사람들이 첼시 플라워 쇼만큼이나 기다리는 행사가 '오픈 가든 스퀘어스 위크엔드'다. 매년 6월 셋째 주 주말에 단 이틀만 정원을 공개하는 행사로, 개인 정원은 물론, 전통 정원, 뮤지엄의 옥상 정원, 실험적인 텃밭 정원, 교회 정원 등 200여 곳이 참여한다. 이 정원 오픈 행사에는 수상 관저가 있는 다우닝 10번가 정원도 간혹 행사에 참여했다. 정원 오픈 행사 때는 식물학, 양봉, 도시농사, 시 학교 등 다양한 워크숍도 열린다.

2016년 6월 행사 때, 영국성공회 소유의 '세인트 제임스 클로스' 가든과 빅토리안 스타일의 '얼링톤 스퀘어 가든'을 돌아본 그레이스 김 씨는 "우리 동네 가까운 곳에 이렇게 예쁜 정원이 숨어 있는지 몰랐다"면서 "뉴질랜드산의 희귀한 나무와 보라색 사루비아 꽃처럼 평소 못 보던 식물들을 보았고, 한국의 참나무도 아는 나무 전문가에게 설명을 들을 수 있는 좋은 기회였다"고 전했다.

영국인은 언제부터 정원을 사랑했을까?
'로마시대 정원부터 런던의 스퀘어 가든, 개인 정원까지'

영국의 정원 역사는 신석기 시대로 거슬러 올라간다. 정원역사박물관에는 기원전 1500년에서 2500년 사이 신석기 시대에 사용하던 도끼와 낫이 전시돼 있어 도끼와 낫이 최초의 정원용품이라는 설을 뒷받침해주고 있다. 영국을 정복하러 나선 줄리어스 시저 등 로마인들이 꽃과 나무를 갖고 와 영국 토질에 맞는 정원을 가꿨을 거라는 설이 유력하다. 로마인들이 즐거움은 물론 안전과 프라이버시를 위해 정원을 만들었다는 것. 웨스트 서섹스에 있는 피시본 궁전(Fishbourne Palace)이 영국 최초의 로마식 정원으로 추정된다.

중세에는 왕과 귀족의 사냥을 위해서 또는 저택 주인들의 호사 취미로 정원이 발달했다. 런던의 리치먼드 공원과 홀랜드 공원이 그 예다. 수도원에서 관리하는 정원은 채소뿐 아니라 치료용 약재, 장식용 꽃을 기르는 데 요긴한 곳으로 발달했다. 14세기 르네상스 시대에는 이탈리아의 영향을 받아 매듭 정원(Knot Garden)이 발달했다. 16세기 엘리자베스 여왕 시대에는 정원문화가 활짝 꽃피었다. 정원의 규모가 커지고, 디자인이 다양해지면서 대영제국의 부를 과시하는 수단이 되기도 했다. 연못과 호수가 생기고, 나무를 심어 미로를 만들고, 과다하게 장식한 토피어리를 세우는 등 프랑스 스타일이 유행하기도 했다. 17세기에는 식물과학의 발달로 진귀하고 이국적인 식물로 가득한 보태니컬 정원(식물원)과 의약 연구용 정원이 생겼다. 옥스포드대학 부설 가든에 이어 첼시 피직(Physic·약, 치유) 가든이 문을 열었다. 18세기 조지안 시대에는 왕실 소유의 큐 가든이 문을 열었고, 런던 곳곳에 스퀘어(Square, 주택과 빌딩으로 둘러싸인 중앙 정원)가 조성됐다. 런던에서 가장 오래된 스퀘어 중 한 곳인 블룸스버리 스퀘어(1661년 조성)는 약 300년 동안 주변 저택을 소유한 귀족과 부호들만의 공원이었다가 20세기 중반에 일반에게 공개되었다. 전문직 중산층의 주택지로 인기를 누렸던 블룸스버리 주변에는 러셀 스퀘어, 타비스톡 스퀘어, 고든 스퀘어 등이 남아 있다.

49/101

49년 동안 수집된 고아의 증표, 예술로 돌아오다
아티스트 트레이시 에민과 파운들링 뮤지엄

런던 중심가 블룸스버리에 있는 파운들링 뮤지엄^{Foundling Museum}. 이 건물 밖 검은 철제 울타리 위에는 벙어리장갑 한 짝이 걸려 있다. 손목 부분이 접혀 있고 때묻은 흰색 벙어리장갑. 뜨개질한 장갑인가 하고 가까이 다가가 만져보면 딱딱한 브론즈 조형물임을 알 수 있다. 가로 9.8cm, 세로 7cm. 일부러 찾아보지 않으면 작아서 잘 눈에 띄지 않는다. 울타리에는 빛바랜 리본 끈 몇 개가 매어져 있다. 그중 분홍색 리본 끈에는 서툴게 쓴 '네 삶에서 미소가 계속 되기를'이라는 글이 적혀 있다.

이 벙어리장갑과 리본 끈을 설치한 작가는 영국 최고의 아티스트로 꼽히는 트레이시 에민. 그는 2008년 '아기 것(벙어리장갑)'이란 제목으로 이 작품을 전시했다.

작가는 이 뮤지엄 앞에 왜 벙어리장갑과 리본 끈을 설치했을까? 수수께끼를 풀기 위해 벙어리장갑이 걸려 있는 울타리 앞 동상 앞으로 가보자. '토머스 코람'

The Foundling Museum
위치 40 Brunswick Square London WC1N 1AZ 지하철 Russell Square 역
오픈시간 화~토 10:00~17:00, 일 11:00~17:00
입장료 성인 7.50파운드 홈페이지 www.foundlingmuseum.org.uk
증표 온라인 전시 www.threadsoffeeling.com

파운들링 병원 앞에 고아와 함께 남긴 증표와 기록장.

이라는 이름 아래 '어린이 복지 자선 사업의 선구자'라는 설명이 적혀 있다.

토머스 코람. 우리에게는 낯선 이름이지만, 그는 전세계에서 최초로 1739년에 '파운들링 병원'을 설립한 유명인이다. 파운들링은 옥스퍼드 사전에 따르면 '부모가 버린 후 다른 사람이 발견해서 보살피는 아이'를 말한다. 영국과 미국을 오가는 무역선의 선장이었던 코람은 1720년 런던에 돌아온 후 길거리에 버려져 죽어가는 아이들을 보면서 충격을 받는다. 그는 아이들을 구제하기로 결심한 후 무려 19년 동안 기부금을 모으러 다니거나 왕실의 설립허가를 받기 위해 동분서주했다. 50대 초반에 시작한 일이 71세가 되어서야 나타난 결실이 파운들링 병원이었다.

파운들링 뮤지엄은 그가 설립한 고아병원의 뜻을 기리기 위해 문을 연 곳이다. 파운들링 뮤지엄 안으로 들어가보면, 1~2층에 병원 운영 시절의 사진과 물품이 전시돼 있다. 가장 눈에 띄는 물품은 아이를 병원 앞에 버릴 때 함께 남겼던 증표^{Token}. 리본 끈, 단추, 머리핀뿐 아니라, 뼛조각, 1페니 동전, 열쇠 등을 남겼는데, 병원 측은 아이 번호를 적은 명부에 이들 증표를 쇠못으로 고정해 두었다. 병원이 보관해온 명부는 사이사이에 붙인 증표들 때문에 꽤 두툼하다. 1760년 이후에는 아이를 직접 안고 와서 맡기고 가는 사람들에게 증명서를 발급하면

고아들을 후원해온 파운들링 병원의 뜻을 기려 설립된 파운들링 뮤지엄.

서 증표를 더 이상 받지 않겠다고 했지만, 1790년까지도 증표를 남기고 가는 경우가 많았다.

 1739년 병원 설립 때부터 49년 동안 증표와 함께 병원에 들어온 아이는 1만 8,000여 명. 아이 숫자만큼이나 수많은 증표 중에서도 하트 모양으로 묶은 리본 끈이 가장 많았다. 허트포드셔 대학의 존 스타일스 교수는 5년간 이들 증표에 대해 연구한 후 2013년 '오브제와 감정: 런던 파운들링 병원 증표들'이라는 연설을 했다. 그는 마르셀 프루스트의 《잃어버린 시간을 찾아서》에서 마들렌 과자가 불러 일으키는 기억과 감정을 예로 들며 "오브제는 숨은 감정의 메시지를 담고 있다"고 말했다. 파운들링 병원에서 수집한 증표는 18세기를 살았던 사람들의 감정을 읽을 수 있는 중요한 오브제라는 것이다.

 이를테면 대부분 문맹자였을 여성들이 아이와 함께 남긴 증표는 문자를 모르더라도 훗날 아이를 찾고 싶을 때 식별 가능한 물건이었다. 존 스타일스 교수는 "증표의 40%가 리본인데, 리본은 사랑의 심볼이자 헤어지는 상황에서 남기고 싶은 오브제"라고 추정했다. 그는 또 "새, 나비, 꽃봉오리, 도토리, 하트와 같은 모티브를 수놓은 것은 아이가 행복하고 자유로운 환경에서 살기를 바라는 엄마의 소망을 담은 것"이라고 설명했다.

전시 중인 물품 중에는 짧게 쓴 메모도 있다. "이 어린아이를 잘 보살펴주기를 기도합니다." 이 메모와 함께 아이의 옷깃에는 '1758년 6월 19일생 플로렐라'라고 적힌 종이가 핀으로 고정돼 있었다. 하트 모양의 은색 증표에는 "너는 내 사랑, 비록 우리가 헤어져야 할지라도"라는 애절한 글이 쓰여 있다. 딸아이를 언젠가 찾아오겠다는 약속을 남긴 부모도 있다. "문제가 해결되면 집으로 다시 데려 갈게."

병원 기록에 따르면, 사라 벤더는 빨간색 실로 정성스레 수놓은 하트 모양의 증표 덕분에 10대가 된 딸을 다시 찾았다. 하지만 사라처럼 아이를 다시 찾아간 경우는 드물었다. 1741년에서 1760년 사이 기록을 보면 병원에서 받아들인 아이들 1만 6,282명 중 1%도 되지 않는 152명만이 집으로 돌아갔다. 파운들링 병원에 들어온 아이들 3분의 2가 얼마 되지 않아 사망했는데, 당시 런던의 유아사망률이 1살 이전에 50%였고 병원에 오는 아이들의 건강상태가 좋지 않았다는 점을 감안해서 봐야 할 수치다. 1716년 의회보고서에는 '웨스트민스터 교구에서는 길거리에 누워 있던 아이들 500명 중에 단 1명만 살아남았다'고 적혀 있다.

아이들 병원이자 학교를 겸했던 파운들링 병원은 당시 가난한 부모에게는 구원자와 같았다. 아이를 12살까지 길러주고 기초교육도 시켜준다는 소문이 나면서 런던 외 지역에서도 찾아오는 사람들이 늘었다. 1760년 경 병원에 맡겨진 아이들의 절반이 런던 외 지역에서 온 아이들이었다.

설립자 토머스 코람의 노력에도 불구하고 병원의 재정상태는 넉넉지 않았다. 코람 자신도 병원 설립 12년 후인 1751년 가난하게 생을 마쳤다. 병원을 후원하기 위해 코람의 친구이자 화가인 윌리엄 호가스는 그림을 여러 점 기증했고, 영국에 귀화한 독일 출신 작곡가 헨델은 병원에서 자선음악회를 열거나 악보를 기증하기도 했다. 자식이 없던 호가스와 헨델은 이 병원의 후원자로 오랫동안 활동했다. 호가스는 부인과 함께 아이를 입양해 키웠으며, 헨델은 파운들링 뮤지엄에 상당한 유산을 남겼다. 현재 파운들링 뮤지엄에는 호가스가 기증한 그림, 헨델의 악보와 유품, 초상화가 전시돼 있다. 특히 3층은 헨델의 방으로, 스피커가 달린 의자에 앉아 헨델의 음악을 감상할 수 있다.

코람 사후에 태어난 작가 찰스 디킨스도 파운들링 병원을 후원했다. 1837년

병원 근처 도티 스트리트로 이사한 디킨스는 산책을 하다가 코람의 이야기를 알게 됐다. 당시 그가 쓴 《올리버 트위스트》에는 고아 소년 올리버뿐 아니라 병원에서 일하던 인물로 연상되는 캐릭터도 나온다. 《작은 도릿》에 등장하는 태티 코람이라는 인물은 파운들링 병원에서 성장하는 것으로 설정했다. 코람의 업적에 감명 받은 디킨스는 가난한 아이를 구제하고 사회적 편견을 없애고자 노력하면서 아이를 버릴 수밖에 없는 가난한 여성들을 위한 자선단체를 만들기도 했다.

파운들링 병원은 설립된 지 215년 후인 1954년 문을 닫았다. 정부 정책이 바뀌면서 아이들을 돌보는 기능이 지방정부로 이관되고 가정 입양에 중점을 두기 시작했기 때문이다. 그후 코람재단은 입양 및 어린이 돕기 자선기구로 활동하고 있다. 최근에는 배우 엠마 톰슨이 코람의 캠페인에 나서기도 했다. 엠마는 르완다 난민촌에 살던 소년을 입양했는데, 한때 소년병이었던 아들을 돌보면서 "아이를 따뜻한 사랑이 있는 집에 살게 하려는 코람재단의 취지에 공감한다"고 말했다.

파운들링 뮤지엄은 병원의 역사와 증표에 관한 전시 및 강의로도 유명하다. 트레이시 에민은 2008년에 벙어리장갑을 전시한 후 병원에 기증한 것으로 알려졌다. 최근에도 입양아를 주인공으로 하는 청소년 소설을 발표해온 작가 재클린 윌슨이 강연을 하고, 작가 로알드 달의 책에 일러스트를 그린 저스틴 블레이크가 그림 전시를 하기도 했다. 뮤지엄 1층 카페 벽에는 시인이자 극작가 렘 시세가 지은 '슈퍼맨은 버려진 아이였다'는 시가 적혀 있다. 소설, 만화영화 등에 등장하는 인물 112명이 고아였거나 입양되었다는 스토리. 그중 일부를 소개한다.

　　배트맨은 고아였다, DC 코믹북, 1939
　　신데렐라는 입양되었다, 신데렐라, 1697
　　데이비드 카퍼필드는 입양되었다, 데이비드 카퍼필드, 찰스 디킨스, 1850
　　도로시 개일은 입양되었다, 오즈의 마법사, 프랭크 바움, 1900
　　외프라지는 입양되었다, 레 미제라블, 빅토르 위고, 1862
　　헤라클레스는 입양되었다, 헤라클레스, 디즈니, 1997
　　마카토 키노(세일러 주피터)는 고아였다, 세일러 문, 나오코 타케우치, 1992

마틸라 웜우드는 입양되었다. 마틸다, 로알드 달, 1988
올리버 트위스트는 고아였다. 올리버 트위스트, 찰스 디킨스, 1838
톰 리들은 고아였다. 해리 포터와 비밀의 방, J. K. 롤링, 1998

'반란의 예술가' 트레이시 에민이 작은 벙어리장갑을 선택한 이유?

트레이시 에민은 발표하는 작품마다 화제를 몰고 다니는 예술가다. 1997년 '나와 함께 잤던 모든 사람들 1963~1995'(일명 '텐트')이란 작품을 발표했을 때, 세간에서는 푸른 텐트 안에 적힌 102명의 명단이 모두 그의 섹스 상대였는지 관심을 가졌다. 쌍둥이 남동생의 이름과 할머니의 이름도 있었는데, 그는 인터뷰에서 "할머니처럼 그저 나와 같이 잔 사람들도 있다"고 밝혔다. 이어서 그를 국제 뉴스에 등장하게 한 작품은 테이트 모던 갤러리에 전시한 '내 침대'였다. 금방 자다 일어난 듯 흐트러진 침대와 바닥에는 얼룩이 묻은 침대보, 콘돔, 빈 담뱃갑, 생리혈이 묻은 속옷 등이 떨어져 있었다. 1999년 트레이시 에민은 영국 최고의 예술가에게 주는 터너상을 받았다.
반란의 예술을 해온 그가 작은 벙어리장갑을 선보이는 것을 의아하게 보는 시선도 있다. 파운들링 뮤지엄의 벙어리장갑에 대해 언급한 적은 없지만, 같은 해 미혼모들을 위한 전시 때 아기 배내옷, 양말 외에 벙어리장갑을 지하철역 앞에 걸면서 트레이시 에민은 이렇게 말했다.
"공공장소에 있는 많은 조형물들이 너무 크고 너무 마초적이고 우월하고 주제넘어 보여요. 나는 공공장소에 있는 작은 것들을 좋아해요."
에민은 파격적인 설치미술로 명성을 얻었지만, 따뜻한 사랑의 메시지를 담은 네온 작품도 꾸준히 선보이고 있다. 'Just Let me Love you', 'Stone Love', 'I Fell in Love Here', 'My Heart is You Always'… 네온 불빛으로 반짝이는 메시지야말로 파운들링 뮤지엄의 벙어리장갑에 담고 싶은 메시지가 아니었을까?

트레이시 에민 스튜디오 www.traceyeminstudio.com

50/101

버클리 스퀘어 50번가의 비밀
죽거나, 미치거나 '유령의 집' 전설

런던 최고급 주택단지와 호텔이 모여 있는 메이페어. 그 한가운데 작은 공원 버클리 스퀘어를 마주보고 타운하우스 50번가 주택이 있다. 이 단정하게 생긴 4층 주택은 18세기에 런던에서 건축가, 화가, 가구 디자이너이자 최초로 '영국의 현대식 정원'을 설계한 조경사로 활약했던 예술가 윌리엄 켄트가 지은 집이다. 한때 이곳은 영국 총리를 지낸 조지 캐닝의 집이었다. 정치가이면서 대중 연설가로 상당한 인기를 누렸던 조지 캐닝은 57세가 되던 1827년 총리에 올랐지만 5개월 후 폐렴으로 세상을 떠났다.

미국 조지아 리젠트 대학에서 역사를 가르치는 교수이자 역사소설가인 랜달 플로이드는 조지아 지역 신문 〈어거스트 크로니클〉지에 조지 캐닝이 머물렀던 버클리 스퀘어 50번지에 관한 칼럼을 기고했다. 칼럼에 따르면 조지가 이사 오기 전인 1789년부터 이 집에서는 초자연적 현상들이 목격되기 시작했고, 조지 캐닝 총리도 집에서 이상한 소음과 함께 신기한 일들을 경험했다고 한다. 이 무렵 런던에서는 유력인사들을 포함한 50여 명의 사람들이 아델라인의 유령을 목격했다고 주장하기도 했다. 아델라인은 이 집에서 삼촌에게 학대받으며 살다가

버클리 스퀘어 50번지
위치 50 Berkeley Square, Mayfair, W1J 5BA
지하철 Green Park 역

유령의 집으로 불리는 버클리 스퀘어 50번가(왼쪽에서 세 번째).

자살한 여인의 이름이다. 아델라인 유령은 버클리 스퀘어 50번가의 맨 꼭대기 방 창틀에 매달려 떨어지기 직전의 모습을 보여주고, 중얼거리는 소리를 내고, 노크를 하고, 가구를 움직이면서 사람들을 겁에 질리게 만들었다고 한다.

1879년에도 잡지 〈메이페어〉에 버클리 스퀘어 50번가에 대한 기사가 실려 당시 이 집에서 벌어진 일련의 사건 사고들을 소개했다. 1872년 영국의 귀족 리틀튼 경은 유령의 집에서 하룻밤 묵는 내기를 했다. 리틀튼 경은 총으로 무장하고 있었고, 밤에 유령을 목격하자 곧바로 총을 쏘지만 다음날 벽과 가구에 난 총알자국과 총알만 발견되었다. 리틀튼 경은 다행히 목숨을 건졌지만 4년 후 계단에서 몸을 던져 스스로 목숨을 끊고 말았다. 이 집의 다락방에서 지내던 어느 하녀는 갑자기 미쳐버렸고, 정신병원으로 옮겨진 다음 죽었다. 하녀가 미친 후, 어느 귀족이 그 다락방에서

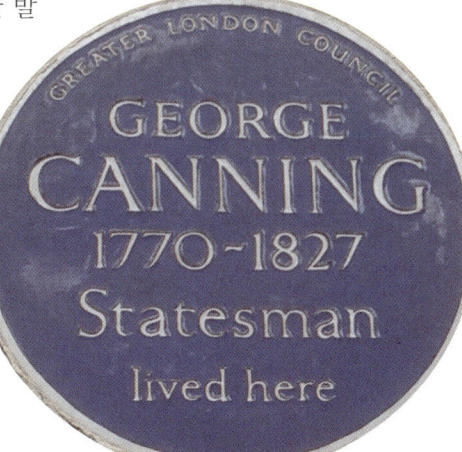

버클리 스퀘어 50번가에 살던 조지 캐닝 총리의 플라크.

하룻밤 보내기에 도전하다가 죽었는데, 그 집에서 실제로 벌어진 첫 번째 죽음이었다. 검시관은 귀족의 사인을 공포라고 보고했다. 또 다른 귀족도 그 다락방에서 하룻밤을 보낸 후 공포로 인한 마비상태를 겪었고 실어증에 걸리고 말았다.

그러나 실제로 버클리 스퀘어 50번가의 외관은 고풍스런 조지 시대의 건축물로 유령의 집과는 전혀 어울리지 않는다.

그리고 1938년 매그스 브라더스 고서점이 이 집을 사들인 이후로는 유령에 대한 이야기는 사라졌다. 매그스 브라더스 서점은 세계에서 가장 오래된 고서점으로 1853년부터 고서적을 판매해왔다. 이곳으로 이사온 후로 78년간 유령들을 잠재우며 이곳을 지켜온 매그스 브라더스 서점은 고객들에게 좀 더 넓은 곳에서 쾌적한 서비스를 제공하기 위해 2016년 말 버클리 스퀘어 50번가를 떠나 인근 커즌 스트리트 46번가로 이사했다.

51/101

데미안 허스트가 51세에 연 파머시 2 레스토랑
'아스피린, 주사기, DNA…' 약국인가, 식당인가

―――――――――――――――――――――――――――

"나는 늘 예술을 사랑했어요. 예술은 당연히 멋진 공간에서 보여줘야 한다고 생각해요. 그러다 보니 내가 좋아하는 작가들의 작품을 전시할 수 있는 나만의 미술관을 갖고 싶다는 꿈을 오랫동안 간직해왔어요. 나는 되도록 많은 사람들이 예술을 경험할 수 있어야 한다고 믿습니다. 그래서 사람들이 못 보게 상자에 넣은 채로 작품들을 보관해놓은 것에 죄책감을 느꼈어요. 이제 내 컬렉션을 보여줄 수 있는 공간이 생겼으니 꿈을 이룬 거죠."

2015년 10월 8일, 데미안 허스트가 자신의 뉴포트 스트리트 갤러리 오프닝 행사 때 한 말이다. 영국 주요 신문은 갤러리 오픈 소식을 일제히 알리며 '50세에 꿈을 이룬 데미안 허스트'라고 보도했다.

파머시 2 레스토랑
위치 Newport Street Gallery 내, Newport Street, SE11 6AJ **지하철** Vauxhall 역
메뉴 샌드위치 7.95파운드~, 스타터 5.95파운드~, 메인 요리 13.50파운드~
오픈시간 화~토 10:00~24:00, 일 10:00~18:00, 월요일 휴무
홈페이지 www.pharmacyrestaurant.com

뉴포트 스트리트 갤러리
위치 Newport Street, SE11 6AJ **지하철** Vauxhall 역
오픈시간 화~금 10:00~18:00, 토 10:00~22:00, 일·월 휴무
홈페이지 www.newportstreetgallery.com

데미안 허스트의 작품 갤러리를 겸하는 파머시 2 레스토랑 실내. © Newport Street Gallery

데미안 허스트가 큐레이터로서 재능을 보이기 시작한 것은 예술가 경력 초기부터다. 허스트의 진가는 1988년 사우스 런던의 버려진 창고에서 열렸던 가공할 만한 전시회인 '프리즈Freeze'에서부터 발휘되었다. 골든 스미스 예술대학 학생들이 주축이 되어 영국 신인 예술가들과 '프리즈' 전시회를 열었고, 골드 스미스 대학 재학생이던 허스트는 그 예술가 집단의 리더이자 큐레이터였다. 이후 이들은 영 브리티시 아티스트 YBA Young British Artists라고 불렸고, 런던에 컨템퍼러리 아트를 급속도로 전파시켰다.

데미안 허스트는 영국 웨일스 브리스톨 출신이다. 성질이 불같은 싱글 맘이 그를 키웠다. 대학 입학 전에는 2년 동안 런던의 공사장에서 일하기도 했고, 대학 재학 시절에도 영안실에서 알바를 했다. 이 경험이 훗날 그가 죽음을 테마로 작품을 만드는 데 영향을 끼쳤다.

데미안 허스트는 20대 초반에 사치 갤러리를 보면서 자신의 갤러리를 갖고 싶다는 꿈을 꾸기 시작했고, 50세가 되어 그 꿈을 실현했다. 2015년 〈선데이 타임스〉지 기사에 따르면 허스트는 자산 2억 1,500만 파운드로 영국 생존 아티스트 중 최고의 부자이기도 하다. 그는 3,790만 파운드를 들여 런던 템스강 남부 복스홀 지역에 뉴포트 스트리트 갤러리를 만들었다. 이 갤러리 오픈은 1988년 프리

데미안 허스트의 소장품을 전시하는 뉴포트 스트리트 갤러리. © Newport Street Gallery

즈 전시 27년 만이고, 1995년 터너상 수상 20년 만이다.

갤러리는 기차가 지나는 선로와 공영 주택단지 사이에 있다. 갤러리 건물은 총 5채로, 3채는 1913년부터 풍경화가들의 스튜디오나 꽃 도매 창고로 사용하던 빅토리안풍 벽돌 건물을 리모델링한 것이고, 다른 2채는 신축한 것이다. 중앙의 가장 높은 건물은 천장이 11m로 큰 작품을 전시하기 위한 공간이다. 이 갤러리는 2016년 영국 왕립 건축학회에서 수여하는 그해 최고 건축물상을 받았다.

뉴포트 스트리트 갤러리는 주로 허스트 개인 소장품과 현대 신인 작가들의 작품을 전시한다. 허스트의 소장품 작가 목록에는 파블로 피카소, 앤디 워홀, 프란시스 베이컨, 리처드 해밀턴, 뱅크시, 트레이시 에민 같은 작가들이 있다.

이 갤러리 건물에는 허스트가 공들여 만든 공간이 또 있다. 갤러리 오픈 넉 달 만인 2016년 2월에 문을 연 '파머시 2'라는 레스토랑이다. 오랜 친구이자 스타 셰프인 마크 힉스와 협업하여 만든 파머시 2를 두고 허스트는 예술과 음식이라는 자신의 2가지 열정을 합친 것이라고 말했다.

파머시 2는 갤러리에서 유일하게 허스트의 작품을 볼 수 있는 공간이다. 약국 로고가 표시된 벽 옆 약장에는 실제 약상자들이 진열돼 있고, 약국 카운터처럼 '처방전'이라고 쓴 카운터가 있다. 벽에는 나비를 모티브로 한 나비 만화경 그림

파머시 2 레스토랑 실내. © Newport Street Gallery

이 걸려 있다. 스테인드글라스 창문에는 DNA 구조가 묘사돼 있고, 유리 장식장에는 거대하게 확대된 알약들이 장식돼 있다. 여기에 의자와 테이블까지 포함해서 레스토랑 디스플레이 전체가 데미안 허스트의 작품인 셈이다.

허스트가 파머시 레스토랑을 연 것은 이번이 처음이 아니다. 그는 1997년 크리스마스이브 날 노팅힐 게이트에 파머시 레스토랑을 오픈했다가 2003년 9월에 문을 닫았다. 영화 '노팅힐' 개봉 4개월 만에 문을 연 파머시 레스토랑은 영화의 흥행과 데미안 허스트의 명성에 힘입어 발 디딜 틈 없이 붐볐다. 영국왕립약제협회에서 파머시라는 이름이 약국과 헛갈릴 수 있다며 문제를 제기한 것은 레스토랑의 유명세에 일조를 했다.

파머시 레스토랑은 2003년 9월에 문을 닫았지만, 약 1년 후인 2004년 10월에 데미안 허스트는 경매로 거액을 챙겼다. 소더비 경매를 통해 파머시에 있던 모든 물품이 약 1,110만 파운드(당시 약 190억원)에 경매되었다. 이날 경매장에는 500여 명이 찾아왔는데, 약장, 아스피린 알약 모양의 스툴, 벽지는 물론 손님들이 사용한 재떨이, 마티니 잔, 소금 후추병까지 150여 종이 엄청난 가격에 팔렸다.

사실 파머시는 데미안 허스트가 30대 초반부터 몰두하던 전시 주제다. 그는

31세 때인 1992년 뉴욕에서 '파머시'라는 전시를 열고 바닥에서 천장까지 약장으로 가득 채웠다. 전시장에 들어선 사람들은 약국에 잘못 들어온 줄 알고 발길을 돌리기도 했다.

허스트는 "사람들이 별 의문 없이 의학은 믿으면서 예술은 안 믿는지 모르겠다"면서 파머시라는 주제로 잇달아 전시했다. 1995년 서울 국제화랑, 2009년 영국 게이트 헤드 아트센터, 2012년 런던 테이트 모던에도 그의 파머시가 설치되었다.

데미안 허스트는 갤러리와 파머시 레스토랑 오픈 이후 또 어떤 도발적인 예술 작업을 선보일까? 예술가, 큐레이터, 사업가의 여러 얼굴을 가진 허스트. 죽음을 팔아 부를 거머쥔 예술가라는 비판이 있음에도 그의 작품은 사람들에게 삶과 죽음, 예술과 비예술, 진짜와 가짜에 대해 다시 생각해보게 만든다. 질문을 던지는 것만으로도 예술은 할 일을 다 하지 않았을까.

죽음을 화려하게 파는 예술가, 데미안 허스트

포름알데히드로 가득 채운 세 칸으로 된 수조 속에 죽은 상어를 전시한 '누군가 살아 있는 이의 마음 속 죽음의 육체적 불가능성, 1991', 19세기 인간 두개골에 백금을 입히고 8,601개의 다이아몬드를 촘촘히 박아 넣은 후 이마 한가운데는 52.4캐럿짜리 핑크 다이아몬드로 장식한 '신의 사랑을 위하여'는 보는 사람들에게 큰 충격을 준 데미안 허스트의 작품이다. 가게에서 파는 남성용 변기를 전시한 마르셀 뒤샹의 반란 이후, 데미안 허스트는 현대 미술의 페이지를 새로 써왔다.

이처럼 '죽음과 삶'을 주제로 한 작품 외에 '색상'은 허스트 작품 세계의 또 다른 축이다. 화려하고 다채로운 색상의 동그라미가 규칙적으로 배열된 '도트'가 대표적으로 허스트의 초기작이다. 나비, 알약, DNA 염기서열 등을 소재로 한 작품도 화려한 색상이 돋보인다.

52/101

트라팔가 광장의 52m 넬슨 동상을 보며
넬슨 제독과 해밀턴 부인의 세기의 스캔들

"이름이 뭔가요?"

"엠마, 레이디 해밀턴."

"하하. 당신이 해밀턴이라구? 우리 엄마가 그랬는데, 레이디 해밀턴은 세상에서 가장 예쁜 여자였다는데?"

프랑스 칼레의 슬럼가에 있는 빚쟁이 감옥. 행색이 초췌한 여자가 자신의 이름이 엠마라고 대답하자 상대는 믿지 못하겠다는 눈으로 쳐다본다. 여자는 거울을 달라고 해서 자신의 얼굴을 들여다본다. "나도 알아요. 그 얼굴. 10년 전엔 다른 얼굴이었죠."

1941년에 개봉된 흑백 영화 〈해밀턴 우먼〉의 초반부 장면이다. 당시 최고의 배우 비비안 리가 연기했고 윈스턴 처칠 수상이 즐겨 봤다는 이 영화는 유럽을 떠들썩하게 만든 스캔들의 주인공 해밀턴 부인과 넬슨 제독의 러브 스토리를 다

Trafalgar Square
위치 Trafalgar Square, Westminster, WC2N 5DN   교통 Charing Cross 역

National Portrait Gallery
위치 St Martin's Place, WC2H 0HE   교통 Charing Cross 역, Leicester Square 역
홈페이지 www.npg.org.uk

루고 있다. 각자 남편과 아내가 있는 두 사람이 7년간 공공연하게 일으킨 스캔들은 영화와 연극뿐 아니라 1992년 수잔 손탁의 소설 《화산의 사랑》에도 등장할 만큼 인기 소재가 되었다.

런던의 중심부에 있는 트라팔가 광장. 그 한가운데 우뚝 선 52m 기념물은 트라팔가 해전에서 프랑스 나폴레옹군을 물리치고 영국을 구한 영웅으로 칭송받는 호레이쇼 넬슨 제독의 동상이다. 1805년 트라팔가 해전의 승리를 기리기 위해 1830년에 트라팔가 광장으로 이름 붙이고, 1843년에 넬슨 동상을 세웠다. 트라팔가 광장 모서리에 세워진 4개의 기둥에는 그가 전사한 트라팔가 해전을 비롯해 주요 해전을 묘사한 부조가 새겨져 있다. 부조 위에는 런던동물원의 실제 사자를 모델로 빚은 사자상이 늠름하게 버티며 해전에서 오른팔을 잃은 채 서 있는 넬슨 제독을 호위하고 있다. 내셔널 갤러리 입구의 테라스에 서서 넬슨 제독이 바라보는 시선을 따라가면 화이트홀 거리와 빅 벤, 웨스트민스터가 보인다. 특히 해질녘 서쪽 하늘이 물들 때 보는 이곳은 런던에서 놓칠 수 없는 광경 중 하나다.

발길을 돌려 내셔널 갤러리 뒤편 내셔널 포트레이트 갤러리로 가보자. 역대 왕과 유명인의 초상화를 소장하고 있는 이 갤러리 17번 방에도 제복을 차려입은 넬슨 제독의 초상화가 걸려 있다. 그리고 해밀턴이 뽀얀 얼굴로 해맑게 응시하는 초상화가 옆에 걸려 있다. 이 방의 주제는 '로열티, 셀리브리티 & 스캔들'. 난잡한 사생활과 도박으로 악명을 떨친 영국 왕 조지 4세와 그 시대 스캔들의 주인공을 모은 곳이다. 조지 4세의 초상화 양쪽에는 그와 비밀 결혼을 했던 과부 마리아 피츠허버트, 남편 조지 4세에게 맞바람으로 응수한 캐롤라인 왕비의 초상화가 마주 걸려 있다. 넬슨 제독이 살아 돌아와서 이 방에 자신과 연인 엠마의 초상화가 같이 걸린 걸 봤다면 화를 냈을지도 모른다. 넬슨 자신은 조지 4세와 같은 망나니가 아니라 진정한 여인을 사랑한 사람이었다며 항변할 듯하다.

넬슨이 사랑한 여인 엠마 리용은 영국 체셔에서 대장장이의 딸로 태어났다. 정규교육을 받은 적이 없는 그녀는 10대 시절 런던에 와서 하녀, 무용수, 창녀로 일하며 뛰어난 미모와 재치 있는 말솜씨로 여러 남자들을 사로잡았다. 그중에는 워릭 백작의 아들 찰스 그레빌도 있었다. 그레빌은 엠마의 미모에 반해 함

내셔널 포트레이트 갤러리에 있는 넬슨 제독과 엠마 리용의 초상화.

께 살기는 했지만 결혼할 마음은 없었다. 그레빌은 자신의 빚을 탕감 받는 조건으로 자신의 삼촌인 윌리엄 해밀턴에게 35살이나 어린 엠마를 보낸다. 나폴리에 온 후에야 엠마는 그레빌에게 속은 것을 알고 분노하지만, 몇 달 후 해밀턴 대사의 부인이 되고 프랑스 왕비 마리 앙트와네트의 사촌과 친하게 지내는 등 화려한 상류사회의 생활에 푹 빠져든다. 이탈리아 사교계에서 뛰어난 미모와 말솜씨, 무대에 설 정도의 노래 솜씨까지 겸비한 해밀턴 부인의 인기는 대단했다. 1787년 독일의 작가 볼프강 괴테도 이들 부부의 집을 방문한 후에 이런 찬사를 늘어놓았다. "오랜 세월 동안 예술과 자연에 심취한 후에 해밀턴 대사는 이 영국 소녀에게서 그 즐거움의 극치를 발견했다. 아름다운 얼굴과 완벽한 몸매를 가진 소녀. 머리카락을 드리우고 숄을 살짝 걸친 채 다양한 포즈를 취하는 그녀를 보면 우리 눈을 의심하지 않을 수 없다."

넬슨 제독과 해밀턴 부인은 1793년 나폴리에서 잠시 만난 적이 있지만, 1798년 다시 만났을 때 사랑에 빠진다. 나일 전투에서 오른팔과 한쪽 눈을 잃은 넬슨 제독이 자신의 상관인 해밀턴 대사 집에 머물며 요양하다가 해밀턴 부인과 가까워진 것이다. 넬슨도 영국에 부인이 있었지만 해밀턴 부인을 사랑했고, 해밀턴 대사 역시 둘의 사랑을 방관했다. 기묘하게도 셋은 나폴리와 런던에서 한집에 살았으며, 해밀턴 부인이 1800년에 넬슨의 딸을 낳았을 때도 해밀턴 부부의 혼인관계는 계속 유지되었다. 두 사람의 스캔들은 영국뿐 아니라 유럽을 발칵 뒤집어놓았다. 둘의 일거수일투족이 신문에 보도되었고, 이들을 방관하는 해밀턴 대사에 대해서도 수군거리는 소리가 끊이지 않았다.

그러나 1803년에 해밀턴 대사가 병으로 사망한 후 둘의 사랑은 오래 가지 않았다. 2년 후인 1805년 넬슨 제독이 유명한 트라팔가 해전에서 총탄을 맞고 세상을 떠나면서, 해밀턴 부인의 내리막길이 시작되었다. 넬슨은 해밀턴 부인과 딸을 돌봐달라는 유언을 남겼지만, 넬슨의 연금은 그의 동생에게 돌아갔다. 정부와 대중도 출신이 미천한 해밀턴 부인을 외면했다. 연인의 죽음에 절망한 해밀턴 부인은 남은 재산을 술과 도박으로 탕진했고 빈털터리가 된 채 1815년 프랑스 칼레 감옥에서 쓸쓸하게 삶을 마쳤다. 넬슨 제독이 세상을 떠난 후 10년 만이었다.

53/101

53년 만에 다시 달린 증기기관차 플라잉 스코츠맨
세계인이 가장 사랑하는 기차, 런던에서 다시 출발!

2015년 영국 국립 철도박물관에서 세계 4개 대륙에 걸쳐 실시한 '가장 좋아하는 기차' 설문조사에서 당당히 1위를 차지한 기차가 있다. 그 기차의 이름은 '플라잉 스코츠맨'이다. 플라잉 스코츠맨은 1923년 영국에서 제작된 증기기관차로 이듬해 대영제국박람회에 전시되면서 유명해졌다. 이 기차는 영국 최초로 시속 100마일(160km)을 돌파했고, 런던에서 에든버러까지 8시간 논스톱 운행에 성공했다. 길이 21m에 무게가 97톤에 이르는 이 기차는 1963년까지 400만km를 운행했다. 40년 넘게 철로 위를 달리다 운행을 멈춘 플라잉 스코츠맨은 몇 차례 미국과 호주 투어를 다녀온 후 국립 철도박물관에 전시되었다.

1963년 마지막 운행 이후 53년 만인 2016년 2월 25일, 런던 세인트 판크라스 역 철로 위에 플라잉 스코츠맨이 다시 모습을 드러냈다. 오전 7시 40분에 출발한 플라잉 스코츠맨은 도착 예상시간을 1시간 넘긴 오후 1시 20분 중부 잉글랜드의 요크 역에 도착했다. 취재진과 기차를 구경하기 위해 모여든 시민들 때문에 두 번이나 멈춰서야 했기 때문이다. 출발역이었던 세인트 판크라스 역에는 아침부터 플라잉 스코츠맨을 보기 위한 사람들로 붐볐다.

Tip 플라잉 스코츠맨 홈페이지

추억의 증기기관차 플라잉 스코츠맨이 다시 달리기 시작했다.

이날 기차는 297명의 승객을 태우고 출발했다. 기차를 타기 위해 에섹스에서 온 83세의 론 캐네디는 1956년부터 플라잉 스코츠맨이 운행을 멈춘 1963년까지 기관사로 일했다.

"믿을 수가 없네요. 다시 이 기차에 탈 수 있을 줄은 꿈에도 몰랐어요. 이 기차를 타고 달리는 건 환상적이에요."

기관사 노엘 하틀리는 16세에 처음 견습생으로 증기기관차에 올랐고 기관차 위에서 성인이 된 사람이다. 그는 2016년 2월 플라잉 스코츠맨을 다시 운전한 소감을 이렇게 말했다.

"증기기관사의 핏줄을 타고나야 해요. 열정 없이는 먼지, 증기, 열, 소음, 기타 잡다한 것들을 견뎌낼 수 없습니다. 이번 운행을 준비하느라 바빠서 아내와 아들은 크리스마스 다음날부터 제 얼굴을 볼 수가 없었어요. 우리 팀원 27명은 피와 땀과 눈물로 일했어요. 영광이자 특권이지요."

런던을 출발해서 에든버러까지 운행한 열차의 고급 식당칸은 식사 가격을 포함한 가격이 무려 749파운드(약 126만원)에 달했고, 일반 좌석도 가격이 450파운드(약 76만원)였지만 인터넷 예약이 시작되자마자 순식간에 매진되었다. 짧은 구간인 런던 빅토리아 역에서 런던 외곽 서리 힐즈까지 식사를 포함해 약 21

만~33만원인 식당칸도 전석 매진되었다. 플라잉 스코츠맨은 2016년 2월 시운전 후 5~10월 런던 패딩턴 역, 유스턴 역, 빅토리아 역 등에서 출발, 한 달 2~5차례 운행했으며, 매번 전석 매진되는 인기를 누리고 있다. 이 추억의 증기기관차는 매년 부정기적으로 운행하며, 상세 일정은 플라잉 스코츠맨 홈페이지에 공지된다.

증기기관차 캐릭터 '토머스'

영국인들은 유난히 증기기관차를 사랑한다. 증기기관차들의 우정을 담은 베스트셀러 그림책 《철도 시리즈》를 원작으로 한 BBC 애니메이션 '토머스와 친구들'은 1984년 처음 방영된 후로 지금까지 30년 넘게 꾸준히 사랑받아왔다. 증기기관차 '토머스'는 2006년 영국을 대표하는 캐릭터로 패딩턴 곰, 해리 포터와 함께 80세 영국 여왕의 생일파티에 초대받기도 했다. 〈뉴욕 타임스〉에 따르면 '토머스와 친구들'은 세계적으로 연간 10억 달러 이상의 수익을 올리고 있다.

토머스 기차는 성직자이자 철도 애호가였던 윌버트 오드리(1911~1997)가 1942년 자신의 아들 크리스토퍼를 위해 만들어낸 이야기로부터 탄생했다. 윌버트가 어린 시절을 보낸 곳은 잉글랜드 서부 윌트셔로, 박스 터널(Box Tunnel)의 서쪽 끝에서 불과 180m 떨어져 있었고, 그곳에서는 기차가 3km나 이어지는 낮은 경사구간을 계속 올라가야 했다. 그래서 박스 터널의 기찻길에서는 보조엔진 기차가 다른 기차들이 경사를 올라가도록 대기하고 있었다. 윌버트는 기차들이 주로 지나다니는 밤 시간에 기차와 보조엔진 기차가 서로 주고받는 소리를 유심히 들었다.

"증기엔진들이 분명히 저마다 다른 성격을 가진 게 틀림없어 보였어요. 기차들이 등급에 따라 증기 뿜는 소리를 내면 굳이 상상의 나래를 펴지 않아도 됐어요. 한 기차가 끙끙대며 힘들어 하면 다른 기차가 응원해주는 소리를 들을 수 있었지요. '난 못하겠어! 난 못해!', '아냐, 넌 할 수 있어! 넌 할 수 있다니까!'라고요."

윌버트는 어린 시절 기차에 관한 경험담을 어린 아들 크리스토퍼에게 들려주었다. 이 이야기는 철도 시리즈의 첫 번째 책《세 기관차 이야기》로 출간되었다. 이후 두 번째 책에서 소개된 토머스는 첫 책에 나온 헨리, 제임스, 고든 기관차들을 제치고 전체 시리즈의 대표 기관차가 되었다.

54/101

쇼디치 홀리웰 레인 54번지, 빌리지 언더그라운드
버려진 지하철 차량 4대로 만든 예술가들의 공유공간

내가 매일 기차로 출근하는 예술가라면? 기차에 함께 타고 있는 사람들이 다 다른 분야의 예술활동을 하고 있다면? 서로 영감과 자극을 주며 신나게 달릴 수 있을 거다. 기차는 늘 한곳에 멈춰서 있지만, 차창 밖을 내다보며 기차를 타고 어디론가 가고 있는 느낌을 받을 수 있다. 버려진 지하철 차량을 개조한 '빌리지 언더그라운드'에서 만난 패션 디자이너 사라 루이스의 신나는 일상이다. 사라는 집의 부엌이나 카페를 옮겨 다니며 혼자 작업하다 이곳에 온 이후로는 활기가 생겼다고 말한다.

가랑비가 내리는 어느 날 오후, 런던 동부 쇼디치. 빌리지 언더그라운드에 정차돼 있는 지하철 차량 4대도 비를 맞고 있었다. 아래층에서 육중한 철문을 열고 나선형 계단을 따라 올라오면, 지하철 차량 2대가 보인다. 기찻길에 놓여 있는 침목을 따라 걸어가니 사라와 만나기로 한 미팅 공간이 있다. 컨테이너 박스 2개에 있는 미팅 공간과 작업 공간 위에는 사무실로 사용하는 차량 2대가 얹혀 있다. 차량 외부에는 모두 강렬한 색깔로 그래피티가 그려져 있다.

빌리지 언더그라운드(Village Underground)
위치 54 Holywell Lane, Shoreditch, EC2A 3PQ   **교통** Aldgate East 역
오픈시간 1층 공연장은 공연시간에 오픈, 2층 지하철 차량 공간은 비공개
홈페이지 villageunderground.co.uk

런던 쇼디치에 있는 빌리지 언더그라운드. ⓒ Village Underground

빌리지 언더그라운드는 2007년 4월 탄생한 예술가들의 비영리 공유 공간으로, 런던의 치솟는 임대료 때문에 힘들어하던 28세 디자이너 아우로의 아이디어에서 시작했다.

"저는 가구 디자이너예요. 그런데 런던의 비싼 스튜디오 임대료를 감당할 수 없더라고요. 그래서 내 스튜디오를 짓자고 생각하게 되었죠. 스위스 산에서 낡은 기차를 타고 창문마다 비치는 빛을 쳐다보고 있었는데 갑자기 생각이 떠올랐어요. 열차 차량은 싸게 구할 수 있고, 나는 인테리어를 할 수 있으니 스튜디오를 만드는 것도 가능하겠구나 싶었어요."

아우로는 런던으로 돌아와 런던교통국에 전화를 걸어 버려진 지하철 차량을 수소문했다. 그리고 주빌리 라인을 달리다 더 이상 운행할 수 없게 된 지하철 차량 4개를 철거비용만 지불하고 실어왔다. 그후 프로젝트에 대한 세부적인 구상을 진전시켜 뜻을 함께 하는 동료들을 모으고 3년간의 작업 끝에 자신의 꿈을 이루었다.

아우로와 그의 프로젝트 팀은 차량을 설치할 장소를 물색하다가 꽤 괜찮은 곳을 발견했는데 쇼디치의 브로드 스트리트에 있는 철로 교량이었다. 1848년에 지은 이 교량은 20년이 넘게 방치되어 나무와 잡초가 뒤섞인 목초지로 변해 있었다. 교량을 따라가니 완전히 버려진 빅토리아 시대의 창고가 나왔는데 문화의 중심지로 시작하기엔 그곳이 훨씬 나았다. 이 창고가 있던 자리는 18세기에는 뮤직홀과 극장이 있던 장소였다. 아우로팀은 버려진 차량 4개를 개조하고 컨테이너 박스를 덧붙여 신개념 스튜디오인 빌리지 언더그라운드를 완성시켰다.

아우로팀은 생태학적인 건축과 디자인을 새 스튜디오를 짓는 데 적용시켰다. 건물에 사용된 재료는 모두 재활용품이다. 창고 지붕에는 잔디와 식물들을 심어서 방음효과를 냈다. 24시간 태양열 에너지 패널이 사무실과 스튜디오에 전기를 공급하고, 풍력 터빈 역시 친환경 에너지를 제공한다. 지하철 차량 인테리어는

빌리지 언더그라운드 입주 아티스트 인터뷰
"창조적인 스타트업에게 영감을 주는 공간"
사라 루이스(30 · 패션 디자이너)

사라 루이스는 수학 박사 과정을 밟으면서 패션 디자이너 일을 병행하고 있다. 수학 전공자답게 사라는 기하학적 문양을 좋아하는데, 인터뷰하기 위해 만난 날 사라가 입은 점퍼도 직접 디자인한 기하학적 패턴이었다. 2016년 2월 빌리지 언더그라운드에 입주했다는 그녀는 지하철 문을 열고 들어가면 첫 번째 자리를 사무실로 쓰고 있다. 창문에는 그녀가 적어 놓은 복잡한 수학공식이 적혀 있다.

Q. 지하철 객차 안에서 일하는 게 특별한가?
여기 객차 안을 둘러보라. 매우 아름답고 독특한 공간이다. 많은 부분이 리모델링됐지만, 아직도 창문과 손잡이가 운행할 때 그대로 남아 있다. 임대료도 런던의 다른 곳에 비해 저렴하다. 겨울에 약간 추운 것 빼고는 만족스럽다. 무엇보다 이곳이 예술가들의 커뮤니티 공간이라는 점이 특별하다. 사람들과 함께 프로젝트를 모색하거나, 개인 작업에 도움이 되는 창의적인 아이디어도 나눌 수 있다. 사람들이 각각 다른 분야에서 일하기 때문에 영감을 주고 동기부여가 된다. 내가 일하는 객차 안에는 칠리 소스 개발자와 비디오 편집자, 레스토랑 디자이너가 있는데, 이들과 대화하면서 신선하고 편견이 없는 생각을 충전할 수 있다. 그리고 역사적으로 유명한 패션 브랜드들의 고향이 여기 쇼디치라는 점도 디자이너에게 좋은 자극 요소다.

Q. 패션 디자인에 관심을 둔 계기는? 현재는 어떻게 작업 중인가?
어릴 때부터 바느질하고 옷을 만드는 걸 좋아했다. 키가 작은 나와 엄마는 옷을 사러 가면 마음에 드는 디자인을 찾기가 어려웠다. 그래서 중고가게에서 옷을 사서 줄여 입곤 했다. 옷을 입는 방식은 그 사람이

상당히 힘든 일이었다. 차량 내에 설치된 의자를 모두 뜯어내고 전기배선도 새로 해야 했기 때문이다.

차량 외부 장식도 골치였다. 지역의 그래피티 아티스트들이 밤이면 몰래 와서 낡은 지하철 차량에다 마음껏 그림을 그리고 돌아갔다. 아우로가 다음날 아무리 깨끗하게 지워도 밤이 지나면 새 그림이 그려져 있었다. 아우로팀은 고심 끝에 새로운 방법을 찾아냈다. 그래피티 아티스트인 친구 론조^{Ronzo}를 부른 것이다. 론조는 독일에서 런던으로 건너온 그래피티 아티스트. 일반적으로 그래피티는 벽에 그린 그림을 뜻하지만 론조는 입체 조형물까지 거리예술의 범위를 넓혔고,

생각하고 살아가는 방식을 보여주는 것이자 주변에 내가 누구인지를 알려주는 것이다. 나는 아주 수줍음이 많고 내향적인 사람이어서 나 자신을 표현하고 소통하는 수단으로 패션을 활용해왔다. 몇 년 전부터 프리랜서로서 어느 패션 브랜드에 디자인을 제공하기 시작했는데, 내 관심사여서 즐겁게 일하고 있다. 지금 대학에서 수학 박사 과정 중인데, 박사과정을 마친 후에는 본격적으로 패션 디자인에 몰두할 생각이다.

Q. 수학 전공자로서 디자인의 특징은?
수학에서 다루는 추상적인 개념과 형상을 디자인으로 옮기려고 한다. 스케치를 하는 대신에 바로 종이 패턴에 디자인을 옮겨보면서 체형에 맞게 기하학적 문양을 반복적으로 대입하고 새로운 실루엣을 만드는 연습을 하고 있다.
무엇보다 내가 만든 옷이 환경을 해치지 않고 윤리적으로도 공정하기를 바란다. 나중에 내 브랜드를 갖게 되면 디자인의 결과뿐 아니라 만드는 과정까지 세심하게 고려하고 싶다. 리테일러들과도 내가 소중히 하는 가치를 공유하고 싶다.

3D 입체 그래피티의 선구자로 불린다.(큰 화제를 불러일으켰던 론조의 작품은 시티의 한 빌딩 위에 설치한 '크레딧 크런치 몬스터'인데, 뾰족한 이빨을 가진 둥근 괴물이 금화를 깨물어 먹고 있는 형상으로 금융권의 탐욕을 상징한다.) 론조가 지하철 외관에 그래피티를 그리고 나자 이곳은 더욱 주목을 받게 되었다. 낡은 빅토리아 시대 창고 위에 화려한 그래피티로 꾸며진 지하철 차량 4대는 많은 예술가들을 불러들였고 사람들의 호기심을 자극했다.

이곳의 차량과 컨테이너 박스에는 20여 명의 예술가가 공간을 나눠 쓰고 있다. 건축가, 사진작가, 패션 디자이너, 일러스트레이터, 바비큐 소스 개발자, 음향 기술자 등 다양한 분야의 예술가들이다. 한 사람의 공간은 창문 한 칸 남짓으로 그리 넓지는 않지만, 그런대로 혼자 쓸 만한 크기다. 임대료는 런던보다 저렴한 편이다. 이날 만난 빌리지 언더그라운드 홍보 담당 알리시아 래섬 씨에 따르면 젊은 예술가들의 커뮤니티로 소문나면서 이 공간에 들어오고 싶어 하는 사람들이 많은데, 신규 입주는 이 공간을 떠나는 사람이 생기면 회사 소셜미디어를 통해 모집하는 방식으로 이뤄진다고.

지하철 차량이 놓인 1층에는 빅토리아 시대부터 사용하다 문을 닫은 창고가 있었는데, 아우로팀은 이 장소를 라이브 공연장으로 변신시켰다. 빌리지 언더그라운드는 신인 밴드들이 데뷔 무대로 선호하는 공연장이자 라이브 밴드 음악을 선호하는 관객들의 젊은 열기가 가득한 핫 플레이스가 되었다. 빅토리아 시대에 쇼디치는 극장과 뮤직홀이 성업한 곳으로, 지금 런던의 웨스트엔드에 버금가는 공연의 메카였다. 빌리지 언더그라운드 클럽이 다시금 런던의 공연 르네상스를 이끌고 있는 것이다.

빌리지 언더그라운드는 비영리 단체에서 운영하며, 정부의 자금지원을 되도록 받지 않고 독립적으로 운영하기 위해 노력한다. 사회적으로 이로운 사회적 경제를 실천하는 게 이들의 원칙이다.

55/101

대영 박물관 지하수장고 55번 벽장의 비밀
춘화, 콘돔, 정조대 등… 음란물 컬렉션

런던에서 가장 많은 방문객이 찾는 박물관은? 예상대로 대영 박물관$^{\text{The British Museum}}$이다. 1759년에 문을 연 대영 박물관에는 2016년 한 해 동안에만 642만여 명이 찾아왔다. 프랑스 파리 루브르 박물관에 이어 세계 두 번째로 붐비는 박물관이다. 최근에는 해외 순회전시로 런던 본관보다 더 많은 방문객을 불러 모으고 있는데, 2015년에만 전세계에서 770만 명이 대영 박물관 순회전시품을 둘러봤다.

    대영 박물관에 들러봤다면 찬찬히 기억을 되살려보자. 그리스에서 반환해달라고 계속 요구하고 있는 파르테논 신전의 유물을 조립해놓은 18번 방이 떠오를 것이고, 이집트 미라들과 부장품들이 즐비한 62번과 63번 방을 둘러봤을 것이다. 기원전 3400년 나일강 유역 사막에서 웅크린 채 자연미라가 되어버린 일명 '진저 맨'의 모습을 보며 삶과 죽음을 돌아보았으리라. 로비로 들어가면 보이는 1번 방의 귀퉁이가 깨진 로제타 스톤은 이집트 상형문자를 해독하게 만든 결정적 유

대영 박물관(British Museum)
위치 Great Russell Street, WC1B 3DG
교통 Tottenham Court Road 역, Holborn 역 **입장료** 무료
오픈시간 매일 10:00~17:30(금 ~20:30), 12월 24~26일, 1월 1일 휴무
홈페이지 www.britishmuseum.org

대영 박물관은 전시공간이 비좁아 소장품 800만 개의 1%만 전시하고 있다.

물이다. 한국관을 지나치기 아쉬운 사람은 67번 방도 둘러보았을 것이다.

　대영 박물관에는 모두 95개의 방에 약 8만 여 점이 전시돼 있는데, 박물관 공간이 비좁아 실제 소장한 800만 점 중 전시물은 1%에 불과하다. 대영 박물관의 소장품 800만 점 중에는 이렇게 '고상한' 유물들만 있을까? 한때 대영 박물관에서 '비밀의 박물관'으로 불렸던 55번 벽장에는 특별히 허가받은 사람들에게만 보여주었던 온갖 음란물이 들어 있었다. 이 기다란 벽장은 지하 수장고에 있다. 지하실 긴 복도를 따라가면 연이어 놓여 있는 벽장들 사이에 55번이란 숫자가 적혀 있는 벽장이 그곳이다. 데이비드 가임스터 글래스고 대학 교수이자 헌터리안 박물관 디렉터인 그는 2010년 대영 박물관에서 일할 때 〈오늘의 역사〉라는 잡지에 이 방을 안내하는 글을 남겼다.

　데이비드에 따르면 대영 박물관은 1865년에 공식적으로 55번 벽장을 '비밀의 박물관Secret Museum' 또는 '시크리텀Secretum'으로 이름 붙이고 음란물을 숨겼다. 정부가 1859년에 음란물 출판물법을 제정한 데 따른 조치였다. 엄격한 청교도 윤리가 강조되던 빅토리아 시대. 정숙을 강요당하는 여성들은 외설물에 노출되기만 해도 결혼생활이 위협을 받고 사회가 문란해진다는 구습이 지배하고 있었다.

　대영 박물관은 1830년대부터 그리스, 로마, 이집트, 페르시아, 티베트, 중국,

일본 등에서 수집한 음란물들을 비밀 장식장 속에 숨겨 두었다. 이 중에는 79년 베수비오 화산 폭발로 묻혀버린 고대 로마의 도시 폼페이에서 발굴된 벽화 중에서 난교를 벌이는 장면, 동물과의 수간 모습 조각품, 16세기 이탈리아산 체위 그림, 동물의 피막으로 만든 콘돔, 빅토리아 시대에 만든 정조대 등이 있었다.

처음에는 캐비닛 몇 개에 보관하던 이들 수집품들이 크게 늘어난 것은 1865년 전직 의사이자 은행가 조지 위트가 434개의 남근 조형물을 기증했기 때문이다. 남근숭배주의자였던 위트는 런던 하이드 파크 옆 부촌에 살면서 수많은 남근 조형물을 사모으고 일요일에 관련 강의를 해왔다. 그는 병에 걸리자 대영 박물관에 편지를 보내 자신의 수집품들을 박물관의 작은 방에 보관하고 전시해주기를 간청했다. 박물관 측은 소위 '고고학적인 음란물'이라는 명분 아래 위트의 수집품들을 기증받았다. 위트가 '원시신앙의 상징물'로 수집해 기증한 남근 조형물은 아시리아, 이집트, 그리스, 로마 등 여러 지역에서 왔고, 형상도 남근에 가발, 눈, 링을 단 것 등 다양했다. 이 방에 1953년을 마지막으로 추가된 유물은 분홍색 실크 리본으로 묶인 18~19세기 콘돔들이다. 양의 창자로 만든 이 콘돔들은 《건강, 아름다움, 부유함과 명예 가이드》라는 1783년 책 사이에 꽂혀 있어서 북마크로 쓰였던 것으로 추정된다.

이들 남근은 힘을 상징하기도 했지만, 단지 네잎 클로버처럼 행운을 상징하는 부적으로 쓰이기도 했다. 《섹스 또는 심볼, 그리스와 로마의 에로틱 이미지》의 저자 캐서린 존스는 빅토리안 사회에서 진저리를 쳤던 남근 조형물들이 로마 시대에는 마구에 흔히 매다는 등 행운의 부적이었다고 말한다.

이로써 55번 벽장에는 기증품들과 기존 유물이 더해진 약 1,100점이 보관되었고, 연구 목적으로 예약하는 '신사들'에게만 공개했다. 당시 큐레이터는 이들 유물에 대해 '언급하기에도 너무 역겹다'는 코멘트를 달았다.

55번 벽장에 있던 물건들은 1930년대부터 지역별·시대별 방으로 흩어져 전시되기 시작했고, 1960년대 이후 제자리를 찾아갔다. 그중 조지 위트가 기증한 남근 형상 200여 점과 기존 유물 중 100여 개가 54번 벽장과 55번 벽장에 아직도 남아 있는데, 이들 벽장을 열어보려면 박물관에 예약 신청을 해야 한다.

이를 제외한 대부분의 유물들은 대중에게 공개되고 있다. 2013년 말에서

2014년 초에 대영 박물관에서 17~20세기 일본 춘화전을 열었을 때 55번 벽장에 있던 일본 유물들이 전시되기도 했다. 대영 박물관은 1950년대에 구입하려다가 동성애 금지법이 살아 있던 당시 사회 분위기 때문에 취소했던 로마 시대의 유물인 워렌컵을 1999년에 구매했다. 남성 동성애 장면이 부조돼 있는 이 은잔은 네로 황제가 집권하던 54~68년 경 유물로 추정된다. 워렌컵은 현재 70번 로마 제국 방에 공개 전시되고 있다.

한편 대영 박물관에는 55번 벽장이 생기기 전에 음란서적을 따로 모아놓은 '프라이빗 케이스'를 두었는데, 영국 도서관이 1973년 분가해 나가면서 이 케이스도 가져갔다. 영국 도서관도 이들 책들을 서가에 꽂아 대중에게 공개했다.

숫자로 보는 대영 박물관

120 인간 미라 120구를 소장하고 있다. 그중 80구는 이집트, 40구는 수단에서 왔다.

300 고양이, 개, 황소, 물고기, 뱀, 도마뱀 등 이집트에서 온 동물 미라 300구가 있다. 일부 동물 미라는 목재와 진흙으로 위장한 가짜 미라다.

1759 대영 박물관은 1759년 1월 15일 현재의 박물관 자리에 있는 몬테규 하우스에서 문을 열었다.

2005 그래피티 아티스트 뱅크시가 박물관 49번(로마 시대의 영국) 전시실에 원시인이 슈퍼마켓 카트를 끌고 가는 가짜 동굴벽화가 그려진 돌멩이(25x15cm)를 가짜 설명서와 함께 벽에 붙였다. 작품 제목은 '고대인이 시장에 가다'. 며칠 동안 박물관은 이 사실을 눈치채지 못했다.

2011 1857년에 대영 박물관 내에 문을 열어 조지 버나드 쇼, 버지니아 울프, 칼 마르크스 등 유명인들이 즐겨 찾던 도서관이었던 리딩 룸이 문을 닫았다. 리딩 룸은 알프레드 히치콕의 영화 〈블랙 메일〉과 버지니아 울프의 강의록 〈자기만의 방〉 등 많은 예술작품에서 언급되었다.

56/101

007 제임스 본드의 작가, 56세로 타계하다
세상에서 제일 섹시한 스파이를 탄생시킨 이언 플레밍

"보드카 마티니, 젓지 말고 흔들어서."

〈007〉 시리즈 영화에서 흔히 볼 수 있는 본드의 음주습관이다. 2013년 〈브리티시 메디컬 저널〉에 실린 한 연구 결과에 따르면 제임스 본드의 음주습관을 분석한 결과 유능한 스파이 제임스 본드가 상대편의 총알에 맞아 죽을 확률보다 간 질환이나 음주운전으로 죽을 확률이 더 높다고 발표했다. 연구팀은 이언 플레밍의 007 시리즈 14편을 모두 읽고 6개월간 연구를 진행했다. 본드는 와인(알코올 13%)으로 환산했을 때 매주 평균 40병 정도를 마셨고, 이는 성인 알코올 권장량의 4배를 넘는 수치였다. 본드가 가장 많이 마신 날의 음주량은 와인 21병에 이르렀다. 연구팀은 제임스 본드가 보드카 마티니를 젓지 않는 이유는 설사 보드카 마티니를 저어서 마시고 싶어도 수전증으로 인해 저을 수 없었기 때문일 것이라고 덧붙였다.

비록 알코올 중독에 골초였지만, 세상에서 가장 섹시한 정보요원인 제임스 본드는 런던 출신의 소설가 이언 플레밍이 탄생시킨 인물이다. 제임스 본드는 1953년 이언 플레밍의 첫 소설 《카지노 로열》과 같은 이름의 007 시리즈 영화에 처음 등장했다. 잘생기고 자유분방한 이언 플레밍 역시 제임스 본드처럼 여성들에게 인기가 많았고 여성편력이 심했다. 007 시리즈의 주요 소재는 영국의 해외 정보기관인 MI6에서 벌인 활동이다. 이언은 한때 해군 정보국 국장 보좌관으로

이언 플레밍이 첫 007시리즈 〈카지노 로열〉을 집필한 첼시의 집.

근무했던 자신의 경험과 그때 주변 사람들로부터 직접 듣고 관찰한 이야기에서 이 소설의 아이디어를 얻었다. 전쟁 중에 만났던 모든 비밀요원과 특공대들의 집합체가 제임스 본드인 셈이다. 그 비밀요원들 중에는 정보부 근무시절 함께 일했던 패트릭 조브 소령과 피터 스미더스 소령, MI6 파리 지부장으로 수제 양복을 맞춰 입고 롤스로이스를 몰고 다녔던 윌프레드 던더데일 같은 사람들도 있지만, 그 중심에는 자신이 숭배했던 친형 피터 플레밍이 있었다. 피터 플레밍은 유명한 여행작가이자 모험가였다. 피터는 브라질, 중국, 러시아, 우즈베키스탄 등지를 여행하면서 여행기를 썼다. 또 제2차 세계대전이 시작될 무렵에는 국제 첩보 관련 일을 하면서 항일 중국 인민 게릴라를 돕고 특공대 대원으로 노르웨이 전투에 참전하는 등 여러 위험한 작전들을 수행했다. 피터는 이 공로를 인정받아 중화인민공화국과 영국 왕실이 수여하는 훈장을 각각 받았다.

이언은 제2차 세계대전이 끝나자 당시 〈선데이 타임스〉를 운영했던 킴슬리 그룹에서 외신부장직을 제안해 자메이카로 떠났다. 그리고 자메이카의 별장 '골든 아이'에서 지내면서 열정적인 아마추어 조류학자가 되었고, 소설을 집필하기 시작했다. 그가 탄생시킨 스파이의 이름 제임스 본드는 소설을 구상할 당시 이언이 읽고 있던 조류에 관한 책의 저자였다.

1953년에 발표한 007 시리즈의 첫 작품 《카지노 로열》은 출간하자마자 날개 돋친 듯 팔리고, 이듬해 CBS에서 1시간짜리 TV영화로 제작되었다. 첫 시리즈가 큰 성공을 거두자 이언은 매년 1권씩 007 시리즈를 집필했고, 56세로 세상을 떠나기까지 단편집을 포함해 총 13권의 007 시리즈를 남겼다.

이언은 007 시리즈로 벌어들인 막대한 수입으로 호화롭고 자유분방하게 살았다. 매일 담배 80개비를 피우는 애연가에 술고래였던 이언은 심장병을 앓았다. 55세였던 1963년 첫 심장발작을 겪고 병상에 눕게 되었다. 갑작스레 맞닥뜨린 죽음의 고비에서 이언은 자신의 삶을 되돌아보았다. 그리고 사랑하는 12살 아들을 위한 책을 쓰기로 결심한다. 이언이 남긴 유일한 동화책 《치티치티 뱅뱅 하늘을 나는 자동차》는 그렇게 탄생했다. 하지만 이언은 안타깝게도 이 책의 출간을 보지 못한 채 1964년 8월 12일 56세에 심장마비로 세상을 떠나고 말았다.

런던 007 영화 촬영지 투어

1. 서머셋 하우스: 〈007 네버 다이〉, 〈007 골든 아이〉
위치 South Building, Strand, WC2R 1LA
지하철 Temple역, Charing Cross역, Covent Garden역

2. 내셔널 갤러리: 〈007 스카이폴〉
위치 Trafalgar Square, Westminster, WC2N 5DN
지하철 Charing Cross 역

3. 화이트홀: 〈007 옥터퍼시〉, 〈007 뷰 투 어 킬〉, 〈007 살인면허〉, 〈007 스카이폴〉
위치 Westminster, SW1
지하철 Charing Cross 역, Westminster 역

4. 복스홀 크로스-SIS 본부: 〈007 골든 아이〉, 〈007 언리미티드〉, 〈007 어나더 데이〉
위치 85 Albert Embankment, SE1 7TP
지하철 Vauxhall 역

홈페이지: www.freetoursbyfoot.com/james-bond-tour-london

57/101

57%의 투표율로 당선된 최초의 무슬림 시장
파키스탄 출신 버스기사의 아들, 런던시장이 되다

2016년 5월 5일에 치러진 런던시장 선거에서는 무슬림이 4년 임기의 시장으로 당선됐다. 그 주인공은 사디크 칸. 영국 역사상 최초 무슬림 시장이다. 1차 투표에서 과반을 넘기지 못해 치러진 2차 투표에서 칸은 56.9% 대 43.1%로 상대 후보 잭 골드스미스와 상당한 표차를 벌이며 시장에 당선되었다.

칸은 파키스탄 출신의 버스 운전기사 아버지와 재봉사 어머니 사이에서 8남매 중 다섯째로 태어났다. 칸의 아버지는 2003년에 세상을 떠날 때까지 25년 동안 런던 시내에서 버스를 운전했다.

부모의 삶이 칸에게 미친 영향은 지대했다. 칸은 유년시절 부모의 서로 다른 직업적 배경이 미치는 영향을 관찰하면서 지금의 정치적 신념을 키워나가게 되었다. 버스기사로 노동조합에 소속되어 있었던 칸의 아버지는 적절한 임금과 근로조건 아래서 일할 수 있었던 반면, 집에서 재봉사로 일하던 어머니는 대가와 근로조건이 상대적으로 매우 열악했다. 칸은 현재 런던의 상황이 아버지가 일했던 시절보다 한층 더 취약해진 데 대해 가슴 아파했다. 칸은 취임사에서 런던이

런던 시청(Loncon City Hall)
위치 City Hall, The Queen's Walk, SE1 교통 London Bridge 역
오픈시간 월~목 08:30~17:00 입장료 무료
홈페이지 www.london.gov.uk

사디드 칸 런던시장(맨 오른쪽)은 최초의 무슬림 시장이다.

자신과 형제들이 자라던 때와 달리 더 이상 기회의 땅이 아니라면서 런던의 젊은이들과 가족들이 더 이상 자력으로 집을 마련할 수 없게 된 상황에 대해 지적했다. 칸은 런던시장 4년 재임기간 동안 주택문제 해결을 최우선 과제로 내세웠다. 주택 고급화 정책이 런던의 노동자들을 더 열악한 주거 환경으로 내몰고 공동체 의식도 옅어지게 만들고 있다는 인식 때문이었다. 이처럼 주택문제 해결과 함께 대중교통비 동결, 안전한 도시, 대기오염 문제를 해결해 깨끗한 런던 하늘 만들기, 걷기 좋고 자전거 타기에 안심할 수 있는 도시 만들기를 5대 핵심공약으로 내세워 당선되었다.

칸은 일찌감치 15세에 노동당에 가입하면서 처음 정치를 배웠다. 그는 중학교 때 보크하리 교장 선생님이 전해준 '피부 색깔과 출신 환경은 인생에서 어떤 일을 이루는 데 장벽이 될 수 없다'는 가르침을 늘 가슴 깊이 새겼다. 보크하리는 영국의 첫 무슬림 교장이었다. 칸이 학교 성적에서 두각을 나타내자 부모는 그가 치과의사가 되기를 바랐다. 하지만 고등학교 때 법정 TV 드라마에 빠져들었고, 선생님에게 '따지기를 좋아하는 학생'이란 말을 듣자 법을 전공하기로 결심한다. 칸은 노스 런던 대학에서 법을 전공하고, 인권변호사의 길을 걷다가 2005년 노동당의 투팅 지역 의원으로 정치에 입문했다.

칸은 무슬림이라는 자신의 종교적 믿음을 당당하게 드러냈다. 런던시장 선거 기간 내내 상대 진영에서는 칸이 무슬림이라는 이유로 급진주의자, 테러리스트와 연결짓는 흑색비방을 일삼았지만 굴하지 않았다. 칸은 '잘못을 발견한 사람이라면 누구든 그것을 바로잡을 의무가 있다'는, 아버지에게서 들은 무함마드의 가르침을 의회 연설에서 인용하기도 했다. 칸은 무슬림의 전통대로 사원에 가서 의식을 행하며, 종교적 이유로 술도 마시지 않는다.

"지난 8년간 우리는 레드카펫 시장을 보아왔습니다. 오프닝에 참석하는 데 열광하고 샴페인병을 들고 만족하는 분이었지요. 저는 그러기보다는 소매를 걷어 붙이고 모든 런던 시민들을 위해 싸우겠습니다."

서더크 성당에서 열린 취임식에서 그가 언급한 전임 시장은 8년간 런던에서 도시개발을 불도저처럼 밀어붙인 보리스 존슨이다. 두 사람은 EU 탈퇴 여부를 묻는 '브렉시트' 국민투표를 앞두고 반대편에 섰다. 투표일을 며칠 앞두고 벌어진 TV토론에서 사디크 칸은 EU 잔류, 보리스 존슨은 탈퇴를 주장하며 맞붙기도 했다.

2016년 6월 23일 치러진 국민투표에서 런던은 잔류 찬성률(59.9%)이 영국 평균(48.1%)보다 높았다. 영국에서는 스코틀랜드(62%)에 이어 가장 높은 찬성률이다. 이에 대해 〈이코노미스트〉지 2016년 7월 2일자 기사에서 EU 탈퇴에 찬성률이 높았던 지역이 '브렉시트랜드'Brexitland'라면, 잔류를 지지한 런던을 '런더니아Londonia'로 이름 붙였다. 런더니아는 '비교적 젊고, 교육수준이 높으며, 사회적 자유주의자에 세계화에도 익숙한' 사람들이 사는 곳이라는 분석이다. 이 때문에 브렉시트 직후 런던을 영국에서 분리하자는 여론이 일고 인터넷 청원 운동이 시작되기도 했다. 이에 대해 사디크 칸은 "유감이지만, 런던 시민 여러분, 수도 런던은 독립국이 되지 않을 것입니다"라는 공식 성명서를 발표했다. 그는 이어서 "런던 도시 국가라는 아이디어를 좋아할지도 모르지만, 나는 오늘 독립에 대해 진지하게 말하지 않겠습니다. 나는 M25(런던 외곽도로)를 봉쇄할 계획이 없습니다. 하지만 모든 런던 시민을 대신해서 나는 지금 당장 수도 런던의 더 많은 자치권을 요구하겠습니다"라고 밝혔다.

58/101

영국 청소년 58% "셜록 홈스는 실존인물"
안과의사 코난 도일이 탄생시킨 세기의 명탐정 스토리

"가장 위대한 셜록 홈스 미스터리는 어쩌면 우리가 홈스에 대해 이야기할 때마다 홈스란 인물이 실제로 존재한다는 환상에 빠져버리는 것이 아닐까?"
– 시인 T. S. 엘리엇, 1929년 《셜록 홈스 단편 전집》 리뷰에서

긴 세월이 흘렀지만 셜록 홈스에 대한 착각은 시들지 않고 있다. 지난 2008년 2월 〈텔레그래프〉지 보도에 따르면 영국 UKTV 골드 채널에서 20대 이하 청소년 3,000명을 대상으로 설문조사를 실시한 결과, 홈스가 실존인물이라고 믿는 청소년이 58%에 달했다. 영국의 유명한 인물들이 실존인물인지 가상인물인지를 묻는 이 조사에서, 가상의 인물들 중에서는 셜록 홈스가 '원탁의 기사' 아서왕(77%) 다음으로 높은 수치였다. 또한 2011년 〈미러〉지에는 Q&A 웹사

셜록 홈스의 작가 코난 도일.

베이커 스트리트의 '가짜' 주소 221B에 자리잡은 셜록 홈스 뮤지엄.

이트 '애스크 지브스$^{Ask\ Jeeves}$'가 성인 1,000명을 대상으로 조사한 결과가 실렸는데, 성인 응답자의 21%가 홈스를 실존인물로 여겼다.

셜록 홈스가 1887년 코난 도일의 첫 소설에서 모습을 드러낸 지 130년이 가까워 오지만, 그는 여전히 전설의 록스타처럼 영국뿐 아니라 세계 곳곳에 열광적인 팬들을 거느리고 있다. 미국에서는 '셜로키언', 영국에서는 '홈시언'이라는 셜록 홈스의 팬을 가리키는 용어까지 생겨났을 정도다.

사냥꾼 모자를 쓰고 담배 파이프를 손에 든 모습을 보면 누구나 떠올리게 되는 남자 셜록 홈스는 1887년 아서 코난 도일이 쓴 《주홍색 연구》라는 소설에 처음 등장했다. 셜록 홈스는 존 왓슨을 보자마자 '내 짐작에 당신은 아프가니스탄에 갔다 왔어'라며 왓슨의 전적을 알아맞힌다.

셜록 홈스 돌풍은 1891년 1월에 창간된 월간 잡지 〈스트랜드〉와 손잡으며 시작되었다. 〈스트랜드〉는 런던의 중산층 사람들이 재밋거리로 가볍게 읽을 수 있는 잡지를 콘셉트로 창간되었다. 〈스트랜드〉의 편집자는 같은 인물이 계속 등장하는 연재소설을 찾고 있었고 이미 《주홍색 연구》로 대중에게 익숙해진 홈스와 왓슨 캐릭터는 연재소설의 주인공으로는 제격이었다. 〈스트랜드〉 1891년 7월호에 '셜록 홈스의 모험' 단편 시리즈가 실리자마자 선풍적인 인기를 끌었고 잡지

판매부수를 50만 부까지 끌어올렸다. 홈스의 인기는 날로 치솟아 코난 도일은 안과 의사직을 그만두고 전업작가의 길을 걸을 수 있었다.

홈스가 이렇게 오래도록 널리 사랑받는 이유는 특이한 인물이기 때문이다. 왓슨은 첫 만남에서 셜록의 장단점을 이렇게 정리한다. '화학에 조예가 깊으며 해부학은 정확하나 비체계적임. 범죄와 호러 문학 같은 장르는 세세한 것까지 기억함, 권투와 검술에 능함, 영국법에 상당한 지식이 있음.' 홈스는 현대문학, 철학, 천문학 지식은 제로이며, 정치에 취약하고, 식물학은 아편, 독초에 능하나 실용 가드닝은 전혀 알지 못한다. 지질학은 실용적인 부분은 강하나 맹점이 있다고. 그래도 홈스는 자신이 모르는 사실들에 대해 당당하다. 자신에게 도움이 되지 않는 사실은 굳이 알 필요가 없다는 것이다. 홈스는 비범한 지적 능력을 증명하듯이 《다양한 종류의 담뱃재의 구별에 관하여》, 《인간 귀의 다양한 특징에 관하여》, 《직업이 손의 형태에 미치는 영향에 관하여》, 《비밀문서에 관하여》 등 탐정업무를 통해 고찰한 내용을 담은 저작들을 발표했다. 하지만 더 놀라운 사실은 홈스가 바이올린을 능숙하게 연주하고 《라소의 모테트에 관하여》라는 저작을 발표할 정도로 음악에 조예가 깊었으며, 《실용 양봉 편람—여왕벌의 격리에 관한 고찰》이라는 도시 양봉가로서의 경험을 담은 저작도 발표했다는 사실이다. 물론 실제 출판된 게 아니라 셜록 홈스 시리즈에서 그랬다는 것이지만.

1893년 코난 도일은 아버지의 죽음과 아내의 결핵 판정으로 힘든 시기를 보냈다. 그리고 죽음을 앞둔 아내와 더 많은 시간을 보내기 위해 당시로서는 엄청난 결단을 내렸다. 코난 도일은 《마지막 사건》편에서 셜록 홈스를 라이헨바흐 폭포 절벽에서 떨어뜨렸고 위대한 탐정 이야기를 끝내버린 것이다. 하지만 셜록 홈스의 죽음으로 〈스트랜드〉 독자 2만 명 가량이 구독을 끊었고, 팬 수천 명이 잡지사로 항의편지를 보냈다. 대서양을 건너 미국에서는 '홈스 다시 살리기' 클럽이 생겨나기도 했다. 이런 소동에도 코난 도일은 요지부동이었다. 이후에 코난 도일은 셜록 홈스에 대한 자신의 감정을 이렇게 표현했다.

"나는 셜록 홈스를 과식한 셈이다. 홈스를 생각하면 푸아그라가 떠오르는데, 푸아그라를 너무 많이 먹었더니 그 이름만 들어도 구역질이 날 것 같았다."

하지만 1901년 셜록이 죽기 전 시점으로 돌아가 새로운 사건 《바스커빌의 개》

를 다시 연재하기 시작한 코난 도일은 홈스가 죽은 지 10년 후인 1903년 다시 그를 살려낸다. 코난 도일은 다시 〈스트랜드〉에 '셜록 홈스의 귀환'을 연재하기 시작했고 팬들은 홈스의 귀환을 열렬히 환영했다.

홈스의 부활은 절벽에서 떨어질 당시 뛰어난 운동신경 덕분에 가능했다. 홈스는 죽음을 면했지만 역시 절벽의 결투에서 살아난 악당 모리아티의 눈을 피해 오랜 기간 동안 정체를 숨기고 지냈고, '시게르손'이라는 가명을 써서 티베트에서 메소포타미아까지 횡단하고 런던으로 돌아오는 것으로 설정되었다. 홈스는 런던을 떠나 있는 동안 아내를 잃은 왓슨을 다시 찾았고 두 사람은 베이커가 221B번지의 생활로 돌아온다. 잘 알려져 있지만, 현재 베이커 스트리트 셜록 홈스 박물관에 붙어 있는 221B번지는 실재가 아니다. 코난 도일이 셜록 홈스 시리즈 집필 당시 베이커 스트리트에는 100번지까지밖에 없었다.

스코틀랜드 에딘버러 출신의 코난 도일 경이 작가로서 처음으로 명성을 얻게 된 곳은 런던이다. 에딘버러에서 태어나고 의학을 공부한 코난 도일은 비엔나에서 안과학을 공부한 후 1891년에 런던에서 안과를 개업했다. 런던의 몬테큐 플레이스에 잠시 머문 후에 어퍼 윔폴 스트리트 2번지에 안과를 개업했지만, 그는 자서전에서 '단 한 명의 환자도 없었다'고 토로했다. 그는 의업을 포기하고 집필과 부인 요양을 위해 런던 남부의 사우스 놀우드 주택으로 이사한다. 사우스 놀우드의 테니슨 로드 12번지 주택에는 코난 도일 경이 이 집에서 1891년부터 1894년까지 3년간 살았다는 기념 블루 플라크가 붙어 있다. 그후 미국 강연 투어, 이집트 여행 등으로 바쁜 시간을 보낸 그는 1897년에 서리로 이사해 언더쇼 주택을 지어 1907년까지 10년간 거주한다. 그해 서리에서 부인과 사별한 코난 도일 경은 두 번째 결혼한 부인과 서섹스 크로버러로 이사한다. 그곳에서 윈들햄 저택을 지어 23년간 살면서 17편의 단편을 담아 《마지막 인사》와 《셜록 홈스의 사건집》을 출간했다. 코난 도일은 1930년 7월 윈들햄 저택의 꽃이 만발한 정원에서 한 손에 하얀 아네모네 꽃 한 송이를 쥔 채 심장마비로 쓰러져 71년의 생애를 마쳤다. 그는 눈을 감기 전 부인에게 '최고의, 영광스런 모험이었다', '당신은 멋져'라는 말을 남겼다.

59/101

59년 만에 돌아온 차이코프스키 악보 사본
웨스트민스터 음악도서관, 왕립음악원 리사이틀 홀을 만든 사람들

1954년 6월 14일이 반납 마감날짜였던 도서 한 권이 59년 만인 2013년 9월 런던의 웨스트민스터 음악도서관^{Westminster Music Library}에 반납되었다. 연체된 도서는 차이코프스키 교향곡 4번 악보 사본이었다. 도서관은 왕립음악원^{Royal Academy of Music}으로부터 이 악보를 익명의 기증자에게 받았다는 메모와 함께 전달받았는데, 악보에는 도서관 이름이 찍혀 있었다.

"대출한 사람의 신원을 확인할 방법이 없었습니다. 전자 대출 시스템이 도입되기 전에 대출된 악보인 데다가 악보에 붙어 있던 대출카드도 떨어지고 없었거든요. 어쨌든 악보가 다시 돌아오게 된 건 아주 기쁜 일입니다."

웨스트민스터 음악도서관의 사서는 59년 만에 돌아온 악보에 대해 이렇게 말했다. 이 도서관의 연체료는 하루 25펜스이므로 반납된 악보의 연체료를 계산해보면 무려 5,500파운드이지만 최고 연체료는 10파운드로 정해져 있다고 한다.

영국에서 가장 큰 공공 음악도서관 중의 하나인 웨스트민스터 음악도서관은 런던 태생의 클래식 음악 평론가 에드윈 에반스가 유품으로 남긴 수천 점의 책과 편지, 신문 스크랩, 원고와 악보 등을 관리하기 위해 1946년에 설립되었다. 지하 서고에는 에반스가 1920년대부터 40년대까지 연주자, 성악가, 작곡가별로 분류해 스크랩한 기사, 콘서트 포스터와 프로그램 브로슈어 등이 담긴 박스가 95개 보관돼 있으며, 총 수집품은 4만 3,700점에 이른다. 현재 도서관에서는 이

메릴번에 있는 왕립음악원.

자료를 디지털화하는 작업이 진행 중이다. 웨스트민스터 음악도서관에서는 책 뿐 아니라 클래식 악보도 빌릴 수 있고 미리 예약하면 연주실과 디지털 피아노도 이용할 수 있다.

의문의 도서 대출자가 책을 슬쩍 반납한 장소인 왕립음악원은 1822년에 왕실에서 설립한, 영국에서 가장 오래된 정규 음악학교로 런던대학 소속 18개 칼리지 중 하나다. 역사가 200년에 가까운 이 음악원에서는 쟁쟁한 음악가들을 배출했다. 1895년부터 시작된 클래식 축제 'BBC 프롬스'를 45년간 이끈 지휘자 헨리 우드, 사이먼 래틀 경, 리처드 히콕스 등 세계적 지휘자를 비롯해 나비부인역으로 국제적 스타가 된 성악가 에바 터너, 성악계의 디바로 불리는 소프라노 레슬리 가렛, 메조 소프라노 캐서린 젠킨스뿐 아니라 엘튼 존, 그룹 유리스믹스의 리드보컬 애니 레녹스 등 팝음악계의 쟁쟁한 스타들도 왕립음악원 출신이 많다.

런던에서 가장 유명한 클래식 공연장은 빅토리아 여왕 시절인 1871년에 오픈한 로열 앨버트 홀(5,272석)이지만, 왕립음악원의 공연장도 클래식 마니아들이 즐겨 찾는 공연장으로 유명하다. 왕립음악원에는 메인 홀인 듀크 홀(400석)과 음반사업가 데이비드 요세포비츠가 기증한 데이비드 요세포비츠 리사이틀 홀(120석)이 있다. 요세포비츠는 우크라이나 출신의 미국 이민자였다. 뉴욕에서 메일로 음반을 주문받아 판매하는 사업을 시작해 큰 성공을 거두었고, 1980년에 런던으로 이주했다. 요세포비츠는 런던 솔리스트 챔버 오케스트라를 창설하고 운영했으며, 2001년에 왕립음악원에 리사이틀 홀을 기증했다. 데이비드 요세포비츠 리사이틀 홀은 역사적인 건물에 수여하는 '시빅 트러스트 어워드'를 비롯해 여러 차례 건축상을 수상하기도 했다. 요세포비츠는 전설의 이탈리아 바이올린 제작자 안토니오 스트라디바리가 제작한 악기도 수집했는데, 6점의 악기를 왕립음악원에 기증하기도 했다.

왕립음악원의 부속 박물관에는 한때 프랑스 마리 앙트와네트 왕비 앞에서 연주됐던 1709년 스트라디바리 바이올린, 1815년 베니스산 피아노, 악보 고문서들과 함께 최근에 발견된 헨델의 성악곡 '글로리아' 악보 사본도 전시되어 있다.

웨스트민스터 음악도서관(Westminster Music Library)
위치 160 Buckingham Palace Road, SW1W 9UD
오픈시간 월~금 11:00~19:00, 토 10:00~17:00, 일요일 휴무
지하철 Victoria 역
홈페이지 www.westminster.gov.uk/libraries
블로그 Books & the City(wcclibraries.wordpress.com)

왕립음악원(Royal Academy of Music)
위치 Marylebone Rd, NW1 5HT
지하철 Regent Park 역, Baker Street 역
홈페이지 www.ram.ac.uk

왕립음악원 박물관(Royal Academy of Music Museum)
위치 No.1 York Gate Marylebone Rd, NW1 5HT
지하철 Regent Park 역, Baker Street 역
오픈시간 월~금 11:30~17:30, 토 12:00~16:00, 일요일, 공휴일 및 12월 휴무
입장료 무료 홈페이지 www.ram.ac.uk/museum

60/101

원 설계보다 높이 60m를 낮춰야 했던 이유
그래도 런던에서 가장 높은 공중정원 스카이 가든

높다란 천장과 시원스레 뚫린 실내 공간. 사방을 둘러싸고 있는 투명한 유리창. 이 공간 한편을 차지하고 있는 나무와 꽃들. 빌딩숲 사이에서 넓게 펼쳐진 하늘 아래 산책을 즐길 수 있는 곳. 이곳은 일명 워키토키 빌딩의 스카이 가든(하늘정원)이다. 정원은 3개 층으로 나뉘어 있으며 층마다 테마가 다르다. 맨 위층 정원은 무화과나무와 양치식물들이 우거진 숲으로, 가운데층은 소철나무 군락으로, 맨 아래층은 화려한 꽃들과 허브들로. 맨 아래층은 자그마한 보라색 아프리카 릴리, 길쭉한 주황색 레드 핫 포커와 극락조화뿐 아니라 라벤더와 로즈마리가 가미된 허브 정원으로 조성돼 있다.

스카이 가든은 160m 높이의 거대한 빌딩 맨 위 3개 층(35~37층)에 걸쳐 있으며 높이 155m 지점에 자리잡고 있다. 이곳의 설계를 맡은 조경 담당자는 사람들이 '산등성이에 올라와 있는 것 같은 느낌'이 들 수 있도록 공간을 꾸몄다고 한다. 런던 타워, 타워 브리지, 세인트 폴 대성당이 한눈에 내려다보이며 초록 숲을 만날 수 있는 공중정원인 셈이다.

워키토키 빌딩(Walkie Talkie Building) / 스카이 가든(Sky Garden)
위치 20 Fenchurch St, EC3M 3BY   지하철 Monument 역
오픈시간 월~금 10:00~18:00, 주말 11:00~21:00
입장료 무료(예약 필수)   홈페이지 skygarden.london

스카이 가든의 저녁 노을 풍경. ⓒ Sky Garden

 이 정원이 들어선 높은 빌딩은 우루과이의 세계적인 건축가 라파엘 비놀리가 건축한 워키토키(무전기) 빌딩이다. 생긴 모양이 무전기 같아서 사람들이 붙인 이름인데, 실제 빌딩명은 20 펜처치 스트리트다. 이 빌딩은 우스꽝스러운 외모만큼 우여곡절도 많이 겪었다.

 처음 설계 당시 이 빌딩은 높이 220m로 런던에서 가장 높은 빌딩 중 하나가 될 예정이었다. 하지만 세인트 폴 대성당과 인접해 있고(111m), 런던 타워에서 이어지는 스카이라인을 방해한다는 이유로 60m를 낮춰야 했다. 완공 일정도 2011년에서 2014년으로 3년이나 지연되었는데, 2009년 발생한 세계 경제위기 때문이었다.

 워키토키 빌딩은 자동차를 녹인 빌딩으로도 악명이 높다. 2014년 9월 2일 BBC 뉴스는 공사 중이었던 워키토키 빌딩 근처에 주차해 있던 자동차 한 대가 빌딩이 반사하는 강한 태양열로 인해 페인트가 벗겨지고 내구재가 일부 녹아버렸다고 보도했다. 마틴 린제이는 자신의 차를 워키토키 빌딩 옆 거리에 주차하고 2시간 후에 돌아와 보니 차가 녹아 있었다며 '믿을 수 없는 일'이라고 했다. 건설업체는 즉시 사과하고 수리비를 보상했다. 〈데일리 메일〉지는 빌딩 인근의 한 가게에서 워키토키 빌딩이 반사하는 강렬한 태양열 때문에 도어 매트에 불이 붙었다고 보도했다. 워키토키 빌딩이 발사한 태양열의 위력을 직접 확인하기 위해 빌딩 근처 바닥에 프라이팬을 내려놓고 그 위에다 계란프라이를 부친 기자도 있었다. 빌딩 건설 관계자는 빌딩에 임시로 설치해둔 햇볕 차단막 때문에 이같은 현상이 생겨났으며 완공 후에는 더 이상 태양열 문제가 발생하지 않을 것이라고 답변했다.

워키토키 빌딩의 시련은 여기서 끝나지 않았다. 2015년에는 〈빌딩 디자인〉 잡지가 최악의 건축물에 수여하는 '카벙클(뾰루지) 컵'을 수상했다. 선정위원 중의 한 명인 건축비평가 이케 아이예는 워키토키 빌딩이 '런던의 스카이라인에 그려 넣은 낙서처럼 불필요한 유리 흉물'이라고 했다. 이 빌딩을 건축한 디자이너 라파엘 비놀리는 '이 빌딩을 지을 때 많은 실수가 있었다'며 불명예스러운 이 상을 받아들였다. '카벙클 컵'은 1984년 영국왕실건축가협회 150주년 기념사에서 찰스 황태자가 남긴 말에서 유래했다.

"건축가들이 집에 살게 될 사람들을 위해서가 아니라 동료 건축가들의 인정을 받기 위해서 집을 짓는다고 사람들은 생각하고 있습니다. 건축물 제안서들은 무척이나 사랑스럽고 고상한 친구들 얼굴에 난 흉물스런 뾰루지 같습니다."

불명예를 보상하고 싶어서인지 워키토키 빌딩은 런던이 한눈에 내려다보이는 스카이 라운지에 누구나 즐길 수 있는 도심 속 녹지 공원인 스카이 가든을 열어 공공 공간으로서의 역할을 멋지게 해내고 있다. 스카이 가든을 관람하기 위한 입장료는 무료이지만 인터넷으로 미리 예약을 해야 방문할 수 있다. 각 층에 있는 레스토랑이나 바의 좌석을 예약해도 입장할 수 있다. 스카이 가든은 초록 정원을 구경하며 아침에 느긋하게 브런치를 즐기는 장소로도 인기가 있다. 또 날씨가 좋을 때는 넓은 창으로 런던의 아름다운 저녁 노을을 볼 수 있는 명소로 꼽힌다.

61/101

런던대화재를 기억하자, 높이 61m 기념비 모뉴먼트
새뮤얼 피프스가 기록한 1666년 런던대화재

좁은 양쪽 길을 따라 불길은 엄청난 분노를 뿜어대며 점점 거리를 좁혀왔다. 바튼 경은 와인을 어떻게 할지 궁리하더니 정원에 땅을 파고 거기에 묻었다. 그래서 나도 처리하기 힘들었던 사무실 서류들을 땅에 묻었다. 저녁에는 펜 경과 함께 다른 구덩이를 하나 팠고 우리는 거기에 각자의 와인을 넣었다. 나는 다른 몇 가지와 특별히 파마산 치즈도 함께 넣었다.
  – 1666년 9월 4일 화요일, 《새뮤얼 피프스의 일기The Diary of Samuel Pepys》 중에서

  1666년 9월 2일 밤. 런던 시티 지역 남동쪽 푸딩 레인에 있던 제빵사 토머스 패리너의 빵집 주방 오븐에 타던 불씨가 제대로 꺼지지 않고 남아 있었다. 그리고 그 불씨는 옆에 있던 장작에 옮겨 붙었다. 새벽 1시, 패리너 가족이 있는 위층으로 불길이 솟아올랐다. 패리너와 아이들 셋, 남자 하인은 위층 창문으로 집

대화재 기념비 모뉴먼트(The Monument)
위치 Fish St Hill, EC3R 8AH **지하철** Monument 역, London Bridge 역
오픈시간 09:30~18:00 **입장료** 성인 4파운드, 어린이 2파운드(신용카드 사용 불가)
홈페이지 www.themonument.info

황금소년(Golden Boy of Pye Corner)
위치 City &Guilds of London Institute, 1 Giltspur St, EC1A 9DD **지하철** St.Paul's 역

런던대화재가 끝나고 세워진 61m 높이의 대화재 기념비 모뉴먼트. ⓒ The Monument

을 빠져나와 목숨을 구했지만 하녀 1명은 탈출하지 못하고 대화재의 첫 번째 희생자가 되었다. 4일간 계속된 화재로 런던의 85%가 불탔다. 당시 런던의 면적은 로마 시대 성벽으로 둘러싸인 1스퀘어마일 남짓이었다. 이 안에 밀집된 세인트 폴 대성당을 포함한 87개의 교회, 대부분의 관청, 1만 3,200여 채의 주택이 잿더미가 되었다.

새뮤얼 피프스는 자신의 일기에 쓴 것처럼 대화재 이틀째인 9월 4일 자신이 살던 해군 관사 정원에 와인과 파마산 치즈 등을 묻었다. 그는 대화재 나흘 동안 런던 타워에서 내려다본 불타는 시내, 사람들이 강으로 대피하는 모습, 가죽으로 된 바가지로 불을 끄는 모습 등 당시 대화재의 모습을 일기장에 생생히 썼다. 일기에 보면 대화재 마지막 날인 9월 6일 피프스는 사그라지는 불길 속에서 시내 곳곳을 돌아다녔다. 그는 바닥에서 올라온 열기에 달아오른 뜨거운 발로 바킹교회의 첨탑에 올라섰다. 피프스는 폐허가 되어버린 도시를 내려다보면서 '지금까지 보아온 황폐한 풍경들 중에서도 가장 서글프다'고 기록했다. 잔불이 여기저기서 여전히 타오르긴 했지만 대화재는 그렇게 완전히 끝났다.

대화재의 참상을 일기로 남긴 피프스는 런던 플리트 스트리트 근처에서 재단사의 아들로 태어나 케임브리지 대학에서 공부하고 해군에 입대했다. 그의 일기는 크롬웰이 죽고 찰스 2세가 왕정복고를 위해 다시 런던으로 들어오던 1660년 1월 배 위에서 있었던 일로부터 시작된다. 이때 피프스는 찰스 2세가 탄 배에서 근무 중이었고, 두 사람의 인연은 찰스 2세가 다시 왕권을 차지한 후에도 계속 이어졌다.

피프스는 1669년까지 10년간의 삶을 런던의 역사와 함께 써내려갔다. 이 10년의 기간 동안 런던 역사상 가장 큰 참사가 두 번 벌어졌다. 1665년에는 흑사병이 런던을 휩쓸고 지나가 당시 런던 인구 46만 명의 16~21%인 7만 5,000~10만 명이 목숨을 잃었다고 추정되며, 1666년에는 대화재가 일어나 런던의 85%가 불타버렸다. 피프스의 일기에는 이 두 참사에 대한 생생한 경험이 담겨 있다. 피프스는 속기로 암호문처럼 일기를 썼는데 남들에게 내용을 숨기기 위해서였다.

피프스의 일기장들은 100년 넘게 케임브리지 맥덜린 칼리지 도서관 건물인 피프스 빌딩 책장에 꽂혀 있다가 1800년대 후반에 나온 첫 해석본으로 대중에게 공개되었다. 일기장이 본격적으로 알려진 것은 1970년대에 들어 《새뮤얼 피프스의 일기》가 책으로 출간되면서부터다. 피프스는 1703년 세상을 떠나기 전 직접 수집한 3,000여 권의 장서를 맥덜린 칼리지에 기증했고, 맥덜린 칼리지는 그의 이름을 따서 도서관을 피프스 빌딩이라 불렀다.

런던대화재가 끝난 자리에 누군가 세운 황금 소년상.

런던을 휩쓸고 간 대화재가 남긴 교훈을 잊지 않기 위해서 시에서는 건축가 크리스토퍼 렌에게 설계를 맡겨 대화재를 기억하고 런던 재건을 기념하는 뜻에서 '모뉴먼트The Monument'를 세웠다. 대화재 5년 후인 1671년에 공사가 시작된 기념비는 1677년에 완공되었다. 대화재가 시작된 지점인 푸딩레인에서 61m 떨어진 곳에 세워진 기념비는 높이도 61m였다. 기념비 내부의 나선형 계단 311개를 따라 올라가면 왕관 모양의 전망대 발코니에서 런던 시내를 내려다볼 수 있다.

그리고 누가 세웠는지 기원은 알 수 없으나, 대화재가 끝난 자리인 파이 레인 코너에는 '뚱뚱한 소년' 나무 조각상이 세워졌다. 이 조각상은 1800년대에 들어서 금박이 입혀져 '황금 소년'이 되었다. 곱슬머리에 보기 좋을 정도로 통통하게 살이 찐 황금빛 소년 동상은 건물 모퉁이에 나체로 서 있는데 그 아래 이런 글귀가 새겨져 있다.

'교황 숭배자들의 죄가 아닌 폭식이라는 죄로 인해 푸딩레인에서 시작된 대화재를 기리기 위해 파이 레인에 소년을 세웠다. 소년이 유별나게 살찐 이유는 절제를 강조하기 위해서다.'

62/101

62명의 평범한 영웅들을 잊지 말아요
도심 속 평화로운 공원, 포스트맨 파크의 와츠기념관

'앨리스 에이어스$^{Alice\ Ayres}$. 벽돌공의 딸, 용감무쌍한 행동으로 유니언 스트리트의 불타는 집에서 어린 자신의 목숨을 바쳐 3명의 아이들을 구함. 1885년 4월 24일.'

영화 〈클로저〉에서 주인공 댄이 처음 제인을 만난 날, 두 사람은 함께 길을 걷다가 포스트맨 파크$^{Postman's\ Park}$로 들어간다. 제인은 아기자기하게 꾸며진 작은 공원 한쪽 지붕 아래 벽에 타일들이 붙어 있는 와츠기념관을 발견하고 타일에 적힌 글귀들을 유심히 살펴본다. 그때 제인이 발견한 '앨리스 에이어스'의 타일. 이후 댄이 제인에게 이름을 묻자 제인은 '앨리스 에이어스'라고 답한다.

영화의 중요한 모티브로 등장하는 포스트맨 파크. 런던 세인트 폴 대성당 근처에서 평화로운 공간을 찾아 쉬고 싶다면 이 공원은 꼭 들러야 할 곳이다. 작은 철문 안으로 들어서면 마치 은신처처럼 작고 평화로운 녹색 쉼터가 나온다. 주변 교회들의 공동 마당 역할을 했던 이 공간에 왜 포스트맨 파크라는 이름이 붙었을까? 포스트맨 파크 옆의 빌딩은 한때 우체국이었다. 그래서 이 공원은 우체부들의 쉼터였고, 공원의 이름도 거기서 유래했다.

이 공원은 영웅적인 희생을 한 평범한 사람들을 기리기 위한 와츠기념관$^{Watts\ Memorial}$으로 유명하다. 와츠기념관을 건립한 사람은 빅토리아 시대의 화가이자 조각가였던 조지 프레드릭 와츠였다. 와츠는 로열 아카데미 회원이자 저명한 화가였다. 한때 버락 오바마 전 미국 대통령이 가장 좋아하는 미술작품이 와츠의

영화 〈클로저〉에서 주인공 제인이 가명 앨리스를 차용하게 된 와츠기념관 타일.

대표작 〈희망〉(1886)으로 알려져 화제가 되기도 했다. 런던 테이트 갤러리에 소장돼 있는 이 그림은 와츠가 입양한 딸이 불과 한 살에 세상을 떠난 슬픔을 반영한 것이라는 설이 있다. 단 한 줄밖에 남지 않은 수금 악기를 안고 흰 천으로 눈을 가리고 있는 소녀에게 희미한 희망의 빛을 찾아주려는 화가의 소망을 담았다. 와츠는 1860년대부터 영웅적인 희생을 한 사람들을 기리는 일에 관심을 가졌다. 그리고 1887년 빅토리아 여왕 재위 50주년 기념행사를 앞두고 '기념행사를 위한 새로운 제안'이라는 편지를 〈타임〉지에 보냈다.

'위대한 행동을 한 사람들이면서 이 나라를 대표할 만한 인물들이 그냥 사라져버려서는 안 된다고 생각합니다. 우리가 기억해야 할 이름들과 감동과 영감을 불러일으킬 이야기들을 잊어버리도록 내버려둔다면 틀림없이 후회하게 될 겁니다.'

당시 와츠의 제안은 받아들여지지 않았다. 하지만 11년 후인 1898년 세인트 보톨프 교회의 목사 헨리 겜블이 와츠에게 교회 옆 자리에 기념관을 짓도록 해주었다. 이 자리가 나중에 포스트맨 파크가 되었다.

평범한 사람들의 숭고한 희생을 기리는 와츠기념관은 1900년 6월 30일에 완공되었다. 15m 높이의 나무로 된 로지아^{한쪽이 벽으로 된 복도}는 지붕이 있어서 120개

62명의 숭고한 희생을 기리는 와츠기념관.

의 직사각형 기념 타일이 붙어 있는 벽면을 보호해준다. 처음에는 도자기 공예가 윌리엄 드 모건이 기념 도자기를 제작했지만 그의 회사가 1907년 문을 닫자, 오랜 전통을 자랑하는 영국 최고의 도자기회사 로열 달튼이 이어서 도자기를 제작했다. 윌리엄의 타일은 영웅의 이름을 새기고, 양 옆에 향로 모양의 추상 무늬가 그려진 초록 띠를 장식해서 영웅을 추앙하는 성스러운 제단의 느낌을 살렸다. 이어 로열 달튼의 타일은 영웅의 이름 양 옆에 꽃을 그려 넣어 추모의 마음을 나타냈다.

와츠기념관이 처음 개장했을 때는 1863년 프린스 극장 화재 시 동료를 구하고 세상을 떠난 판토마임 예술가 사라 스미스의 타일을 비롯해 4장의 타일만 전시되어 있었다. 와츠가 1904년에 세상을 떠나자 그의 아내 메리 와츠가 기념관의 운영을 맡았다. 와츠기념관에는 1931년 물에 빠진 친구들을 구하려다 익사한 소년의 타일을 마지막으로 오랜 세월 동안 53장의 타일이 전시되었다. 그리고 78년 만인 지난 2009년 소년을 구하려다 세상을 떠난 젊은 청년의 타일 하나가 추가되었다. 포스트맨 파크에는 이제 54장의 타일 위에 62명의 영웅의 이름이 새겨져 있다. 그리고 위원회에서는 와츠기념관에 더 이상 타일을 설치하지 않기로 결정했다.

63/101

63세로 작고한 소설가, 메뉴판에 길이 이름을 남기다

사보이 그릴에 가면 아놀드 베넷 오믈렛!

인간 전체를 바라보고, 또 자기가 생각하는 것에 대해 쓸 때, 어떻게 우울해지지 않을 수 있을까? 그러나 나는 희망을 잃는 것에는 찬성하지 않는다. 그리고 보니 참 묘한 말이 되었지만, 상식적인 해답이 도움이 되지 않는다면 새로운 해답을 찾아야 한다. 아직 대신할 만한 새로운 해답도 없이 낡은 해답을 버려야 한다면, 슬픈 일이다. 하지만 생각해보면, 아놀드 베넷이나 새커리 같은 작가들은 어떤 해답을 내놓았단 말인가? 조금이나마 자기 영혼을 존중하는 사람이 받아들일 수 있는 적절한 해답, 만족스러울 만한 해답 말이다.
— 버지니아 울프, 《어느 작가의 일기》, 3월 27일 목요일

작가 버지니아 울프는 당돌하게 같은 시대를 살았던 소설가 아놀드 베넷에게 어려운 문제에 대한 새로운 해답을 요구했다. 당시 아놀드 베넷은 지금의 해리 포터의 작가 J. K. 롤링과 맞먹는 정도의 작가였다. BBC에 따르면 베넷의 책은

사보이 그릴(Savoy Grill)
위치 Savoy Hotel, Strand, WC2R 0EU 지하철 Charing Cross 역
오픈시간 월~토, 점심 12:00~15:00, 저녁 17:00~23:00
가격 39파운드(아놀드 베넷 오믈렛 포함 4가지 요리와 디저트)
홈페이지 www.gordonramsayrestaurants.com/savoy-grill

사보이 호텔 레스토랑에서 아놀드 베넷 오믈렛을 서빙하고 있다.
© The Savoy

엄청난 판매고를 올렸고 정치계와 문화계에 끼친 영향력도 대단했다고 한다. 버지니아 울프는 베넷에게 인기 작가와 저명인사를 넘어선 역할을 기대했지만, 베넷은 그 기대에 부응하지 못한 듯하다. 그래도 베넷은 자신이 먹는 요리에 대해서만은 시대를 넘어선 새로운 해답을 내놓았다. 이제 런던 서점의 인기 작품 코너에서 베넷의 작품을 찾기는 어려워졌지만, 런던 사보이 호텔 레스토랑 메뉴판에서는 언제나 그의 이름을 찾을 수 있다.

인기 작가였던 베넷은 1920년대에 템스강가의 최고급 호텔 사보이에 머물면서 소설을 썼다. 유난히 오믈렛을 좋아하던 베넷은 어느 날 소설을 쓰다가 자기가 좋아하는 식재료들을 넣은 완벽한 오믈렛 조리법을 생각해냈고, 호텔 레스토랑인 사보이 그릴의 주방에 자신의 조리법대로 요리해달라고 주문했다. 당시 사보이 그릴 주방장이었던 유명 셰프 오귀스트 에스코피에는 여러 차례 시도한 끝에 베넷의 입맛에 딱 맞는 오믈렛을 탄생시켰다. 그날 베넷이 맛본 오믈렛의 레시피는 90년이 지난 지금까지도 사보이 그릴의 정식 메뉴로 이어져오고 있다. 그날 이후 베넷은 세계 어느 호텔에서도 같은 레시피의 오믈렛을 특별 주문했다고 한다. 아놀드 베넷의 오믈

런던 사보이 호텔의 '아놀드 베넷 오믈렛'. ⓒ The Savoy

렛은 사보이 그릴의 에스코피에Escoffier 특별 메뉴 세트에서 선택할 수 있다. 오믈렛으로 시작해 해산물, 양고기, 연어, 아이스크림 디저트가 제공되는 코스 요리로 가격은 39파운드. 사보이 그릴은 현재 유명 셰프 고든 램지가 운영 중이다.

베넷은 1931년 63세의 나이로 베이커 스트리트 자택에서 갑작스레 생을 마감했다. 그를 아꼈던 많은 시민들의 조문 행렬로 소음이 발생할 것을 우려한 런던시에서는 조문기간 동안 거리에 볏짚을 깔았을 정도였다. 한편 베넷의 죽음의 원인은 급성 장티푸스로 알려졌다. 베넷이 파리 여행 중에 한 레스토랑에서 웨이터의 만류에도 수돗물을 마시겠다고 고집을 부린 탓이었다는 사실이 알려져 사람들의 안타까움을 더했다.

사보이 호텔을 다녀간 유명인사들

1889년에 오픈한 사보이 호텔은 오랫동안 런던 최고급 호텔로 명성을 이어왔다. 영국에서 최초로 온수가 나오고 전기를 켠 호텔로, 유명한 투숙객들이 많이 다녀갔다. 국왕 에드워드 7세와 윈스턴 처칠 총리, 로렌스 올리비에, 엘리자베스 테일러, 마릴린 먼로, 말론 브란도 등 당대 최고의 배우뿐 아니라 배우이자 영화감독 찰리 채플린, 밥 딜런, 루이 암스트롱, 그룹 비틀스도 찾곤 했다. 미국 화가 제임스 휘슬러와 프랑스 화가 클로드 모네가 사보이 호텔 창문으로 템즈강을 바라보며 그림을 그렸다는 일화도 유명하다. 작가 오스카 와일드도 16세 연하의 동성 연인 알프레드 더글라스와 사보이 호텔을 자주 찾곤 했다.

64/101

64개의 조형물이 있는 웨스트 놀우드 공동묘지
죽어서도 부유했던 이들을 위한 못자리

런던 시내에서 지하철로 약 40분 거리에 있는 웨스트 놀우드 묘지. '갤럽^{Gallup}'이란 이름이 새겨진 묘비 위에는 한 여인의 조각상이 그리스의 여신 같은 모습으로 서 있다.

이 여인의 이름은 루시 르노 갤럽. 단정한 올림머리에 오른손은 금방이라도 흔들어 인사할 듯이 어깨 높이로 들어올리고, 왼손은 꽃을 쥔 채 치맛자락을 들어올리고 있는 이 여인은 35살 이른 나이에 세상을 떠났다. 조각상을 받치고 있는 커다란 묘비 아래에는 20대 중반의 사진이 있다. 사진 속 여인의 앙다문 입술, 오똑한 콧날, 짙은 눈망울은 고전 영화 〈로미오와 줄리엣〉에서 줄리엣을 연기했던 올리비아 핫세를 연상시킨다. 이 여인의 남편 헨리 갤럽은 다시는 볼 수 없는 아내를 잊지 않으려고 아내의 모습을 묘지 위에 조각품으로 남겼다. 헨리 역시 아내가 떠난 후 2년을 넘기지 못하고 6살짜리 어린 아들을 남겨두고 아내 곁으로 떠나고 말았다. 사랑하는 여인을 향한 그리움은 130년이 넘는 세월 동안 그 자리를 지키고 있다.

웨스트 놀우드 묘지(West Norwood Cemetery)
위치 Norwood Rd. SE27 9JU   지하철 West Norwood 역   오픈시간 상시
투어시간 매월 첫 일요일(4~10월 14:30, 11~3월 11:00), 지하묘지는 단체만 별도 요청 시 가능
홈페이지 www.fownc.org

251

역사적 보존가치가 높은 조형물을 보유한 웨스트 놀우드 묘지. © Paop, Dreamstime.com

　웨스트 놀우드 묘지는 1836년에 고딕양식을 재현해 지은 사립 묘지다. 이곳에는 화려하게 꾸며진 대형 묘지들과 고인을 기리는 조각 작품들이 많은데, 영국 국립극장처럼 역사적 보존가치가 높은 '2등급$^{Grade\ II}$' 조형물들이 64점이나 있다. 특히 그리스 정교회 묘지 구역에는 높은 예술적 가치를 지닌 독특한 건축물과 조각상들이 모여 있다.

　19세기에 그리스 상인들과 선박업자들은 런던으로 건너와 성공적으로 정착했다. 자연히 그리스 문화가 런던에 많이 유입되었는데, 이 중 묘지양식도 영향을 받았다. 조각과 건축에 조예가 깊었던 그리스인들은 런던에서 가장 예술적이면서도 비싼 묘지 터인 웨스트 놀우드 묘지 안에 자신들만의 묘지를 별도로 조성했다. 그곳에 그리스 전통 사원과 아름다운 조각상들을 세웠고 대형 묘비들을 놓았다. 1872년 부유한 그리스 상인 스테반 랠리는 파르테논 신전의 절반 크기로 신전과 똑같은 묘지를 만들고 장례식을 치르기 위한 제단까지 추가했다. 이 묘지는 기원전에 지어진 파르테논 신전의 모습을 본떠서 만들었지만, 지붕 아래 띠 모양 장식에는 켄타우로스 같은 신화 속 동물 대신에 기독교적인 구약과 신약의 장면들을 넣었다. 이 웅장한 묘지에는 그리스어로 '나팔 소리가 들리면 죽은 자들이 일어날 것이다'라는 글귀가 새겨져 있고 그 위에는 천사장 가브리엘이

서 있다.

웨스트 놀우드 묘지에서는 독특한 지하묘지도 경험할 수 있다. 영국왕립건축가협회 회장이자 왕립 증권거래소 빌딩의 건축가 윌리엄 타이트는 이곳에 지하묘지가 딸린 교회 두 곳을 지었다. 하지만 제2차 세계대전 중에 공습을 받아 교회 두 곳이 모두 심하게 부서졌고 그 여파로 1955년 성공회 교회는 완전히 무너져버렸다. 교회가 무너진 자리에는 장미정원을 꾸몄다. 하지만 교회 아래에 있던 지하묘지는 전쟁 후에도 예전 모습을 그대로 유지하고 있다.

지하묘지는 큰 중앙 통로 1개와 작은 주변 통로 4개로 이루어져 있다. 입구에 들어서면 관이 안치된 여러 개의 방들이 중앙 통로를 둘러싸고 있다. 방의 양쪽에는 기둥이 세워져 있고 기둥 사이에 아치형 철문이 달려 있다. 철문에는 여러 가지 장식을 한 두꺼운 창살이 있고 창살 틈으로 방 안에 놓인 관이 들여다 보인다. 철문 위에는 묘지 주인의 이름이 적혀 있다. 중앙 통로 한가운데는 관을 내렸던 유압식 리프트 장치가 녹이 쓴 채로 남아 있는데, 당시만 해도 이 리프트는 놀라운 기술력의 상징이었다. 중앙 통로에 있는 방들은 그나마 방 한 칸씩을 차지한 비교적 부유한 사람들의 묘지였다. 중앙 통로를 벗어나 작은 주변 통로로 가면 아무런 장식이 없는 벽돌로 된 방들이 나온다. 지하감옥 같은 이 방 안에는 나무선반이 놓여 있고 각 선반 위에는 관들이 나란히 놓여 있다. 이곳은 겨우 관 하나가 차지하는 공간만 살 수 있었던 사람들이 마지막으로 몸을 누인 곳이었다.

웨스트 놀우드 묘지는 지상과 지하의 대비가 절묘해 색다른 경험을 즐길 수 있는 곳이다. 지상에서는 조각공원이나 야외 미술관의 작품으로도 손색없는 아름다운 건축물들을 감상할 수 있다. 그리고 지하에서는 납골함이 아니라 실제 관이 나란히 열을 맞춰 보관되어 있는 오싹한 광경을 볼 수 있다.

65/101

높이 65m의 타워 브리지는 강철다리였다!
130년 전 공사현장 사진이 보여준 타워 브리지의 비밀

템스강 위에 새로운 다리 하나가 건설 중이다. 다리의 뼈대가 되는 육중한 철재 구조물이 강물 위에 서 있다. 다리 상판은 아직 가운데가 연결되지 못한 채로 65m 높이에서 공사 중이다. 끊어진 다리 위에서는 청산가리 가스가 들어 있는 실린더를 차지하기 위해 두 남자가 혈투를 벌이고 있다. 어둠의 마법으로 영국을 지배하고자 했던 블랙우드의 음모와 그 음모의 전말을 밝혀내고 영국을 구해낸 셜록 홈스의 맞대결. 공사 중인 타워 브리지 한가운데서 치열한 몸싸움 끝에 블랙우드는 공사용 쇠사슬에 매달린 채로 최후를 맞이한다.

   2009년 가이 리치 감독의 영화 〈셜록 홈스〉의 결말 부분이다. 이 영화에 등장한 타워 브리지는 아직 우리가 평소에 알던 빅토리아풍의 아름다운 건축물이 아니다. 뼈대만 앙상하게 드러난 낯선 모습의 타워 브리지. 영화를 만들 때 가장 까다로운 부분 중의 하나가 공사 중인 타워 브리지의 모습을 컴퓨터 그래픽으로 완성하는 것이었다고 한다.

타워 브리지(Tower Bridge)
위치 Tower Bridge Road, SE1 2UP   **지하철** Tower Hill 역
오픈시간 4~9월 10:00~17:30, 10~3월 09:30~17:00
입장료 성인 9파운드(온라인 8파운드), 어린이 3.9파운드(온라인 3.5파운드)
홈페이지 www.towerbridge.org.uk (다리 상판이 열리는 시간 www.towerbridge.org.uk/lift-times)

준공된 지 120여 년 된 타워 브리지.
© Tower Bridge

타워 브리지 착공 125주년을 맞은 2011년, 익명을 요구한 59세의 남성이 공사 중인 타워 브리지 사진 50장 중 9장을 〈데일리 메일〉지에 공개했다. 이 남성은 2006년에 자신이 관리인으로 일했던 빌딩이 리모델링을 시작했고, 이사를 나가게 된 입주자들이 버린 책과 앨범 속에서 이 암갈색 사진들을 습득했다고 말했다.

"타워 브리지 박물관에 사진을 갖고 가서 알렸어요. 그런데 그런 사진들이 이미 많다고 하더군요."

그후 5년이 지난 어느 날 이 남성은 우연히 이웃에 사는 웨스트민스터 투어 가이드이자 런던 역사 전문가 피터 버소드에게 사진에 대한 이야기를 꺼냈고, 피터는 그 사진들의 역사적 가치를 알아보았다.

"이웃 사람이 건네준 이 사진들을 보고 너무 놀랐어요. 예전에 이런 사진들을 본 적이 없으니까요. 제가 타워 브리지는 강철로 만든 다리라고 할 때마다 사람들은 늘 놀라지요. 강철에 붙여진 돌만 눈에 보이니까요. 공사 사진들을 보면 강철 구조물에 돌을 붙인 걸 식별할 수 있어요."

타워 브리지는 1886년에 공사를 시작해서 1894년에 완공되었다. 공정 사진들은 8년 동안 다리가 완성되어 가는 모습들을 잘 보여주고 있다. 기초공사를 위해서 강바닥에 7만 톤이 넘는 콘크리트 교각 두 개를 묻었다. 거대한 다리를 지탱하기 위해서였다. 1만 1,000톤이 넘는 강철이 타워와 다리 상판을 지지할 철골로 쓰였고, 콘월 지방의 화강암과 포틀랜드석이 다리의 고풍스런 외관을 장식했다. 버소드에 따르면 타워 브리지는 당초 건축가 호러스 존스가 강철 골조에 벽돌을 붙일 예정이었다. 그러나 그가 죽은 후 새로 온 존 울프배리가 돌로 바꿨다고 한다.

공정 사진 중에는 공사 중인 다리의 모습뿐 아니라 1890년 공사현장 인부들의 단체사진도 있다. 콧수염을 기른 인부들이 어색하게 서 있는 모습은 당시 사람들의 생활상을 담은 영화 속의 한 장면 같다. 다리가 건설되는 8년 동안 건축가 4명과 인부 432명이 공사현장에서 일했다.

타워 브리지는 케이블을 이용해서 무게를 견디는 현수교이자 다리 상판이 열리는 도개교다. 처음 다리가 완성되었을 때 타워 브리지는 최첨단 기술을 이용

〈데일리 메일〉에 공개된 타워 브리지 공사 장면.

한, 지구상에서 가장 큰 도개교였다. 당시 런던사람들은 타워 브리지를 '놀라운 다리'라고 불렀는데 다리에 적용된 기술에 대한 대단한 자부심을 표현한 것이었다. 큰 배가 지나갈 때면 거대한 증기엔진이 가동되면서 다리 상판이 열린다. 첫해에는 배가 지나갈 때마다 상판을 열어 무려 6,000번이나 다리가 열렸다. 1976년 증기엔진은 전기엔진으로 교체되었지만 빅토리아 시대에 만들어진 증기엔진은 여전히 작동이 가능하며 엔진의 모습은 타워 브리지 전시관에서 관람할 수 있다. 이제 타워 브리지는 1년에 약 850회 정도 다리 상판이 열리며, 날짜와 시간은 홈페이지에서 확인할 수 있다.

66/101

66편의 장편 추리소설을 남긴 애거서 크리스티
풀리지 않은 '추리소설의 여왕' 실종 미스터리

'추리소설의 여왕' 애거서 크리스티의 소설은 오랫동안 전세계 독자들에게 사랑 받아왔다. 그녀의 소설은 103개 언어로 번역돼 40억 부 넘게 팔렸다. 기네스북 공식 기록에 따르면 성경과 셰익스피어의 책 다음으로 많이 팔렸다고 한다. 애거서는 50여 년의 집필기간 동안 무려 66편의 장편 추리소설, 150편의 단편소설, 19편의 극본을 남겼다. 영국 데번주 토키에서 태어난 애거서는 어릴 때부터 《셜록 홈스》와 같은 탐정소설에 탐닉했다. 그녀는 1920년대부터 1965년까지 매년 1권 이상의 책을 써낼 만큼 왕성하게 활동했으며, 이야기 소재가 궁해 고민한 적이 없는 작가였다. 그녀는 어릴 때 부족할 것 없는 중상류층 집에서 자라면서 넓은 정원에서 만난 동물들에게 이름을 붙이고 상상의 이야기를 마음껏 지어냈다고 자신이 쓴 《애거서 크리스티 자서전》에서 회고한다.

작가 애거서 크리스티는 미스터리한 실종사건으로도 유명하다. 1926년에 일어난 그녀의 실종사건은 애거서의 추리소설만큼이나 수많은 사람들의 호기심을 자극했다. 그러나 애거서는 85세로 세상을 떠날 때까지 당시 벌어진 일에 대한 언급을 극도로 피했고, 60세부터 75세까지 무려 15년간 꼼꼼히 집필한 자서전에서까지 그에 대해 단 한 줄도 기록하지 않았다. 그 사건은 영국 경찰과 애거서 크리스티의 팬 모두에게 80여 년 간 풀리지 않은 미스터리로 남아 있다.

사건은 1926년 12월 3일 금요일 저녁, 영국 남부 버크셔주 서닝데일에 있는 애거서의 집에서 시작되었다. 당시 36살의 애거서는 여섯 번째 작품 《애크로이드 살인사건》의 성공으로 이미 인기작가 반열에 올라 있었다. 애거서는 그날 밤 9시 45분 무렵 잠든 딸에게 굿나잇 키스를 한 후 아무런 말도 없이 차를 몰고 집을 나섰다. 애거서가 타고 나간 2인승 쿠페 '모리스 콜리'는 다음날 아침 헤드라이트가 켜진 채로 서리 지방의 길포

애거서 크리스티가 살던 런던 첼시의 집.

드 근처 뉴랜드 둔치에서 발견되었지만 그녀는 흔적도 없이 사라져버렸다. 애거서는 11일 동안 종적을 감추었다. 영국 전역은 인기 추리소설 작가의 실종사건으로 떠들썩했다. 그녀를 수색하기 위해 비행기가 동원되고 수많은 팬들이 구조를 위해 모여 들었다.

애거서의 자동차가 방치된 뉴랜드 둔치 옆에는 '사일런트 풀'이란 호수가 있었는데, 오래 전 엠마라는 소녀와 그녀의 오빠가 빠져 죽었다는 이야기가 전해 내려오는 곳이었다. 애거서가 호수에 빠져 자살했을지도 모른다고 생각하는 사람도 많았고, 사람들의 이목을 끌기 위해서 만들어낸 자작극이라고 주장하는 사람들도 있었다.

몇몇 사람들은 애거서의 남편이 저지른 끔찍한 살인사건이라고 생각하기도 했다. 애거서의 남편 아치볼드 크리스티는 당시 낸시 닐이라는 27세의 여성과 만나고 있었다. 사건 당일 그는 낸시와 같이 있었다는 증거가 나와 누명을 벗게 된다. 《셜록 홈스》의 작가 코난 도일도 이 사건에 적극적으로 뛰어들었다. 말년

에 심령술에 심취했던 코난 도일은 사건 해결을 위해서 심령술사에게 사건을 의뢰했다. 심령술사는 코난 도일이 가지고 있던 애거서의 장갑 한 짝을 이마에 올리고 애거서는 죽지 않았고 다음주 수요일에 그녀의 목소리를 듣게 될 거라면서 물을 가리켰다고 한다. 우연의 일치인지 모르지만 사건이 종결되고 나서 심령술사가 했던 예언은 모두 사실로 드러난다.

실종사건이 벌어진 지 11일 만에 애거서는 요크셔의 온천 휴양지 해로게이트에 있는 스완 물치료 호텔(현재의 올드 스완 호텔)에서 발견되었다. 호텔의 벤조 연주자가 애거서를 알아보고 경찰에 신고한 것이다. 애거서는 건강하게 잘 지내고 있었지만 그동안 일어난 일에 대해서는 아무것도 기억하지 못했다. 애거서는

런던에서 애거서 크리스티 흔적 찾기

애거서 크리스티는 영국 데번주 토키에서 태어나고 여러 나라를 여행하며 자랐지만, 20~30대 시절에는 런던에 살며 작가로 활동했다. 각종 전기에 따르면 애거서는 1918년부터 1941년까지 자서전에 직접 언급한 첼시의 셰필드 테라스 주택 외에도 다른 첼시 집들에 살았다는 기록이 있다. 애거서는 제2차 세계대전이 끝나자 첼시를 떠난 후 옥스퍼드셔의 윈터브룩으로 이주해 살다가 생을 마쳤다.

세인트 존스 우드 집
특징 1918년 경 애거서 크리스티가 첫 남편과 살던 집
위치 5 Northwick Terrace, St John's Wood, NW8 8JJ
지하철 Warwick Avenue 역

첼시 집 1
특징 1920년대 첫 남편과 살던 집
위치 Christie Cottage, Cresswell Place, Kensington and Chelsea, SW10
지하철 South Kensington 역

첼시 집 2
특징 1930~34년 재혼한 남편과 살기 시작한 집. 《오리엔트 특급 살인사건》 등 프와르 탐정 등장 소설 3편, 미스 마플 소설 《사제관 살인사건》 등 집필.
위치 47-48 Campden Street, Kensington and Chelsea, W8 7ET
지하철 Notting Hill Gate 역

남편 정부의 이름(닐)과 허구적인 성(테레사)을 합친 '테레사 닐'이란 이름으로 호텔에 체크인했고, 짐도 거의 없었다. 그녀가 다시 나타난 일은 대서양을 건너 미국에서도 화젯거리였다. 그녀를 찾은 일에 대해 1926년 12월 14일자 미국 〈뉴욕 타임스〉지의 보도를 요약하면 이렇다. '크리스티 부인이 요크셔 온천에서 발견되다. 실종된 작가가 그 호텔에 머물고 있었다. 그녀의 남편은 작가가 기억상실에 걸렸기 때문이라고 주장한다.'

애거서의 남편은 자동차 사고로 아내가 기억을 잃었다고 주장했지만 전직 의사이자 애거서의 전기 작가인 앤드류 노먼은 훗날 〈가디언〉지에서 애거서가 트라우마나 우울증에 기인한 '기억상실증'이었을 것이라고 추정했다. 앤드류는 거

첼시 집 3(블루 플라크)
특징 1934~41년 거주, 《메소포타미아의 죽음》, 《나일강의 죽음》 등 추리소설 16편 집필
위치 58 Sheffield Terrace, Kensington and Chelsea, W8
지하철 Notting Hill Gate 역

유니버시티 칼리지 병원(University College Hospital)
특징 1939년 제2차 세계대전이 일어났을 때 애거서가 자원봉사자로 일했던 약국이 있던 병원으로, 추리소설에 필요한 독약에 대한 정보 습득
위치 1–11 Grafton Pl, Kings Cross, NW1 1DJ
지하철 Euston 역

애거서 크리스티 연극 〈쥐덫(The Mousetrap)〉 상연
특징 세계 최장 상연(1925년 11월 25일~현재)
위치 세인트 마틴 극장(St. Martin Theatre), West St, WC2H 9NZ

애거서 크리스티 기념비
특징 2012년 연극 〈쥐덫〉 상연 60주년 기념으로 애거서의 손주 매튜 프리차드와 연극 제작자가 함께 설치한 브론즈 기념비, 책 형상 속에 애거서 크리스티 얼굴 조각상.
위치 Cranbourn St, WC2H
지하철 Leicester Square 역

홈페이지 www.agathachristiememorial.co.uk

런던 레스터 스퀘어에 있는 애거서 크리스티의 기념비.

서가 낸시 닐이라는 다른 사람이 되고 싶어서 신문 속 자신의 얼굴도 알아보지 못했을 것이라고 추측했다.

"애거서가 자살충동에 시달렸을 거라고 봅니다. 그녀의 마음 상태는 메리 웨스트매콧이란 필명으로 발표한 자전적 소설인 《두 번째 봄》의 셀리아를 통해 짐작할 수 있어요."

이 소설에서 셀리아는 어머니의 죽음과 남편의 외도를 겪는 여인으로, 작가 애거서의 분신 같다는 평을 들었다. 애거서는 실종사건이 벌어지고 2년 후, 37세가 되던 1928년에 남편 아치볼드와 이혼했다. 애거서와 14년의 결혼생활을 끝낸 아치볼드는 그해에 낸시와 재혼한다. 그리고 1930년 애거서는 14살 연하의 저명한 고고학자 맬런 맥로원과 결혼한 후 1976년 85세로 세상을 떠날 때까지 함께했다. 애거서는 고고학자였던 남편과 함께 갔던 중동 여행지를 배경으로 《메소포타미아의 죽음》, 《나일강의 죽음》 등 풍부한 고고학 지식이 담긴 작품들을 발표했다. 재혼할 당시 왜 고고학자와 결혼하게 되었느냐는 질문에 대한 애거서의 대답은 유명하다.

"내가 늙어갈수록 남편은 나를 더 사랑하게 될 테니까요."

67/101

리처드 해밀턴의 팝아트 'SWINGEING LONDON 67'
화려했던 60년대 런던에 대한 고별사

'런던: 신나는 도시$^{Swinging City}$'

　이런 표제를 달고 있는 1966년 4월 15일자 〈타임〉지 커버스토리는 런던이었다. 잡지 커버는 마치 비틀스의 앨범 커버 '서전 페퍼스 론리 하트 클럽 밴드'의 콜라주처럼 런던을 상징하는 온갖 아이콘들을 담고 있었다. 팝밴드, 최신 패션, 디스코, 네온사인, 흥청거리는 젊은이들… 〈타임〉지는 본문에서 런던이 '옛날의 우아함과 새로운 시대의 풍요가 클래식과 팝의 경계를 넘나들며 혼재하는 도시'라고 정의했다. 그네가 앞뒤로 흔들릴 때처럼 신나고 활기찬 도시라는 뜻의 '스윙잉 시티'는 60년대 런던을 상징하는 문구가 됐다.

　〈타임〉지가 일견 짚은 대로, 당시 런던은 세상에서 가장 쿨한 도시처럼 보였다. 우울하고 무거운 전후 분위기는 씻은 듯 사라지고, 밝고 빛나는 현재만 살아 숨쉬는 것 같았다. 실제로 런던은 어느 시대보다 젊었다. 1945년 전후의 베이비붐 세대가 청년층으로 성장하면서 1960년대 중반 영국 인구의 40%는 25세 이하로 젊어졌다. 청년세대는 더 많은 자유를 원했고, 자유를 누릴 돈도 넘쳤다. 전후에 비해 60년대 중반 영국민의 평균 수입은 약 70% 증가했다. 전국 평균보다 높은 수입을 올리던 런던 젊은이들은 지갑을 열어 핫한 음악, 패션, 디자인을 향

 리처드 해밀턴 작품 소개(테이트 갤러리)
www.tate.org.uk/art/artists/richard-hamilton-1244

유했다. 소호 카나비 스트리트의 패션거리와 첼시의 파티장이 북적거렸고, 비틀스, 후, 롤링 스톤스 등의 음반이 날개 돋친 듯 팔렸다.

영원한 번영은 없다더니 스윙잉 런던에 찬물을 끼얹는 일이 일어났다. 1967년 2월 12일, 경찰이 서섹스의 농장을 급습, 파티를 즐기던 롤링 스톤스 멤버와 친구들을 마약 투약 및 소지 혐의로 체포했다. 이들 중에서 롤링 스톤스의 리드 보컬 믹 재거, 아트딜러인 로버트 프레이저에게 혐의가 적용되었다. 6월 28일 영국의 한 타블로이드 신문은 두 사람이 얼굴을 가린 채 경찰차에 실려 호송되는 사진을 실었다.

팝아트의 선구자이자 콜라주 화가인 리처드 해밀턴은 이 장면을 놓치지 않았다. 그는 두 사람의 신문 사진을 패러디한 작품 '스윙잉 런던 67[Swingeing London 67]'을 발표했다. 그의 작품 제목을 보고 사람들은 스윙잉 런던(신나는 런던)은 끝나고, 스윙징 런던(심각한 런던)이 시작됐음을 직감했다. 해밀턴은 1982년에 펴낸 《어록 선집 1953~1982》에서 당시 심경을 이렇게 말했다.

"누구나 마약 남용으로 감옥에 가야 한다는 미친 법적 제재에 나는 분노가 치솟았다. (…) 내 친구 로버트 프레이저에게 내린 형량은 그의 병을 치유하려는 의도가 아니었다. 다른 사람들에게도 좋지 않은 선례였다. 판사는 심한[swingeing] 판결이 (그런 행위를) 억제할 수 있다고 주장했다."

믹 재거는 3개월을 구형 받았다가 벌금형으로 감형됐지만, 로버트 프레이저는 6개월의 중노동형을 받았다. 프레이저는 해밀턴의 친구이자 그의 팝아트 작품을 거래하는 갤러리의 대표이기도 했다. 60년대를 대표하는 트렌드 세터로 알려진 그의 갤러리에는 비틀스나 롤링 스톤스 같은 유명 팝스타, 작가, 배우 등이 드나들었다. 훗날 폴 매카트니는 프레이저를 "60년대 런던에서 가장 영향력 있는 인물 중의 한 사람"으로 평했다. 잘 나가는 프레이저를 엄하게 처벌한 것은 런던 사회를 충격에 빠뜨렸다. 이 일로 프레이저는 갤러리 문을 닫는 등 심한 타격을 받은 후 재기를 하지 못한 채 1986년에 에이즈로 세상을 떠났다.

해밀턴은 1968년부터 1973년까지 스윙잉 런던 6가지 시리즈를 발표했다. 실크스크린과 유화 기법으로 다양하게 패러디한 작품 5점뿐 아니라 신문 사진과 헤드라인을 콜라주한 포스터 1점도 발표했다. 이 포스터는 당시 런던의 축약판

팝아트의 창시자, 리처드 해밀턴

캠벨 수프, 마릴린 먼로, 미키마우스, 코카콜라… 대량생산과 대중문화의 이미지를 예술의 영역으로 흡수한 팝아트. 팝아트를 가장 널리 알린 인물은 미국의 앤디 워홀이지만, 팝아트의 창시자는 상대적으로 덜 알려진 인물, 영국의 리처드 해밀턴(왼쪽 사진)이다. 런던 템스강 유역의 핌리코에서 태어난 해밀턴은 전기 부품회사에서 일하면서 세인트 마틴 미술학교 야간반을 다녔으나 중퇴했다. 그는 1952년에 런던의 문화운동단체 '인디펜던트 그룹'에서 활동했으며, 1956년에 이 그룹이 런던의 화이트 채플 아트 갤러리에서 개최한 최초의 팝아트 전시회 '이것이 내일이다'의 포스터 '도대체 무엇이 오늘날의 가정을 이토록 색다르고 매력 있게 만드는가?'를 선보였다. 미국 중산층 가정으로 보이는 거실에서 텔레비전, 주크박스, 레코드 플레이어, 기네스 광고판, 만화책 표지 등 대량소비를 상징하는 온갖 장식품을 배경으로 남녀가 거의 알몸으로 몸매를 과시하는 모습을 콜라주한 것이다.

해밀턴의 초기 팝아트 작품은 미국의 대량 소비문화의 천박함을 비꼬는 것이었다. 그의 포스터에서 보디빌더 같은 근육질의 남자는 오른손에 덤벨을 드는 대신에 '매춘부 팝(Tootsie POP)'이라고 쓰인 커다란 사탕을 들고 있다. 그러나 해밀턴은 팝아트를 통해 대량생산과 소비를 비판하면서도 예술의 도구로 활용하는 경계선에 서기도 했다. 그는 1957년에 쓴 글에서 "팝아트는 대중적이고, 임시방편이고, 소모적이고, 저가이며, 대량생산되고, 젊고, 재치 있고, 섹시하고, 교묘하고, 매혹적이고, 큰 비즈니스"라고 평했다.

해밀턴에게 가장 영향을 끼친 예술가는 갤러리에 기성제품인 변기를 전시했던 다다이즘의 선구자 마르셀 뒤샹이었다. 뒤샹처럼 해밀턴도 잘 만든 기성제품을 선호했다. 1966년 테이트 갤러리에서 마르셀 뒤샹의 대규모 전시를 성공시켜 전시기획자로 이름을 날린 해밀턴은 자신의 작품 거래상 리처드 프레이저가 마약 투약 및 소지 혐의로 구속, 실형을 받은 것을 풍자하는 작품 '스윙잉 런던'(1968~1973) 시리즈로 더 유명해졌다. 또한 68년에 그가 디자인한 비틀스의 앨범 커버 '화이트'(위쪽 아래 사진)는 흰색 바탕에 BEATLES라는 그룹명만 적은 것으로, 지금까지도 혁신적인 디자인의 전설로 남아 있다.

1970년대에 조용한 옥스퍼드셔로 이사한 후에도 해밀턴은 사회문제를 다룬 팝아트 작품을 선보였다. 감옥에 수감돼 있는 아일랜드 공화국군(IRA)의 인권문제를 제기한 작품 '시민 1981~83'이나 이라크 파병을 결정한 토니 블레어 수상을 우스꽝스러운 카우보이 차림으로 등장시킨 '충격과 놀람(2007~08)' 등이 그 예다.

지난 2011년 9월 해밀턴이 세상을 떠났을 때 〈가디언〉지는 '오리지널 팝아티스트, 89세에 죽다'라는 제목의 부고 기사를 통해 "프랜시스 베이컨도, 루시안 프로이드도, 데미안 허스트도 해밀턴이 했던 것처럼 현대 예술을 바꾸지는 못했다"고 평했다.

이다. 마약을 롤링 스톤즈 밴드 이름에 빗댄 헤드라인 '스톤스: 강하고, 부드러운 냄새의 향'이 포스터의 맨 위에 보인다. 그 아래에는 믹 재거의 여자친구 마리안느 페이스풀이 알몸에 모피를 걸친 채 법정에 나왔던 사진, 아이돌이 체포된 것을 괴로워하며 울고 있는 팬들의 사진, 호텔 식사를 감방으로 나르던 사진, 〈타임〉지의 '스윙잉 런던' 표지 사진 등이 붙어 있다.

해밀턴의 예견처럼 흥청망청한 런던은 막을 내렸다. 60년대의 풍요 속에는 주택 부족과 슬럼화, 빈부격차의 심화, 이민자 유입, 실업자 증가 등의 폭탄이 도사리고 있었다. 2007년 노벨문학상 수상 작가 도리스 레싱은 〈옵저버〉 인터뷰에서 "사람들은 늘 60년대를 미화하지만, 그 즈음에 정신병원에 드나드는 이들처럼 숱한 희생이 있었다. 그건 전쟁의 영향 때문이었다. 60년대 젊은이들은 전쟁의 아이들이었기에 고민 많은 시절을 보냈고 마약에 손을 댔다"고 말했다.

작가 피터 아크로이드는 《런던 전기》에서 "스윙잉 런던은 결코 새로운 게 아니었다"면서 "런던의 뻔뻔한 본성은 결코 작동을 멈춘 적이 없다. 스마트한 장사꾼들은 새로 소생하는 젊은이들을 '시장'으로 분류했다"고 썼다. 그는 60년대에 나타난 현상은 연극적이고 작위적이었으며, 음악과 패션의 부흥은 한편으로 무분별한 도시개발과 파괴를 불러왔다고 비평했다. 경기침체가 시작된 70년대의 런던은 더 이상 신나는 런던이 아니었다.

68/101

제2차 세계대전 공습 후 68년 만에 되살아난 창문
세인트 마틴 인 더 필즈 교회의 신비한 창문

런던의 여름은 밤이 늦게 찾아온다. 북반구에 가까운 이 도시는 여름이면 밤 9시나 10시가 되어서야 땅거미가 내리기 시작한다. 그래서 템스강가에서는 긴 저녁 노을을 즐길 수 있고, 카페의 야외 테라스에서는 불빛이 하나둘 켜지며 어둑어둑해지는 느린 시간의 흐름을 볼 수도 있다. 서서히 어두워지는 여름날 저녁, 런던사람들이 특별한 공간에서 누리는 즐거움이 또 있다. 트라팔가 광장 건너편에 있는 영국 성공회 교회인 세인트 마틴 인 더 필즈^{St. Martin-in-the-Fields} 안에서 주말에 열리는 '촛불 콘서트^{Candlelight Concert}'가 그것이다. 한 발만 밖으로 나가면 관광객들로 가득한 광장 옆에 이렇게 음소거가 된 것처럼 적막한 교회당 안에서 콘서트가 펼쳐진다. 종교와 무관하게 신비로운 기분에 빠져들게 된다.

세인트 마틴 인 더 필즈에서 열리는 촛불 콘서트의 밤을 더욱 신비롭게 만들어주는 장치가 있다. 바로 연주자들이 서 있는 무대 뒤로 보이는 커다란 창문이

세인트 마틴 인 더 필즈(St. Martin-in-the-Fields)
위치 Trafalgar Square, WC2N 4JJ   **지하철** Charing Cross역
오픈시간 월·화, 목·금 08:30~18:00(13:00~14:00 예배 및 공연 중 제외),
　　　　　수 08:30~17:00(13:15~14:00 예배 및 공연 중 제외), 토 09:30~18:00, 일 15:00~17:00
입장료 무료, 런치타임 콘서트는 무료, 촛불 콘서트는 유료(인터넷 예매)
홈페이지 www.stmartin-in-the-fields.org
콘서트 티켓 예매 www.stmartin-in-the-fields.org/music/concerts

촛불 콘서트 중인 세인트 인 더 필즈. 창살이 휘어진 신비한 창문이 보인다.
© Marc Gascoigne, St. Martin-in-the-Fields

다. 창 한가운데 마치 구멍이 뚫린 듯이 위아래로 긴 타원형의 창살 무늬가 있고 그 주변으로는 창살들이 벌어지는 것처럼 휘어져 있다. 이 신기한 모양의 창문은 이란 출신 디자이너 쉬라제 후쉬아리와 그녀의 남편이자 영국 건축가 핍 혼의 공동작품이다. 디자이너 후쉬아리는 1994년 터너상 최종 후보에까지 오른 실력가다. 터너상은 영국 현대 미술을 대표하는 갤러리인 테이트 브리튼이 한 해 동안 가장 괄목할 만한 전시나 미술활동을 보여준 영국 거주 디자이너에게 주는 상이다. 후쉬아리는 자신의 작품세계에 대해 이렇게 말했다. "우주는 붕괴의 과정입니다. 모든 것들은 침식되고 있지만 우리는 모든 것들을 보존하려고 애쓰죠. 이런 긴장상태가 저를 매료시켜요."

세인트 마틴 인 더 필즈의 새 창문 역시 이런 긴장을 고스란히 담고 있다. 디자이너에 따르면 가운데 타원 부분은 신이 인간의 삶을 향해 비추는 빛의 공간이자 신의 영광을 상징하는 공간이다. 이 공간은 보존되어 있다. 하지만 그 주변부의 사각 창틀은 형태를 일그러뜨려 십자가 형상을 만들고, 십자가는 끝으로 갈수록 점점 폭이 좁아진다. 침식되어 가는 것이다. 이 교회의 니콜라스 홀텀 목사는 창문의 디자인이 환상적이라고 감탄하면서 "런던의 교회에 이란 여성 디자이너의 작품이 설치되었다는 사실도 의미가 깊다"고 말했다.

어느 토요일 저녁, 이 교회에서 열린 촛불 콘서트에서 이 창문의 신비로움에 빠져들 수 있었다. 촛불 모양의 샹들리에와 조그만 촛불 외에는 조명을 거의 켜지 않은 교회 안. 모차르트의 미완성 진혼곡 '레퀴엠'이 울려 퍼지는 동안 무대 뒤쪽의, 타원형을 중심으로 창살이 휘어진 창문이 또 하나의 무대 장치가 되어 주었다. 연주회가 끝나가는 밤 9시 무렵, 바깥이 완전히 어두워지자 부정형으로 휘어진 창살 한가운데에서 타원 부분이 공룡의 커다란 알처럼

트라팔가 광장의 내셔널 갤러리 건너편에 있는 세인트 마틴 인 더 필즈.
© Phil Ashley, St. Martin-in-the-Fields

하얗게 도드라지기 시작한다. 장엄한 곡에 맞춰 마치 알이 창살 사이를 깨고 나오려는 몸짓처럼 보인다. 다른 관객의 눈에는 어떻게 보일까? 상상에 따라 다르게 보일 것이다.

　세인트 마틴 인 더 필즈가 세워져 있는 곳은 기원전에는 로마인들이 쌓은 런던 성벽 바로 바깥에 있던 묘지 자리였다. 13세기 중반에 교회가 있었다는 기록이 있으며, 16세기 중반에는 교회 앞마당 초원에 흑사병 사망자들을 묻기도 했다. 17세기 초 제임스 1세가 교회를 크게 증축했다. 현재 교회 건물은 1720년대에 건축가 제임스 깁스가 세운 네오클래식 건축양식이다.

　세인트 마틴 인 더 필즈는 이름처럼 성자 마틴을 기리기 위해 지어진 교회다. 마틴은 서기 316년 지금의 헝가리인 파노니아에서 태어났다. 어느 추운 겨울날, 입대를 위해 길을 나서던 청년 마틴은 헐벗은 거지에게 자신이 입고 있던 망토의 반을 잘라 준다. 그날 밤 꿈에서 예수가 거지의 모습으로 나타나 마틴에게 고맙

다는 말을 전했다. 그러자 마틴은 종교인으로서 전쟁을 계속할 수 없다는 것을 깨닫고 밀라노 근처의 한 섬으로 가서 수도원을 세웠다. 성자 마틴은 그곳에서 많은 기적을 일으켰다고 전해진다.

이 교회는 성자 마틴의 정신을 이어받아 낮이든 밤이든 누구에게나 문을 열어두고 어려운 사람들에게 피난처와 안식과 빛을 제공해왔다. 제2차 세계대전 중인 1940년에는 1,000여 명의 피난민들이 대피했던 장소였다. 당시 폭격으로 인해 동쪽 스테인드글라스가 깨져버렸고 임시방편으로 막아둔 유리를 대신해 68년 후인 2006년, 유리창 디자인 공모를 통해 선정된 이가 이란인 디자이너 쉬라제였다.

세인트 마틴 인 더 필즈는 런던의 중심부에 자리잡고 있으며 런던사람들의 종교적 삶에서 중요한 부분을 차지하고 있다. 왕실이 속한 교구를 관할하는 이 교회는 무료 런치 타임 콘서트로 유명하다. 무료 공연이지만 실력 있는 젊은 신인 연주자들의 무대로 꾸며지기 때문에 공연의 수준은 상당히 높다. 런치 타임 콘서트는 별도의 예약 없이 현장에서 바로 입장이 가능하다.

사족 하나. 이 교회는 영국의 챔버 오케스트라로 유명한 '아카데미 오브 세인트 마틴 인 더 필즈^{Academy of St. Martin in the Fields}'와는 직접 관련이 없다. 이 교회 음악장이었던 존 처칠과 지휘자 네빌 마리너가 공동 설립했고, 첫 연주회를 이 교회에서 열기는 했지만 줄곧 독립적인 연주단체로 활동하고 있다. 이 오케스트라 이름에도 처음에는 교회처럼 단어 사이에 하이픈(-)이 있었지만, 지금은 하이픈을 모두 뺀 이름을 사용하고 있다.

69/101

69세로 떠난 글램록의 창시자, 데이비드 보위
화성에서 온 외계인 '지기 스타더스트' 별로 돌아가다

2016년 1월 10일 파격적인, 독특한, 화려한, 아름다운, 퇴폐적인, 자유분방한, 이 모든 수식어가 어울린다는 평을 들어온 단 한 명의 스타, 40여 년 간 영국인들이 사랑해온 뮤지션이자 배우인 데이비드 보위가 69세에 간암으로 세상을 떠났다. 폴 매카트니는 데이비드 보위의 부고를 듣고 자신의 페이스북에 두 사람이 다정하게 찍은 사진 한 장과 함께 애도의 글을 남겼다.

"이 비 내리는 아침, 아주 슬픈 뉴스가 나를 깨웠다. 그는 위대한 스타였고 그와 함께한 순간들은 내게 보석 같았다. (…) 그의 가족들에게 깊은 애도의 마음을 보낸다. 나는 우리가 함께 활짝 웃었던 시간들을 항상 기억할 것이다. 그의 별은 하늘에서 영원히 빛날 것이다."

런던 남부 브릭스톤에서 태어나고 근처 브롬리에서 어린 시절을 보낸 데이비드 보위는 1970년대에 새롭게 생겨난 '글램록'의 창시자이자 대부로 불린다. 글램록은 록음악을 기반으로 강렬한 비주얼과 연극적 퍼포먼스를 결합한 음악 장르를 말한다. 영화 〈벨벳 골드마인〉(1998)의 감독 토드 헤인즈는 10대 시절 자신의 우상이었던 데이비드 보위를 모델로 이 영화를 만들었다. 〈벨벳 골드마인〉은 보위의 노래 제목이기도 하다.

보위는 자신을 화성에서 온 '지기 스타더스트$^{Ziggy\ Stardust}$'라는 외계인 캐릭터로 설정하고 함께한 밴드는 '화성에서 온 거미들$^{Spiders\ from\ Mars}$'이라고 이름 붙였다.

지기 스타더스트의 활동이 성공을 거두면서 보위는 세계적인 스타로 발돋움했다. 그는 세상을 떠나기 이틀 전 발표한 앨범 〈블랙스타〉를 포함, 총 27장의 스튜디오 앨범과 100여 장의 싱글 앨범을 발매했다. 음악적 역량도 뛰어나서 '스페이스 오디티', '체인지스', '페임', '히어로스' 등 그가 만든 곡들은 너바나, 듀란듀란, 스매싱 펌킨스, 레드 핫 칠리 페퍼스를 비롯해 수많은 뮤지션들에게 영향을 미쳤다.

2016년 2월 영국 브릿 어워드 시상식에서는 데이비드 보위를 위한 추모의 시간이 특별히 마련되었다. 헌정 공연으로 가수 로드가 '라이프 온 마스'를 들려주었다. '라이프 온 마스'는 2016년 〈텔레그래프〉지에서 비평가가 선정한 '역대 가장 위대한 100곡' 중에서 1위를 차지했다. 발표된 지 40년이 넘은 이 노래는 BBC 드라마 제목으로 사용되기도 했다.

이 노래에는 세계적인 팝송 '마이 웨이'와 얽힌 숨겨진 사연이 있다. 보위는 발군의 음악 실력으로 20세에 첫 앨범을 냈지만 큰 반향을 얻지 못했고, 에섹스 뮤직이라는 음반 제작사에서 작곡가로 일했다. 1968년 프랑스에서는 샹송 가수 클로드 프랑수아의 노래 '여느 때처럼$^{Comme\ D'habitude}$'이 대단한 인기를 모으고 있었다. 에섹스 뮤직의 음반 제작자는 이 노래의 영어 버전을 내면 큰돈을 벌 수 있겠다는 생각에 마침 사무실을 어슬렁거리던 청년 싱어송라이터 보위에게 그 일을 맡겼다. 보위는 '어떤 바보도 사랑은 배울 수 있다$^{Even\ a\ Fool\ Learns\ to\ Love}$'는 영어 버전 노래를 만들고 편곡까지 끝냈지만 음반 제작으로까지 이어지지 못했다. 그 사이 폴 앵카는 영어 버전의 원작자인 보위 스스로도 이 노래를 부르지 못하도록 저작권을 사들였고, 새로 가사를 쓴 후 프랭크 시나트라 노래로 음반을 제작했다. 그 노래가 바로 '마이 웨이'였다. 이 노래는 전세계적으로 어마어마한 성공을 거두었다. 이를 목격한 보위는 한동안 화를 가라앉히기 힘들었다. 게다가 노래 제목인 '마이 웨이'는 보위가 썼던 가사 속에도 들어 있었다. 가로채인 노래에 대한 복수심이 들끓던 그가 이를 뛰어넘는 노래를 만들겠다며 완성한 노래가 바로 '라이프 온 마스'였다.

보위의 활동범위는 제한이 없었다. 영화배우로도 성공적인 경력을 쌓았다. 영화 〈악마의 키스〉(1983, 토니 스콧 감독), 〈예수의 마지막 유혹〉(1988, 마틴 스콜세지 감독), 〈트윈픽스〉(1992, 데이비드 린치 감독), 〈쥬랜더〉(2001, 벤 스틸러 감독), 〈프레스티지〉(2006, 크리스토퍼 놀란) 등에 출연해 인상적인 연기를 보여주었고, 1996년 로큰롤 명예의 전당에 이어 1997년 할리우드 명예의 전당에도 이름을 올렸다.

데이비드 보위는 패션계에도 상당한 영향을 미쳤다. 레이디 가가는 뮤직비디오에서 보위의 패션을 따라했고, 세계적인 패션모델 케이트 모스는 2003년 영국판 〈보그〉지, 2011년, 2013년 프랑스판 〈보그〉지에서 보위 스타일을 모방해 촬영했다. 〈미러〉지는 보위가 세상을 떠난 다음날 그가 패션계에 미친 영향을 정리하는 기사를 실었는데, 기사에는 2010년부터 2014년까지 여러 패션쇼에서 데이비드 보위 스타일로 무대에 선 모델들의 사진이 실렸다.

보위는 2000년 대영제국훈장 3등급(CBE) 수훈자, 2003년 기사 작위$^{\text{Knight Bachelor}}$ 서임자 명단에 올랐지만 모두 고사했다. 그는 1992년부터 뉴욕에서 생활해왔는데, 2014년 암투병 중에 아내 이만과 딸 렉시와 함께 런던을 방문해 유년의 장소들을 돌아본 것으로 알려져 있다. 당시 그는 자신이 태어난 런던 남부의 브릭스톤 집뿐 아니라, 6세 때 이사한 런던 남동부 브롬리에 있는 집 등 가난하게 보냈던 어린 시절의 공간을 돌아봤다고 한다. 또한 1969년 그에게 국제적인 명성을 안겨준 앨범 〈스페이스 오디티 Space Oddity〉를 발표할 당시 살았던 브롬리 집도 방문했다. 보위 가족은 나이츠브리지의 한 호텔에 머물면서 비밀리에 런던 아이, 런던 타워도 들렀다고 그의 아내 이만이 훗날 인터뷰에서 밝혔다.

데이비드 보위는 자신의 곡에 나오는 톰 소령처럼 저 멀리 우주로 갔을까. 그가 지구별을 떠났다는 소식을 듣고 팬의 한 사람으로 이 노래의 가사 일부를 음미해본다.

데이비드 보위가 머물던 런던의 공간들

런던 남부 브릭스톤에서 태어난 데이비드 보위는 브릭스톤과 브롬리에서 유년시절을 보냈다. 20~30대에는 런던 중심가와 마이다 베일, 첼시 등에 거주하다 1976년부터 1991년까지 월드 투어를 떠나면서 런던에서는 더 이상 길게 머물지 않았다. 그는 베를린, 카리브해 머스티크섬 등에 머물렀고, 1992년에 뉴욕으로 이주해 소호지역에서 모델 출신 부인 이만과 딸 렉시와 함께 살다가 2016년 1월 10일 생을 마쳤다.

태어난 집
특징 1947년 1월 8일 자선단체 직원인 아버지 헤이우드 존스와 웨이트리스 어머니 마가렛 페기 사이에서 태어난 집
위치 40 Stansfield Road, Brixton, SW9
지하철 Brixton 역

유년시절 집과 학교
특징 6세부터 고교 시절까지 살던 집으로, 근처 학교(Burnt Ash Primary School, BurntAsh Junior school, Bromley Technical High School)에 다님. 고등학교 때 친구와 싸우다 주먹을 맞아 한쪽 눈의 동공이 확장되고 색깔이 변해 '오드 아이'가 됨
위치 106 Canon Road(6세), Clarence Road(7세), 4 Plaistow Grove(8세), Bromley
교통 Bickley 기차역, Bromley North 기차역

20대에 살던 집
특징 집에서 독립해 살던 런던 시내 베케넘 지역의 집
위치·교통
— Manchester Street(1967년) / Bond Street 역

"여기는 지상 관제탑.

그쪽 회로가 죽었다.

뭔가 잘못됐다.

내 말 들리나, 톰 소령? (…)

여기는 톰 소령, 나는 지금 달에서 멀어지고 있다.

지구는 푸르르다.

그리고 내가 할 수 있는 건 아무것도 없다."

— 22 Clareville Grove(1968년) / Gloucester Road 역
— 24 Foxgrove Road(1969년 3월), 42 Southend Road(1969년 10월) / Beckenham Junction 역
— Vale Court, Maida Vale(1972년) / Maida Vale 역 — 43 Gilsten Road / Gloucester Road 역

녹음 스튜디오
특징 1967년 첫 앨범 〈데이비드 보위〉를 녹음한 데카 스튜디오(Decca Studios)
위치 Broadhurst Gardens, NW6
지하철 West Hampstead 역

특징 데이비드 보위를 스타덤에 올린 1969년 앨범 '스페이스 오디티'를 녹음한 트리던트 스튜디오(Trident Studio)
위치 St Anne's Court, W1F
지하철 Tottenham Court Road 역

박물관
특징 데이비드 보위가 매니저 켄 피트의 집에 함께 살 때 자주 찾아가던 폴록 장난감 박물관(Pollock's Toy Museum). 특이한 물건과 빅토리아 시대 소품에서 영감을 받음.
위치 Scala Street, W1T
지하철 Goodge Street 역

스트리트 아트
특징 몰리(Morley) 백화점 옆 벽면에 '지기 스타더스트'로서 데이비드 보위를 그린 벽화. 스트리트 아티스트 제임스 코크런이 2013년에 그린 것으로 브릭스톤의 명물이 됨.
위치 472-488 Brixton Rd, SW9 8EH
지하철 Brixton 역

70/101

맛있는 홍차의 온도는 70도로 맞추세요
런던 최고의 티숍 트와이닝스 본점 & 뮤지엄을 방문하다

대한민국 미식계의 가장 유명한 논란 중 하나는 탕수육과 소스의 조합법이다. 탕수육에 소스를 부어 먹어야 한다는 '부먹파'와 찍어 먹어야 한다는 '찍먹파'의 서로 다른 입장이 팽팽히 맞서는 것. 원래 탕수육은 요리와 소스가 함께 버무려 나오는 음식인데 배달문화를 만나면서 논란이 시작되었다. 요리 전문가들은 튀김 상태에 따라 융통성 있게 먹기를 권한다. 튀김옷이 두껍고 딱딱하면 부어 먹는 것이, 얇고 부드러우면 찍어 먹는 것이 낫다고 한다.

홍차의 나라 영국에서도 이와 유사한 논란이 있는데 다름 아닌 홍차에 우유를 넣는 순서에 관한 것이다. 런던에 본사가 있는 최고급 식품점 '포트넘 앤 메이슨 Fortnum & Mason'은 홈페이지를 통해 이 논란의 역사적 배경을 이렇게 설명했다. 영국에서 17세기 후반 왕실과 귀족을 중심으로 차문화가 퍼질 무렵에는 조잡한 품질의 찻잔들이 많았고, 뜨거운 물을 따르면 잔이 깨질 정도였기 때문에 우유를 먼저 따라 먹었다는 것이다. 하지만 시간이 가면서 품질이 좋은 본차이나 재질의 찻잔들이 나오기 시작하여 우유를 먼저 따를 필요가 없어졌다는 것이다. 애

트와이닝스(Twinings)
위치 216 Strand, WC2R 1AP **지하철** Temple 역
오픈시간 월~금 09:30~19:00, 토 10:00~17:00, 일 10:30~16:30
홈페이지 www.twinings.co.uk

초에 고급 찻잔을 사용하는 집에서는 찻잔이 깨지지 않는다는 것을 과시하려고 오히려 뜨거운 물을 먼저 따르고 마지막에 우유를 따랐다. 영국의 소설가 겸 평론가 에블린 워는 '우유 먼저'라는 말을 쓰는 친구를 낮은 계급 사람으로 여겼고 그런 습관이 취향과는 관계없이 사회적 계급을 드러낸다고 쓰기도 했다.

그래서 요즘은 우유 먼저, 홍차 먼저 논란은 취향의 문제로 바뀌었다. 새로운 차를 마실 때는 우유를 마지막에 넣는 것이 나은데, 우유를 조금씩 추가해서 색깔과 향을 살피면서 적당한 우유의 양을 맞출 수 있어서다. 우유를 먼저 넣을 경우에도 장점이 있다. 우유를 먼저 넣고 차를 따르면 우유에 포함된 지방이 차의 향을 변화시키면서 풍부한 크림향을 만들어주고, 차의 온도를 마시기 좋게 식혀준다.

그렇다면 홍차를 끓일 때의 온도는 어느 정도가 적당할까? 영국과학협회와 UCL 연구팀에 따르면 섭씨 70도 이상으로 끓인 물에 각자의 취향에 따라 2~5분 정도 차를 우려낸 후에 섭씨 65도의 온도에서 마시는 것이 가장 좋다. 설탕이나 레몬조각을 넣는다면 티백을 넣기 전에 먼저 넣고, 우유는 넣지 않는 것이 좋다. 2009년 〈브리티시 메디슨 저널〉지는 섭씨 70도 이상의 뜨거운 차는 건강에 위협이 될 수 있으며 특히 서양인이 아닌 경우에는 식도암의 위험을 높인다는 연

작가 제인 오스틴이 즐겨 찾은 런던의 가장 오래된 티숍 트와이닝스.

구 결과를 발표했다. 하지만 온도만 주의하면 차는 몸과 마음의 건강을 지켜주는 파수꾼 노릇을 톡톡히 한다. UCL 연구팀은 2010년 차가 스트레스 호르몬인 코르티솔의 수치를 급격히 낮추는 효과가 있다고 발표했고, 보스턴 대학교 의과대학에서는 홍차가 심장마비와 뇌졸중의 위험을 줄여준다는 연구 결과를 발표하기도 했다.

런던 스트랜드에는 310년 역사를 자랑하는 티숍 '트와이닝스^{Twinings}'가 있다. 18세기 초 런던에는 커피하우스 붐이 일어 3,000여 곳의 커피하우스가 생겨났다. 인도와 거래하는 젊은 수입상 토머스 트와이닝은 1706년에 시티와 웨스트민스터 사이 스트랜드에 있던 '톰스 커피하우스'를 인수해서 차를 나누는 공간으로 만들었고 그것이 런던에서 가장 오래된 티룸이자 티숍인 트와이닝스의 시작이었다. 유난히 높은 세금에도 불구하고 런던 상류층에서 점차 차가 유행하기 시작하면서 트와이닝스는 음료보다 건조차를 더 많이 판매했다. 지금도 판매되고 있는 '트와이닝스 건파우더 그린티'는 100g당 지금 파운드화로 환산할 경우 160파운드가 넘는 고가에 팔렸다. 트와이닝스는 1837년에 빅토리아 여왕으로부터 처음으로 차를 왕실에 납품할 수 있는 허가권을 받은 이래 지금까지도 납품하고 있다. 2006년에는 트와이닝스 300주년을 기념해서 케냐 티와 아쌈을 블렌딩한 기념차와 특별 포장 캔을 출시했다. 2016년에는 엘리자베스 여왕 90세 생일

트와이닝스 본사 뮤지엄.

축하 기념 한정판 차를 출시했다. 현재는 토머스의 10대손인 스테펀 트와이닝이 경영을 맡고 있다.

    트와이닝스 본사는 1706년 처음 문을 열었던 스트랜드 216번지 그대로다. 이곳은 작가 제인 오스틴이 오빠 집에 올 때 자주 들렀던 티숍이기도 하다. 310년 역사와 명성에 비해 가게는 자그마하고 독특한 외관이 한눈에 들어온다. 건물 전면은 하얗게 칠해져 있고 출입문 지붕 위에는 금박 입힌 사자를 중심으로 양 옆에 중국 청나라 사람의 모형이 각각 앉아 있다. 가게 안쪽으로 들어가면 '트와이닝 런던 티숍 앤 뮤지엄'이 있다. 이곳 역시 뮤지엄이란 이름을 붙이기에는 작은 규모이지만, 진열품을 보면 영국 초기 차 회사의 역사를 엿볼 수 있다. 유리 진열장 안에 캔, 도자기, 종이박스 등 초기 포장용기들과 왕실 납품 허가증 등이 들어 있고, 액자에는 대를 이어 운영하고 있는 트와이닝 집안의 가계도, 차를 실어 나르던 배 그림, 사진 등이 전시돼 있다. 특히 1787년부터 사용한 트와이닝스 영문 로고를 포장용기에서 확인할 수 있는데, 이 로고는 벨기에 스텔라 아르투아 맥주 로고(1366년)에 이어 세계에서 2번째로 오랫동안 사용되고 있는 로고다. 뮤지엄 앞 티바에서는 개인 예약자에 한해 차 우리는 법을 배우는 '마스터 클래스'를 운영하기도 한다.

71/101

독일의 71차례 공습을 피해 만든 지하 벙커
농장, 전시관, 레스토랑으로 새롭게 태어나다

런던 남부 밸엄Balham 지하철역 플랫폼. 선로 옆에 대피하고 있는 사람들 사이에 팔베개를 하고 비스듬히 누워 있는 세실리아가 보인다. 잠시 후 소리에 놀라 몸을 일으키는 세실리아. 플랫폼과 연결되는 계단으로 거센 물줄기가 쏟아져 내려온다. 지상에 폭탄이 떨어져 역이 붕괴하고 상하수관이 터진 것이다. 브리오니는 언니 세실리아가 이 비극적인 사고로 익사했다고 회고한다.

이언 매큐언의 소설 《속죄》를 원작으로 만든 영화 〈어톤먼트〉에 나오는 장면이다. 작가는 제2차 세계대전 때 일어난 실화를 바탕으로 이 일화를 썼다. 실제로 1940년 10월 14일 밤 8시 경, 독일 공군기가 밸엄 지하철역을 폭격해 지하 터널이 붕괴되고 상하수관이 부서지자 물이 폭포처럼 쏟아져 내리면서 플랫폼에 대피하고 있던 시민 67명과 런던교통국 직원 1명 등 68명이 목숨을 잃었다. 밸엄 역뿐 아니라 마블아치 역, 뱅크 역에 대피해 있던 시민들도 공습으로 사고를 당했다. 사이렌이 울릴 때마다 런던 시민들이 임시로 대피하던 지하철역 플랫폼

클래펌 사우스 벙커(Clapham South Deep-level Shelter) 투어
위치 Clapham South 역 앞에서 출발　**지하철** Clapham South 역
오픈시간 한시적으로 운영(2017년에는 3월 2~26일 중 수~일)
투어요금과 소요시간 성인 35파운드(런던 교통박물관까지 반값 데이패스 포함), 약 75분
홈페이지 www.ltmuseum.co.uk/whats-on/hidden-london/clapham-south

제2차 세계대전 때 독일 공습을 피하기 위해 만든 런던 클래펌 사우스 지하 벙커. © London Transport Museum

도 안전하지는 않았던 것이다.

 독일군은 1940년 초가을에서 이듬해 초봄까지 런던에만 71차례의 공습을 감행했다. 71차례 공습 동안 사용된 폭약의 양은 총 1만 8,000톤에 달했다. 그 결과 100만 채가 넘는 런던의 집들이 부서지거나 완전히 잿더미가 되었고, 4만 명이 넘는 영국인들이 목숨을 잃었다.

 영국 정부는 공습이 심해진 1940년부터 5년간 런던에 지하철역 임시 대피소보다 더 깊고 안전한 지하 벙커를 지었다. 챈서리 레인을 비롯해, 벨사이즈 파크, 캄덴 타운, 구지 스트리트, 스톡웰, 클래펌 커먼, 클래펌 사우스 등 지하 벙커 8곳이 그곳이다. 각 벙커는 지름 5.3m, 길이 370m의 원형 터널 2개로, 기존 지하철역 선로 아래 더 깊은 지하에 만들었다. 원형 터널 1곳당 각 8,000명 수용 규모의 이들 지하 벙커에는 대부분 장기간 대피를 위한 침대, 화장실, 응급처치실이 구비되어 있었다.

 당시 지하 벙커의 모습은 어땠을까? 영국 교통박물관은 클래펌 사우스 지하철 역 아래에 미로처럼 만들어진 지하 방공호를 2015년 10월에 한시적으로 일반인에게 공개했다. 그리고 2016년 중순부터 이 방공호 전시관을 열었다. 런던의 숨겨진 교통 관광지를 소개하는 '히든 런던' 프로그램의 일환인 클래펌 사우스 투어 프로그램에서 당시 모습을 확인할 수 있다.

1948년 클래펌 사우스 벙커는 윈드러시호로 영국으로 들어온 카리브해 지역의 이민자들 500여 명이 묵는 숙소로 사용되기도 했고 문서 저장고로 이용되기도 했다. 최근 전시관으로 탈바꿈한 클래펌 사우스 벙커는 당시 모습을 생생하게 간직하고 있다.

지하 벙커를 덮고 있는 원형 건물의 지하층 입구로 들어가면 180개의 나선형 계단을 만나게 된다. 계단을 따라 내려가 지하 30m 깊이에 이르면 미로처럼 사방으로 뻗은 길이 나타난다. 터널은 여기저기로 뻗어 있고, 벽면 곳곳에 의료처치실, 식당을 가리키는 표지판과 함께 길을 알려주는 방향 표지판들이 붙어 있다. 전쟁과 공습 한가운데서도 출근해야 하는 시민들이 통근길로도 벙커를 이용했기 때문이다. 통제실로 썼던 방 안에는 낡은 전화기가 그대로 놓여 있고 벽 곳곳에는 낙서가 적혀 있다. 공습을 피해 내려온 시민들이 이용했던 대규모 숙소에는 낡은 이층 침대가 죽 늘어서 있다.

이들 지하 벙커 중에는 전쟁 중 비밀기지로 활용한 곳도 있다. 챈서리 레인 지하철역 근처 뒷골목 퍼니발 스트리트로 들어서면 낡은 벽면에 쇠창살과 검은색 철문이 있는 낡은 2층 건물을 만나게 된다. 철문 위에는 '화재 대피용, 출입엄금'이란 표지판이 붙어 있다. 이 출입문으로 연결된 건물 벽에는 번지수를 뜻하는 '39'라는 숫자만 보인다. 일반인에게는 공개하지 않는 터라 옥스퍼드대 지리학자이자 도시탐험가인 드래들리 가렛의 〈텔레그래프〉지와의 인터뷰 내용을 통해 내부를 짐작해보자.

"여기 지하에는 비밀 전화국이 있었어요. 낡은 스위치들이 전부 그대로 남아 있지요. 게다가 영국에서 가장 깊은 곳에 있는 술집도 있었어요. 벽에는 시골 풍경 사진이 걸려 있는데 창밖을 보는 것처럼 느껴졌겠지요."

이곳 역시 독일 공습에 대비해 만든 대형 지하 벙커였지만, 실제 벙커로는 활용하지 못했다. 제2차 세계대전이 끝난 후 영국 해외 정보기관 MI6의 국내 조사국이 이곳에 상주했다. 1954년에 영국 정부는 이곳에 비밀 전화국을 만들어 미국의 아이젠하워 대통령, 소련의 흐루쇼프 서기장과의 핫라인을 운영했다. 그리고 미국과 소련의 군사 긴장이 극도에 달했던 1962년 쿠바 미사일 위기 때는 거

클래펌 사우스 지하 벙커. © London Transport Museum

의 모든 정보기관의 인력들이 여기서 일하기도 했다.

전쟁 후 런던의 지하 벙커들은 확장된 지하철 선로로 사용되기도 했으며, 매물로 나오기도 했다. 클래펌 커먼 역의 지하 벙커는 런던 최초의 지하 농장으로 산뜻하게 변신한 예다. 이곳은 18개월의 준비기간을 거쳐 2014년 3월부터 다양한 채소와 허브가 자라나는 곳으로 거듭났다. 햇빛 한 줌 들어오지 않는 지하 깊은 곳이지만 최첨단 설비로 식물재배가 가능해졌다. 태양 대신 LED 조명이 빛을 공급하고, 터널 주변 땅으로 흘러들어 고인 물을 정화해 식물에게 공급한다. 바닥과 천장은 모두 흰색으로 깔끔하게 칠해져 있어 언뜻 보기엔 농장보다는 실험실에 가까운 모습이지만, 정교하게 고안된 맞춤형 환기 시스템과 밀폐형 클린룸이 채소와 허브가 자랄 수 있도록 최적의 환경을 조성해준다.

지하 농장 창업자 스티브 드링은 동업자 리처드 발라드와 빈 사무실을 물색하던 중 지하 벙커를 임대한다는 광고판을 보았고, 여기서 농장을 시작하게 되었다. 여기서 재배한 버섯, 샐러드 채소, 허브 등은 '그로잉 언더그라운드'란 브랜드로 런던 최고 미슐랭 레스토랑인 르 가브로쉬를 비롯한 여러 유명 레스토랑에 공급되고 있다. 또 소호 광장 아래의 소호 벙커에는 레스토랑과 각종 상업시설이 들어설 예정이다.

72/101

72층 전망대에서 즐기는 런던의 풍경
런던에서 가장 높은 빌딩, 더 샤드

2016년 3월, 런던 상공에서 의문의 '베이스 점퍼'가 초록색 낙하산을 펼치고 서서히 아래로 내려왔다. 여러 명의 목격자들은 이 베이스 점퍼가 런던 최고층 건물인 더 샤드$^{The\ Shard}$ 빌딩 꼭대기에서 뛰어내렸다고 증언했다. 베이스 점퍼$^{Base\ Jumper}$는 건물, 다리 등 높은 곳에서 낙하산을 타고 내려오는 스포츠인 '베이스 점핑'을 하는 사람이다. 야외 전망대도 없는 더 샤드 빌딩의 꼭대기 층에서 베이스 점퍼가 어떻게 뛰어내릴 수 있었는지 사람들은 궁금해했다.

사실 더 샤드 빌딩에서 낙하하는 베이스 점핑은 그때가 처음이 아니었다. 2012년 이 빌딩이 공사 중일 때 영국인 댄 위치올스가 건물의 다른 층에서 4차례 베이스 점핑을 했고 관련 영상을 유튜브에 올렸다. 2013년에는 그린피스 활동가 6명이 더 샤드 빌딩 꼭대기에 '북극을 구하라'는 초록색 플래카드를 걸고 베이스 점핑을 했다. 다국적 석유회사인 쉘이 남극에서 석유채취를 하는 것을 막기 위한 캠페인이었다.

더 샤드(The Shard)
위치 32 London Bridge Street, SE1 9SG　**지하철** London Bridge 역
전망대 오픈시간 매일 10:00~22:00(경우에 따라 변경되니 확인 필수)
전망대 입장료 무료
홈페이지 www.the-shard.com(전망대: www.theviewfromtheshard.com)

해질 무렵의 더 샤드. © The Shard

총 95층, 높이 309.6m의 더 샤드 빌딩은 1990년부터 20여 년 간 런던 최고층 빌딩 자리를 지켜온 원 캐나다 스퀘어(235m)를 제치고 2012년 완공 후 런던 최고층 빌딩과 동시에 영국 최고층 빌딩 타이틀을 거머쥐었다. 유럽 도시 건물 중에서는 모스크바의 3개 빌딩에 이어 4번째로 높다. 더 샤드의 95개 층 중에서 실제 사무실 등으로 사용되는 층은 전망대가 있는 72층까지, 그 위 73층부터 95층까지는 뾰족한 첨탑 부분이다.

더 샤드는 홈페이지를 통해 탄생 비화를 소개하고 있다. 더 샤드 빌딩의 개발업자이자 소유주인 어빈 셀라는 런던의 교통 요지에 수직으로 높이 솟은 건축물을 지어 그 안에 호텔, 상점, 사무공간, 아파트, 레스토랑, 공공 미술관 등이 한 자리에 모인 복합주거 생활공간을 만들고 싶었다. 어빈은 1998년 높이 100m의 고층빌딩 서더크 타워스를 사들였고 여길 허물어 사람들의 상상력을 자극할 세계적인 수준의 건축물을 짓겠다는 꿈을 꾸었다. 그리고 그 꿈을 이뤄줄 세계 최고의 건축가로 렌조 피아노를 택했다. 렌조 피아노는 퐁피두 센터, 간사이 국제공항, 뉴욕 타임스 빌딩 등을 설계했고, 레종 드뇌르 훈장(1989)과 '건축계의 노벨상'으로 불리는 프리츠커상(1998) 등 수많은 건축상을 수상한 인물이다.

처음에 렌조는 고층빌딩을 짓자는 아이디어를 탐탁치 않아 했다고 한다. 그러

템스강변에 우뚝 솟은 최고층 빌딩 더 샤드.

나 건축물 터 주변으로 길게 뻗은 선로와 아름다운 템스강의 경관을 떠올리면서 마음을 바꾸게 된다. 렌조는 어빈과 처음 만난 자리에서 메뉴판을 뒤집어 스케치를 시작했고 몇 분 만에 지금의 더 샤드와 거의 비슷한 그림을 완성했다.

더 샤드 빌딩 프로젝트는 그렇게 2000년 5월 시작되었고, 2012년 11월 완공되었다. 렌조는 더 샤드 빌딩을 설계하며 과거에 높이 솟은 빌딩들이 가진 둔탁함을 없애고 가벼움과 투명함에 중점을 두었다. 샤드^{Shard}란 조각, 파편, 비늘이라는 뜻. 특수 화이트 글라스를 정교하게 활용한 더 샤드 빌딩은 계절과 날씨에 따라 비늘조각들이 반짝이듯 겉면의 색깔과 분위기가 끊임없이 바뀐다.

더 샤드는 런던의 스카이라인을 바꿔놓았다. 날씨가 좋은 날에는 히스로 공항에 이착륙하는 비행기 안에서 오래된 건축물들과 현대 빌딩들 사이에 우뚝 솟은 더 샤드를 내려다볼 수 있다.

73/101

혹스톤 스트리트 73번지에서 시작된 '폴록 장난감 박물관'
데이비드 보위도 즐겨 찾던 '장난감 천국'

"저희 할머니는 외아들이 어릴 때 갖고 놀던 '인형극장'의 부속품들을 사러 다니셨죠. 인형극장은 빅토리아 시대에 잘 나가던 장난감인데 요즘도 팔리고 있어요. 어느 날 할머니는 인형극장 장인이 운영했던 혹스턴 73번지 가게가 폐업하고 창고에 물건들이 무더기로 쌓여 있다는 걸 듣고 통째로 인수했지요."

폴록 장난감 박물관^{Pollock's Toy Museum}을 운영하는 에디 포드리는 박물관이 문을 열게 된 계기에 대해 이렇게 전한다. 그는 이메일 인터뷰에서 '할머니가 장난감 가게의 물건들을 인수한 후 박물관 기능을 더했다. 나는 방학 때마다 할머니네 가게에서 일하곤 했는데, 어린아이가 장난감 가게에서 일한다는 게 얼마나 환상적인지 상상해보라'고 썼다. 그는 1995년 작고한 할머니의 대를 이어 폴록 장난감 박물관을 운영하고 있다.

폴록 장난감 박물관은 스칼라 거리 모퉁이에 있다. 대영 박물관에서 가까운 이곳은 장난감을 좋아하는 사람이면 누구나 한 번쯤 들러봤을 만한 곳이다. 2016년 1월 세상을 떠난 데이비드 보위도 20대에 이 박물관을 드나들던 팬이었

폴록 장난감 박물관(Pollock's Toy Museum)
위치 1 Scala St, W1T 2HL　　**지하철** Goodge Street 역
오픈시간 월~토 10:00~17:00, 일요일·공휴일 휴무
입장료 성인 6파운드, 어린이 3파운드　　**홈페이지** pollockstoys.com

287

인형극장은 TV 등장 이전에 가족 모두의 장난감이었다.

다. 초록색으로 칠한 벽면에 빨간색과 흰색으로 창들이 그려져 있고, 쇼윈도 안으로 온갖 장난감이 들여다보인다. 과거에서 불쑥 튀어나온 것 같은 박물관의 모습은 지나가는 아이들은 물론 어른들의 호기심도 자극한다.

  이 장난감 박물관의 이름은 벤자민 폴록에게서 유래했다. 벤자민 폴록은 런던 동부의 가난한 동네 혹스톤 스트리트 73번지 가게에서 빅토리아 시대 인기 장난감인 인형극장을 만들어 판매하던 장인이었다. 그는 무거운 석판 인쇄기에 잉크를 묻혀 그림을 한 장씩 찍은 후 여러 장을 입체적으로 조립해 무대 모양의 인형극장을 만들었다. 북바인딩과 문구점의 점원으로 출발한 폴록은 인형극장 제작 전문가로 기술을 쌓아나갔고 60년간 인형극장을 직접 인쇄하여 조립했다.

  마땅한 장난감이 별로 없던 당시 사람들에게 종이 몇 장으로 상상의 나래를 펼치게 해주는 인형극장은 훌륭한 장난감이었다. 《오만과 편견》의 작가 제인 오스틴과 그녀의 가족들도 인형극장을 가지고 놀면서 즐거운 여가시간을 보냈다. 빅토리아 시대 아이들은 제인 오스틴의 가족들처럼 인형극장을 세워놓고 종이로 만든 인형을 움직이며 직접 연극을 하면서 놀았다. 인형극장에서 벌이는 공연은 아동극에서부터 셰익스피어의 작품, 오페라, 멜로드라마, 역사물, 소설들, 판토마임에 이르기까지 무척이나 다양했다. 《지킬박사와 하이드》, 《보물섬》의 작가

폴록 장난감의 원조 운영자 벤자민 폴록(왼쪽). 마가렛은 폴록에게 가게를 인수했다. 마가렛의 증손자 잭(오른쪽).

로버트 루이스 스티븐슨은 폴록 인형극장의 팬이었고, 폴록의 가게를 직접 찾아오기도 했다. 그는 처음 인형극장을 샀던 기억을 떠올리며 에세이를 썼을 정도였다.

하지만 1936년 영국 가정에 TV가 등장하면서 인형극장은 사양길에 접어들었다. 폴록의 사후에 폴록의 딸에 이어 누나가 가게를 맡았지만 무거운 석판 인쇄기를 잘 다루지 못했다. 급기야 가게는 빚을 진 채 문을 닫았고 모든 물건은 창고에 방치돼 있었다.

1951년, 런던에서 BBC 프랑스어 방송에서 일하던 마가렛 포드리는 그림을 비롯한 여러 대중예술에 심취했는데, 폴록의 인형극장들을 보자마자 흠뻑 빠졌다. 마가렛은 가족의 도움을 받아 창고에 있던 석판 인쇄기와 인형극장 인쇄물, 독일 인형들을 모두 인수하게 된다. 마가렛은 코벤트 가든의 다락방에서 폴록의 인형극장 재고와 인형들을 진열했다. 그녀는 문화계에서 활동하던 친구들에게 인형들과 장난감들을 대여해 진열하면서 '폴록 장난감 박물관'을 시작했다. 마가렛은 유럽을 여행하며 빅토리아 시대 인형과 장난감들을 수집했다. 60년대 호황기 '스윙잉 런던' 시대는 빅토리아 시대의 향수를 다시 자극했고, 장난감 박물관에는 아이를 데려온 부모들은 물론, 가게를 장식할 소품을 찾기 위한 패션 부터

폴록 장난감 박물관은 앤티크에서 새 장난감까지 장난감 천국이다.

크 운영자들의 발길도 이어졌다. 마가렛은 코벤트 가든의 박물관을 아래층까지 확장했다가 1969년에는 지금의 스칼라 거리에 건물 2채를 구입해 이전하게 된다.

마가렛이 평생 일군 박물관에는 1층부터 3층, 맨 위층 다락방은 물론이고, 각 층으로 올라가는 계단 옆 벽면에까지 빈 공간을 찾아볼 수 없을 정도로 장난감들이 빼곡하게 진열돼 있다. 주요 컬렉션은 19세기와 20세기에 유럽에서 유행했던 장난감들이지만, 미국, 중국, 일본, 러시아산 장난감들도 있다. 초창기에 만들어진 보드게임들과 주사위 말판, 직소 퍼즐들도 구경할 수 있다. 각종 뱀 주사위 놀이판들을 보며 변천사를 비교해볼 수도 있다.

산업혁명기에 유행했던 기차모형, 부잣집 아이들이 타고 놀던 흔들 목마, 저축을 장려하기 위해 돈을 넣으면 음악이 나오거나 뭔가 튀어나오게 만든 주철 저금통 등 그 시대배경을 짐작해볼 수 있는 장난감들도 많다. 운영자 에디에 따르면 이 박물관에서 가장 오래된 장난감은 이집트 시대의 점토 모형 쥐로, 약 4,000년 전 유물로 추정된다.

2층에 전시되어 있는 '인형의 집'들은 당시 중산층이나 상류층의 집을 그대로 축소시켜 놓은 모형으로, 집 안에 들여놓은 가구와 식기들은 놀랍도록 정교하다.

머리카락이 흐트러지고 때가 묻은 옷을 입고 있는 옛날 인형들이 잔뜩 들어 있는 이곳 전시장을 들여다보면 인형이 등장하는 공포영화가 많은 이유를 알게 될 것이다.

3층에는 빅토리아 시대 인형극장들과 함께 이 박물관의 원조 벤자민 폴록이 운영한 인형극장 가게 사진이 전시돼 있다. 폴록이 혹스톤 가게 앞에 서 있는 사진, 인형극장을 만들고 있는 사진 등 박물관의 역사를 담고 있는 자료들이다.

수많은 장난감들 중에서 박물관 운영자인 에디가 가장 좋아하는 장난감은 낡은 빨간 2층버스다. 박물관에 방문한 날, 여행 중인 에디 대신에 그의 아들 잭이 빨간 2층버스를 들고 사진 촬영에 응해주었다. 어른 어깨 넓이보다 큰 사이즈로 에디가 할머니 가게에 들러서 갖고 놀던 추억의 장난감이다. 뒷면에 문이 없는 개방형 버스 모델인 '루트마스터'를 축소해놓은 것이다.

이 박물관은 먼저 2층부터 다락방까지 구경한 후 거슬러 내려오면서 구경하는 게 좋다. 18~19세기 건물 2채를 합쳐 만든 박물관은 보기보다 규모가 꽤 크다. 다시 1층으로 내려오면 여기서 판매하는 장난감들을 볼 수 있다. 팽이, 가면 등 추억의 장난감뿐 아니라 빅토리아 시대에 유행했던 흑백 인형극장도 다시 인쇄해 판매하고 있다. 조각을 전공한다는 잭은 최근에 작은 인형극장을 직접 디자인해서 가게에 전시해 놓았다. 컬러 색상으로 가격은 6파운드다.

74/101

74세에 탱크 몰고 돌진한 '영국 펑크의 여왕'
삶을 변화시키는 패션을 추구해온 비비안 웨스트우드

2015년 9월 11일 아침 10시, 새하얀 탱크 한 대가 총구를 겨누고 옥스퍼드셔 위트니에 위치한 데이비드 캐머런 당시 총리의 자택을 향해 전진했다. 세계적인 패션 디자이너 비비안 웨스트우드는 'UN'이라는 검은색 글자가 적힌 하얀 탱크 밖으로 상체를 꼿꼿이 세운 채 진격을 지휘하는 장군처럼 결연한 표정으로 앉아 있었다. 영국 중북부 지역 27곳에 대해 셰일 가스 추출권을 허가한 정부의 발표에 분노한 그녀가 탱크를 몰고 가짜 화학물질을 발포하는 듯한 퍼포먼스를 벌인 것이다. 웨스트우드의 탱크는 1시간 운행 끝에 총리집 앞에 도착했다. 집앞 골목에서 셰일 추출 반대 주민들과 함께 피켓을 들고 구호를 외친 그녀는 캐머런을 외국 독재자들에 비유했다.

"캐머런은 (리비아의) 카다피 대통령이나 (시리아의) 아사드 대통령이 자신들이 일으킨 반동을 정당화하기 위해서 자국민들에게 화학물질을 사용하는 것을 비난한다. 하지만 수석 과학보좌관의 충고도 무시하고, 자국민의 생명을 위협하는 독극물을 내뿜는 가스 추출을 허가한 총리도 이곳 영국에서 똑같은 짓을 저

비비안 웨스트우드(Vivienne Westwood) 본점
위치 44 Conduit Street, Mayfair, W1S 2YJ **지하철** Oxford Circus 역
오픈시간 월~수, 금~토 10:00~19:00, 목 10:00~20:00, 일 12:00~17:00
홈페이지 www.viviennewestwood.com

탱크를 타고 반정부 시위를 이끈 '펑크의 여왕' 비비안 웨스트우드. ⓒ 연합뉴스

지르고 있다. 지금이야말로 영국에서 반동이 필요한 때이다."

이날 탱크 시위를 주도한 비비안 웨스트우드는 펑크의 여왕이자 영국 패션계의 대모로 알려져 있다. 영국 중서부 체셔에서 태어나 10대 후반부터 런던의 아트 스쿨에 잠깐 다니다 그만둔 그녀는 생계를 위해 공장에서 일했고 한때 초등학교 선생님으로 일하기도 했다. 웨스트우드는 직접 디자인한 액세서리를 노팅힐의 포토벨로의 좌판에서 팔았고, 20대 초반 첫 결혼에서 자신의 웨딩드레스를 디자인한 것으로 디자인 세계에 발을 들여놓았다. 1970년대 비비안 웨스트우드는 연인이자 부티크 동업자 말콤 맥라렌과 함께 사회 저항운동의 하나로 펑크를 유행시키면서 패션계에 이름을 알리기 시작했다. 맥라렌은 런던 첼시의 킹스로드에 있는 두 사람의 부티크에 제집처럼 드나들던 뮤지션들을 모아 세계적 펑크 그룹 '섹스 피스톨스'를 길러냈다. 두 사람의 디자인은 섹스 피스톨스를 비롯한 펑크 뮤지션들의 무대 의상으로 각광을 받았다.

패션전문용어사전에 따르면 펑크^{Funk}는 속어로 '풋내기, 시시한, 쓸모없는'의 뜻으로, 펑크 패션은 1970년대 런던 록밴드들의 무대 의상에서 유행한 패션을 말한다. 반항적이고 공격적인 장식이 특징이다. 머리를 핑크나 녹색으로 염색하고 진한 화장을 하며, 안전핀, 면도칼을 액세서리로 하고, 고무줄이나 플라스틱 소재 바지, 초미니 스커트, 플라스틱과 그물로 된 셔츠 등을 착용한다.

"난 펑크였어요. 펑크가 펑크라는 이름을 갖기 전부터 그랬죠. 그때부터 펑키한 헤어스타일에다 자주색 립스틱을 바르고 다녔어요."

1981년 웨스트우드는 당시에 심취해 있던 '해적'을 모티브로 패션쇼를 열어 상업적으로도 성공했다. 1983년에는 영국 패션 디자이너 역사상 두 번째로 파리 오트 쿠튀르 패션쇼에 참가했다. 여기서 웨스트우드는 SF영화, 그래피티, 힙합, 네온사인 등 다양한 문화예술을 패션에 접목시키는 시도를 선보였다. 이어 1980년대 중반 '미니 크리니' 컬렉션을 내놓으며 세계적인 디자이너로 자리매김했다. 웨스트우드는 그후로도 40년이 넘도록 끊임없이 영국 패션을 새롭게 정의해 왔으며, 지금도 여전히 독특한 작품들을 창조해내고 있다. 그녀의 패션 스타일은 때로 '안티 패션'이라고 할 만큼 파격적이다. 자신의 패션에 대해 '내 목표는 가난한 사람을 부유하게 보이게 하고, 부자를 가난하게 보이게 하는 것'이라고 밝히기도 했다.

웨스트우드는 영국 최고의 패션 디자이너를 선정하는 '브리티시 패션 어워즈'에서 '그해의 여성복 디자이너'상을 두 차례 받았다. 영국 왕실에서 주는 명예 귀족 작위인 '데임^{Dame}' 작위를 받기도 했다. 그녀는 맥라렌과 결별하고 50세에 만난 25세 연하의 세 번째 남편 안드레아스 크론탈러와 20년 넘게 결혼생활을 이어가고 있다. 일흔 중반의 나이에도 웨스트우드는 여전히 현업에서 왕성한 활동을 보여주고 있으며, 최근에는 환경과 정치 캠페인에 더 많은 열정을 쏟고 있다. 그녀는 2014년 전기 작가 이안 켈리와 공저로 펴낸 《비비안 웨스트우드 자서전》의 서두에서 자신의 신념을 이렇게 밝혔다.

"내 의무는 이해하는 것이다. 세계를 이해하는 것. 그것은 살아 있다는 행운을 누리는 데 대해 우리가 치러야 하는 값이기도 하다. 예술을 통해 우리는 우리보다 앞서 살았던 사람들 삶의 다양한 비전을 재발견할 수 있어야 한다. 이것이 문화의 진정한 의미다. 그리고 비교를 통해 우리가 속해 있는, 우리가 엉망으로 만든 이 세계보다 더 나은 세계에 대한 생각을 품어야 한다. 우리는 우리의 미래를 변화시킬 수 있다. 이상을 추구하다 보면 당신은 생각하기 시작할 것이고 당신의 삶도 변화할 수 있다. 삶을 변화시킨 당신이 세상을 변화시킬 수 있다."

75/101

2016년까지 역대 수상작 75편 낸 맨부커상
한강 작가의 수상으로도 친숙한 영국 대표 문학상

"맨부커상은 수상자나 후보작에게뿐 아니라 우리 모두에게 아주 중요한 상이다. 당대 소설의 온도를 재기 위해 없어서는 안 될 문학적 온도계 역할을 해주기 때문이다(미국 밖에서)."
— 로버트 맥크럼, 〈옵저버〉, 2009년 10월 4일자

부커상은 1969년 영국 최대 식품도매상인 부커그룹의 후원으로 생겨났다. 매년 영국, 아일랜드, 캐나다, 호주 등 영연방 국가의 작가가 출간한 소설 중 최고의 소설에 상을 주다가 2013년부터 작가의 국적과 무관하게 영국에서 출판된 영어 소설을 후보로 한다. 2002년에는 금융회사인 맨그룹이 후원에 참여하면서 맨부커상으로 이름이 바뀌고, 수상자에 대한 상금도 2만 1,000파운드에서 5만 파운드로 올랐다. 맨부커상은 1969년 처음 제정된 이래 2016년까지 47년간 모두 75차례 수상작을 배출했다(중복 작가 작품 및 특별상 제외). 이 중에는 진기록도 있다. 상을 제정한 초기에는 자리를 잡지 못해서인지 3년째인 1971년에 수상작을 내지 못했다. 빠진 상을 보완하기 위해 부커상 재단은 2010년 로스트 맨부커

맨부커상 홈페이지
themanbookerprize.com

상The Lost Man Booker Prize을 발표했다. 수상작은 1971년에 발표된 J. G. 파렐의 소설 《문제들》. 그런가 하면 2011년에는 후보 리스트에 계속 올랐다가 미끄러졌던 작가에게 사후에나마 미안함을 덜기 위해 상 하나를 추가했다. '베릴의 맨부커 베스트The Man Booker Best of Beryl'라는 상으로, 무려 여섯 차례나 후보에 올랐지만 수상하지 못한 작가 베릴 베인브리지에게 헌정한 특별상이다. 그동안 후보에 올랐던 베릴의 소설 6편 중 독자 투표를 통해 《매스터 조지》가 수상작으로 선정됐다. 리버풀에서 태어나 런던에서 생을 마감한 그녀는 어려운 유년시절을 바탕으로 쓴 자전적 소설과 역사소설 등 28편을 남겼는데, 국내에는 단 한 편도 번역돼 있지 않다.

인도계 영국인 살만 루슈디는 《한밤의 아이들》로 부커상을 세 차례나 받기도 했다. 1981년 부커상 수상작인 《한밤의 아이들》은 1993년 부커상 25주년을 맞아 실시한 최고의 부커상 '부커 오브 부커스'로 선정된 데 이어, 2008년 부커상 40주년에 가장 위대한 작품에게 주는 '베스트 오브 부커'도 수상하는 기록을 세웠다. 살만 루슈디는 1988년 작품 《악마의 시》로 이슬람 극단주의자들에게 살해 위협을 받으면서 국제적으로 유명해진 작가다.

노벨문학상이 생존작가의 평생 작업에 대한 수상이라면, 맨부커상은 그해에 출간된 소설 중 우수작을 심사 대상으로 하기 때문에 한 작가가 여러 번 상을 받을 수 있다. 부커상 47년 역사상 3명의 작가(힐러리 맨틀, 피터 케리, J. M. 쿳시)가 중복 수상의 영예를 안았다. 힐러리 맨틀은 2009년 정치가 올리버 크롬웰의 영광과 몰락을 그린 역사소설 《울프 홀》로 영국 여성 작가 최초로 맨부커상을 받았으며, 2012년에 《울프 홀》의 후속 이야기 《튜더스, 앤불린의 몰락》으로 두 번째 맨부커상을 받았다. 피터 케리는 1988년과 2001년, J. M. 쿳시는 1983년과 1999년에 각각 맨부커상을 받았는데 J. M. 쿳시는 2003년 노벨문학상 수상자이기도 하다. 맨부커상 수상자 중 노벨문학상을 받은 작가는 1991년 나딘 고디머, 2001년 나이폴, 2017년 가즈오 이시구로가 있다. 일본계 영국인인 가즈오 이시구로는 1989년 《남아 있는 나날》로 맨부커상을 받았으며 이 작품은 같은 제목의 영화로도 제작되었다.

국내에 상당한 팬을 확보하고 있는 이언 매큐언, 줄리언 반스도 맨부커상 수

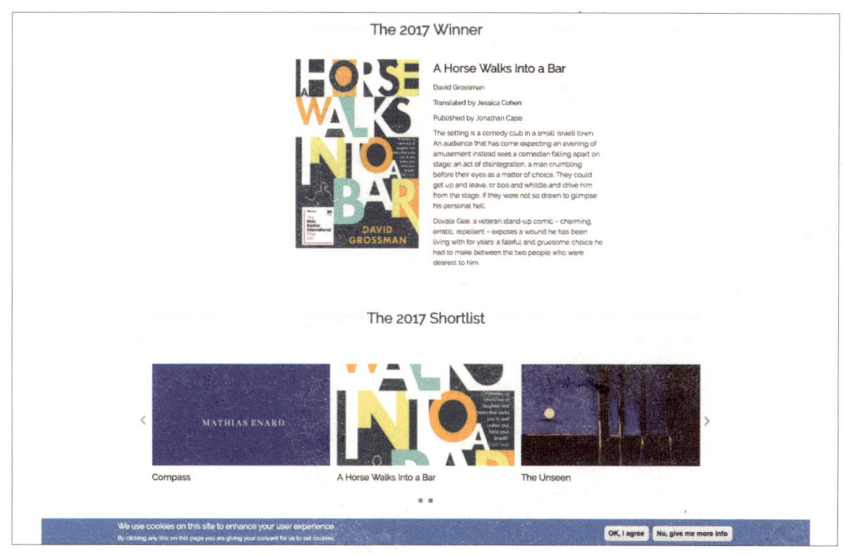

2017년 상이 발표된 맨 부커 홈페이지.

상 작가로 유명하다.

부커상 재단은 1990년에 새로운 분야를 신설했다. 생존 외국작가의 작품 중 영국에서 그해 번역 출간된 소설을 대상으로 뽑는 '인디펜던트 해외 소설상Independent Foreign Fiction Prize'이다. 1990년 첫 수상의 영예는 터키의 소설가 오르한 파묵의 《하얀 성》이 받았으며, 2015년까지 22편이 상을 받았다. 이 상은 2016년부터는 '맨부커 인터내셔널 상The Man Booker International Prize'으로 통합됐다.

2005년 신설된 맨부커 인터내셔널 상은 원래 영어권 이외의 소설가에게 주는 상이었다. 격년으로 수상자가 선정되고 개별 작품이 아닌 작가에게 상을 주었는데, 2016년부터는 선정 방식이 크게 바뀌었다. 작품으로 수상작을 선정하고, 작품의 발굴과 번역의 중요성을 인정해 원저자와 번역가에게 전체 상금(5만 파운드)의 절반씩을 수여하는 것으로 바뀐 것이다.

2016년 5월, 새롭게 바뀐 맨부커 인터내셔널 상의 첫 수상작은 한강의 소설 《채식주의자》에게 돌아갔다. 《채식주의자》는 세 편의 연작소설로 구성되어 있다. 표제작인 육식을 거부하는 영혜의 이야기 '채식주의자'를 비롯해 이상 문학상을 수상한 '몽고반점' 그리고 '나무 불꽃'까지. 영혜를 둘러싼 3명의 인물인 영혜의 남편, 형부, 언니가 각 편의 화자로 등장해 욕망으로 인한 상처와 죽음에

2016년 맨부커 인터내셔널 상을 받은 한강의 《채식주의자》가 워터스톤스 서점에 진열돼 있다.

대한 서사를 이끌어간다.

맨부커 인터내셔널 상의 역대 수상자의 면면을 보면 2005년 알바니아 작가 이스마엘 카다레, 2007년 나이지리아 작가 치누아 아체베, 2009년 캐나다 작가 앨리스 먼로, 2011년 미국 현대문학의 거장 필립 로스, 2013년 미국 작가 리디아 데이비스, 2015년 헝가리 작가 라슬로 크라스나호르카이 등 6명이다.

한편, 맨부커상도 2013년부터는 영어로 발표된 소설이면 작가의 국적에 관계없이 후보작이 될 수 있도록 범위가 넓어졌다. 수상작들이 '재미없고 심각하다'는 인식도 바뀌는 중이다. 2012년 영화화된 얀 마텔의 2002년 맨부커상 수상작 《파이 이야기》가 대표적. 한몫 잡겠다고 뉴질랜드의 금광을 찾아 떠나는 12명의 남자 이야기를 담은 엘리너 케턴의 2013년 맨부커상 수상작 《루미너리스》는 대중소설처럼 단숨에 읽힌다는 평을 받았다. 2015년 맨부커상 수상작 《일곱 가지 살인에 대한 간단한 역사》는 전설적인 가수 밥 말리를 소재로 자메이카의 수도 킹스턴에서 벌어지는 가상 암살 시도를 다룬 대서사시다. 이 소설은 미국에서 드라마로 제작될 예정이라고 한다.

76/101

비가 오나 눈이 오나 76년을 운행한 우편 열차
우편박물관으로 일반에게 공개하다

1927년부터 런던의 지하 20m 아래에서 비밀스럽게 달리던 열차가 그 모습을 드러냈다. 이 열차는 높이 1.2m, 길이 8.8m인 세계 최초의 무인 전기열차로 평균 시속 64km로 달렸다. 어른 앉은키 정도 높이에 길이도 짧아서 놀이공원의 어린이용 놀이열차처럼 보이는 이 열차에는 승객이 없다. 영국 우체국인 로열 메일이 운행했던 '메일 레일Mail Rail'이기 때문이다. 교통지옥을 피해 신속하게 우편물을 배달하기 위해 런던 지하로 달리던 메일 레일 선로의 길이는 총 37km. 한창 붐빌 때는 휴일 없이 배차간격 5분으로 하루 22시간을 운행하며 400만 통까지 실어 날랐다고 한다. 76년 동안 우편물을 싣고 달렸던 이 열차는 2003년 운행을 중단했다. 우편물이 줄어들면서 우체국이 문을 닫기 시작했기 때문이다. 한때 200여 명의 엔지니어가 일했던 이곳에는 엔지니어 3명만 남아 철로와 열차들을 정비했다. 레일 메일에서 27년 간 엔지니어로 근무한 레이 미들스워드는 BBC와의 인터뷰에서 이렇게 말했다.

"메일 레일은 거대한 장난감 기차 같았어요. 어릴 때 가지고 놀았던 장난감 기

우편 박물관(The Postal Museum)
위치 Phoenix Place, WC1X 0DL 지하철 Oxford Circus 역
오픈시간 월~수, 금~토 10:00~19:00, 목 10:00~20:00, 일 12:00~17:00
홈페이지 postalmuseum.org

우편물을 나르던 메일 레일의 옛 모습. © Mail Rail at The Postal Museum

차의 업그레이드 버전이랄까요. 그때는 동굴 산타라는 것도 있었는데, 크리스마스에 보살핌이 필요한 아이들을 초대해 기차를 태워줬지요."

운행이 중단된 10여 년 간 메일 레일의 철로와 역사들은 미술관이나 박물관의 귀중품들을 보관하거나 영화 촬영지로 쓰였다. 하지만 우편박물관이 재개장하면서 메일 레일도 일반인에게 공개되었다.

우편물을 실어 나르던 열차는 승객이 탈 수 있는 열차로 바뀌었다. 새 우편박물관이 들어설 곳은 런던 1존 이슬링턴구에 있는 로열 메일의 건물인 마운트 플레전트 메일센터 지하. 여기서 박물관 관람객들은 메일 레일을 타고 동쪽이나 서쪽 방향으로 짧은 구간을 이동할 수 있다. 메일 레일은 12월 24~26일을 제외하고 매일 오전 10시부터 오후 5시까지 운영 중이다. 소요시간은 20분 정도.

레일 메일 체험관 개장과 함께 박물관도 전시품의 규모를 대폭 늘렸다. 1516년 헨리 8세 때 왕에게 소식을 전하는 기관으로 처음 문을 연 로열 메일은 500년의 역사가 담긴 소장품들을 박물관에 전시할 예정이다. 대표적인 전시품으로는 1853년 처음 설치되기 시작한 영국의 상징인 기둥모양 빨간 우체통, 세계 최초로 발행된 '페니 블랙' 우표, 1932년 우편물 검열로 배송이 거부된 제임스 조이스의 책 《율리시스》와 그에 관한 편지 등이 있다.

77/101

서더크 하이 스트리트 77번지, 조지 인
런던에서 유일하게 회랑이 있는 마차용 숙소

서너 대의 마차가 느릿느릿 가고 있다. 일반 가정집의 이층 창문만큼 높다란 덮개 아래에 한 무더기의 짐을 싣고서. 마차들은 마당 한쪽 끝에 우뚝 솟은 지붕 아래로 숨어들었다. 그리고 어쩌면 그날 아침, 여행을 시작했을 또 다른 마차 한 대는 탁 트인 공간으로 말을 몰았다. 낡고 거친 난간들을 따라 올라가면 2층 침대방 객실들이 있다. 객실을 나서면 바와 카페로 가는 길을 따라 약간 경사진 지붕이 있어 객실은 어떤 날씨에도 안전하다. 두세 대의 객마차와 짐마차가 각자 다른 작은 헛간에서 바퀴를 멈췄다. 그리고 가끔 들려 오는 묵직한 짐마차의 말발굽 소리나 마당 끝에서 덜커덕거리는 사슬 소리는 누군가 그 일을 맡아서 해야 한다고 알려주었다. 소리가 나는 쪽이 마구간이었다.
  – 찰스 디킨스, 《픽위크 클럽의 픽위크 페이퍼스》

  찰스 디킨스가 빅토리아 시대 신사들의 여행담을 담은 소설에서 당시 마차용

조지 인(Goerge Inn)
위치 The Goerge Inn Yard, 77 Borough High Street, Southwark, SE11NH
교통 London Bridge 역
오픈시간 일~수 10:00~23:00, 목 10:00~24:00, 금·토 10:00~01:00
홈페이지 www.nationaltrust.org.uk/george-inn

셰익스피어와 찰스 디킨스가 자주 들렀던 조지 인.

숙박시설이었던 '인^{Inn}'을 묘사한 부분이다. 마차는 사라지고 없지만 디킨스가 묘사한 인과 유사한 마차용 숙박시설 유산이 아직까지 런던에 몇 곳 남아 있다. 그 중 템스강변 서더크의 하이 스트리트 77번지에 위치한 조지 인$^{George\ Inn}$은 유일하게 남은 회랑(폭이 좁고 길이가 긴 통로)이 있는 마차용 숙박시설이다.

요즘 런던에서는 일반적으로 술을 마시는 장소를 펍이라고 하지만 예전에는 술 마시는 장소를 에일 하우스$^{Ale\ House}$, 태번^{Tavern}, 인^{Inn} 이렇게 3가지로 구별했다. 에일 하우스는 술만 마시는 장소였고, 태번은 술에 음식을 곁들이는 장소였다. 인은 술과 음식에 숙박까지 가능한 곳이었다. 인은 숙소, 식당, 마구간, 유흥장, 맥주 재료인 호프 교환소, 우체국, 창고의 역할을 겸했던 곳이다.

런던 서더크 지역에서 인의 역사는 14세기로 거슬러 올라간다. 그즈음에 지금의 런던 브리지 역 가까운 곳에 마차용 숙박업소인 태바드 인$^{Tabard\ Inn}$이 자리잡고 있었다. 태바드 인은 런던 브리지, 캔터베리와 도버로 가는 길에 늘어선 인들 중 하나였다. 중세에 서더크는 태바드와 같은 술집들이 즐비한 런던 외곽지역이었다. 술집에는 범죄자, 창녀, 주정뱅이들이 우글거렸다. 그렇지만 태바드 인은 캔터베리 성당으로 가는 길목에 있어서 해마다 그곳을 방문하는 크리스천 순례자들에게도 인기가 많았다. 작가 제프리 초서가 《캔터베리 이야기》에서 서더크의

마차가 드나들던 옛 조지 인.

숙소 태바드 인을 순례의 출발지로 묘사했기 때문이다.

15세기와 16세기에 서더크는 성장해나갔고 마차용 숙박업소인 인도 성업을 이뤘다. 그중 대표적인 곳이 조지 인이었다. 1598년에 쓴 존 스토의 《런던 조사》에는 조지 인이 '괜찮은 인 8곳 중 하나'로 나와 있다. 조지 인은 셰익스피어가 런던에 살 때 자주 들렀던 곳이다. 옛날 사진을 보면 조지 인은 삼면이 건물로 둘러싸여 있고 그 안에 말과 마차를 매어놓을 수 있는 커다란 안마당이 있었다. 그 마당에서 1576년에서 1594년까지 셰익스피어의 연극이 상연되었다고 전해온다. 조지 인의 2층과 3층 회랑은 연극을 관람하기에 좋은 위치였다. 1층은 여러 개의 바로 나뉘어 있었는데, 이곳에 술이나 커피를 마시러 찰스 디킨스가 자주 들렀다고 한다.

조지 인은 1676년 서더크 화재 때 불타 사라지고 말았다. 그리고 이듬해 같은 자리에 조지 인이 다시 세워져 200년 가까이 전성기를 누렸다. 그러나 철도시대가 열리고 런던 브리지 역이 1836년 12월 문을 열게 되면서 조지 인을 비롯한 서더크 인들의 전성기도 막을 내렸다. 기차로 런던 전역을 하루 안에 여행할 수 있게 되면서 인의 건물들은 헐리고, 인의 넓은 터에는 공동주택들이 세워지거나 기차역의 부속건물들이 들어섰다. 유서 깊은 태바드 인도 1873년에 허물어지는

남쪽 회랑만 남은 현재의 조지 인.

등 수백 년간 자리를 지켜온 인들이 사라지는 와중에 조지 인은 그 자리를 간신히 지키고 있었다. 1937년 자연과 문화유산 보존단체인 내셔널 트러스트^{National} ^{Trust}가 조지 인의 남아 있던 남쪽 회랑 건물을 매입하면서 런던에서 회랑이 있는 마지막 마차형 숙박시설이 보존된 것이다.

   조지 인은 런던 브리지 지하철역에서 걸어서 3~4분 거리에 있다. 하이 스트리트를 걷다가 건물과 건물 사이에 '더 조지$^{The\ George}$'라는 간판이 걸려 있는 곳으로 들어가면 넓은 안마당이 보이고 그 옆에 회랑이 있는 3층 건물이 있다. 이곳의 정식 명칭은 '조지 인'이지만, 간판에는 '더 조지'라고 표시돼 있다. 1층은 옛날처럼 술과 음식을 파는 바^{bar}, 객실이 있던 2층과 3층은 레스토랑으로 사용된다. 예전 마차형 숙박시설일 때 마차와 말을 매어놓던 넓은 안마당에는 테이블과 의자가 놓여 있는데, 저녁이면 이 넓은 공간이 발 디딜 틈 없이 붐빈다.

78/101

크리스토퍼 렌이 78세에 마지막 돌을 얹다
런던대화재 후 다시 지은 세인트 폴 대성당

런던에서 반나절밖에 시간이 없는데, 런던의 중세와 현대를 한 번에 보고 싶다면? 템스강을 걸어서 건널 수 있는 밀레니엄 브리지를 사이에 두고 있는 테이트 모던과 세인트 폴 대성당을 추천한다.

테이트 모던은 현대미술계의 시선을 뉴욕에서 런던으로 이동시킨 갤러리다. 화력발전소를 리모델링한 건축물과 최근 증축 개장한 스위치 빌딩까지 그야말로 놓칠 수 없는 곳이다. 테이트 모던을 둘러보고 밀레니엄을 기념해 지은 밀레니엄 브리지를 건너면 세인트 폴 대성당이 보인다. 유럽을 많이 여행해본 사람들은 웅장한 성당과 교회를 많이 보았기에 세인트 폴 대성당에 대해 흥미가 없을지도 모른다. 하지만 런던대화재 후 재건된 세인트 폴 대성당의 역사를 알고 나면 생각이 달라질 것이다.

런던의 85%가 불타버린 1666년 런던대화재에서 올드 세인트 폴 성당 등 87채의 교회 건물도 무사할 수 없었다. 사실, 런던에서는 대화재 이전에도 수백 년

세인트 폴 대성당(St. Paul Cathedral)
위치 St Paul's Churchyard, EC4M 8AD　**지하철** St. Paul's 역
오픈시간 월~토 08:30~16:30, 갤러리 09:30~16:30
입장료 대성당 본당은 무료, 갤러리 3개와 지하묘지는 유료: 성인 18파운드, 어린이(6~17세) 8파운드
홈페이지 www.stpauls.co.uk

밀레니엄 브리지에서 바라본 세인트 폴 대성당. © Alexandre Fagundes De Fagundes, Dreamstime.com

동안 여러 번의 대형 화재가 발생했다. 올드 세인트 폴 성당은 그때마다 같은 자리에서 불타고 다시 짓기를 거듭한 끝에 들어선 네 번째 성당 건물이었다. 11세기 후반에 짓기 시작해 14세기 초반에 완성된 올드 세인트 폴 성당은 고딕양식으로 지어졌으며 유럽에서 가장 넓고 첨탑이 높은 성당 중 하나였다.

런던의 3분의 2를 잿더미로 만들어버린 대화재 이후 런던재건위원회가 설립되었다. 당시 국왕 찰스 2세의 신임을 받고 있던 크리스토퍼 렌 경은 방사형으로 런던을 완전히 바꾸는 계획안을 제출했지만 예산문제로 통과되지 않았다. 대신 그는 런던에 세인트 폴 대성당과 교회 51개를 다시 짓는 작업을 총괄했다.

렌 경은 건축에 조예가 깊었지만 전문 건축가는 아니었다. 렌 경은 1657년부터 런던의 그래셤 칼리지에서 천문학 교수를 지냈고, 뛰어난 물리학자이자 수학자이기도 했다. 렌 경은 물리학과 엔지니어링을 익히는 과정에서 자연스럽게 건축에 대한 관심이 생겨나 독학으로 공부한다. 1665년 렌 경은 프랑스 파리로 가서 로마 바로크 미술과 건축의 대가 로렌초 베르니니를 만나 큰 영향을 받았다. 그는 1663년에 케임브리지의 펨브로크 칼리지 예배당 건축을 시작으로 옥스퍼드의 셸도니언 극장을 건축하면서 본격적으로 건축가의 길로 접어들었다.

1675년 6월에 첫 삽을 뜬 세인트 폴 대성당의 재건축은 무려 35년의 공사기간

화가 프레드릭 고프의 그림 '뱅크사이드에서 바라본 세인트 폴 대성당'(1931년).

을 거쳐 1710년 12월이 되어서야 완공되었다. 공사가 더뎌져 조바심이 났던 렌 경은 좀 더 신속한 공사를 위해 자신이 받은 급여의 절반을 공사비에 보태기도 했다. 렌 경에게서 시작된 대성당 공사는 자신의 이름을 그대로 물려받은 건축가 아들 크리스토퍼 렌 주니어에게까지 이어져 내려왔다. 공사가 시작될 때 43세였던 렌 경은 78세 노인이 되어서야 그토록 열망했던 '위대한 작품'의 완성을 지켜볼 수 있었다.

대성당 돔에는 관광객들이 유료로 들어가 볼 수 있는 3개의 갤러리가 있다. 대성당 본당이 있는 1층에서 259개의 계단을 따라 올라가면 위스퍼링 갤러리가 나온다. 돔을 따라 좁은 발코니가 있는 이곳은 돔 안쪽의 맨 끝에서 작은 소리로 얘기해도 에코가 울리면서 멀리서도 소리를 들을 수 있어서 '속삭이는 갤러리'라는 이름이 붙었다. 위스퍼링 갤러리에서 계단을 따라 올라가면 발코니에서 바깥을 바라볼 수 있는 스톤 갤러리가 있다. 이곳은 돔의 바깥을 빙 두르고 있는 외부 전망대다. 그 위로 계단을 더 올라가면 가장 높고 작은 골든 갤러리가 나온다. 1층 성당 바닥에서 85m 올라간 위치이기 때문에 런던을 한눈에 내려다볼 수 있다. 그 위로는 일반인들이 접근할 수 없는 첨탑이 있다.

300년이 넘는 세월 동안 런던 스카이라인에 웅장한 아름다움을 새겨 넣은 세인트 폴 대성당은 수학자의 건축물답게 365일을 상징하는 365피트(111m) 높이로 지어졌다. 성당은 1710년에 완공된 이후로 시티 지역 북부에 시티포인트 빌딩(122m)이 들어선 1967년까지 200년 넘게 런던에서 가장 높은 건물이었다.

렌 경은 걸작 세인트 폴 대성당을 완성하는 동안 다른 건축물들도 지었다. 그리니치의 왕립 천문대(1676), 시티의 대화재 기념비 모뉴먼트(1677), 케임브리지 트리니티 칼리지의 렌 도서관(1684), 리치몬드의 햄튼 코트 궁전 남쪽 파운틴 코트(1700) 등의 건축을 지휘했다. 이밖에 세인트 메리 르 보 교회 등 수많은 교회 건축물의 재건이나 인테리어에도 관여했다.

렌 경은 세인트 폴 대성당이 완공한 후 런던 세인트 제임스 스트리트에 있는 집과 리치몬드에 있는 햄튼 코트 저택을 오가며 살다가 91세로 생을 마쳤다. 그는 노년에 흐뭇하게 둘러보곤 했던 자신의 걸작 세인트 폴 대성당의 지하묘지에 묻혔다. 그의 아들이 라틴어로 쓴 묘비명은 이렇다.

'여기 이 교회와 도시의 기초를 놓은 크리스토퍼 렌이 누워 있다. 그는 단지 자신의 이익이 아니라 공공의 이익을 위해서 아흔 넘게 살았다. 이 글을 읽는 독자여, 그의 기념물을 찾는다면 당신의 주위를 둘러보라.'

그가 죽고 300년이 넘는 세월 동안, 세인트 폴 대성당은 유명인들의 장례식, 결혼식, 축하행사로 각광을 받았다. 트라팔가 해전을 승리로 이끌고 배에서 죽음을 맞은 호레이쇼 넬슨 제독, 윈스턴 처칠 총리, 마거릿 대처 총리의 장례식이 대성당에서 열렸다. 1981년 7월 29일에 세인트 폴 대성당에서 열린 찰스 왕자와 다이애너 스펜서의 화려한 결혼식 장면은 전세계로 생중계되었다. 엘리자베스 2세 여왕의 취임 축하 행사(25주년 실버 주빌리, 50주년 골든 주빌리, 60주년 다이아몬드 주빌리)도 세인트 폴 대성당에서 열렸다.

79/101

런던에 있는 79곳의 도시 농장과 커뮤니티 가든
지역공동체를 살려내는 일등공신

런던에 도시농장이 생긴 것은 1972년. 런던 북부의 켄티시 타운에 농장과 텃밭을 겸한 공간이 처음 생긴 후, 스피탈필즈 시티 팜, 뉴험 시티 팜, 머드슈트 팜 등 20곳의 도시농장이 자리잡았다. 이 중에서 면적이 13헥타르(약 3만 9,000평)에 달하는 머드슈트 팜은 유럽에서 가장 큰 도시농장으로 유명하다. 이들 도시농장은 네덜란드에서 시작된 어린이농장 운동에서 영향을 받아 생긴 것으로, 동물을 기르고 파는 축산업을 위해서가 아니라 아이들을 위한 교육 목적으로 운영되는 곳이 대부분이다.

그런가 하면 런던 도심 곳곳에는 도시인들이 채소와 과일을 손수 경작할 수 있는 '커뮤니티 가든'이 있다. 영국에서는 1960년대부터 커뮤니티 가든 운동이 활발해졌는데, 일반 도시농장과 달리 커뮤니티 가든은 지역공동체를 활성화하

The Federation of City Farms and Community Gardens
홈페이지 www.farmgarden.org.uk

Nomadic Community Gardens
위치 Fleet Street Hill, E2 6EE
교통 Shoreditch High Street 역(오버그라운드 역)
오픈시간 월~일 10:00~22:00
홈페이지 nomadiccommunitygardens.org

커뮤니티 가든은 지역문화 공간이기도 하다. 사진은 쇼디치의 노마딕 커뮤니티 가든. ⓒ Stuart Holdsworth

기 위한 목적으로 세워졌으며 공유지에 만드는 게 특징이다.

'시티 팜&커뮤니티 가든 연합'이라는 자선협회 홈페이지에서 런던 지역을 검색해보면 2016년 7월, 도시농장과 커뮤니티 가든을 합쳐 79곳이 이 연합에 속해 있다. 이외에도 도시 텃밭으로 불리는 '얼로트먼트Allotment'가 700여 곳 있다.

도심 곳곳의 자투리땅을 활용한 커뮤니티 가든은 지역문화를 살리는 데도 큰 역할을 하고 있다. 런던에서도 도시 재개발이 진행되면서 지역문화와 상권이 뿌리 뽑히는 젠트리피케이션 문제가 심각한데, 이를 막기 위해 지역문화 운동가들이 커뮤니티 가든을 활용하고 있다. 2015년 봄, 런던 동부 쇼디치의 방치된 땅을 새로운 문화공간으로 바꾼 '노마딕 커뮤니티 가든'이 대표적이다. 철로와 주택가 사이의 이 공간은 무단으로 버리는 쓰레기가 쌓여 있는 땅이었다.

가든에 들어서자마자 오른쪽에 '친절한 행동'이라는 부스가 보인다. 부스 안의 선반, 옷걸이, 상자에 물건을 가져다놓으면 필요한 사람이 가져다 쓸 수 있도록 배려한 곳이다. 한쪽 벽에는 큰 나무 그림이 그려져 있고, 가지에는 새장이 여러 개 걸려 있다. 일명 '긍정의 새집'이다. 고민하는 문제를 메모지에 적어 새장에 넣으면 낯선 사람이 답을 해준다는 안내문이 적혀 있다.

가든 안쪽으로 들어가면 페인트통과 래커 스프레이 등이 쌓여 있는 '무료 페

노마딕 커뮤니티 가든의 벽은 스트리트 아티스트들의 그래피티들로 채워져 있다. ⓒ Stuart Holdsworth

인트' 부스가 있다. 스트리트 아티스트들이 쓰고 남은 재료를 갖다 놓으면 누구나 가져다 쓸 수 있게 한 것이다. 부스와 벽을 채운 그림 중에는 여성 스트리트 아티스트인 안나토믹스 등 유명한 작가의 작품들을 볼 수 있다.

이곳을 안내해준 블로거 스튜어트 홀즈워스 씨는 "노마딕 커뮤니티 가든은 텃밭을 가꾸는 지역민들과 예술가들이 만나는 공간이자 젠트리피케이션을 막기 위한 지역문화 공간"이라고 설명했다. 이곳이 재개발되기 전에 임시로 땅을 임대해 가든을 만든 제임스 헤일은 "집과 일터가 제1,2의 공간이라면, 이곳은 서로 다른 세대와 문화가 만나는 제3의 공간이자 하이브리드 가든"이라며 "개발이 되어도 설치물을 모두 옮겨갈 수 있기 때문에 '노마딕'이라는 이름을 붙였다"고 밝혔다. 이곳은 야외 스트리트 아트 갤러리이자 공연장, 조각공원, 시장, 무료 급식소 등 다양한 용도로 활용되고 있다.

80/101

아프리카로 돌아간 80kg의 사자, 크리스티앙
어릴 때 길러준 두 남자를 기억하다

"우리는 멋진 아기 사자의 모습에 넋이 나갔고, 서로를 쳐다보면서 말했어요. 뭔가 해야 하지 않겠어?"

해롯 백화점의 희귀동물을 파는 코너에는 사람들이 많이 모여 있었다. 사람들은 작은 우리 안에 든 강아지만한 사자 남매를 구경하고 있었다. 암사자는 으르렁거리며 사납게 굴었지만, 수사자는 호기심에 찬 눈으로 사람들을 쳐다봤다. 앤서니와 존이 우리 앞으로 다가갔을 때는 사자 두 마리가 가격표를 단 채로 서로 뒤엉켜 놀고 있었다. 두 사람은 우리 앞에서 사자들이 노는 모습을 한참 동안 들여다봤다.

혈기왕성한 두 청년 앤서니 버크와 존 렌달은 고향인 호주를 떠나 무작정 런던으로 여행온 뒤 가구점에서 일을 하면서 머물고 있었다. 그러던 중 두 젊은이는 한 친구로부터 흥미로운 이야기를 들었다. 그 친구는 해롯 백화점에서 새끼 코끼리, 팬더, 악어 같은 신기한 동물들을 파는데, 낙타를 한 마리 사고 싶다고

사자 크리스티앙 홈페이지
www.alioncalledchristian.com.au

크리스티앙 프린트 홈페이지
www.christianthelionprints.com

해롯 백화점에서 사자 크리스티앙을 만난 두 청년 앤서니와 존. ⓒ Derek Cattani

했다. 앤서니와 존은 친구의 말이 진짜인지 확인하려고 해롯 백화점에 들렀고 거기서 작은 우리에 갇힌 아기 사자를 발견했다.

1969년 8월 12일, 영국 데본에 있는 동물원에서 태어난 아기 사자 남매는 생후 9주 만에 나이츠 브리지에 있는 해롯 백화점으로 팔려왔다.

가엾은 아기 사자를 구하기 위해서 두 사람은 250기니(약 420만 원)를 주고 수사자를 샀다. 암사자는 이미 사기로 한 사람이 따로 있었다. 터무니없는 충동구매였지만 두 사람은 누구보다 새끼 사자를 잘 돌볼 자신이 있었다. 둘은 사자에게 크리스티앙이라는 이름을 지어주고 첼시의 킹스 크로스 가구점에서 크리스티앙과 함께 살았다. 마침 근처 교회의 목사님이 특별히 크리스티앙의 출입을 허락해주어서 크리스티앙은 매일 교회 마당에서 달리고, 으르렁거리고, 공놀이를 할 수 있었다. 크리스티앙은 사자답게 먹기도 많이 먹어서 매주 약 30파운드의 식비가 들었다. 영리하고 사람을 잘 따르는 크리스티앙은 첼시 이웃들에게 인기가 좋았고 많은 사랑을 받았다.

1년이 지나자 크리스티앙의 몸무게는 80kg이 넘었고 더 이상 실내에서 키우기가 힘들어졌다. 앤서니와 존은 이미 이때를 대비해서 크리스티앙을 보낼 곳을 마련해둔 상태였다. 두 사람은 영국 남부 월트셔의 롱리트 사파리를 방문해

어린 수사자 크리스티앙(왼쪽). 야생으로 돌아간 크리스티앙과 두 청년이 다시 만나 기뻐하고 있다. ⓒ Derek Cattani

서 사정을 이야기하고, 크리스티앙이 크면 사파리로 보내려 했었다. 하지만 막상 크리스티앙을 보낼 때가 되어 다시 조사해보니 사파리가 지나치게 상업적으로 운영되고 있었다. 영화사와 방송국에 동물들을 임대해주었고 순회 서커스단에 보내기도 했다. 두 사람은 다시 고민에 빠졌다.

그러던 중 영화배우 빌 트레버스, 버지니아 매케냐 부부가 우연히 가구를 사러 크리스티앙이 있는 가구점에 들르게 되었다. 이 부부는 사자를 키워 야생으로 돌려보낸 조지 애덤슨 부부의 실화를 담은 영화 〈야성의 엘자〉의 주연을 맡았다. 트레버스 부부는 크리스티앙의 사정 이야기를 듣고 〈야성의 엘자〉의 실제 주인공이었던 조지 애덤슨과 연결시켜 주었다. 조지는 케냐에 살면서 사자들을 야생으로 돌려보내는 일을 하고 있었다. 조지는 크리스티앙을 아프리카 야생으로 돌려보내고 다큐멘터리 제작으로 그 비용을 충당하자고 제안했고 앤서니와 존은 흔쾌히 찬성했다. 크리스티앙은 우선 아프리카의 환경에 적응하기 위해 케냐에서 적절한 훈련을 받아야 했다. 앤서니와 존은 크리스티앙의 훈련기간 초기에 한동안 케냐에서 머물다가 다시 런던으로 돌아왔다. 그리고 1971년 마침내 크리스티앙은 완전히 아프리카의 야생으로 돌아갔다.

앤서니와 존은 비용 조달을 위해 계획했던 크리스티앙과의 시간을 기록한 다큐멘터리 〈사자, 크리스티앙〉의 완성을 앞두고 있었다. 두 사람은 다큐멘터리 제작팀의 요청에 따라 크리스티앙과의 극적인 재회 장면을 찍기 위해 9개월 만에 다시 케냐로 날아갔다. 그러자 야생으로 돌아가 9개월 동안 모습을 드러내지 않던 수사자 크리스티앙이 바위산에 있는 훈련지 근처에 다시 모습을 드러냈다.

"우리 쪽을 유심히 살펴보더군요. 저는 그 표정을 알아보았죠. 크리스티앙이 관심을 보이고 있다는 것을. 우리는 크리스티앙을 불렀어요. 그랬더니 크리스티앙이 멈춰서더니 천천히 우리 쪽으로 걸어왔어요. 그러다 우리를 알아보고는 달려들었어요. 우리를 쓰러뜨리면서 우리 품에 안겼죠."

크리스티앙은 두 앞발을 들어올려 한 사람씩 돌아가며 얼굴을 비벼대면서 몇 번이고 격렬한 애정표시를 했다. 그 자리에 있던 모두가 울음을 터뜨리고 말았다. 곧이어 암사자와 아기 사자가 나타났다. 크리스티앙은 자신의 가족을 두 사람에게 소개하려는 듯했다. 크리스티앙은 앤서니, 존을 따라 숙소로 가서 하룻밤을 함께 보냈다. 그리고 다음날 다시 정글로 돌아갔다. 유튜브에 올라온 이 다큐 영상 〈Christian: The Lion〉은 1,300만 명 넘게 시청했다.

앤서니와 존은 다시는 크리스티앙을 만나지 못했다. 그후 크리스티앙이 마지막으로 목격된 것은 1973년이고, 사자의 평균수명을 고려하면 그후 7~8년을 더 살았을 것으로 추정된다고 한다.

그후 앤서니는 호주로 돌아가서 원주민 예술 분야의 손꼽히는 큐레이터가 되었고 환경보호 프로젝트에 적극적으로 참여하고 있다. 존은 런던과 시드니를 오가며 야생동물보호를 위한 활동을 하고 있으며 '조지 애덤슨 야생동물 보존협회'에서의 활동도 꾸준히 하고 있다. 한편 1970년대 초 앤서니와 존을 만난 사진작가 데렉 카타니는 크리스티앙의 사진을 꾸준히 찍었고, 인터넷으로 판매한 크리스티앙 사진 수익금의 일부를 야생동물 보호기금으로 기부하고 있다. 그는 야생동물 보호활동을 한국에도 알리고 싶다며, 이 책에 크리스티앙 사진을 무료로 제공해주었다.

81/101

'곰돌이 푸'의 실제 모델, 81년 만에 두개골을 공개하다
디즈니 애니메이션 '곰돌이 푸'는 본래 흑곰이었다!

황금빛 털에 빨간 티셔츠를 입고 통통한 배를 가진 아기 곰 푸는 헌드레드 에이커 숲에 살고 있다. 아기 곰 푸는 꿀을 너무나 사랑하지만 꿀만큼이나 친구들도 사랑한다. 크리스토퍼 로빈, 돼지 피글렛, 호랑이 티거, 당나귀 이요르, 토끼 래빗, 엄마 캥거루 캥거와 아기 캥거루 루. 헌드레드 에이커 숲속 친구들의 엉뚱하고도 천진난만한 우정을 그린 1966년작 디즈니 만화영화는 50년이 넘도록 전세계 어린이들의 사랑을 받았다.

이 만화영화의 원작은 1926년 작가 앨런 알렉산더 밀른이 아들 크리스토퍼 로빈의 장난감 동물인형들에서 영감을 얻어 쓴 동화책 《곰돌이 푸 이야기^{Winnie-the-Pooh}》다. 곰돌이 푸의 원래 이름은 '위니-더-푸'인데 어떻게 '푸'란 이름을 갖게 되었는지에 대해 책에 설명이 나와 있다. 아기 곰이 뻣뻣한 두 팔 대신에 입으로 '푸, 푸' 불어서 파리를 쫓는 모습을 보고 '푸'라고 부르게 되었다고. '푸' 앞에 붙은 '위니'는 런던동물원의 까만 아기 곰의 진짜 이름이었다. 로빈은 동물원에 있

 헌터리언 박물관(Hunterian Museum–Royal College of Surgeons)
위치 Royal College of Surgeons of 35–43, Lincoln's Inn Fields, WC2A 3PE
지하철 Camden Town 역
오픈시간 화~토 10:00~17:00 **입장료** 무료
홈페이지 www.rcseng.ac.uk/museums/hunterian

위니와 놀고 있는 군인 해리 콜번. 그는 우연히 기차역에서 20달러로 위니를 구했다.

던 위니를 너무 좋아해서 갈 때마다 위니에게 꿀을 먹여주었다고 한다.

당시 런던동물원의 인기스타였던 위니는 캐나다에서 대서양을 건너 런던으로 온 곰이다. 위니의 보호자 해리 콜번은 캐나다 수의사였는데, 제1차 세계대전에 참전하기 위해 캐나다에서 유럽으로 가던 중에 아기 곰을 만났다고 한다. 정확히는 온타리오의 한 기차역 플랫폼에서 밧줄로 의자에 묶인 채로 노인 옆에 앉아 있는 까만 아기 곰을 발견한 것이다. 해리는 온타리오의 화이트강에서 어미를 사냥한 후 남겨진 아기 곰을 데리고 가던 사냥꾼 노인에게서 아기 곰을 넘겨받았다. 해리의 낡은 수첩에는 그날의 일이 이렇게 기록돼 있다. '오전 7시, 아서 항구를 떠났다. 기차에서 곰을 20달러에 샀다.' 해리는 이 암컷 아기 곰에게 자신이 살던 도시의 이름을 따 '위니펙'이라 이름을 붙이고, 짧게 위니라고 불렀다. 위니는 해리의 군부대가 있는 영국 남부의 솔즈버리 평원에서 한동안 군인들과 함께 행복한 시간을 보냈다.

그러나 위니와 해리가 함께한 시간도 잠시, 둘은 4개월 후 아쉽게도 작별인사를 해야 했다. 해리의 군부대가 프랑스로 이동하면서 위니를 데리고 갈 수 없어 런던동물원에 맡겨야 했기 때문이다.

전쟁이 끝난 후 왕립수의대학에서 공부를 마친 해리는 위니와 함께 캐나다로 돌아가려 했다. 하지만 위니를 보기 위해 런던동물원에 찾아오는 사람들이 너무 많아지자 어쩔 수 없이 위니를 남겨두고 캐나다로 돌아갔다. 위니는 런던 아이들의 사랑을 받다가 1934년에 영원히 아이들 곁을 떠났다. 해리와 위니가 기차역에서 만난 지 20년 만이다. 사육사 에른스트 스케일스는 위니가 "크리스토퍼 로빈과 같은 아이들을 울타리 안으로 가까이 들여보내고 등에 태우는, 유일하게 완전히 믿을 수 있는 곰이었다"고 회고했다.

지난 2015년, 위니는 떠난 지 81년 만에 런던사람들 곁으로 다시 돌아왔다. 검은 털도 팔다리도 없이 두개골만 남은 채로. 2015년 11월 런던 홀본에 있는 왕립외과대학의 헌터리언 박물관에서 위니의 두개골이 전시되었다. 1934년부터 1만 1,000여 개의 다른 동물 두개골들과 함께 보관되어 있던 위니의 두개골이 81년 만에 공개된 것이다. 기증될 당시 위니의 두개골에는 치아가 하나도 남아 있지 않았다. 치과의사이자 왕립외과대학 산하 치과학 박물관 큐레이터였던 제임스 프랭크 콜리어 경은 위니의 치아 손상 원인을 고령화와 식습관 때문이라고 분석했다. 그런데 최근 위니가 치아를 둘러싼 잇몸 조직의 염증과 손상 때문에 만성적인 치주염으로 고생했던 사실이 조사를 통해 드러났다. 박물관 디렉터 샘 알버티는 아이들이 위니에게 꿀과 설탕으로 코팅된 빵을 지나치게 많이 먹였기 때문이라고 밝혔다.

한편, 위니를 구해준 수의사 해리의 증손녀 린지 매틱은 위니와 해리에게 일어났던 일들을 담은 그림책 《위니를 찾아서》를 2015년 출판했고 책은 칼데콧상을 수상했다. 린지는 증조할아버지 콜번의 이름을 짧게 줄여 이름을 지은 자신의 아들 콜과 세계의 다른 아이들을 위해 이 책을 썼다며, 작고 사랑스런 행동이 생각지도 않은 좋은 영향을 끼칠 수 있음을 기억하기를 바란다고 말했다.

동화책 《곰돌이 푸 이야기》, 디즈니의 애니메이션, 그리고 그림책 《위니를 찾아서》를 통해 생생하게 우리 곁에 살아 있는 위니. 참 특별한 곰일 수밖에 없다.

82/101

웨스트민스터시에 걸린 82개의 정치 관련 블루 플라크
런던의 자부심, 블루 플라크에 얽힌 이야기

Q1. 묘비명 '우물쭈물하다 내 이럴 줄 알았다'로 유명한 비평가 조지 버나드 쇼는 피츠로이 스퀘어 29번지에 살았다. 20년 전에 이곳에서 살았던 블룸스버리 그룹 소설가이자 비평가는?
ⓛ E. M. 포스터   ② 버지니아 울프

Q2. 다음 중 웨스트민스터시에 살지 않았던 영국 총리는?
ⓛ 윈스턴 처칠 경   ② 로버트 필 경

두 문제 모두 맞혔는가? 답은 모두 2번이다. 이 두 문제는 영국의 문화유산 보존단체인 잉글리시 헤리티지 홈페이지에서 런던의 '블루 플라크'가 기념하는 유명인을 얼마나 알고 있는지 물어보는 퀴즈 10문제 중 일부다. 런던 출신 유명인뿐 아니라, 런던을 잠시 방문했던 인권운동가, 예술가 등을 잘 알아야 문제를 모두 맞힐 수 있을 정도로 난이도가 꽤 높다. 그만큼 블루 플라크의 내용이 풍부하다는 뜻도 된다. 런던을 돌아다니며 블루 플라크만 잘 살펴봐도 런던이 자랑하

런던 블루 플라크 찾기: 잉글리시 헤리티지
www.english-heritage.org.uk/visit/blue-plaques

는 유명인과 역사, 런던이 보존하려는 가치와 자부심까지 읽을 수 있다.

잉글리시 헤리티지는 1866년 영국에서 처음으로 블루 플라크 사업을 시작, 150년 동안 런던에만 916개의 블루 플라크를 걸었다. 블루 플라크를 설치하는 주체는 잉글리시 헤리티지 외에 런던 자치구, 왕립예술학회, 헤리티지재단 등이 있는데, 2013년부터는 잉글리시 헤리티지에서 모든 플라크를 수집, 등록 중이다. 초기 플라크는 주로 파란색 원형이었지만, 그후에 브라운색, 테라코타색, 녹색, 청동색이 등장하고 원형 외에 타원형, 직사각형 등도 나타났다. 그럼에도 런던에서 가장 흔히 볼 수 있는 디자인은 지름 48cm의 파란색 원형 플라크로, 콘월에 사는 세라믹 장인이 수공예로 제작한다.

런던 최초의 블루 플라크는 1867년에 설치한 시인 존 바이런 경의 플라크였지만, 제2차 세계대전 때 건물이 폭격을 맞으면서 플라크도 함께 사라졌다. 그래서 현재 런던에서 가장 오래된 플라크는 1867년 웨스트민스터시에 설치된 나폴레옹 3세의 플라크다. '나폴레옹 3세, 여기에 살다. 1848년.' 이렇게 간단하게 쓰인 블루 플라크는 프랑스의 마지막 황제이자 최초의 대통령인 나폴레옹 3세가 잠시 런던에서 살던 집을 기념하고 있다. 왕정복고를 시도하다 체포돼 수감생활을 하던 나폴레옹 3세는 감옥을 탈출해 런던에서 약 1년간 살다가 1848년 2월 혁명이 일어나자 프랑스로 돌아간다. 나폴레옹 3세의 플라크는 그의 생존 당시에 설치됐지만, 그후 잉글리시 헤리지티는 사후 20년이 지난 경우에만 블루 플라크의 대상이 된다고 정했다.

2016년 9월 현재, 런던의 블루 플라크 916개를 구별로 살펴보면 웨스트민스터시에 33%에 달하는 308개가 몰려 있다. 웨스트민스터시의 블루 플라크 가운데 가장 많은 것은 정치인과 관련된 것으로, 총리, 외교관, 정치평론가, 사회개혁가, 정부 고위관료 등의 플라크 82개가 모여 있다. 국회의사당과 총리 관저가 있는 곳이니 만큼 그럴 수밖에 없다. 특히 영국 총리가 태어나거나 살았던 집을 기념하는 런던 전체 블루 플라크 18개 중 12개가 웨스트민스터시에 모여 있다. 웨스트민스터시 다음으로 블루 플라크가 많은 곳은 켄싱턴&첼시구(172개)로 윈스턴 처칠 경의 블루 플라크가 이곳에 있다. 다음은 캄덴구(164개)다.

런던의 블루 플라크 916개를 분야별로 살펴보면 건축, 경제학, 역사, 문학, 저

유명인들이 살았던 런던 공간들의 블루 플라크.

널리즘, 발명, 미술, 고고학, 연극과 영화 등 31개 분야로 나뉜다. 그중 플라크가 가장 많이 설치된 분야는 문학으로 209개이며 전체 플라크의 약 23%를 차지한다. 문학 관련 플라크가 가장 많이 설치된 곳은 웨스트민스터시, 켄싱턴&첼시구의 각각 56개이며, 그 다음은 캄덴구로 36개의 문학 관련 블루 플라크를 찾아볼 수 있다. 찰스 디킨스, 존 키츠, 엘리자베스 브라우닝부터 《1984년》의 작가 조지 오웰, 《멋진 신세계》의 작가 올더스 헉슬리, 007 시리즈의 작가 이언 플레밍 등 근현대 작가들을 아우른다. 작가들 중에서 가장 많은 플라크로 기념되고 있는 이는 윌리엄 셰익스피어. 런던에는 셰익스피어가 활동했던 극장이나 그의 연극에 출연했던 배우, 관련 인물들이 살았던 집 등 모두 17곳에 블루 플라크가 붙어 있다.

한편, 유명인의 블루 플라크라고 다 환영받는 건 아니다. 예를 들어 《자본론》의 저자 칼 마르크스가 1851년부터 56년까지 살았던 소호의 건물에 걸려 있는 블루 플라크는 마르크스의 사상에 반대하는 이들 때문에 여러 번 철거되기도 했다. 이 건물 1층에는 1926년에 문을 연 '쿼바디스'라는 고급 레스토랑이 있는데,

원스턴 처칠 총리 집의 블루 플라크.

1967년 플라크 설치 당시 이곳 주인은 '우리 집 손님들은 최고의 부자이자 귀족이다. 그런데 마르크스는 그들 모두를 제거하고 싶어했다!'면서 설치를 반대했다는 일화가 있다. 마르크스가 세상을 떠날 때까지 살았던 런던 북부 벨 사이즈 파크 근처의 집에 걸렸던 블루 플라크는 몇 번 떼어진 후 건물이 사라지면서 자취를 감췄다.

  잉글리시 헤리티지 홈페이지에서는 블루 플라크 인물에 대한 흥미로운 이야기를 찾아볼 수 있다. 런던을 거쳐간 유럽의 음악가, 여성 참정권 운동가, 올림픽 영웅의 이야기에 이어, 최근에는 런던의 성소수자^{LGBT} 이야기를 소개하기도 했다. 잉글리시 헤리티지에 따르면 현재 런던에는 LGBT 인물과 사건 관련 플라크가 20개 설치돼 있다. 동성애 혐의로 감옥에 수감된 후 프랑스로 추방돼 유럽을 떠들썩하게 만든 작가 오스카 와일드, 블룸스버리 그룹에서 동성애자로 알려진 화가 던컨 그랜트와 경제학자 존 케인스 등 직접 연루된 인물뿐 아니라, 남장 여자 래드클리프 홀이 1928년에 발표했다가 판매가 금지된 동성애 소설 《고독의 우물》을 옹호하기 위해 법정에 나서려고 했던 작가 E. M. 포스터, 버지니아 울프 등의 일화도 소개되어 있다. 이처럼 런던의 블루 플라크 이야기만 잘 탐색해도 빅토리아 시대 이후의 런던뿐 아니라 유럽의 역사를 깊이 만날 수 있다.

철학자이자 사회비평가 버틀런드 러셀의 블룸스버리 집에 있는 블루 플라크.

잉글리시 헤리티지는 2016년 9월 블루 플라크 개설 150주년을 기념하여 록 밴드 퀸의 프레디 머큐리의 블루 플라크를 걸었다. 프레디 머큐리는 10대 시절인 1960년대에 런던 히스로 공항과 가까운 펠섬의 글래드스톤 애비뉴 22번지에 살면서 음악활동을 시작했다. 플라크 제막식에는 퀸 기타리스트 브라이언 메이, 머큐리의 여동생 카시미라 쿠크가 함께했다.

런던을 여행할 때 블루 플라크 앱Blue Plaques of London을 활용하면 위치정보에 기반해 블루 플라크를 쉽게 찾을 수 있다.

83/101

82점의 초상화와 1점의 정물 전시
'아이폰을 지닌 터너' 데이비드 호크니를 만나다

영원한 소년, 데이비드 호크니가 돌아왔다. '82점의 초상화와 1점의 정물화'를 갖고서. 2016년 7월에서 10월까지 런던 로열 아카데미 오브 아트에서 열린 그의 전시회 제목처럼, 그는 82점의 초상화와 1점의 정물화 등 모두 83점의 그림을 내걸었다.

 귀가 거의 들리지 않는 82세의 화가가 선보인 그림들은 소년 같은 그의 미소처럼 화사하다. 화가는 2014년부터 2016년 초까지 로스앤젤레스의 작업실로 지인들을 한 명씩 초대했다. 친구, 큐레이터, 작업실 직원, 화가의 누나 등. 한 사람이 보통 사흘 동안 하루 6시간씩 의자에 앉아 포즈를 취했다. 일정이 바쁜 모델은 이틀에 작업을 끝냈다. 목탄으로 아웃라인을 스케치하고 아크릴 물감으로 채색을 했는데, 중간에 고치지 않고 일사천리로 작업했다.

 의자에 앉아 있는 사람들의 포즈는 제각각이다. 정면으로 앉아서 웃고 있는 사람, 삐딱하게 앉아 있는 사람, 턱을 괴고 다리를 꼬고 앉은 사람, 무릎을 모으고 두 손을 허벅지 위에 얌전하게 올려놓고 있는 사람. 남자, 여자, 젊은이, 늙은이, 백인, 흑인 등. 같은 의자에 앉아 모델이 되었다는 공통점 말고는 표정도, 옷

 데이비드 호크니 '82점의 초상화와 1점의 정물'
www.royalacademy.org.uk/exhibition/david-hockney-portraits

런던 로열 아카데미 오브 아트에서 열린 데이비드 호크니 전시. © Matko Medic, Dreamstime.com

차림도, 신발도 다르다. 이들 초상화의 캔버스 크기는 모두 121.92 x 91.44cm. 걸터앉는 긴 의자 위에 올려놓은 빨간 피망, 노란 레몬과 바나나 등을 그린 유일한 정물화도 같은 크기의 그림이다.

데이비드 호크니는 로열 아카데이 오브 아트와의 인터뷰에서 작업과정 자체가 즐거웠다고 말한다.

"사람들이 작업실로 오는 게 좋았어요. 귀가 거의 먹고 외출할 형편이 안 되어서요. 그림을 그리는 동안 저도 그들을 더 잘 알게 되고, 그들도 나를 더 잘 알게 되었죠. 사람들도 20시간 동안 누가 자신을 주목해서 보는 경험이 특별했나 봐요. 사람은 다 다른 얼굴, 다른 내면을 갖고 있어요. 사람의 개별성을 머리끝부터 발끝까지 그려보니 즐거웠어요."

초상화 82점에 덧붙여 정물화 1점을 전시에 포함한 것은 즉흥적이었다. 82점의 초상화 작업이 끝난 후에 화가는 '특별한 이유 없이' 정물화를 1점 그렸다고.

이들 초상화와 정물화에는 데이비드 호크니 스타일의 생생한 색채가 화폭마다 빛을 발한다. 축제 행렬에서 본 것처럼 분홍, 주홍, 파랑, 노랑의 '블링블링'한 색들이 저마다 춤추며 '인생은 아름다워'라고 말하는 것 같다. 미술비평가 조나단 존스는 "이 전시는 (화려한 색채의 화가) 앙리 마티스에 대한 오마주"라고

현존하는 영국 최고의 화가 데이비드 호크니. © Matko Medic, Dreamstime.com

말했다. 존스는 "호크니는 루시언 프로이드가 아니다"라고 말하기도 했다. 루시언 프로이드는 누구인가? 지그문트 프로이트의 손자로, 인간 내면의 어두운 면을 끄집어내어 일그러진 초상화들을 남긴 화가다. 루시언 프로이드의 초상화가 어둡고 추하다면, 데이비드 호크니의 초상화는 밝고 싱싱하다. 호크니의 초상화 속에서 심각한 표정을 짓고 있는 중년 여인의 표정도 밝은 색상들에 가려 어두워 보이지 않을 정도다.

데이비드 호크니는 영국에서 현존하는 화가들 중 최고의 그림값을 받으면서도 평이 분명하게 갈린다. 그의 그림을 본 사람은 찬사를 보내거나, 고개를 돌려 버린다. 특히 예술의 사회적 기능을 강조하는 비평가들은 호크니의 그림이 상업적으로 성공했을지언정 인간적 고뇌가 보이지 않는다고 비판했다.

1937년 영국 중부 요크셔에서 태어난 데이비드 호크니는 왕립예술대학 재학 시절에 이미 유명 미술거래상의 눈에 띄었다. 특히 미국 갤러리에서 그의 작품을 환영했고, 햇볕 따뜻한 캘리포니아와 로스앤젤레스에서 그림을 그리고 강의

© David Hockney, Royal Academy of Art

를 하며 인생의 대부분을 보냈다.

호크니가 요크셔 시골마을을 찾아 돌아온 것은 69세가 되던 해인 2006년. 40여 년 만의 귀향이었다. 미술평론가 마틴 게이퍼드와의 10년간 대화를 수록한 《데이비드 호크니와의 대화: 다시, 그림이다》에서 그는 영국의 봄을 만나러 요크셔 시골마을로 돌아왔다고 말한다. 호크니는 미국에 살 때도 크리스마스 때면 요크셔를 찾아와 가족과 함께 보내곤 했지만, "너무 어둡고 추웠기 때문에 항상 돌아갔다"고 말한다. 그는 2002년 루시언 프로이드가 자신의 초상화를 그리는 동안 영국의 봄을 처음 경험했다고 털어놓는다. 영국의 봄과 캘리포니아의 봄을 비교하며 호크니는 영국에서 춥고 긴 겨울 후에 오는 봄은 "거대하고도 극적인 사건"이라고 불렀다. 그리고 요크셔 시골마을에 빠져서 "파라다이스를 찾았다"고 경탄했다. 화가는 별다를 것 없는 마을길과 나무의 1년을 전부 그리고 싶어 했다. 그는 들판으로 캔버스를 가지고 나가서 스케치했다. 같은 각도에서 다른 사계절을 보여주는 대형 연작이 탄생했다.

'다르게 보기'는 데이비드 호크니의 평생 탐구 대상이었다. 미술평론가 마틴 게이퍼드는 '오랫 동안 바라보기 그리고 열심히 바라보기는 호크니의 삶과 예술에서 핵심적인 행위이고, 또한 그의 가장 큰 두 가지 기쁨'이라고 썼다. 24세에 자신이 동성애자임을 공개적으로 알린 작품 '우리 두 소년이 껴안고', 일약 그를 유명인으로 만든 수영장 그림 '큰 첨벙', 독창적 추상화의 지평을 연 '클라크 부부와 고양이 퍼시의 초상'을 비롯해, 최근작 '82점의 초상화와 1점의 정물화'에 이르기까지 호크니의 작품들은 평범한 일상을 다시 보게 해준다.

마틴 게이퍼드는 화가를 '아이폰을 지닌 터너'라고 정의한다. 윌리엄 터너는 시시각각 변하는 영국 하늘을 가장 잘 묘사했다고 인정받는 '국민화가'다. 별다를 것 없는 하늘을 다르게 보는 법을 알려준 터너처럼, 호크니도 나무와 길과 사람을 다른 눈으로 보게 해준다. 터너와 다른 점이 있다면 카메라, 매킨토시, 스마트폰 등 첨단기기도 즐겨 사용하는 얼리어답터라는 점이다.

데이비드 호크니의 그림을 보면 따스한 감정이 밀려온다. 인간의 근원적인 고독조차 그의 붓질을 거치고 나면 사탕 포장지 색깔처럼 달콤해지는 것 같다. 그는 실제로 가까운 사람에게 우리 삶의 가장 달콤한 순간을 선물해준다. 오랜 친구 마틴 게이퍼드에게 '오늘 새벽을 당신에게 보내줄게요'라며 아이폰으로 그린 분홍, 자주, 살구색으로 번지는 여름 새벽하늘 그림을 보내줬다는 화가. 시간이 정지한 것처럼 고요한 선, 춤추는 듯 화려한 색채. 데이비드 호크니의 그림 속에서 우리는 삶의 다른 면이 공존하는 것을 발견한다.

84/101

마지막 희생자가 방문했던 커머셜 스트리트 84번지의 펍
잭 더 리퍼, 그는 과연 누구일까?

잭 더 리퍼$^{Jack\ the\ Ripper}$는 빅토리아 시대인 1888년 8월 31일부터 11월 9일까지 런던 이스트 엔드 지역의 윤락가 화이트 채플에서 5명의 여성을 살해한 연쇄 살인범이다. 잭 더 리퍼는 살해 후 시신을 심하게 훼손시켜 런던사람들을 더욱 공포에 떨게 만들었다. 잭 더 리퍼란 이름은 자신이 연쇄살인범이라고 주장하는 누군가가 써서 보낸 편지에서 유래했는데, 나중에 그 편지는 이 사건을 주목받게 만들려고 어느 기자가 쓴 가짜 편지로 밝혀졌다. 실제 사건파일에서는 살인범을 '화이트 채플의 살인범' 또는 '가죽 앞치마'로 지칭했다.

　잭 더 리퍼의 범행은 역사상 가장 유명한 미해결 사건이자 한 세기가 넘도록 범죄학자들에게 가장 당혹스러운 사건으로 남아 있다. 당시 2,000명이 넘는 사

잭 더 리퍼 투어(Jack the Ripper Tour)
- 런던 프리 투어(무료-투어 후 자유롭게 지불)
  일시·장소 매일 20:00, Tower Hill 역 앞 출발
  홈페이지 www.freetoursoflondon.com/free-jack-the-ripper-tour
- 런던 웍스 투어(10파운드)
  일시·장소 매일 19:30(토 15:00) Tower Hill 역 앞 출발
  홈페이지 www.walks.com/popular-walks/jack-the-ripper-tour
- 잭 더 리퍼 투어(12.50파운드)
  일시·장소 매일 19:30, Aldgate East 역 앞 출발
  홈페이지 www.thejacktheripperwalk.com

잭 더 리퍼를 그린 스트리트 아트.

람을 검문하고 그중 300명을 조사, 80명을 억류했지만 잭 더 리퍼는 유유히 포위망을 빠져나갔다. 한때 빅토리아 여왕의 손자이자 에드워드 7세의 장남인 앨버트 왕자와 《이상한 나라의 앨리스》의 작가 루이스 캐럴이 용의자로 지목되기도 했다.

2014년에 125년이 넘도록 미궁에 빠져 있던 잭 더 리퍼의 정체를 밝히기 위해 현대 과학수사 기법이 적용되었다. 사업가이자 아마추어 탐정 러셀 에드워즈는 잭 더 리퍼의 정체를 오랫동안 추적해왔다. 러셀은 2001년 조니 뎁이 출연한 영화 〈프롬 헬From Hell〉을 보고 잭 더 리퍼 사건에 뛰어들었다. 프롬 헬은 1888년 10월 16일 잭 더 리퍼가 화이트 채플 치안위원장 조지 러스크에게 피해자의 신장 반쪽과 함께 보낸 편지의 제목으로, 영화의 원작은 앨런 무어가 1999년에 쓴 동명의 그래픽 노블이다. 러셀은 수년 간 사건의 단서를 찾아다니다 2007년 한 경매장에서 중요한 숄을 찾아냈다. 그 숄은 잭 더 리퍼의 희생자 캐서린 에도우즈의 시신 옆에서 발견된 것으로 추정됐다. 러셀은 숄이 진품인지 확인하기 위해 패브릭의 제작연도를 추적하고 2011년에는 DNA검사를 의뢰해 숄에 묻은 피와 희생자의 증손녀의 피를 검사한 결과가 일치한다는 것을 밝혀냈다. 그런데 조사 과정에서 숄에 묻은 정액이 발견되었다.

잭 더 리퍼의 희생자들이 마지막으로 목격된 펍, 텐 벨스.　© Anthony Baggett, Dreamstime.com

　　러셀은 정액이 누구의 것인지를 밝혀내기 위해서 용의자를 좁혀나갔다. 그리고 두 가지 증거를 단서로 아론 코스민스키를 범인으로 추정했다. 첫 번째 증거는 2006년 런던경찰청의 범죄 박물관이 발표한 메모였다. 범죄 박물관은 당시 잭 더 리퍼를 추적했던 도널드 스원슨 경감의 메모를 전시했다. 메모에는 정신질환을 앓고 있는 폴란드인 아론 코스민스키가 잭 더 리퍼라고 적혀 있다. 두 번째 증거는 사건 당시 범행현장에 '유대인들은 아무 이유 없이 비난 받아선 안 된다'란 낙서가 남아 있었는데, 용의자 아론 코스민스키도 폴란드계 유대인이었다. 러셀은 아론의 여자 형제의 자손을 설득해서 DNA 표본을 얻었고 검사 결과 숄에 남아 있던 정액과 DNA가 일치했다고 밝혔다. 러셀은 오로지 순수한 호기심으로 14년 간 한 사건을 끈질기게 추적했고 마침내 영원히 미제로 남을 것 같던 사건의 결정적 단서를 찾아냈다고 주장했다. 러셀은 2015년 《잭 더 리퍼를 명명하며 Naming Jack the Ripper》를 출간하고 런던에서 잭 더 리퍼 투어를 진행하고 있다.

　　하지만 러셀의 추적으로 진범을 찾았다고 생각한 사람들에게 실망스런 소식이 들려온다. 러셀의 발표 이후 여러 범죄학자들이 러셀의 증거가 불확실하다는 의문을 제기했고, 잭 더 리퍼의 정체에 관한 새로운 주장을 내세우는 사람들도 계속 나오고 있다.

한밤의 잭 더 리퍼 투어

런던에는 골목골목을 걸어다니며 숨은 이야기를 들려주는 투어가 많다. 그동안 런던에서 '비틀스 애비로드', '시크릿 런던', '조지 오웰', '블룸스버리 문학', '블룸스버리 공원의 나무들' 등 여러 투어에 참가해봤지만, '잭 더 리퍼' 투어만큼 많은 참가자들을 본 적이 없다. 2016년 5월 말, 저녁 7~9시 런던 동부 지역에는 우리 팀 말고도, 여러 팀이 화이트 채플 지역 골목을 누비며 설명을 듣고 있었다. 사건현장에 가 있기만 해도 소름이 돋는데, 가이드는 당시 현장을 찍은 사진과 신문 삽화를 계속 보여주며 왜, 어떻게, 얼마나 끔찍한 일이 일어났는지 세세하게 설명을 해준다.(겁이 많은 사람은 피할 것.)

호러 영화에 못지않게 무서워하면서도 수많은 사람들이 투어에 참가하는 것은 바로 실제 일어난 사건이자 아직 풀지 못한 사건이기 때문이다. 투어는 올드게이트 이스트 역이나 타워 힐 역 앞에서 출발해, 잭 더 리퍼 사건이 일어났던 곳들을 추적한다. 이 일대는 빅토리아 시대 런던에서 악명 높은 범죄 소굴이자 슬럼가. 5구의 시신이 발견된 현장인 시티의 미터 스퀘어(Mitre Square), 스피탈필즈 마켓 근처 크리스핀 스트리트 옆 골목(예전 Dorset Street), 한버리 스트리트(Hanbury Street), 화이트채플 역 근처의 더워드 스트리트(Durward Street), 헨리크 스트리트(Henriques Street)를 찾아 당시 사건을 설명한다. 스피탈필즈 마켓 건너편 커머셜 스트리트(Commercial Street) 84번지에 있는 텐 벨스(The Ten Bells)는 희생자 2명이 마지막으로 모습을 보인 펍이었으며, 한동안 '잭 더 리퍼'라는 펍 이름을 쓰다가 범죄를 미화한다는 거센 항의에 펍 이름을 텐 벨스로 바꿨다.

85/101

프리츠커상 등 85개 상을 수상하다
무산될 뻔한 랜드마크, 런던 아이

시드니는 오페라하우스, 파리는 에펠탑이 있다면 런던을 상징하는 아이콘은 무엇일까? 인천국제공항 설계를 담당한 영국인 테리 파렐은 당시 한국인들에게 그런 질문을 받고 당혹했다. '버킹엄 궁전은 유럽의 여느 성과 다를 바 없고, 빅 벤은 비슷한 게 벨기에의 앤트워프에 있다. 아마 런던에서만 유일하게 내세울 수 있는 건축물은 타워 브리지일 것이다. 타워 브리지는 가히 영국의 건축대사라고 부를 만하지만, 증기기관 시대의 유물 아닌가?' 한 도시를 대표하는 아이콘이나 랜드마크를 고민하는 건 영국인들도 마찬가지인 모양이다. 영국 건축재단과 〈선데이 타임스〉지는 밀레니엄을 7년 앞두고 랜드마크 공모전을 열었다.
"다가오는 밀레니엄을 기념하기 위해서 1993년에 런던을 대표할 랜드마크 공모전이 열렸습니다. 랜드마크가 세워질 장소나 무엇을 만들어야 하는지 기준은 없었어요. 우리 부부는 공모전이 우리 이름을 알릴 절호의 기회라고 생각했어요.

> **Tip**
> 런던 아이(The London Eye)
> **위치** Riverside Building, County Hall, Westminster Bridge Road, SE1 7PB
> **지하철** Waterloo 역, Westminster 역
> **오픈시간** 일~목 10:00~21:00, 금·토 10:00~21:30
> **입장료** 성인 24.95파운드, 어린이(4~15세) 18.95파운드, 유아 무료,
> 온라인 예매시 성인 21.20파운드, 어린이 16.10파운드
> **홈페이지** www.londoneye.com

일단 탑은 제외하기로 했어요. 에펠탑과 경쟁할 수 있는 탑이 가능할까요? 우린 심지어 에펠탑에 가본 적도 없었거든요. 그런데 어느 날 아침에 문득 대관람차가 사람들을 얼마나 쉽고 간단하게 높은 곳까지 올려주는지가 떠올랐어요. 장소는 하이드 파크가 좋겠다고 생각했지요. 세계박람회가 열렸던 곳이니까요. 그런데 아내이자 동료인 줄리아는 거긴 아니라고 하더군요. 줄리아는 사우스 뱅크밖에 없다고 했어요."

런던 아이의 건축가 데이비드 마크스는 2015년 〈가디언〉지와의 인터뷰에서 그때를 회상하면서 이렇게 말했다. 데이비드 마크스는 아내 줄리아 바필드와 건축회사 마크스 바필드를 운영하고 있다. 두 사람의 건축회사는 공모전에 런던의 랜드마크로 대관람차를 세우자는 아이디어를 제출했다. 그러나 이 제안은 공모전에서 탈락했고, 공모전은 200개의 응모작품 중에서 당선자를 뽑지 못했다.

부부는 멋진 아이디어를 아무도 알아보지 못하자 '그냥 해보자'면서 대관람차 프로젝트를 시작했다. 그리고 설계안을 들고 시청, 32개 구, 사우스 뱅크센터, 예술위원회, 항만청 등 모든 관련 기관을 찾아다녔다. 가장 힘들었던 일은 건축과 도시 디자인 자문기구인 로열 파인 아트 커미션의 의장 존 포슬리 경과의 만남이었다. 지금은 고인이 된 포슬리 경은 런던 아이가 런던을 망치게 될 거라며 두 사람의 계획을 전면 무효화시키려고 했다.

그후 몇 년 간 런던 아이가 완성되리라고 생각하는 사람은 아무도 없었다. 하지만 데이비드와 줄리아 부부는 포기하지 않았다. 1999년 수많은 우여곡절과 끈질긴 노력 끝에 높이 135m에 달하는 세계에서 가장 큰 대관람차 런던 아이가 템스강변 사우스 뱅크에 모습을 드러냈다. 그리고 2000년 밀레니엄 하루 전날인 12월 31일에 런던 아이가 공식적으로 개장했다. 실제로 사람들이 런던 아이에 탑승하게 된 것은 2000년 3월부터다.

런던 아이는 템스강이 내려다보이는 사우스 뱅크에 자리잡고 있다. 거대한 대관람차는 설치되자마자 템스강변의 스카이라인을 바꾸었다. 지름 120m, 최고 높이 135m의 런던 아이에 탑승하면 날씨가 좋을 때는 멀리 40km까지 보인다. 캡슐 하나당 28명까지 탑승할 수 있으며, 연 이용객은 약 350만 명에 달한다.

런던 아이에는 사람들이 탑승할 수 있는 캡슐 32개가 달려 있다. 캡슐의 수는 런던시의 32개 구를 상징한다. 캡슐의 번호는 서양인들이 기피하는 13번을 빼고, 1~33번까지 매겨져 있다. 런던 아이는 초당 26cm의 속도로 천천히 회전하는데, 한 바퀴 도는 데 걸리는 시간은 30분이다.

런던 아이에서는 다양한 이벤트가 펼쳐진다. 2010년에는 '런던 레스토랑 페스티벌'이 벌어졌는데 축제가 벌어지는 2주 동안 캡슐 하나가 임시 레스토랑으로 바뀌었다. 인기 셰프 고든 램지와 다니엘 볼루드는 이 캡슐에 탄 관람객 10명의 식사를 준비했다. 2013년에는 레드불 뮤직 아카데미가 '레드불 레볼루션 인 사운드'를 열었는데, 인기 DJ와 가수들이 참여해 런던 아이의 캡슐들을 각각 다른 콘셉트의 나이트클럽으로 변신시켰다. 2016년 봄에 펼쳐진 '찰리와 초콜릿 공장' 이벤트에서는 윌리 웡카를 상징하는 황금색과 보라색 빛을 뿜어내는 거대한 롤리팝으로 변신했다.

런던 아이는 영국과 해외에서 여행 부문을 비롯한 건축, 기술 분야를 통틀어 2016년 9월말까지 85개의 상을 수상했다. 런던 아이는 세계 여행업계에서 권위 있는 '월드 트레블 어워드'를 2003년에서 2006년까지 4차례나 연달아 수상했고, 2001년에는 전세계적으로 재능 있는 건축 디자이너에게 수여하는 ISE 스트럭쳐 어워드와 '산업혁신 여왕상 Queen's Awards for Enterprise'을, 2007년에는 프리츠커상을 수상했다.

런던 아이는 당초 의도대로 새로운 시대의 랜드마크로 자리잡았을까? '프리츠커상' 수상자이며 유명 건축가인 리처드 로저스 경은 책 《눈: 런던 아이 비하인드 스토리》에서 '런던 아이는 에펠탑이 파리에 한 일 그대로를 해내고 있다. 심볼이 되고, 사람들이 올라가서 도시를 내려다볼 수 있는 역할을 하는 것이다. 전문가나 부자들뿐 아니라 모두가 할 수 있다. 바로 그것이 런던 아이의 아름다움이다. 공적이고 접근 가능한 것. 런던 아이는 런던의 심장부에서 중요한 자리를 차지하고 있다'고 격찬했다. 2013년 〈미러〉지에서 실시한 영국에서 가장 아름다운 랜드마크를 묻는 설문조사에서 런던 아이는 11위를 차지했고 런던에 있는 랜드마크 중에서는 8위를 차지했다. 이 조사에서 1위는 빅 벤, 2위는 타워 브리지, 3위는 런던 타워가 차지했다.

86/101

86개의 계단을 딛고 볼 수 있는 런던의 비경

성 아닌 성, 세번드루그

런던에 유일하게 남아 있는 성은 런던 타워다. 그렇다면 런던에서 성이 아닌데도 성으로 불리는 곳은? 지하철 주빌리 노선의 노스 그리니치 역에서 버스를 타고 50분 정도 가면 닿을 수 있는 높다란 언덕 슈터스 힐에 있는 세번드루그 성Severndroog Castle이다. 옥스퍼드 사전에 따르면 성이란 '중세 시대에 침입을 막기 위해 두꺼운 성벽과 타워, 때로는 해자로 둘러싸인 요새화된 큰 건축물'을 말한다. 학자에 따라 의견이 다르지만, 대체로 성은 봉건 영주와 같은 귀족이 살거나 전쟁 때 요새로 사용했다. 그러니 실제로 사람이 산 적이 거의 없고, 요새 용도로 짓지 않은 세번드루그 성은 엄격하게 말해 성이 아니라 장식용 건축물Folly에 속한다.

세번드루그 성은 한 여인이 남편을 기리기 위해 지었다. 해군 사령관이었던

세번드루그 성(Severndroog Castle)
위치 Castle Wood, Shooters Hill, SE18 3RT
교통 지하철—North Greenwich 역에서 486번 버스 타고 Memorial Hospital 정류장 하차(약 50분)
　　　DLR—Woolwich Arsenal 역에서 244번 버스 타고 Memorial Hospital 정류장 하차(약 30분)
오픈시간 4.1~10.28 목·금·일 12:30~16:30, 10.29~3.31 목·금·일 11:00~15:00
　　　　　(1층 캐슬우드 티룸은 여름~가을 수 10:00~15:00, 목~일 10:00~16:30)
입장료 성인 2.5파운드, 어린이 2파운드, 유아(4세 미만) 무료
홈페이지 www.severndroogcastle.org.uk

월리엄 제임스 경의 아내 앤 제임스가 그 주인공이다.

가난한 방앗간집 아들로 태어난 제임스는 10대 초반에 집을 떠나 배를 타기 시작했고, 10대 후반에는 이미 자신의 무역선을 갖게 되었다. 그후 동인도 회사에서 무역용 선박을 지키는 해군이 되었고, 30대 중반인 1755년 영국 봄베이 해군(훗날 왕립 인도 해군) 사령관으로 복무하면서 인도 서쪽 해안에서 영국인들이 소위 '해적들의 성채'로 불렀던 슈바르나두르그^{Survarnadurg}의 요새를 함락시키면서 명성을 떨치기도 했다.

제임스는 1759년에 바다생활을 접고 런던 남동부의 앨섬에 정착했다. 6년 후 그는 월트셔 출신의 부유한 가문의 딸 앤 고다드와 결혼한다. 당시 제임스는 42세로 재혼, 앤은 20대 초반으로 초혼이었다. 두 사람은 앨섬의 파크 팜 궁전과 소호의 제라드 스트리트 저택에 살며 두 아이를 낳았다. 제임스는 동인도 회사 대표와 그리니치 병원장을 역임했으며, 앤은 예술에 관심이 많은 아마추어 화가였다.

제임스는 앤과의 결혼생활 18년 만인 1783년 뇌졸중으로 세상을 떠났다. 1년 후 앤은 앨섬에서 가장 지대가 높은 슈터스 힐을 사서 성을 지었다. 성의 이름은 남편이 인도에서 함락시킨 슈바르나두르그 요새의 영국식 이름인 세번드루그로 붙였다. 세번드루그 성은 갈색 벽돌로 된 고딕양식의 성이다. 높이 19m의 삼각 기둥 모양으로 각 모서리에는 3개의 탑이 자리잡고 있다. 앤은 특이하게도 등대 전문가에게 이 성의 설계를 맡겼는데, 바다에서 오랜 세월을 보낸 남편을 향한 그리운 마음 때문이라고 전해진다. 앤은 남편 사후 15년 후인 1798년에 세상을 떠났다.

세번드루그 성은 그 지리적 위치와 높은 고도 때문에 램프 시험, 지도 제작 등 다양한 목적으로 쓰였다. 1788년 〈잰틀맨〉 잡지에는 램프 효과에 대한 공개 요청사항이 실렸다. 해발 132m 높이에 위치한 세번드루그 성에서 트리니티 등대 회사가 램프를 시험할 예정이니, 반경 48km 이내에 살고 있는 모든 신사들은 램프 불빛의 효과를 알려주기 바란다는 내용이었다. 바다에서 들어오는 배들의 등대로 사용할지 검토한 것이다.

1784~90년에는 월리엄 로이 장군이 세번드루그 성과 그리니치 천문대, 파리

천문대를 세 꼭짓점으로 잇는 삼각 영역의 지도 제작을 위해 조사활동을 벌였다. 1848년에는 왕실 엔지니어가 런던 실태 조사를 위해 이곳을 이용하기도 했다. 넓은 지역을 포괄하는 시야를 확보할 수 있기 때문에 제2차 세계대전 중에는 공중폭격을 감시하는 정찰병이 이 성의 꼭대기에서 24시간 근무하고 정부의 정찰용 직통전화가 설치되었다. 세번드루그 성은 워낙 높이 솟아 있어서 지금까지도 개인 항공기 전용 비행장인 비긴 힐 공항으로 비행하는 조종사들의 이정표가 되고 있다.

세번드루그 성은 전망대로도 유명하다. 슈터스 힐은 런던에서 9번째로 해발 고도가 높은 언덕. 인근에 높은 건물들이 별로 없어서 런던에서는 드물게 탁 트인 전망을 볼 수 있다. 1층 티룸에서 87개의 나선형 계단을 올라가면 전망 갤러

런던의 해발 고도 높은 곳 Top 10

1. 웨스터엄 고지(브롬리) 245m
2. 스탠더스테드 평원(크로이든) 175m
3. 스탠모더 힐(해로) 152m
4. 아클리(바넷) 147m
5. 클록하우스 리크레이션 그라운드(서튼) 147m
6. 하이우드 힐(바넷) 145m
7. 해로 월드 커먼(해로) 145m
8. 햄스테드 히스(캄덴) 134m
9. 슈터스 힐(그리니치) 132m
10. 하이게이트(이슬링턴) 129m

전망이 좋은 햄스테드 히스.

리가 나오는데, 맑은 날에 괜찮은 쌍안경만 있으면 인근 7개의 주를 다 볼 수도 있다. 특히 제임스 경 부부가 살았던 앨섬의 정경이 바로 눈앞에 펼쳐져 있고, 멀리 고층빌딩이 즐비한 시티 지역까지 보인다.

세번드루그 성은 230여 년 동안 주인이 여러 번 바뀌었다. 1922년부터 런던 32개 자치구의 연합체인 런던광역의회[GLC]에서 관리를 맡아 지역 주민들의 가족 나들이 장소로 운영되다가, 1986년 그리니치구로 소유권이 넘어갔다. 하지만 1980년대 후반부터 운영이 어려워 방치되었고 낙서의 온상으로 흉물스럽게 변해갔다. 2002년 그리니치구는 민간개발업자에게 성을 임대해주려고 했다. 그러자 성을 공공의 장소로 만들자는 지역주민들의 캠페인이 시작되었고, 2003년 '세번드루그 성 건축물 보전 트러스트[SCBPT]'가 결성되어 2010년 영국 복권기금의 지원을 받아 복원공사에 들어갔다. 지역주민들의 노력으로 세번드루그 성은 2014년 일반 방문객들에게 문을 활짝 열 수 있었다. 1층과 2층은 이 성을 만든 부부를 기려 각각 레이디 제임스 룸, 윌리엄 제임스 룸이라고 이름 붙였다. 이곳은 런던에서는 희귀한 성채 형태의 건축물인데다 아름다운 창문과 나선형 계단이 있어서 웨딩 촬영과 파티 대여 장소로도 인기가 높다. 매달 둘째, 넷째 토요일에는 레이디 제임스 티룸에서 에프터눈 티도 맛볼 수 있다. 특별히 할로윈데이에는 야간 투어를 진행한다. 투어에서는 할로윈에 어울리는 이야기들과 함께 '유령에 관한 음악'이 연주된다.

87/101

87세로 승마대회에서 우승한 여왕의 못 말리는 '말 사랑'
런던에서 우아하게 승마 즐기기

잉글랜드 버크셔에 있는 작은 마을인 아스콧^{Ascot}은 매년 6월이면 화려한 정장과 희한한 모자 차림의 사람들로 북적인다. 영국 왕실에서 주최하는 세계적인 규모의 승마대회가 열리기 때문이다. 1711년 앤 여왕이 처음 대회를 열었고, 엘리자베스 2세 여왕은 매년 이 행사에 참석했을 뿐 아니라 자신의 경주마도 직접 경기에 출전시켰다. 2013년 엘리자베스 2세 여왕은 87세의 나이에 재임 중인 왕으로는 최초로 대회 우승 트로피를 거머쥐었다. 대회가 시작된 이후 207번째 골드컵이었다.

엘리자베스 여왕의 말에 대한 지극한 사랑은 소문이 자자하다. 4살 때 처음으로 할아버지에게서 조랑말 '페기'를 선물 받고 6살 때부터 승마를 시작한 엘리자베스 여왕은 90세의 나이에도 여전히 날씨가 좋을 때면 15분 정도 승마를 즐긴다고 한다. 그레이트 브리티시 레이싱의 대변인에 따르면 엘리자베스 여왕은 아버지인 조지 6세로부터 승마 사랑을 물려받았다고 말했지만 여왕의 어머니 역시 2002년 101세의 나이로 세상을 떠나기 전까지 각종 승마대회에서 449차례 우승을 차지했을 정도로 대단한 승마광이었다.

왕실의 말사랑은 빅토리아 여왕이 '호스 위스퍼러^{Horse Whisperer}'를 머나먼 미국에서 불러온 일화에서도 엿볼 수 있다. 호스 위스퍼러는 말을 길들이는 사람으로 채찍과 고함으로 말을 길들이던 과거의 방식과는 달리 마치 속삭이듯 말과 교감

하이드 파크의 승마장. © Hyde Park Stables

을 나누면서 소통하는 사람을 말한다. 호스 위스퍼러의 기원은 1850년대로 거슬러 올라간다. 영국의 작가 니콜라스 에반스는 1995년에 발표한 《속삭이는 사람》에서 최초의 호스 위스퍼러 존 솔로몬 래리의 이야기를 들려준다.

'미국 오하이오주 그루브포트에 살았던 존 솔로몬 래리는 12살 때부터 말을 길들였다. 그의 천부적인 재능에 대한 소문이 널리 퍼졌고, 급기야 영국의 빅토리아 여왕의 귀에까지 들어갔다. 빅토리아 여왕은 존을 윈저성으로 불러들여 흥분한 말을 진정시키게 했다. 그리고 여왕과 주변에 있던 사람들 모두 존이 말을 길들이는 광경에 감탄했다. 존은 두 손을 말 위에 얹은 후 말을 바닥에 눕히더니 말발굽을 머리에 베고 자기도 그 옆에 누웠다. 여왕은 그 모습을 보고 활짝 웃으면서 즐거워했고 존에게 상금을 주었다. 조용하고 침착한 사람이었던 존은 이 사건 이후로 점점 언론의 주목을 받게 되었고 영국 전역에서 가장 난폭한 말들을 찾아 다니게 되었다.'

소설 《속삭이는 사람》은 출간과 함께 선풍적인 인기를 모았고, 1998년에는 로버트 레드포퍼드 감독이 영화 제작과 주연을 겸하기도 했다.

"말은 온화하고 너그러운 동물입니다. 그리고 아주 민감해서 폭풍 속에서도 엉덩이에 앉은 모기 한 마리까지 알아채지요. 등에 누군가를 태우는 것이 말에게는 사자 한 마리가 달려들어 등을 물어뜯고 발톱으로 목덜미를 찢어놓을 수도 있는 상황과 같아요. 그만큼 등에 태운 사람에 대한 믿음이 강해야 한다는 거죠. 저는 말에게 단호하고 조용한 목소리로 이야기합니다. 고유의 방식으로 말과 대화를 나누지요. 가끔 정말로 기가 센 말에게는 그 말의 10배 정도는 되는 존재감을 보여줘야 해요. 또 나쁜 기억을 간직하고 있는 말에게는 10배 정도 몸을 낮춰야 합니다."

'호스 위스퍼러'로 활약 중인 벅 브래너맨은 〈텔레그래프〉지와의 인터뷰에서 말에 대해 이렇게 말했다.

런던에서 말을 탈 수 있는 장소

하이드 파크 스태블스(Hyde Park Stables)
위치 63 Bathurst Mews, W2 2SB 지하철 Lancaster Gate 역
오픈시간 09:00~16:00 이용료 기초그룹레슨 1시간 89파운드
홈페이지 www.hydeparkstables.com

윔블던 빌리지 스태블스(Wimbledon Village Stables)
위치 24 a/b High Street, Wimbledon, SW19 5DX
지하철 Wimbledon 역 오픈시간 화~금 09:00~14:00
이용료 기초 레슨 95파운드 홈페이지 www.wvstables.com

리 벨리 라이딩 센터(Lee Valley Riding Centre)
위치 71 Lea Bridge Road, E10 7QL 지하철 Monurnent 역, London Bridge 역
오픈시간 월~목 07:15~21:00, 금~일 08:00~19:00
이용료 기초 그룹 레슨 1시간 성인 29.5파운드, 청소년(16세 미만) 15.5파운드
홈페이지 visitleevalley.org.uk

스태그 로지 스태블스(Stag Lodge Stables)
위치 Robin Hood Gate, Richmond Park, SW15 3RS
지하철 Putney Bridge 역 하차, 85번 버스로 환승 후 Robin Hood Lane 역 하차
오픈시간 07:30~21:00, 연중무휴
이용료 기초그룹 레슨 1시간 성인 주중 35파운드, 주말 45파운드, 어린이(5세 이상, 주말만 가능) 40파운드
홈페이지 www.ridinginlondon.com

승마는 척추뼈와 근육을 강화시키고 심혈관계 기능을 향상시켜 주며 말과의 교감을 통해 정서를 안정시켜주는 좋은 운동이기도 하다. 이렇게 몸과 마음의 건강을 챙기는 데 좋은 승마를 대도시에서 쉽게 즐기기 어렵다. 하지만 그 대도시가 런던이라면 이야기가 달라진다. 런던은 녹지 비율이 높고 말을 달리기에 충분한 공원들이 많다. 승마를 위한 시설들도 잘 갖춰져 있다.

하이드 파크 공원에서 승마를 즐기려면 하이드 파크 스태블스를 이용하면 된다. 하이드 파크 스태블스의 승마코스에는 서펜타인 호수, 다이애나비 추모 분수, 앨버트 기념비 등 볼거리가 가득하며, 18~19세기 런던 상류층이 승마를 즐기던 코스로 유명한 1,384m의 로튼 로우도 직접 달려볼 수 있다.

런던의 탁 트인 초원에서 승마를 즐기고 싶다면 100년 전통의 윔블던 빌리지 스태블스나 리치몬드 파크에 있는 스태그 로지 스태블스를 이용하면 된다. 스태그 로지 스태블스는 70마리가 넘는 종마와 작은 조랑말도 있으며 아이에서 어른까지 승마를 즐길 수 있는 곳이다. 여기서는 하루 집중코스를 운용해 짧은 시간 동안 집중적으로 승마 실력을 향상시킬 수 있도록 도와준다.

런던 동쪽에 위치한 리 벨리 라이딩 센터에도 최첨단 실내 승마 장비를 갖추고 있다. 런던에서는 이렇게 많은 곳에서 어른, 아이, 장애인 등 누구나 손쉽게 승마를 즐길 수 있다. 한편, 영국에서는 음주 승마가 불법이다. 1872년에 제정된 영국법에 따르면 '말, 가축, 마차, 증기엔진을 모는 사람이 취했을 때' 처벌 받을 수 있기 때문이다.

88/101

마일 엔드 로드 88번지를 떠나 대항해에 나서다
선원들의 괴혈병을 막아낸 탐험가 제임스 쿡

"지금까지의 누구보다 멀리, 인간이 갈 수 있는 끝까지 가고 싶다."

누구보다 멀리 갔을 뿐 아니라 신세계를 지도에 담아 유럽 사람들에게 소개했던 탐험가 제임스 쿡이 남긴 말이다.

그는 1775년 가족과 함께 살던 런던 동부의 마일 엔드 로드 88번지 집을 떠나 더 넓은 세상을 향해 3번째 모험을 떠났고, 다시는 가족 품으로 돌아오지 못했다. 제임스 쿡은 영국의 항해사, 지도 제작자, 탐험가로 거대한 배를 타고 3차례나 신대륙을 찾아나선 대항해 시대의 마지막 주역이었다. 뉴질랜드가 두 개의 섬으로 이루어져 있다는 것을 밝혀낸 사람이 바로 제임스 쿡이고, 그래서 두 섬 사이의 바다는 쿡 해협이 되었다. 쿡은 유럽인 최초로 호주의 동쪽 해안에 도달했고, 하와이제도와 함께 남태평양의 통가, 이스터섬, 뉴칼레도니아, 바투아누와 같은 섬들을 발견했다. 쿡은 유럽에서 최초로 거의 현재의 모습과 가까운 남태평양의

제임스 쿡의 런던 발자취
- 해군에 근무하던 1763~65년에 살던 집
  위치 326 Shadwell Highway, St Katharine's & Wapping, E1W DLR 지하철 Shadwell 역
- 1차 대항해를 떠나기 전 1775년에 살던 집
  위치 88 Mile End Road, E1 지하철 Stepney Green 역
- 제임스 쿡의 동상
  위치 The Mall, London SW1A 2WH 지하철 Charing Cross 역

지도를 완성시켰다.

제임스 쿡은 영국 요크셔의 시골 마을에서 가난한 농장 노동자의 아들로 태어났다. 16세에 집을 떠나 북요크셔의 스카버러 어촌마을에서 식품잡화상 점원으로 일하던 쿡은 바다를 동경하게 되었고, 이후 윗비 항구에서 석탄 운반선의 견습 선원으로 배에 오르게 되었다. 27세에 이미 석탄 운반선의 선장이 된 쿡은 더 넓은 바다로 나가기 위해 해군에 입대했다.

18세기 탐험가 제임스 쿡.

1768년 왕립학회는 금성이 태양 위를 지나가는 '금성 일면통과' 현상이 벌어질 때, 금성과 태양 사이의 거리를 측정하기 위해 태평양의 타히티섬으로 천문학자를 보내기로 했다. 제임스 쿡은 왕립학회의 요청으로 '엔데버호'의 선장에 준하는 직위를 부여받아 그해 8월 타히티로 향했다. 쿡의 첫 번째 대항해의 대외적 목적은 천체 관측이었지만, 영국 해양성이 추가한 비밀 목적은 '전설의 남방대륙'을 찾아 남태평양을 탐험하는 것이었다. 쿡은 아쉽게도 천체 관측 임무에서는 왕립학회가 원하는 성과를 얻지 못했지만, 남태평양 탐험을 성공적으로 마치고 항해를 떠난 지 약 3년 만인 1771년 7월 영국으로 돌아왔다.

그리고 공로를 인정받아 정식 선장이 된 쿡은 1년 후 더 남쪽의 땅을 찾기 위해 '리솔루션호'를 타고 두 번째 항해를 떠났고 남극권 진입에 성공했다. 쿡은 남극대륙을 발견했지만 사람이 살 수 없는 땅이라는 것을 알아차리자 뱃머리를 돌렸고, 2차 탐험을 떠난 지 3년 만인 1775년 7월에 다시 영국 땅을 밟았다.

쿡의 죽음을 묘사한 그림.

쿡은 남태평양 탐험에 새 지평을 열었고 평민의 신분으로는 이례적으로 왕립 지리학회 정회원이 되었다. 쿡은 또한 괴혈병 예방과 퇴치에 크게 기여했다. 당시 수많은 뱃사람들이 항해 중에 괴혈병으로 목숨을 잃었는데, 쿡의 항해기간 동안에 함께한 선원들 중에는 괴혈병에 걸린 사람이 없었다. 쿡은 그 공로를 인정받아 왕립학회에서 메달을 받고, 의료 분야와는 아무 관련이 없음에도 명예직인 그리니치 해군병원의 원장으로 임명되기도 했다. 쿡은 괴혈병을 막으려면 사워크라우트(독일식 양배추 절임)를 먹는 것이 좋다는 정보를 입수했다. 하지만 선원들 중에 누구도 이 낯선 음식을 먹으려 하지 않자 쿡은 묘수를 생각해냈다. 사워크라우트를 선장과 간부들 식탁에만 필수로 올리고, 선원들에게는 원하는 사람에게만 주겠다고 한 것이다. 그러자 선원들 모두가 사워크라우트를 먹겠다고 자청했고 괴혈병을 막을 수 있었다.

1776년 7월에 쿡은 세 번째 탐험을 떠났고 하와이제도를 발견했다. 쿡은 우연히 하와이 주민들의 풍요의 신인 '로노'의 항구 케알라케쿠아만에 로노를 위한 축제기간 중에 도착했다. 하와이 주민들은 처음에는 철로 만든 거대한 배를 보고 쿡 일행이 신이라고 믿었고 쿡 일행을 환대했다. 하지만 얼마간 함께 지내면서 선원들 중 한 명이 죽게 되자 주민들은 쿡 일행도 자신들처럼 인간이라는 것을 알게 된다. 게다가 쿡의 선원들이 로노 사원의 울타리를 땔감으로 쓰는 등 불경한 행동을 벌이면서 주민들의 원성을 사는 일이 잦아지자 두 집단 간의 긴장은 점점 높아졌다. 그러다 1779년 2월 결국 쿡 선장과 선원 5명은 하와이 주민들에게 살해되고 말았다. 10대 후반부터 30년 가까이 바다 위에서 보낸 그의 항해 인생이 50세에 막을 내린 것이다.

대항해에서 돌아올 때마다 따스하게 쿡을 맞아주었던 그의 런던 집은 1959년에 철거되어 사라지고 말았다. 하지만 이 집터가 있던 마일 엔드 로드 88번지(당시 주소는 어셈블리로 7번지) 벽에는 쿡 선장을 기념하는 검은색 플라크가 달려 있다. 플라크에는 그의 공적이 다음과 같이 적혀 있다.

'그는 1759년에 세인트 로렌스강을 탐사했다. 1768년부터 1779년까지 세 번의 항해에서 그는 뉴질랜드 해안과 호주 동부 해안, 북미의 태평양 해안 지도를 만들었다.'

이 기념 플라크는 지난 1970년 제임스 쿡의 대항해 200주년을 기념하여 런던 광역의회가 설치한 것이다. 한편, 제임스 쿡은 이 집에 살기 전에 이곳에서 남쪽으로 약 1.5km 떨어진 거리에 있는 섀드웰 하이웨이 326번지(당시 주소는 어퍼 섀드웰 126번지)에서 약 2년간 살았는데, 이곳에도 그를 기념하는 블루 플라크가 있다.

89/101

89곳의 식재료 가게가 있는 미식가의 천국
셰프 제이미 올리버도 찾아가는 버러 마켓

'미식가들의 천국.' 버러 마켓에 다녀온 사람들이 이구동성으로 하는 말이다. 템스강 남쪽, 런던 브리지 근처에 있는 버러 마켓 Borough Market 은 제이미 올리버처럼 신선한 식재료를 찾는 유명 셰프나 오리지널 영국 맛을 찾는 사람들의 순례 장소다.

런던에서 최고의 식료품 시장으로 꼽히는 버러 마켓은 개장한 지 무려 1,000년이 지났다. 1014년 버러 하이 스트리트 길거리 시장으로 출발한 버러 마켓은 2014년에 개장 1,000주년을 맞이했다. 런던이 지금의 시티 지역에 한정돼 있을 무렵, 시티에서 런던 브리지를 건너면 닿을 수 있는 버러 마켓은 목 좋은 시장이었다. 13세기에 들어서 상인들은 지금의 버러 하이 스트리트 주변으로 자리를 넓혔다. 시장은 날로 규모가 커졌고 18세기 들어 시장 주변의 정체가 극심해지자 의회는 강제로 시장의 문을 닫아버렸다. 그러자 서더크 주민들은 문을 닫은

버러 마켓(Borough Market)
위치 8 Southwark Street, London　**교통** London Bridge 역
오픈시간 런치 마켓 월·화 10:00~17:00,
　　　　　풀 마켓 수·목 10:00~17:00, 금 10:00~18:00, 토 08:00~17:00, 일요일 휴무
홈페이지 boroughmarket.org.uk
버러 마켓의 슬로푸드 가게 23곳 지도 www.slowfood.org.uk/all-events/follow-snail-trail-london-borough-market

시장을 대체할 새로운 시장에 대한 허가를 받아냈고, 1756년에 다시 지금의 위치에서 시장을 열어 런던에서 가장 큰 식료품 시장이 되었다.

버러 마켓 홈페이지에 따르면 버러 마켓에 등록된 가게는 모두 155개다. 고기, 해물, 채소 등 집에서 요리에 쓰이는 식재료를 파는 곳이 89곳으로 절반을 웃돈다. 그외 길거리 음식(23곳), 빵집과 초콜릿 가게(20곳), 카페와 레스토랑(15곳), 꽃가게(3곳), 그릇가게(3곳), 아로마와 헤어숍(2곳) 등도 다양하다. 빵집, 치즈가게, 생선가게, 채소가게, 정육점뿐 아니라 꿀, 올리브 오일, 잼, 스파이스 등 홈메이드 제품을 파는 가게도 많다.

버러 마켓은 식재료를 대량으로 파는 도매시장이기도 하지만, 일반인들도 가게 앞 좌판에서 치즈, 소시지 등 다양한 음식을 시식해볼 수 있는 게 매력이다. 우선 영국 고유의 맛을 찾는 사람들에게 빼놓을 수 없는 향토 음식들이 있다. 시장 입구에 자리잡은 파이가게 '미스터 킹스 포크 파이'는 1853년부터 잉글랜드 중부 멜턴 지역의 농가에서 만들어온 두툼한 전통 파이로 유명하다. 언제나 기다리는 줄이 길게 늘어서 있는 레스토랑 '피시!'에서는 영국 전통의 피시&칩스 외에도 생선 파이, 생선 케이크를 맛볼 수 있다. 에섹스 해안가에서 양식하는 굴을 파는 '리처드 하워드의 굴' 가게는 신선한 굴을 찾는 손님들로 붐빈다. 켄트의 첵워스 농장에서 재배한 유기농 채소와 과일을 파는 '첵워스 밸리'는 런던 슬로

버러 마켓의 작은 가게들.

푸드 경연대회에서 '베스트 청과물 가게상'을 두 차례 받았다. 또한 가축을 키우는 동안 행복하고 쾌적한 환경을 제공해주자는 캠페인에 참여하고 있는 돼지 축산 농가 '진저 피그', 영국 농가들과 계약해서 유기농 치즈를 판매하는 '닐즈 야드 데리'도 슬로푸드 공인 가게들이다. 버러 마켓에는 국제슬로푸드협회 런던지부에서 공인한 가게가 23곳 있는데, 런던에 있는 단일시장 중에서는 가장 많은 숫자다.

세계 여러 나라에서 들여오는 음식들도 맛볼 수 있다. 스페인의 고급 햄 이베리코 데 베요타, 삶은 감자에 녹인 치즈로 맛을 낸 스위스 요리 라클렛^{Racelette}, 길이 30cm의 커다란 독일 소시지가 들어간 핫도그 등도 버러 마켓의 인기 메뉴다.

버러 마켓에서는 계절마다 다양한 행사가 열려 활기가 넘친다. 여름에는 맥주 페스티벌이 열리는데, 각 나라 요리와 짝을 짓는 맥주가 선을 보인다. 이 페스티벌에서는 스페인 요리에는 지중해 해양수로 만든 맥주, 인도 서부 구자라트 지역의 요리에는 런던에서 생산한 버몬지 세종 맥주, 절인 고기에 곁들인 프랑스 치즈에는 벨기에 브론즈 맥주와 페일 에일 맥주를 각각 어울리는 세트로 추천한다. 서더크 지역에는 한때 세계에서 가장 큰 양조장과 유명한 홉 거래소가 있었는데, 버러 마켓이 이 역사를 이어받아 맥주 페스티벌을 펼치는 것이다.

해마다 12월 초가 되면 각 나라 대표 치즈가 출동하는 '치즈의 저녁' 행사도 열린다. 이탈리아가 원산지로 와인에 담그는 치즈(일명 '술취한' 치즈)인 우브 리아코 치즈, 프랑스가 원산지인 염소젖으로 만든 피라미드 모양 발랑세 치즈, 웨일스에서 생산되는 푸슬푸슬하고 하얀 치즈로 광부들이 즐겨 먹었던 케어필리 치즈, 영국의 대표 치즈인 체다 치즈까지 맛볼 수 있는 행사다.

버러 마켓을 운영하는 곳은 자선단체인 버러 마켓 트러스트. 1754년 제정된 의회법에 따라 버러 마켓은 '지역사회에 영원히 유용하고 혜택을 주는 땅'으로 문서에 명기되었다. 이 문서에 맞게 버러 마켓은 오랜 역사 동안 개인 소유가 아닌, 자선단체에서 자원봉사자들이 운영하며 공공성을 지켜나가고 있다. 트러스트에서는 버러 마켓에 유기농, 친환경 기준에 맞는 슬로푸드 가게를 늘려가는 한편, 시장을 친환경적으로 운영하기 위해 여러 방안을 내놓고 있다. 예를 들어 2016년부터 시장에서 쓰는 모든 포장용기와 그릇 등을 친환경 소재로 바꾸고, 시장이 발행하는 〈마켓 라이프〉 잡지를 100% 재활용 종이로 제작하고 있다. 빗물 재활용, 에너지 절약형 조명기구 설치뿐 아니라 시장에 들어오는 식재료의 윤리적 생산과정까지도 감시한다는 게 트러스트의 방침이다.

90/101

최대 90%까지 세일하는 런던의 쇼핑 대목
미국에 블랙 프라이데이가 있다면, 영국엔 박싱 데이가 있다

2015년 12월 26일, 박싱 데이Boxing Day에 백화점과 대형 쇼핑몰 앞에는 이른 아침부터 개장을 기다리는 사람들의 줄이 길게 늘어서 있었다. 〈이브닝 스탠더드〉지는 이날의 풍경을 이렇게 묘사했다. '수백만 명의 쇼핑객들이 박싱 데이 세일을 맞아 거리로 쏟아져 나오거나 인터넷 쇼핑몰에 접속했다. 셀프리지 백화점은 개장 1시간 만에 200만 파운드의 매상을 올렸고, 인기 상업지구인 본드 스트리트, 옥스퍼드 스트리트, 리젠트 스트리트 매장들을 아우르는 PR회사인 뉴 웨스트엔드 컴퍼니는 국내 및 해외 쇼핑객들이 그날 하루 동안 이 지역에서 5,000만 파운드를 소비했다고 발표했다.'

미국에 '블랙 프라이데이'가 있다면 영국에는 '박싱 데이'가 있다. 블랙 프라이데이는 추수감사절 다음날로 미국 전역의 온라인·오프라인 소매점에서 제품들을 최대 90%까지 할인 판매한다. 추수로 풍성해진 다음날 사람들이 앞다퉈 물건을 사서 상점들이 적자에서 흑자로 돌아서는 날이라고 해서 블랙 프라이데이라는 별칭이 붙었다.

영국의 박싱 데이는 크리스마스 다음날이다. 박싱 데이에 지금처럼 대규모 세일을 벌이기 시작한 것은 1980년대부터다. 이날은 최고 70~90%까지 제품을 할인한다. 하지만 박싱 데이의 유래는 상품의 할인 판매와는 아무런 관계가 없다. 박싱 데이의 유래에 관해서는 두 가지 이야기가 전해 내려온다.

첫 번째 유래는 '착한 왕 바츨라프'에 얽힌 이야기다. 10세기 초 보헤미아의 바츨라프 성주는 말들의 수호신인 스테판 성인을 기리는 날인 세인트 스테판 데이였던 12월 26일에 자신의 영지를 돌아보았다. 바츨라프는 농부들이 눈보라 속에서도 땔감을 모으는 모습에 안타까워하면서 성에 남아 있던 음식과 와인을 모아 눈보라를 뚫고 농부들의 집 앞에 가져다주었다. 바츨라프 왕의 선행에 관한 이야기는 영국 교회까지 전해져 칭송받게 되었고 영국에서도 크리스마스 다음날이 자선을 베푸는 날이 되었다. 영국 교회에서는 교회 안에 상자를 마련해 교구민들의 헌금을 받았고, 헌금 상자를 크리스마스 다음날 열어 그 안에 쌓인 기부금으로 가난한 사람들을 도와주었다.

또 다른 유래는 이렇다. 크리스마스 다음날 귀족들은 하인과 고용인들에게 선물상자를 건네주었다. 일종의 제도화된 크리스마스 보너스였다. 하인들은 집으로 돌아가서 상자를 열고 두 번째 크리스마스를 맞이했고 그렇게 박싱 데이가 생겨났다는 설이다.

박싱 데이는 영국, 캐나다, 호주, 뉴질랜드 등 영연방 국가에서 휴일로 정해져 있다.

91/101

91세에 세상을 떠난 '백의의 천사'
귀족 출신 종군 간호사 나이팅게일의 생애

아라비안 나이트에 나올 것만 같은 찻주전자 모양의 램프 주둥이에는 불이 켜져 있고 중앙에는 '간호^{Nursing}'라는 글씨가 새겨져 있다. 이 램프는 어두운 밤 전쟁터에서 부상으로 신음하던 군인들에게 다정한 보살핌과 쾌적한 병상을 마련해주었던 나이팅게일의 상징이다.

간호사 플로렌스 나이팅게일은 우리나라에서는 '백의의 천사'로 알려져 있지만, 영국에서는 '램프를 든 여인'으로 유명하다. 크림전쟁 당시 간호사로 매일 밤 램프를 들고 환자를 살피던 나이팅게일의 모습을 찬양하며 '산타 필로메나$^{Santa\ Filomena}$'라는 시를 썼던 시인 헨리 롱펠로우 때문이다.

나이팅게일이 실제로 사용했던 램프들은 웨스트민스터 다리 옆 나이팅게일 박물관에서 볼 수 있다. 유리 알코올 램프, 황동 양초 램프 등 램프 6점과 함께 나이팅게일이 램프를 들고 있는 그림과 만화, 우표 등이 전시돼 있다. 또한 나이팅게일이 썼던 청진기, 보닛, 모카신 등 간호장비뿐 아니라 의자, 책, 노트와 펜,

Tip 플로렌스 나이팅게일 박물관(Florence Nightingale Museum)
위치 2 Lambeth Palace Road, St. Thomas' Hospital, SE1 7EW
지하철 Waterloo 역 **오픈시간** 매일 10:00~17:00
입장료 오프라인 성인 7.5파운드, 어린이 3.8파운드
홈페이지 www.florence-nightingale.co.uk

플로렌스 나이팅게일.

파리채, 검은 드레스 등 3,000여 점이 소장돼 있다. 나이팅게일은 평생 동안 1만여 통의 편지와 엽서, 수백 권의 노트를 쓴 것으로 유명한데, 이들 자료는 크림 전쟁의 실상과 후기 빅토리아 시대상을 연구하는 데 중요한 사료들로 평가 받고 있다.

나이팅게일은 이탈리아 플로렌스에서 태어나 한 살 때 영국으로 왔다. 나이팅게일의 아버지는 영국의 대지주였다. 나이팅게일도 여느 상류층의 딸처럼 가정

워털루 팔레스에 세워진 나이팅게일의 기념비.

교사에게서 철학과 외국어 등 기초교양을 위한 학문을 배우고 가족들과 유럽여행을 했다. 하지만 그녀는 상류층의 딸들과는 취향이 매우 달랐다. 그의 독특한 취향은 유럽여행 중에 쓴 일기에서도 드러난다. 유럽을 여행하는 동안 나이팅게일은 그곳의 인구통계, 병원, 복지시설에 관해 상세하게 기록했다. 그리고 신으로부터 봉사하라는 계시를 받았다는 이 17세 소녀는 그때부터 본격적으로 가난한 사람들을 찾아다녔고, 특히 환자들을 보살피는 일에 관심을 갖게 되었다. 결혼 적령기에 이른 나이팅게일은 결혼이 자신의 길이 아니라는 것을 깨닫고 간호사가 되기로 결심했다. 부모의 반대를 무릅쓰고 간호사의 꿈을 키우던 나이팅게일은 전문적으로 간호학을 공부하기 위해 1850년 독일 뒤셀도르프 북서부 지구의 카이저스베르트에 있는 파스터 테오도 플리드너 간호학교로 유학을 떠났다. 1852년 다시 영국으로 돌아온 나이팅게일은 이듬해 런던 피츠로바에 있는 미들섹스 병원에서 간호사로 근무한데 이어 메릴번에 있는 여성요양원에서 책임 간호사를 맡았다.

나이팅게일이 런던에서 유능한 간호사로 인정받으며 창궐하는 콜레라에 맞서 싸우는 동안, 터키에서 러시아와 유럽이 격돌한 크림전쟁(1853~1856)이 벌어졌다. 부상병들의 수가 1만 8,000여 명에 달했지만 당시 전쟁터에는 전문 간호사가 한 명도 없었다. 나이팅게일과 친분이 있던 당시 영국 정부의 전쟁 비서관 시드니 허버트는 그녀에게 터키에 가줄 것을 요청했다. 크림전쟁이 발발하고 1년

이 지난 1854년 11월 초, 나이팅게일은 자신이 훈련시킨 38명의 간호사, 15명의 자원 수녀와 함께 터키의 콘스탄티노플로 향했다. 나이팅게일은 당시 콘스탄티노플 병원의 모습을 이렇게 묘사했다.

"물을 담을 그릇도 비누도 수건도 옷도 아무것도 없었다. 군복을 입은 남자들이 오물에 뒤덮이고 선혈이 낭자한 모습으로 뻣뻣하게 누워 있었는데 도저히 글로 옮겨적을 수가 없을 지경이었다. 그 남자들 몸에는 벌레가 들끓었다. 환자들이 먹을 우유는 단 한 방울도 없었고 빵에서는 시큼한 냄새가 났다."

병원에 들어온 많은 부상병들이 부상보다 전염병으로 죽어나갔기에 나이팅게일은 비위생적인 환경과 음식을 우선 개선했다. 부상병들은 나이팅게일이 밤낮없이 환자를 돌보는 모습에 감동했고 나이팅게일을 '램프를 든 여인', '크림의 천사'로 부르기 시작했다. 영국인명사전에는 나이팅게일이 크림전쟁 부상병들의 치사율을 42%에서 2%로 획기적으로 낮췄다는 기록이 있다. 크림전쟁에서 돌아온 나이팅게일은 공로를 인정받아 빅토리아 여왕에게 '나이팅게일의 보석'으로 잘 알려진 브로치를 받았다.

나이팅게일은 1860년에 세인트 토머스 병원 부설 간호학교인 '나이팅게일 트레이닝 학교'를 설립하고 환자의 위생과 복지를 향상시키는 일에 평생을 바쳤다. 지금은 너무나 당연하게 제공되는 깨끗한 시트와 환자복, 안전한 식수와 영양식이 대부분 나이팅게일에게서 비롯된 것이다.

플로렌스 나이팅게일은 1910년 91세에 런던 메이페어의 자택에서 타계했다. 유해는 유년시절을 보냈던 잉글랜드 남부 햄프셔에 묻혀 있다. 〈더 타임스〉지는 부고 기사에서 그녀의 죽음을 이렇게 전했다.

"향년 91세의 나이팅게일 여사는 노환으로 왕실 주치의 토머스 발로 경의 보살핌을 받고 있었다. 나이팅게일 여사의 90번째 생일에는 국왕 조지 5세가 친히 축하 전보를 보내기도 했다. (…) 장례식은 향후 며칠 동안 진행되며 우리에게 강렬하게 남아 있는 여사의 모습처럼 최대한 고요하게 치러질 예정이다."

지금까지도 나이팅게일의 생일인 5월 12일 무렵에는 런던 웨스트민스터 대성당에서 나이팅게일을 추모하고 그녀의 업적을 기리는 기념행사가 열린다.

92/101

찰스 디킨스와 손잡은 자선의 여왕, 92세로 영면하다
빅토리아 시대 '은수저' 안젤라 쿠츠

영국에는 금수저 대신 '은수저Silver Spoon'란 말이 있다. 막대한 부를 물려받고 태어난 사람을 가리켜 '입에 은수저를 물고 태어났다'고 표현한다. 안젤라 버뎃 쿠츠야말로 런던 은행가의 집안에서 태어난 은수저 중의 은수저였다. 어마어마한 유산을 물려받았던 안젤라는 평생을 자선사업에 매진했고 '가난한 사람들의 여왕'이라는 칭호를 얻었다. 빅토리아 여왕의 아들 에드워드 7세는 안젤라 버뎃 쿠츠를 '영국에서 여왕 다음으로 대단한 여성'이라고 불렀다.

안젤라는 23살에 버뎃 쿠츠 은행의 상속녀가 되었다. 안젤라의 할아버지 토머스 쿠츠는 1755년에 버뎃 쿠츠 은행을 설립해 막대한 부를 일구었다. 안젤라는 토머스의 유일한 손녀는 아니었지만 혼자서 할아버지의 재산 대부분을 물려받는 행운을 누렸다. 안젤라의 할아버지 토머스에게는 딸이 3명 있었는데, 그 딸

홀리 빌리지(Holly Village)
위치 Holly Village, N6 6QJ   지하철 Highgate 역

버뎃 쿠츠 메모리얼 식수대(Burdett-Coutts Memorial Drinking-Fountain)
위치 Victoria Park, Grove Rd, London E3 5TB   지하철 Mile End 역

버뎃 쿠츠 메모리얼 해시계(The Burdett-Coutts Memorial Sundial)
위치 St Pancras Gardens   지하철 Kings Cross St. Pancras 역

안젤라 쿠츠

들은 각자 자녀들이 있었다. 당시 관행상 토머스의 유산은 손자들 중에 한 명이 물려받았어야 했다. 하지만 토머스는 70세가 되던 해에 42살 연하의 여배우 해리엇 멜론과 재혼했다. 그리고 자신의 가족들을 보살핀다는 조건하에 그의 전 재산을 해리엇에게 물려준다는 유서를 남겼다. 해리엇은 토머스의 둘째 딸이 낳은 조용하고 사려 깊은 의붓 손녀 안젤라를 총애했다. 그리고 1837년 세상을 떠날 때 자신의 전재산을 안젤라에게 물려주었다. 안젤라가 물려받은 재산은 무려 1,700만 파운드로 현재 가치로 수천 억 원에 달했다.

안젤라는 토머스의 둘째 딸 소피아 쿠츠와 정치인 프란세스 버뎃 경의 1남5녀 중 막내딸이었다. 버뎃 경은 인권의 수호자이자 의회개혁을 부르짖었던 급진적인 정치인으로 대중적으로 상당한 인기를 누렸다. 안젤라가 사회문제에 관심을 가지게 된 것은 아버지의 영향이 컸다.

23살의 나이에 영국 최고의 부자에다 빼어난 미모까지 지닌 안젤라에게는 청년들이 물밀 듯 청혼해왔다. 그중에는 집요한 스토커 같은 구혼자도 있었다. 리처드 던이라는 파산한 변호사는 2년 동안이나 안젤라를 끈질기게 따라다녔다. 그 후유증 때문인지 안젤라는 오랜 기간을 독신으로 지냈다. 안젤라는 전혀 예상치 못했던 엄청난 액수의 유산이 남겨진 데 대해 막중한 책임감을 느꼈고 자선사업 같은 의미 있는 일에 돈을 써야겠다고 생각했다. 요청받는 곳에 기부금을 지원하는 방식으로 자선사업을 시작한 안젤라는 나중에는 스스로 장기적인 프로젝트들을 만들어 운영하기도 했다.

안젤라는 자선사업에 대한 조언을 얻기 위해 웰링턴 공작을 자주 만났고, 주변에 모여드는 남자들과는 다른 웰링턴 공작에게 점차 끌리게 되었다. 웰링턴 공작은 1815년 워털루 전투에서 나폴레옹이 이끄는 프랑스군을 물리친 장군으로, 1828년에는 총리에까지 올랐고 많은 영국 국민들로부터 존경받는 인물이었다. 32세의 안젤라는 77세의 웰링턴 공작에게 청혼하지만 웰링턴 공작은 큰 나이 차이를 이유로 정중하게 거절하고 친구로 남겠다고 말한다. 그리고 두 사람의 우정은 웰링턴 공작이 세상을 떠날 때까지 계속되었다.

안젤라는 자선사업가로서 일회성 기부에 그치지 않고 빈민들 스스로 일어설 수 있도록 힘썼다. 1851년에는 가난한 사람들을 위한 공동주택 콜롬비아 스퀘어를 런던 이스트 엔드에 지었다. 콜롬비아 스퀘어는 600여 명이 모여 사는 빈민 공동주택 단지로 각 집에는 가스와 수도가 들어오고, 단지 안에 시장 건물도 별도로 있었다. 그러나 1950년대에 철거되어 지금은 그 흔적을 찾아볼 수 없다.

안젤라는 빈민들을 위해 무료급식소를 운영하고, 빈민학교와 자조클럽을 설립했다. 런던 빈

작가 찰스 디킨스는 안젤라 쿠츠와 함께 여성 구호시설을 운영했다.

민가에 있는 빅토리아 공원에 무료 식수대를 설치하고, 실크산업의 쇠퇴로 일자리를 잃은 여성들을 위한 바느질 학교를 세우고, 러시아와 터키 간 전쟁으로 피해를 입은 터키 농민을 돕는 등 구석구석에 자선의 손길을 펼쳤다. 또한 아버지 프란세스 경과 친분이 있어서 집을 자주 방문했던 당대 최고 과학자들의 물리학, 지질학, 자연과학 연구에도 많은 돈을 기부했다.

안젤라가 작가 찰스 디킨스와 함께 빈민과 여성 구제에 나선 이야기도 유명하다. 안젤라의 아버지 프란세스 경은 찰스 디킨스의 초기 작품인 《피크위크 페이퍼스》와 《올리버 트위스트》에 깊이 감명을 받았고 안젤라도 아버지의 영향을 받아 디킨스를 존경했다. 안젤라는 20대 중반인 1839년에 처음 디킨스를 만난 후 우정을 쌓아나갔다. 디킨스가 시작한 빈민학교^{Ragged School} 운영에 안젤라도 큰 금액을 기부하고 다른 자선사업가의 참여도 이끌어내 200개가 넘는 빈민학교가 설립되었다. 빈민학교는 가난한 아이들에게 교육은 물론 밥과 옷, 숙소까지 제공해주는 곳이었다.

디킨스는 이어 여성 구제를 위한 구호시설 우라니아 코티지를 1847년 런던 서부 라임 글로브에 지었다. 여성들이 입을 옷, 꽃을 가꿀 수 있는 정원, 둘러서서 노래 부를 수 있는 피아노 등이 갖춰진 안식처는 당시로서는 혁신적인 곳이었다. 구상 단계부터 참여했던 안젤라는 거액을 기부했고 문을 닫는 1862년까지 15년간 매년 5만 파운드를 지원했다.

　안젤라는 노년에 대단한 스캔들의 주인공이 되었다. 안젤라는 자신의 가정교사였던 한나 브라운과 가장 가까운 사이가 되었고, 한나를 늘 곁에 두고 살면서 많이 의지했다. 한나가 세상을 떠나자, 안젤라는 깊은 상실감을 맛보게 되었고 그때부터는 가까이서 자신을 챙겨주는 젊은 비서 윌리엄 버틀릿에게 의지하게 되었다. 안젤라는 윌리엄이 어릴 때부터 곁에서 지켜보았고 윌리엄의 학비도 마련해준 인연이 있었다. 1881년 67세의 안젤라와 30세의 윌리엄은 무려 37세의 나이 차이를 극복하고 결혼했다. 그런데 이 결혼이 성사되자 안젤라의 모든 상속권이 박탈되었다. 안젤라의 상속권에 딸린 조건 중에 외국인과 결혼하면 안 된다는 조항이 있었는데, 윌리엄은 어린 시절 영국으로 이민 온 미국인이었기 때문이다. 안젤라는 상속권을 동생에게 양도했고, 동생이 약속한 연금 1만 6,000파운드를 거절하고 생활비 월 1,000파운드만 받기로 한다. 상속권 외의 그녀의 모든 주식과 재산은 남편인 윌리엄에게 양도했다.

　평생 손 큰 자선사업을 펼친 안젤라는 당대 노블리스 오블리주의 전형이었다. 1906년 12월 30일 안젤라가 런던 시내 피카딜리 집에서 세상을 떠난 후 그녀의 관이 웨스트민스터 묘지로 향하자 거의 3만 명에 이르는 시민들이 모여들어 애도를 표했다. 장례식에는 국왕 에드워드 7세 부부도 참석했다.

　한편 안젤라는 자선사업과는 별도로 런던 북부 하이게이트에 고급 주택단지 홀리 빌리지를 짓기도 했다. 홀리 빌리지는 아름다운 고딕풍의 집 12채가 모여 있는데, 언뜻 보기에는 모두 비슷해 보이지만 각각의 집마다 독특한 특색을 갖고 있다. 홀리 빌리지가 조성된 이유에 대해서는 쿠츠은행 은퇴자들을 위한 주거지였다는 주장과 수익 모델로 전문직 중산층들이 살기 좋은 주거지를 조성했다는 주장이 있지만, 명확히 밝혀진 바가 없다.

93/101

옛 부둣가 트리니티 부이 와프 앞의 등대선 LV 93
런던에 유일하게 남은 등대의 끝나지 않는 연주

'롱플레이어 연주 16년 149일째.'

런던에 유일하게 남아 있는 등대 앞. 입구의 표지판에는 이 등대 안에서 롱플레이어가 2000년 1월 1일부터 2999년 12월 31일까지 연주한다고 적혀 있다. 무려 1,000년 동안.

등대 안으로 들어가 좁은 계단을 올라가자 2층에 싱잉 볼Singing Ball이라고 불리는 티베트의 좌종이 6줄로 층층이 올려져 있다. 놋쇠 그릇처럼 생긴 싱잉 볼들이 한 줄에 39개씩 모두 234개가 놓여 있는 일종의 싱잉 볼 오케스트라다.

2000년 1월 1일 0시, 앞으로 1,000년 간 멈추지 않고 울려퍼질 음악의 첫 소절이 시작되었다. 영국의 실험적 작곡가 젬 파이너는 컴퓨터 무한생성 자동연주 프로그램 '롱플레이어Longplayer'를 만들었다. 이 프로그램은 6개의 짧은 연주곡에 단순하면서도 정밀한 법칙을 적용해서 새로운 음악을 무한히 생성한다. 롱플레이어의 연주는 2999년 12월 31일 자정까지 단 한 차례도 같은 음악이 되풀이되

트리니티 부이 와프(Trinity Buoy Wharf)
위치 64 Orchard Place, London, E14 0JY   **교통(DLR)** East India 역
오픈시간 와프 지역은 매일 오픈.
　　　　 등대 내부는 매주 토·일 오픈(4~9월 11:00~17:00, 10~3월 11:00~16:00)
홈페이지 www.trinitybuoywharf.com

티베트의 악기 싱잉 볼에서 롱 플레이어 음악이 1,000년 간 연주될 수 있을까?

지 않고 이어지도록 작곡되었다.

롱플레이어가 만들어내는 악보를 소리로 구현하는 악기는 싱잉 볼이다. 싱싱 볼의 소리는 큰 종에서 울리는 묵직한 소리보다는 얕고, 풍경소리보다는 깊은 쇳소리로 긴 여음을 남긴다. 오래된 등대가 울림통이 되어 깊은 공명을 만드

트리니티 브이 와프에는 은퇴한 빨간 등대선(Light Vessel)이 정박해 있다.

는데, 3층의 좁은 램프룸에서 듣는 소리가 가장 큰 울림을 준다. 물론 이 등대 안에서 들리는 음악은 라이브 연주곡은 아니다. 작곡가는 처음 6개의 짧은 연주곡을 싱잉 볼 364개로 녹음했는데, 이 6개의 연주곡이 롱플레이어 프로그램에 따라 계속 변주되면서 새로운 연주를 들려준다. 태엽을 감으면 자동으로 연주하는 오르골이나 자동연주 피아노처럼 스스로 연주하는 악기들이 이전에도 있었지만, 이 악기들은 미리 짜여진 악보대로만 연주할 수 있었다. 롱플레이어는 자동변주된다는 점에서 진화한 기술을 보여준다. 작곡가 젬 파이너의 한 친구는 유튜브에 싱잉 볼 연주 영상과 함께 이런 글을 남겼다.

"내가 사랑하는 오랜 친구 젬 파이너는 1,000년 간 계속될 음악을 만들었고, 그 음악은 지금도 트리니티 부이 와프에서 울려퍼지고 있다. 2009년에는 런던 북부 라운드하우스에서 1,000분 동안 음악회를 열기도 했다. 내 친구가 만든 롱플레이어의 음악은 여태까지 들어본 것 중에서 가장 초현실적인 음악이면서도 그리움을 자아내는 음악이었다."

롱플레이어는 17년째 연주를 계속하고 있다. 이 연주곡을 작곡할 당시 44세이던 작곡가 젬 파이너도 60세가 넘었다. 롱플레이어가 과연 2999년 12월 31일까지 1,000년의 연주를 계속할 수 있을까? 지금까지 쉼없이 17년째 연주하고 있다고 해도, 1,000년을 지속할지는 모를 일이다. 지금 연주음을 만들어내는 아이맥 컴퓨터와 프로그램이 그때에는 마치 구석기시대의 돌도끼처럼 쓸모없게 될지도 모른다. 그럼에도 인간의 상상력은 1,000년 앞을 내다본다. 1,000년의 연주가 끊이지 않게 하기 위해 2000년에 예술가들이 모여 '롱플레이어 트러스트Longplayer Trust'를 설립하고, 등대와 롱플레이어 기기의 유지보수와 연구활동을 지원하고 있다. 싱잉 볼이 있는 등대 내부는 매주 토요일과 일요일 오전 11시부터 오후 5시까지 관람할 수 있다.

도시재생 사례, 트리니티 부이 와프
400년 역사의 부두 실험실, 예술가들의 공간으로 탈바꿈하다

트리니티 부이 와프(Trinity Buoy Wharf)는 수백 년 동안 영국의 등대, 등대선, 부표를 수리하던 곳이었다. 런던 북부에서 흘러 들어오는 레아강과 템스강이 합류하는 이곳에서는 16세기 헨리 8세 시대부터 왕의 특허장을 받아 부두와 항해 관련 중요한 업무를 수행했다. 1852년에는 이곳에 런던 최초의 등대가 세워졌다. 1864년에는 유명한 등대 건축가 제임스 더글라스가 그 옆에 두 번째 등대를 세웠다. 1999년부터 계속하여 롱플레이어가 연주되고 있는 등대가 바로 그곳이다. 이 등대는 실제로 배들이 항구로 들어올 때 이정표로 삼는 등대가 아니라, 과학 실험과 등대지기 훈련을 위해 쓰인 등대다. 1920년대에 런던 최초의 등대가 철거되자 이 등대가 런던에 마지막 남은 등대가 되었다.

이 등대 바로 옆에는 '전자기학의 아버지'라 불리는 과학자 마이클 패러데이의 작업실이 있었다. 지금은 런던에서 가장 작은 박물관인 '패러데이 이펙트' 박물관이 되었는데, 오두막집 모양의 아담한 박물관 안으로 들어가면 낡은 책상과 의자가 놓여 있고 패러데이의 전기 실험과 발견이 적힌 종이들이 놓여 있다.

등대 설계자 제임스는 1882년 영국 콘월의 라임헤드 남쪽 바다 위 암석에 세계 최초의 바다 등대인 에디스톤 등대를 만들었다. 제임스는 이 등대와 옆 건물에서 바다 조명장치들을 시험하고 등대지기들을 교육시켰다. 그리고 배의 내비게이션 역할을 하는 새로운 형태의 강철 부표를 개발하고, 기계설비를 생산했다. 1910년대의 성황기를 거쳐 1988년 트리니티 부이 와프는 결국 문을 닫아야 했다. 그후 8년째 텅 빈 채 버려져 있던 트리니티 부이 와프는 1996년 도시개발 프로젝트 회사인 '어반 스페이스 매니지먼트'가 이곳을 예술가들과 창의적인 기업들의 보금자리로 변화시켰다. 이제 이곳에는 같은 뜻을 가진 350여 명의 개성 넘치는 사람들이 함께 공동체를 이루어 살고 있고, 각종 예술작업과 다양한 형태의 워크숍이 활발히 진행되고 있다. 전시회, 결혼식, 영화촬영과 사진촬영 같은 행사도 다양하게 열린다. 그리고 이 앞바다에는 옛 등대선 LV 93을 개조한 뮤직 스튜디오가 있다.

94/101

《황금 노트북》의 작가 도리스 레싱, 94세로 펜을 놓다
88세 최고령으로 노벨문학상 수상한 '런던 관찰자'

런던에 살 때 꼭 해보고 싶었는데 때를 놓쳐 후회하는 일이 있다. 작가 도리스 레싱의 집을 찾아가보지 않은 일이다. 2013년 11월 17일, 레싱이 94세로 세상을 떠났다는 소식을 들었을 때, 맨처음 든 생각은 '작가의 집에 가볼 걸' 하는 것이었다. 작가가 《런던 스케치》라는 단편집에서 밝혔듯 동네 공원을 산책하고 지하철을 타고 다니는 걸 좋아했기에 어쩌면 한 번은 마주칠 수도 있었을 것이다.

도리스 레싱은 런던 북부의 웨스트 햄스테드 역 근처 곤다르 가든 24번지에 살았다. 구글지도에서 찾아보니 내가 살던 런던 북부 이스트 핀칠리에서 지하철로 가면 30여 분, 자동차로 가면 16분 정도 걸리는 곳이다. 만약 걸어서 가기로 작정했다면, 초원지대인 햄스테드 히스를 가로질러 1시간 남짓에 도착할 수 있는 거리다.

도리스 레싱의 집은 지난 2007년 10월 노벨문학상 수상자로 선정된 직후, 전 세계 언론에 소개되었다. '24'라는 번지수가 적힌 초록색 대문이 달린 벽돌집은 유명 작가의 집이라기엔 소박해 보인다. 노벨상 수상이 확정된 날, 아들 피터와 함께 식료품가게와 병원에 들른 후 택시에서 내려 집에 도착한 레싱을 맞아준

> **Tip**
> 도리스 레싱 팬 페이지(미국인 독자가 만든 팬 페이지)
> www.dorislessing.org

자택에서 도리스 레싱. © Michael Harding, Alamy Stock Photo

것은 카메라 플래시를 터뜨리며 반기는 취재진이었다. "노벨상 받게 된 거 아세요?"라고 기자가 묻자, 레싱의 첫 마디는 "오, 크라이스트!"였다. 쇼핑봉투를 내려놓은 레싱은 집 안마당 계단에 앉아 인터뷰를 했다. "나는 유럽에서 주는 모든 상을 다 받았어요. 죄다 받았죠. 이건 로열 플러시(카드게임에서 나오는 최고의 패)네요." 노벨문학상 수상 후보로 거론되기만 40년 가까이여서 거의 포기하고 있었던 그였기에 기쁨은 더 커 보였다. 레싱은 106년 노벨문학상 역대 수상자 중 최고령인 88세이자, 11번째 여성 수상자였다.

레싱이 살았던 웨스트 햄스테드 지역은 《런던 스케치》 중 단편 '지하철을 변호하며'에 잘 묘사돼 있다. 그곳은 '얼마 전까지만 해도 바로 내가 서 있는 곳이 런던의 끝'이었고 '전부 들판이었고 작은 시냇물이 흘렀다'고 묘사돼 있다. 레싱의 집에서 걸어서 3~4분이면 물방앗간이 있었던 흔적을 알려주는 지명인 밀 레인^{Mill Lane}이 있다.

도리스 레싱은 1919년 페르시아(지금의 이란)에서 태어나, 영국인 부모를 따라 아프리카의 로디지아에서 성장했다. 그가 런던에 온 것은 1949년. 30살의 싱글맘이자 공산주의자였던 레싱은 두 살배기 아들을 데리고 왔다. 핸드백에 20파운드와 짐가방에 《풀잎은 노래한다》의 원고를 넣은 채 찾아간 집은 아프리카 정

작가 도리스 레싱 집 근처 햄스테드 히스 전망.

치 망명자들의 거처였고, 거기서 레싱은 여러 가족과 함께 아이들을 키웠다. 공동육아 공간이자 실험적인 대안가족 생활이었다. 레싱이 첫 결혼에서 낳은 딸과 아들을 두고, 두 번째 결혼에서 얻은 아들 하나만 데리고 런던에 온 것을 두고 일부에서는 '자식을 버린 엄마'라고 비판했다. 레싱의 발언도 그 오해에 불을 지폈다. "오랫동안 나는 무척 용감한 일을 했다고 생각했다. 지적인 여자가 어린아이들을 기르면서 끝없는 시간을 보내는 것만큼 지루한 일도 없다. 나는 그애들을 기르기에 최적임자가 아니라고 여겼다. (만약 애들을 길렀다면) 내 엄마처럼 알코올 중독자나 실패한 지식인으로 생을 마쳤을 것이다." 실생활에서는 평생 병약한 아들 피터를 돌봤음에도 그녀의 발언엔 거침이 없었다. 피터는 레싱이 생을 마감하기 3주 전에 먼저 세상을 떠났다.

레싱은 이처럼 언론 인터뷰를 통해서나 1962년에 출간된 대표작 《황금 노트북》의 여성 지식인 안나 울프를 통해서 '페미니스트처럼' 말했다. 《황금 노트북》에서 자유로운 삶을 추구하는 주인공 안나의 캐릭터는 60~70년대 미국과 영국의 페미니즘 운동에도 큰 영향을 끼쳤다. 대다수 비평가와 독자는 지금도 《황금 노트북》을 대표적인 페미니즘 문학으로 분류한다. 그럼에도 레싱은 '페미니스트 작가'라는 수식어를 끝까지 거부했다. 사람들은 한때 페미니스트였는데, 페미니

내셔널 포트레이트 갤러리의 도리스 레싱 초상화.

즘을 부정하는 것이냐고 물었다. 하지만 작가는 이렇게 답했다. "한 번도 페미니스트였던 적이 없다. 페미니즘은 남녀관계를 지나치게 단순화한다"고.

그는 젊은 시절 공산주의에 매료되었고, 30대 후반부터 50세까지 정신의학에 푹 빠졌는가 하면 노년에는 이슬람 신비주의 수피즘에 몸담았다. 그럼에도 레싱은 평생 페미니즘을 포함하여 자신을 어떤 사상에 가두는 것을 거부했다. 작품 장르도 경계 없이 넘나들었다. 대표작으로 꼽히는 《황금 노트북》(1962), 《생존자의 회고록》(1974~75), 《시카스타》(1979), 《선한 테러리스트》(1985), 《다섯째 아이》(1988) 등 본격소설 50여 권 외에도 시, 오페라 대본, 그래픽 노블 스토리, 드라마 극본, 회고록, 과학소설 장르 등 100여 권을 출간했다. 국내에는 일부만 출간돼 있다.

그는 평생 사회문제에 대한 발언을 아끼지 않았다. 남아프리카 정부의 아파르트헤이트(인종분리) 정책에 반대했고, 핵무기 반대 캠페인에 참여했다. 1950년대 말, 구소련의 헝가리 침공은 레싱이 공산주의와 결별하는 계기가 되었고, 1980년대에도 구소련의 아프가니스탄 침공을 강하게 비판했다. 그런가 하면 신인작가를 깔보는 기존 문학권력의 실상을 알리기 위해 '제인 소머스'라는 필명으로 장편소설 2권을 출판사에 보내기도 했다. 우여곡절 끝에 2권 모두 출간됐지만, 그 과정에서 신인작가와 처녀작을 무시하는 출판계와 비평가의 실상을 알릴 수 있었다. 사회의 차별과 편견에 대한 저항은 그가 평생 관심을 가져온 주제였다. 한편 레싱의 공산주의 활동과 인종차별 반대운동 이력 때문에 영국의 비밀 정보기관에서 수십 년 동안 그를 요주의 인물로 감시했다는 것이 사후에 밝혀지기도 했다.

런던 도착 3년 후인 1950년 《풀잎은 노래한다》를 출간하면서 작가로서의 삶을 시작했던 이 도시를 레싱은 사랑했다. 그는 1957년에 이렇게 썼다.

"런던에 온 첫해는 악몽 같았다. 그리고 어느 날 저녁, 공원을 걸으면서 불빛이 빌딩과 나무와 주홍색 버스를 감싸며 낯익고 아름답게 비출 때 나는 집에 와 있다는 생각이 들었다."

그 이후로 50년 동안 도리스 레싱은 누구보다 열렬한 런던 관찰자로 살았다. 그는 〈파리 마치〉지와의 인터뷰에서 '런던을 아주 많이 돌아다닌다'고 말했다. 런던 거리를 걸으면 글 쓸 소재가 저절로 보인다고 했고, 친숙한 동네의 카페, 지하철, 상점도 소설 무대가 되었다. 국내에 출간된 그의 단편집 《런던 스케치》의 원제목은 《London Observed: Stores and Sketches》. 런던을 관찰한 기록이 그대로 소설이 되었음을 알려주는 제목이다.

도리스 레싱은 평생 시들 줄 모르는 작가였다. 작가의 작품 《다섯째 아이》, 《풀잎은 노래한다》 등을 읽은 후 인터뷰 기사와 〈가디언〉지 팟캐스트를 통해 어떤 관습과 차별에도 맞서는 작가의 당당하고 날선 발언에 매료되었다. 삶과 죽음에 대한 태도에서도 레싱은 매력적이었다. 〈파리 마치〉지와의 인터뷰에서 "긴 여행 중에 잠시 이 세계에 '몸을 담갔다'고 여긴다"고 쿨하게 답했다. 또한 "시간은 정말 빨리 지나간다"면서 "영원히 에너지를 갖고 있으리라 상상하지 말라. 에너지를 갖고 있을 때 사용하라"고 말했다. 도리스 레싱은 89세에 마지막 소설 《알프레드와 에밀리》를 출간했다.

95/101

1존에서 버스킹 가능한 지역은 총 95곳
런던시, 거리 공연을 문화상품으로 키우다

에드 시런, 제시 제이, 패신저, 밥 겔도프, 로드 스튜어트…. 이들의 공통점은? 지금은 세계적 뮤지션으로 자리잡은 이들이 한때는 런던 지하철역에서 공연을 하던 '버스커'였다는 점이다. 두 차례 브릿 어워드를 받은 에드 시런은 런던 지하철역에서 밤마다 기타를 치며 노래를 부르고, 서클 라인이 지나가는 지하철 역사에서 대충 잠을 자면서 무명 시절을 보냈다. 폴 매카트니, 스팅, 캐서린 젠킨스도 자선기금 마련을 위해 변장을 하고 버스킹을 했다는 소문도 있다. 뮤지컬 작곡가 앤드루 로이드 웨버 경의 동생이자 유명 첼리스트인 줄리안 로이드 웨버도 버스킹 문화를 알리기 위해 차링 크로스 역 플랫폼에서 버스커로 나서기도 했다.

거리에서 공연하는 것을 뜻하는 버스킹Busking, 거리공연자를 뜻하는 버스커Busker는 영화 〈원스〉를 통해 널리 알려졌다. 런던 지하철역에 가면 반원형의 버스킹 허가 구역에서 공연하는 사람들을 자주 볼 수 있다. 주로 에스컬레이터 부근이나 승강장으로 가는 길목에 버스킹 구역 표시가 있는데, 바닥에는 화려한 그래픽이 그려져 있고 뒤쪽 벽면에는 스폰서 기업의 광고가 붙어 있다. 트라팔

런던시 공식 버스킹 홈페이지
buskinlondon.com

런던 지하철역의 버스킹 구역에서
연주하고 있는 버스커.

트라팔가 광장의 버스커. © buskinglondon.com

가 광장처럼 사람이 많이 모이는 곳에서도 그래피티를 그리거나 저글링을 하거나 인간 동상처럼 꼼짝하지 않는 버스커들을 볼 수 있다. 런던시에서 만든 '버스크 인 런던' 지도에 따르면 2016년 7월 기준 런던에는 총 128곳의 버스킹 구역이 있다. 이 중에서 버스커들에게 가장 인기 있는 1존 지역에 95곳이 몰려 있다. 길거리 버스킹 구역 중에서도 트라팔가 광장, 옥스퍼드 스트리트, 마블 아치 역 등 3곳은 버스커들 사이에 최상의 자리로 통한다.

하루 300만 명이 이용하는 런던 지하철역도 버스커들이 탐내는 자리다. 런던 교통국에서 공식적으로 허가한 지하철 역내 버스킹 구역은 모두 25개 역에 39곳이 있다. 총 270개 역 중에서 주로 사람들이 붐비는 1~2존에 몰려 있다.

2015년부터 런던시는 버스킹을 문화상품으로 키우기 위한 작업에 나섰다. '버스크 인 런던'이라는 공식 홈페이지를 열고, 런던 지역의 버스킹 장소를 한곳에서 관리하기 시작했다. 런던의 32개 자치구마다 제각각인 버스킹 방식을 통일하고, 런던을 더 활기찬 버스킹 도시로 만들겠다는 취지에서다. 버스커가 지켜야 할 '버스커 규약'도 제시했다. 버스커 규약에는 버스킹의 정의, 버스킹 장소, 음량과 장비, 모금방법 등이 상세하게 나열돼 있다. 무엇보다 공연하는 사람도, 보는 사람도 즐거운 버스킹 문화를 만들자는 게 목적이다.

런던시 주최로 매년 7월에는 트라팔가 광장에서 '버스크 인 런던 페스티벌'이 개최된다. 또 런던을 비롯해 세계 100여 도시에서 매년 열리는 인터내셔널 버스킹데이 행사도 지원한다. 사디드 칸 런던시장은 "거리에 색채와 생동감을 더하고 런던 시민들과 수백 만의 관광객들을 즐겁게 해주는 거리공연자들을 지원해야 한다"고 지지를 표했다.

런던에서 버스커가 되고 싶다면 어떤 절차를 거쳐야 할까? 14세 이상 영국 시민이거나 영국 취업비자를 갖고 있어야 하며, 버스크 인 런던 사이트에 신분증 사본과 연락처 등을 등록해야 한다. 지하철역에서 공연하고 싶다면 더 까다롭다. 16세 이상이어야 하고 오디션을 봐서 치열한 경쟁을 통과해야 한다. 또한 '스퀘어 마일'이라고 불리는 시티 지역에서 버스커는 공연 후 돈을 모금하면 안 된다. 템스강 사우스뱅크나 캄덴 자치구 등에서는 별도로 공연허가를 받아야 한다. 어느 지역이든 버스커가 모금한 돈에 대해서는 세금을 내야 한다.

버스커 규약에 따르면 공연은 1회 2시간, 일주일에 최대 12시간까지 할 수 있다. 한 장소에 버스커가 여럿 몰렸을 때는 순서를 기다렸다가 2시간씩 돌아가며 공연해야 한다. 하지만 지하철역은 전화 예약 선착순으로 정하기 때문에 인기 구역일수록 자리잡기가 쉽지 않다. 뮤지션 웨인 마이어스는 〈가디언〉지에 쓴 칼럼에서 '화요일 아침마다 런던교통국 담당부서에 전화를 걸어서 선착순으로 정하는데, 1시간씩 전화기를 붙잡고 있어도 헛수고일 때가 많다'고 하소연한다.

런던의 버스커들은 오늘도 기타를 메거나 무거운 장비를 들고 거리에 나선다. 동굴 같은 카나리 와프 역 입구에서 공연을 하는 16세 엘라 비는 지난 2015년 BBC와의 인터뷰에서 "내가 작사·작곡한 곡을 불러요. 우리 엄마가 그러는데 사람들이 즐기면 그걸로 좋은 거래요. 언젠가 밴드를 결성해 투어를 하고 싶어요. 지금 하는 버스킹이 디딤돌이 되겠죠"라며 밝게 웃었다. 런던 거리에서 12년째 기타를 치며 노래를 부르는 글렌 맥알리스터는 일주일에 10~12회 공연을 한다. 그는 "사람들이 친절하게 대할 때도 있고 아닐 때도 있지만 얽매이지 않는 삶이 좋다"고 말한다. 음악심리학자 아드리안 노스는 "버스커들은 어두운 곳에 밝은 색깔을 칠해주는 사람들"이라고 예찬한다. 버스커에 대해 알수록 런던 거리에서 만나는 버스커를 무심히 지나치지 않게 되지 않을까?

96/101

96m 탑에서 울리는 종소리를 들어라
2017년을 기점으로 세 번째 침묵을 맞이하는 빅 벤

런던에서 종소리는 생활 속 깊이 뿌리박혀 있다. 거의 모든 런던사람들이 종소리를 들으며 살아간다. 역사적으로 런던에서는 왕이 죽거나 새 왕이 취임할 때, 매일 아침 잠자리에서 일어나고 기도할 때, 일을 하러 나가거나 무기를 들어야 할 때, 축제가 벌어질 때 종소리가 배경음악이 되어주었다.

런던 토박이의 조건도 종과 관련되어 있을 정도다. 런던에서는 세인트 메리 르 보 교회 종소리가 들리는 곳에서 태어난 사람만이 진정한 코크니^{Cockney}라고 한다. 코크니는 런던 동부 출신 노동자 계급을 이르는 말이다. 하지만 요즘은 큰 빌딩들에 막히거나 소음공해 때문에 세인트 메리 르 보 교회 종소리가 미치는 범위가 예전보다 훨씬 줄어들었다.

런던에서 가장 유명한 종은 국회의사당을 상징하는 시계탑에 딸린 빅 벤이다. 2012년 엘리자베스 여왕의 즉위 60주년을 기념해 시계탑의 정식 명칭을 엘리자

엘리자베스 타워(Elizabeth Tower, 별칭 Big Ben)
위치 Westminster, SW1A 0AA **지하철** Westminster 역
홈페이지 www.parliament.uk/bigben

세인트 조지 교회(Saint George the Martyr with St Alphege & St Jude)
위치 Borough High Street, SE1 1JA **지하철** Borough 역
오픈시간 08:00~17:30 **홈페이지** www.stgeorge-themartyr.co.uk

베스 타워로 바꾸었지만 많은 사람들이 여전히 빅 벤이라고 부른다.

    1834년과 1844년에 웨스트민스터궁이 화재로 전소되어 새 국회의사당을 지을 때 시계탑도 함께 세워졌다. 시계탑에는 대형 종을 설치해야 했는데, 처음 만들어진 종탑은 13톤이나 되는 어마어마한 종의 크기를 지탱하지 못하고 깨져버렸다고 한다. 그리고 1859년 5월 31일에 시계탑의 완공을 알리는 빅 벤의 첫 종소리가 울렸다. 빅 벤은 15분마다 멜로디가 있는 차임이 울리고, 매 시각 차임에 덧붙여 시각의 횟수만큼 종소리가 울린다. 차임벨 소리는 네 종류가 있는데, 매 시각 15분, 30분, 45분, 정시에 울리는 소리가 모두 다르다. 시계탑의 높이는 96m이고, 빅 벤의 무게는 13톤에 이른다.

    빅 벤이란 이름의 유래에 대해서는 정확하게 알려진 바는 없지만 2가지 이야기가 전해온다. 첫 번째는 빅 벤 건설 작업의 감독관이었던 벤자민 홀 경의 이름에서 유래했다는 이야기다. 홀 경은 몸집이 거대해서 집에서 '빅 벤'이라는 별명으로 불렸는데 그 별명을 커다란 종에다 붙였다고. 두 번째는 당시 헤비급 복싱 챔피언이었던 벤자민 카운트의 이름에서 유래했다는 이야기다. 그의 별명도 '빅 벤'이었다. 버지니아 울프의 소설 《댈러웨이 부인》에는 빅 벤이 종을 치는 순간이 귀가에 종소리가 들리듯, 생생하게 그려져 있다. '뭐라 형용할 수 없는 정지의 순간, 빅 벤이 시종時鐘을 치기 직전의 조마조마함. 아, 마침 종이 치네! 종소리가 퍼져 나간다. 먼저 음악적인 예종豫鐘이 울리고, 이어 시종이 친다. 돌이킬 수 없는 시간의 종소리가 겹겹이 묵직한 원을 그리며 공중으로 흩어져 간다.' 소설 묘사처럼 웨스트민스터 다리를 건너거나 세인트 제임스 공원을 산책하다 겹겹이 울리는 빅 벤의 종소리를 듣는 것도 런던 여행의 매력이다.

    빅 벤의 종소리는 160년 가까운 세월 동안 단 두 번을 제외하고는 멈춘 적이 없다. 빅 벤은 제2차 세계대전 중에 폭격으로 국회의사당의 한 건물이 전소되었을 때도 멈추지 않고 매 시각 정각을 알렸는데 1976년에 9개월 동안, 2007년에 6주간 총 2차례 종이 울리지 않았다. 그리고 2017년 빅 벤은 역사상 세 번째 침묵의 시간을 맞이했다. 2015년 빅 벤 종소리가 6분 빨리 울리는 문제가 발생했기 때문이다. 2017년부터 3년간 수리하는 동안은 빅 벤 종소리를 들을 수 없다.

97/101

메모지를 받은 지 97일 만에 징역형을 선고받다
천재 작가 오스카 와일드의 동성애 스캔들

'남색한을 자처하는 오스카 와일드에게'

1895년 2월 18일, 런던 메이페어에 있는 알버말 클럽. 오스카 와일드를 만나겠다며 클럽으로 들어가려다 제지당한 노신사가 메모지 한 장을 종업원에게 남겼다. 분노에 차서 급히 휘갈겨쓴 듯, 남색한^{Sodomite}이란 문제의 단어는 스펠링에 m이 하나 더 들어간 'Somdomite'로 잘못 쓰여 있었다.

이 클럽 회원인 오스카 와일드는 메모지를 전달받자마자 누가 썼는지 즉각 알 수 있었다. '퀸스베리 후작'이라는 서명이 인쇄된 방문자 카드였기 때문이다. 퀸스베리 후작은 와일드가 열애 중인 동성 애인 알프레드 더글라스의 아버지. 소문에 분개한 후작이 공개적으로 와일드를 비난한 것이다. 이 메모지 한 장이 발단이 되어 97일 후인 5월 25일 와일드는 2년형을 선고받는다. 감옥에서 중노동을 하면서 쇠약해질 대로 쇠약해진 와일드는 프랑스로 떠나 다시는 영국에 돌아오지 못하고 파리에서 46세로 생을 마쳤다.

1854년 아일랜드 더블린 출신으로 트리니티 칼리지와 옥스퍼드 대학의 모들린 칼리지를 졸업한 오스카 와일드는 당대 최고의 천재 작가였다. 소설 《도리언 그레이의 초상》, 희곡 《윈더미어 부인의 부채》, 시극 《살로메》, 동화 《행복한 왕자》를 남겼으며 뛰어난 외모에 화려한 옷차림, 핵심을 찌르는 독설로 가는 곳마다 화제를 뿌리던 그는 동성애 재판에 휘말려 날개가 꺾여버리고 말았다.

오스카 와일드

겉으로는 엄격한 도덕이 강조되면서도 뒤로는 온갖 속물적인 일이 성행하던 빅토리아 여왕 시대. 빅토리아 시대에는 오스카 와일드 사건 이전에도 비슷한 사건이 잇달아 일어났다. 남자가 여장을 한다는 이유로 재판에 부쳐졌고, 이름깨나 알려진 귀족들이 클리블랜드 거리의 매음굴로 몸파는 소년들을 찾아간다는 소문은 알 만한 사람은 다 아는 비밀이었다. 오스카 와일드 사건이 터지기 1년 전에 에드워드 카펜터라는 작가는 게이의 권리를 주장하는 책을 썼다. 오스카 와일드가 1891년에 출간한 《도리언 그레이의 초상》을 읽은 독자들은 두 남자 주인공 헨리 경과 도리언 그레이를 동성애 관계로 짐작했다. 동성애 이슈는 점잔을 빼는 빅토리아 시대에 수면 아래에서 부글부글 끓고 있는 활화산이었다.

화산에 불을 당긴 계기는 퀸스베리 후작의 트라우마였다. 오스카 와일드에게 메모를 전달하기 약 4개월 전인 1894년 10월, 그의 맏아들 프란시스 드럼란리그가 자살인지 타살인지 밝혀지지 않은 총상을 입고 죽었다. 후작은 아들이 아치볼드 프림로즈 총리와 동성애 관계였다는 소문을 들었기에, 아들의 죽음에 총리가 연관돼 있으리라고 추측했다. 설상가상으로 셋째 아들의 동성애 소문까지 귀에 들어왔다. 그는 오스카 와일드와의 재판 중에 프림로즈 총리에게 와일드를 중형에 처하지 않는다면 동성애 혐의를 폭로하겠노라고 위협했다.

후작의 사생활도 편치 않았다. 간통 혐의로 첫 번째 부인에게 이혼 당했고, 두 번째 부인은 남편이 성불구자라며 결혼 무효를 선언했다. 옥스퍼드 대학에 재학 중이던 셋째 아들과도 오스카 와일드 사건 이전에 이미 멀어질 대로 멀어져 있었다.

사건이 터지기 1년 전쯤 후작은 아들 더글라스에게 이렇게 편지를 쓴다.

"네가 이 남자 와일드와 사귀는 것을 그만두지 않으면 너와 의절하거나 돈을 다 끊겠다. (…) 내가 생각한 게 사실이라면 사람들에게 알려질 것이고, 그놈이 내 눈에 띄자마자 총으로 쏘는 게 마땅할 것이다."

편지 끝에 퀸스베리 후작은 '네가 숨기는, 소위 아버지라 불리는 퀸스베리'라는 서명을 남긴다. 이 편지에 아들 더글라스는 전보 한 줄로 응답한다. "당신은 얼마나 웃긴 좀팽이냐."

이러한 부자간의 불화를 누구보다 잘 알던 오스카 와일드는 강경수를 두었다.

와일드는 퀸스베리 후작을 무고죄로 고소했다. 퀸스벨리 후작은 즉각 체포되었고 무고죄는 최고 2년형에 처해질 수 있었다. 그러나 상황은 역전되었다. 퀸스베리 후작은 변호사와 사설탐정을 고용해 와일드가 몇몇 소년들에게 상습적으로 접근해 섹스를 했다는 증언을 확보했다. 와일드는 성적인 관계가 없었다고 주장하면서 퀸스베리가 소년들을 돈으로 매수했다고 의심했다. 법정은 퀸스베리 후작의 편을 들어주었다. 퀸스베리는 즉각 풀려났고, 반대로 소송을 제기한 와일드가 4월 6일 카도건 호텔 118호실에서 '남성들에 대한 중대한 풍기문란 혐의'로 체포되었다.

법정에서는 와일드와 더글라스 사이에 오간 편지가 제시되었고, 와일드의 현란한 변론은 도리어 불리하게 작용했다. 검사는 와일드에게 더글라스가 쓴 시 《두 개의 사랑》의 마지막 구절 '그 이름을 감히 말할 수 없는 사랑'이 무엇을 뜻하는지 물었다. 와일드는 나이든 남자와 젊은 남자 사이의 '지적인' 사랑을 뜻한다며, 구약성서에 나오는 다윗과 요나단의 플라토닉 러브, 셰익스피어의 소네트에서 보듯이 그 사랑은 '아름답고 훌륭한, 사랑의 최고 형식'이라고 당당하게 주장했다. 그러나 이런 주장은 도리어 38세의 와일드와 22살의 더글라스 사이의 사랑을 입증하는 듯했다.

오스카 와일드 사건은 연일 타블로이드 신문에 대서특필되었다. 언론은 판결이 나기도 전에 와일드를 죄인으로 몰아갔다. 여유 있게 공판에서 이길 거라고 생각했던 와일드는 뜻밖에 세 번째 공판에서 '중대한 풍기문란' 죄목으로 2년형을 받았다. 최고 종신형까지 처해지는 남색보다는 가벼웠지만, 2년 동안 중노동을 하며 보내야 하는 형벌을 받은 것이다.

와일드가 감옥에 있는 동안, 부인은 두 아들을 데리고 스위스로 가버렸다. 어린 아들을 위해 《행복한 왕자》를 썼을 만큼 아이들을 사랑했지만 와일드는 죽을 때까지 아이들을 만날 수 없었다. 호화로운 생활로 큰 빚을 진 데다 후작의 소송비까지 내야 했던 와일드는 경제적으로도 파산했다. 런던의 감옥 세 곳을 거쳐 버크셔의 레딩 감옥으로 옮겨간 와일드는 중노동과 배고픔에 시달리다 훗날 사망의 원인이 되는 귓병을 앓게 된다. 레딩 감옥에서 글쓰기를 허락받자 와일드는 감옥생활의 체험담과 함께 더글라스에게 부치지 못하는 편지를 썼다. 1905년 출간된 《심연으로부터》가 그 글들을 모은 것이다.

와일드는 프랑스 루앙과 이탈리아 나폴리에서 몇 달간 더글라스와 재회하기도 했지만, 경제적 지원을 끊겠다는 두 가족의 반대로 결국 헤어졌다. 파리에서 신분을 감춘 채 가난한 생활을 하던 그는 1900년 11월 30일 뇌수막염으로 세상을 떠났다. 파리 교외 묘지에 묻혔던 와일드의 유해는 훗날 파리 동부의 페르라셰즈 공동묘지로 이장되었다.

런던의 오스카 와일드 발자취

Albemarle Club 오스카 와일드가 회원이던 클럽으로 퀸스베리 후작이 와일드를 '남색한'으로 모욕하는 메모지를 남긴 곳. Green Park 역

Café Royal 오스카 와일드가 자주 들렀던 카페로 1895년 3월 24일 작가 프랑크 해리스가 와일드에게 프랑스로 도피하라고 권했던 곳. 현재는 카페 로열 호텔로 바뀜. Piccadilly Circus 역

The Savoy 오스카 와일드와 더글라스가 자주 드나들던 호텔. Temple 역

Cadogan Hotel 118호에 머물던 오스카 와일드가 '풍기문란죄'로 체포된 호텔. Knightbridge 역

No. 34 Tite Street 오스카 와일드 가족이 1884~1895년에 살던 첼시의 집. 당시는 16번지. Sloane Square 역

오스카 와일드와의 대화(A Conversation with Oscar Wilde) 트라팔가 광장 옆 아델라이드 거리에 있는 작가 기념비. Charing Cross 역

98/101

런던 타워를 98일 동안 물들인 양귀비꽃 약 89만 송이
제1차 세계대전 종전 100주년을 기념하는 초대형 프로젝트

2014년 11월 11일. 이날 제1차 세계대전 종전 100주년을 맞아 런던 타워에서는 붉은 양귀비꽃 88만 8,246송이가 피어난 광경을 볼 수 있었다. 양귀비꽃 한 송이 한 송이는 제1차 세계대전에서 목숨을 잃은 영국인과 영연방 사람을 의미했다.

짙은 붉은색 양귀비꽃이 런던 타워 창문에서 쏟아져 내리는 듯, 탑 둘레의 땅을 피로 적신 듯 물들인 장면을 만들기 위해 7월 17일부터 8월 5일까지 자원봉사자 1만 7,500여 명이 양귀비를 한 송이씩 심었고, 전사자 추모일이자 휴전일인 11월 11일에 한 소년이 남은 한 송이를 심으면서 마지막을 장식했다. 8월 초부터 11월까지 98일간 런던 타워를 양귀비꽃으로 붉게 물들였던 대장정이 막을 내린 것이다. 양귀비꽃들은 행사가 끝난 후 한 송이당 25파운드에 판매되어 전쟁피해보상 관련 자선단체 4곳에 기부되었다.

이들 양귀비꽃은 더비셔 지역에서 일일이 손으로 빚은 후 높은 온도에서 구운 세라믹 꽃이다. 설치 장소로 런던 타워가 선택된 것은 제1차 세계대전 당시 1,600여 명의 런던 시민들이 모여 참전결의를 했던 장소이자 전쟁터로 떠나기 전 군인들이 훈련을 받던 곳이라는 상징성 때문이다. 세라믹 아티스트 폴 커민스와 무대 디자이너 톰 파이퍼의 공동연출로 진행된 이 프로젝트는 국제적으로도 큰 화제를 모았다.

붉은 양귀비꽃의 행렬은 2018년까지 영국 여러 지역을 순회하며 계속된다.

붉은 양귀비꽃으로 둘러 쌓인 런던 타워. © Chee-onn Leong, Dreamstime.com

런던 타워의 약 7m 높이 창문에서 양귀비꽃 수천 송이가 땅으로 흘러내리듯 설치되었던 '눈물 흘리는 창문과 물결'이라는 주제가 다른 장소로 옮겨져 선보이는 것이다. 설치 장소는 오래된 성, 성당, 공원, 뮤지엄 등 다양하다. 전시가 끝나고 나면 런던과 맨체스터의 임페리얼 전쟁 박물관에 영구 전시될 예정이다.

왜 영국인들은 양귀비꽃으로 전쟁의 슬픔을 기릴까?

미국에서 1921년에 최초로 제1차 세계대전 전사자를 기리는 행사에 양귀비꽃을 소개한 이래, 영국과 캐나다에서 추모행사의 심볼로 널리 사용하고 있다. 양귀비꽃은 제1차 세계대전 당시 전장의 들판에서 흔히 피는 꽃이었고, 1915년 참전 군의관 존 맥크래가 친구가 전사한 것을 슬퍼하며 쓴 시 '플랑드르의 들판'이 알려지면서 추모의 꽃으로 유명해졌다. 영국의 런던과 레스터셔에 살 때 11월 11일 제1차 세계대전 종전 기념일(일명 양귀비꽃의 날)이 가까워오면, 자선단체에서 집으로 직접 양귀비꽃을 팔러 왔던 게 기억난다. 종이나 플라스틱으로 만든 빨간 양귀비꽃에는 옷핀이 달려 있는데, 한 송이에 5파운드 정도였다. 매년 11월 한 달은 BBC나 다른 TV 채널에서 진행자나 출연자가 양귀비꽃을 달고 있는 모습을 흔히 볼 수 있다.

그러나 양귀비꽃을 내세우는 추모 행위에 대해 곱지 않은 시선을 보내는 이들

세라믹 양귀비꽃을 설치하는 자원봉사자들. © Slavek Kozakiewicz, Dreamstime.com

도 있다. 전쟁의 추악함과 슬픔을 가린 채, 꽃이라는 심볼로 미화한다는 이유에서다. 2015년에 노벨문학상을 받은 스베틀라나 알렉시예비치는 대표작 《전쟁은 여자의 얼굴을 하지 않았다》에서 이렇게 말한다. "나는 전쟁이 아니라 전쟁터의 사람들을 이야기한다." 전쟁터에서 양귀비꽃처럼 피를 쏟으며 떠났을 사람들의 아픔이 양귀비꽃 심볼을 통해 얼마큼 전달되었는지는 알 수 없다.

99/101

화력발전소 99m 기둥을 그대로 재생한 테이트 모던
런던을 세계 미술의 중심지로 바꾼 미술관

거대한 미끄럼틀을 타기 위해 줄을 서서 기다렸다. 한참을 기다려 드디어 내 차례. 안전을 위해 가슴 위에 양손을 모으고 발끝을 모아 천주머니에 넣는다. 두려움을 안고 은색 통 속으로 들어가면 나선형으로 빙글빙글 돌며 바닥층으로 떨어진다. 기다리는 줄은 길었지만, 타는 순간은 잠깐이다. 가속도가 붙어 순식간에 여행이 끝난다.

이것도 현대미술인가? 지난 2006~7년 테이트 모던의 1층 터빈홀에 설치된 거대한 슬라이드는 벨기에 출신 아티스트 카스텐 휠러의 '테스트 사이트'라는 작품이다. 5개의 슬라이드가 2~5층에서 나선형으로 내려오며 엉키는 모습이 마치 살아서 꿈틀대는 거대한 곤충의 다리처럼 보인다. 곤충학자 출신다운 아티스트의 상상력이다. 이 작품은 테이트 모던이 2000년에 문을 연 이후 터빈홀에 매년 3~7개월 동안 설치한 거대 작품 중 베스트 3에 꼽힐 만큼 인기를 끌었다.

테이트 모던 안에서도 1층 터빈홀은 독특한 전시 장소다. 길이 155m, 높이 35m, 넓이 3,300㎡의 터빈홀은 누구나 쉽게 현대미술을 '경험'할 수 있는 곳이

테이트 모던(Tate Modern)
위치 Bankside, SE1 9TG   교통 Southwark 역
입장료 상설 전시장 무료   오픈 시간 매일 10:00~18:00(금·토 22:00까지)
홈페이지 www.tate.org.uk/visit/tate-modern

기 때문이다. 콜롬비아 여성작가 도리스 살세도는 터빈홀의 콘크리트 바닥이 지진으로 갈라진 듯 균열을 냈다. '발을 조심하시오'라는 경고문과 함께. 관객들은 갈라진 틈을 들여다보거나 일부러 발을 집어넣었다. 붉은 태양을 걸어놓은 올라퍼 엘리아슨의 설치작품 '기상 프로젝트'도 화제작이었다. 아티스트 개빈 터크는 〈가디언〉지에 "사람들이 올라퍼 엘리아손의 태양 아래 콘크리트 바닥에 누워 있는 장면을 봤을 때, 예술을 바라보는 문화 시스템이 바뀐 것 같았다"고 말했다. 런던 헤이워드 갤러리의 디렉터 랄프 루고프는 BBC 인터뷰에서 "터빈홀은 도시에서 미술관으로 들어오는 거리를 연상시킨다. 미완성의 열린 공간이자 거칠고 캐주얼한 분위기로 관객들을 무장 해제시킨다"고 평했다.

2000년에 테이트 모던이 문을 연 것은 현대 예술사상 큰 사건이었다. 1900년 이후 현대 예술을 다루는 이 미술관에는 개관 첫해 570만 명의 관객이 찾아왔다. 예상 관객 250만 명의 2배를 넘는 수치였다. 2016년 6월, 테이트 모던은 다시 변신을 시도했다. 테이드 모던 뒤편의 옛 원유 저장고에 지상 10층을 증축해 '스위치 하우스'를 열었다. 새 공간 확장으로 미술관은 60% 더 넓어졌다. 새로운 전시 콘셉트도 선보인다. 스위치 하우스 1층의 '더 탱크'는 퍼포먼스 아트 전용 공간이며, 지상 3개 층은 1960년대 이후 현대미술에 집중한다.

테이트 모던 건물은 잘 알려져 있다시피 뱅크사이드 화력발전소였다. 런던 하늘을 시커멓게 오염시키는 석탄을 대체하기 위해, 영국 최초로 원유를 때서 전기를 만드는 화력발전소로 세워진 것이다. 발전소는 중앙에 거대한 터빈홀이 있고, 북쪽 보일러 하우스와 남쪽 스위치 하우스가 연결되는 구조다. 당시 건축가는 배터시 화력발전소, 워털루 브리지 설계 외에도 빨간 공중전화 부스 디자인으로도 유명한 길스 길버트 스콧 경이었다. 런던 시민들에게 52년 동안 전기를 공급하던 발전소는 원유 가격 인상과 공해문제 등으로 1981년에 문을 닫았다. 그후 오랫동안 폐허로 남아 있던 이 발전소는 철거되는 대신 미술관으로 변신했다. 근대 산업유산을 잘 재활용하는, 이른바 '도시재생'의 성공 사례로 자주 거론되는 테이트 모던이 탄생한 것이다.

뱅크사이드 화력발전소 당시의 사진과 테이트 모던으로 바뀐 후의 사진을 비교해보면, 외관과 건물의 기본 골조는 거의 차이가 없을 만큼 비슷하다. 테이트

화력발전소 외관을 그대로 살린 테이트 모던. © Aneb, Dreamstime.com

모던은 2000년 개관 당시 높이 99m의 굴뚝과 벽돌로 된 외관을 거의 그대로 남긴 채, 건물 중앙의 대형 터빈홀과 그 북쪽의 보일러 하우스의 내부 설비를 들어낸 자리에 전시장을 만들었다. 그리고 2016년 6월에는 터빈홀 남쪽의 스위치 하우스를 개조하고 증축해 테이트 모던 제2기를 열었다. 오일 저장고였던 지하 공간을 0층으로 삼고 지상에 10층 건물을 얹는 형태로 건축한 후 터빈홀 서쪽과 스위치 하우스를 연결한 것이다. 즉 기존 99m 굴뚝이 달린 테이트 모던 건물 뒤에 지상 65m 스위치 하우스가 덧붙은 모습이다. 두 번의 증개축은 모두 건축의 노벨상인 프리츠커상을 받은 스위스 건축회사 헤르초크 앤 드 뫼롱이 맡았다.

테이트 모던 1기는 트레이시 에민, 데미안 허스트, 개빈 터크 등 1980년대 말에 등장한 영국의 젊은 예술가 그룹 YBAs$^{Young British Artists}$의 작품을 국제무대에 알리는 데 큰 역할을 했다. 테이트 모던의 탄생으로 현대미술 시장의 중심이 뉴욕에서 런던으로 옮겨졌다는 평도 있다. 테이트 모던 2기는 어떤 비전을 보여줄까? 새 테이트 모던이 중점을 둘 분야로 여성 미술과 유럽 이외 지역 미술이 거론되고 있다. 테이트의 총괄 데렉터 경은 "2016년 테이트 모던의 스위치 하우스 증축은 2000년 테이트 모던 오픈과는 또 다른 그림을 제시할 것이다. 새 미술관이 진정으로 국제적인 예술의 비전을 보여주겠다"고 말했다.

10층 전망대가 유명한 스위치 하우스. © Hayes Davidson and Herzog & De Museum

테이트 모던이 현대 미술을 제대로 이해하지 못하는 사람들의 놀이터로 전락했다는 비판도 있다. 그러나 기존의 엄숙한 미술관에서 누구나 편히 발을 들일 수 있는 미술관의 모델을 보여줬다는 점을 높이 평가하는 사람들이 많다. 칼 하이드(뮤지션)는 "테이트 모던에 딸을 자주 데리고 왔는데, 지금은 아트 스쿨에 다닌다. 노동자 계급이었던 나는 아이들에게 미술관의 마법을 보여주고 싶었다"고 말한다. 저널리스트 에코우 이션은 "테이트 모던은 영국이 현대미술과 사랑에 빠지도록 도와줬다. 미술을 시기가 아니라 테마별로 전시한 것이 신선했다. 영국에 있는 어떤 미술관보다 더 즐겁고 환상적인 탐험을 할 수 있는 곳"이라고 예찬한다. 새 건물 스위치 하우스는 좀 더 평화롭고 조용한 관람자를 위해 '막다른 골목' 같은 전시관도 마련했다.

기존 테이트 모던 7층의 카페 '템스 뷰 바'는 이름처럼 환상적인 템스강 뷰로 유명하다. 새로 생긴 스위치 하우스 10층에서는 테이트 모던의 99m 굴뚝과 함께 밀레니엄 브리지와 건너편 세인트 폴 대성당을 한눈에 볼 수 있다. 최근 스위치 하우스 10층 전망대를 찾은 아티스트 개빈 터크는 "꼭대기 층에 가면 새로운 런던이 펼쳐진다. 미술 작품을 보지 않아도 좋으니, 0층에서 10층까지 곧장 엘리베이터를 타고 올라와 전망을 보라"고 권한다.

100/101

역사상 최고 인기소설 100편 선정한 서점 해처즈
영국에서 가장 오래된 서점의 선택 1위는 《구빈원장》

"지난 200년간 나온 소설 중에서 우리 서점의 고객들이 가장 좋아하는 작품을 선정하기로 했을 때 어떤 작품이 뽑히게 될지는 저희도 몰랐어요. 해처즈 서점이 문을 연 이후로 218년 기간 중에 판매된 소설 중에는 엄청난 소설들이 많았으니까요."

런던에서 가장 오랜 역사를 자랑하는 해처즈 서점^{Hachards}의 매니저 가빈 필그램의 말이다. 2015년 11월, 해처즈 서점은 1797년에 문을 열어 그때까지 판매된 소설 중에서 최고의 소설을 뽑는 행사를 열었다.

해처즈 서점 측이 1차로 선정한 리스트 100편은 픽션과 동화 분야로 나뉜다. 픽션 분야는 총 84편으로 1815년 제인 오스틴의 《엠마》를 비롯해, 샬럿 브론테의 《제인 에어》, 찰스 디킨스의 《두 도시 이야기》 등 최고의 고전들이 꼽혔다. 1980년대 이후 작품으로는 줄리안 반스의 《플로베르의 앵무새》, 이언 매큐

해처즈가 선정한 100편의 소설(PDF 문서)
www.hatchards.co.uk/wp-content/uploads/2015/04/hatchards_favourite_novels.pdf

해처즈(Hachards) 피카딜리 본점
위치 187 Piccadilly, W1J 9LE   **교통** Piccadilly Circus 역, Green Park 역
오픈시간 월~토 09:30~19:00, 일 12:00~18:00   **홈페이지** www.hatchards.co.uk

런던에서 가장 오래된 서점인 해처즈.

언의 《속죄》, P. D. 제임스의 《원죄》 등이 후보작에 올랐다. 영국 작가들의 작품이 많지만, 외국 유명작가들의 소설도 후보에 포함돼 있다. 귀스타브 플로베르의 《마담 보바리》, 레프 톨스토이의 《안나 카레니나》, 표도르 도스토예프스키의 《카라마조프네 형제들》, 알베르 카뮈의 《이방인》, 어니스트 헤밍웨이의 《노인과 바다》, 가르시아 마르케스의 《백년 동안의 고독》 등 그야말로 죽기 전에 꼭 읽어야 할 작품들이다.

소설과 함께 해처즈가 선정한 동화 16편에는 루이스 캐럴의 《이상한 나라의 앨리스》, 루이스 스티븐슨의 《보물섬》, 베아트릭스 포터의 《피터 래빗 이야기》 외에도 《곰돌이 푸》, 《내 이름은 패딩턴》 등 영화와 만화로 제작된 영국의 명작 동화들이 포함돼 있다. 그리고 비교적 최근 동화로 케네스 그레이엄의 《버드나무에 부는 바람》, J. K. 롤링의 《해리 포터》, 마이클 모퍼고의 《굿바이, 찰리 리스풀》도 포함됐다.

해처즈 서점은 고객의 투표결과와 판매량을 합산하여 100편 중에서 최고의 소설을 선정했다. 그 결과 최고 소설의 영예는 런던 출신 작가 앤서니 트롤럽의 《구빈원장 The Warden》에게 돌아갔다. 우리나라에서 앤서니 트롤럽은 샬럿 브론테나 찰스 디킨스에 비하면 무명에 가깝고 그의 대표작 《구빈원장》도 한글로 번역돼 있지 않다. 하지만 그는 영미권에서는 상당히 두터운 팬층을 거느린 작가로, 특히 영국에서는 여러 편의 작품이 BBC에서 드라마로 제작될 정도로 인기가 높다. 런던에서 태어난 앤서니 트롤럽은 젊은 시절 아일랜드와 호주에서 살다가 다시 런던으로 돌아와 생을 마쳤으며 그가 살던 메릴번 몬테규 스퀘어 39번지에는 기념 플라크가 붙어 있다.

앤서니 트롤럽의 작품은 기득권에 대한 냉소와 풍자를 담고 있지만, 작가의 정치적 성향과 작품의 기본 줄거리가 가진 보수성 때문에 동

해처즈에서 고객들이 뽑은 최고의 소설은 앤서니 트롤럽의 《구빈원장》이다.

시대 작가인 제인 오스틴이나 찰스 디킨스에 비하면 학계에서는 거의 무시되어 왔다. 그러다가 최근 들어 빅토리아 시대를 사실적으로 묘사했다는 점에서 재평가받기 시작했다.

"《구빈원장》은 2가지 면에서 해처즈 서점에 잘 맞는 작품이라고 할 수 있어요. 우선 이 작품은 처음 출간된 1855년 이후로 지금까지도 꾸준히 우리 서점에서 팔리고 있는 작품입니다. 하지만 더 중요한 건 뛰어난 작품성이겠지요. 우리 서점에 어울리는 책은 흡인력이 있고 메시지가 있으면서도 재미있어야 합니다."

매니저 가빈 필그램은 선정 결과에 대해 이렇게 밝혔다. 《구빈원장》은 앤서니 트롤럽이 가공의 도시 바체스터를 배경으로 집필한 6권 중 첫 번째 소설이다. 줄거리는 이렇다. 하딩은 바체스터에서 400년 간 명맥을 이어온 히람병원의 구빈원장이다. 하딩은 온화한 성격에 악의를 가진 인물은 아니지만 수십 년간 구빈원장으로 지내면서 지나치게 높은 보수를 챙겨왔다. 하딩의 딸 엘레노어는 외과의사 존 볼드와 사랑에 빠져 결혼을 약속한다. 하지만 사회개혁가를 자처하는

존 볼드는 하딩의 부패를 눈치채고 파헤치기 시작한다. 존 볼드는 구빈원 사람들에게 하딩의 부패를 폭로하고 변호사들과 함께 하딩을 부패 혐의로 고소한다. 하딩은 이에 큰 충격을 받는다. 엘레노어가 연인 볼드에게 아버지의 고소를 취하해달라고 애원하자 볼드는 사랑을 지키기 위해 엘레노어의 부탁을 들어준다. 하지만 이미 이 사건을 파악하고 있던 언론은 하딩의 기사를 보도하고 하딩은 구빈원장 자리에서 물러난다. 사건 이후 구빈원장 자리는 공석이 되고 구빈원 사람들은 더 열악한 환경에서 살아가게 된다는 스토리다.

해처즈 서점을 찾았을 때 안쪽 서가에 해처즈가 선정한 100편의 소설들이 진열돼 있었다. 이 중 《구빈원장》 등은 펭귄 클래식 출판사에서 윌리엄 모리스 디자인으로 제작한 한정판을 판매 중이었다. 윌리엄 모리스는 근대 미술 문화 운동을 이끈 영국 건축가이자 디자이너. 작가, 출판사, 디자이너, 그리고 해처즈라는 공간, 이 네 파트너의 만남에서 보듯 런던은 과거와 현재의 시공간이 자연스럽게 만나고 다시 새로운 문화로 탄생하는 곳이다.

해처즈를 사랑한 유명 작가들
오스카 와일드, 바이런, 그레이엄 그린, 베아트릭스 포터…

해처즈는 런던에서 가장 오랜 역사를 자랑하는 서점이다. 젊은 출판 소매업자였던 존 해처즈가 1797년 피카딜리 187번지에 해처즈를 열었고, 서점은 지금까지 220년 가까이 그 자리를 지키고 있다. 오랜 세월에 걸쳐 문학, 정치, 예술, 사회 분야의 유명인들이 주요 고객이었다. 작가 오스카 와일드는 해처즈의 고정 회원이었다. 해처즈 1층에는 '와일드의 테이블'로 불리는 메인 테이블이 있었는데, 여기에 친필 사인한 와일드의 책들이 쌓여 있었다. 와일드는 어느 날 연인 알프레드 더글러스와 함께 해처즈 서점에 들러서 아리스토텔레스의 《시학》을 사기도 했다. 동성애 혐의로 2년간 실형을 살고 1897년 5월 출소한 와일드가 프랑스로 떠나기 전에 마지막으로 들렀던 곳도 해처즈 서점이었다.

블룸스버리에 살던 버지니아 울프도 이 서점의 단골이었다. 울프는 소설 《댈러웨이 부인》에서 꽃을 사러 가던 댈러웨이가 해처즈 서점을 들여다보며 생각에 잠기는 장면을 묘사한다.

'해처즈 서점의 진열장을 들여다보면서 그녀가 꿈꾼 것은 무엇이었을까? 그녀는 무엇을 되찾으려 했을까? 펼쳐놓은 책의 글귀를 읽으면서 그녀는 시골의 환한 새벽에서 어떤 이미지를 찾으려 했을까?'

런던에서 태어나고 자란 베아트릭스 포터는 해처즈 서점에서 맨 처음 《피터 래빗 이야기》를 팔기 시작한 것을 기뻐했다. 서점 2층의 창가 양쪽 벽과 다른 벽에는 오스카 와일드와 버지니아 울프의 사진과 함께 포터의 일화가 붙어 있다. 《권력과 영광》의 작가 그레이엄 그린은 해처즈 바로 건너편 알바니 저택에 살면서 해처즈에 자주 들렀다. 미남 시인 바이런 경, 《멋진 신세계》의 작가 올더스 헉슬리도 해처즈의 단골이었다.

해처즈 서점은 예나 지금이나 품격 있는 인테리어로 유명하다. 상점이 아니라 마치 빅토리아 시대 스타일의 저택에 있는 서재처럼 실내가 우아하게 꾸며져 있다. 지하 1층, 지상 5층의 공간은 나선형 목재 계단을 따라 앤티크 테이블과 의자가 적절히 배치돼 있으며, 창가에는 가죽 소파가 놓여 있어서 느긋하게 쉬면서 책을 넘겨보기에 좋다. 유서 깊은 원목 책장에 책이 꽂혀 있고 벽에는 서점을 방문했던 유명인들과 옛 서점의 모습을 담은 흑백사진이 붙어 있다. 장르별, 테마별로 책을 진열한 테이블에는 서점 직원들이 손으로 쓴 추천사나 명언이 꽂혀 있고, 예쁜 색깔 띠지를 두른 저자 사인본과 스페셜 에디션이 놓여 있다.

해처즈는 정기구독자 서비스를 하고 있는데, 픽션, 논픽션, 여행서 등 장르별로 일정 액수를 낸 고객에게 서점이 선별한 책들을 보내주는 서비스다. 해처즈는 피카딜리 본점 외에 세인트 판크라스 인터내셔널 역에 서점 1곳을 더 운영하고 있다.

사진 저작권 참고

016p. 로드메이어 쇼 © DavidI Iliff, Wikimedia Commons, CC-BY-SA 3.0
034p. 런던 타워 까마귀 © Colin, Wikimedia Commons, CC BY-SA 4.0
067p. 마담 투소 밀랍 인형 © Karen Roe, Flikr, CC BY 2.0
075p. UCL 전경 © Steve Cadman, Flikr, CC BY-SA 2.0
076p. 제레미 벤담 © MykReeve, Wikimedia Commons, CC BY-SA 3.0
079p. 골목 © Duncan Harris, Flikr, CC BY 2.0
095p. 런던 타워 © Bob Collowan, Wikimedia Commons, CC-BY-SA-4.0
103p. 킹 로보와 뱅크시 그림 © Matt Brown, Flickr, CC BY 2.0
104p. 왼쪽 그림 © paul nine-o, Wikimedia Commons, CC BY 2.0,
　　　오른쪽 그림 © Bob Bob, Wikimedia Commons, CC BY 2.0
119p. 배 젓는 모습 © Tony Harrison, Flickr, CC BY-SA 2.0
121p. 다이아몬드 주빌리 축제 © LA(Phot) Simmo Simpson, MOD (OGL)
133p. 공룡 © Ian Wright, Flickr, CC BY 2.0
138p. 로버트 스콧 동상 © Jonathan Cardy, Wikimedia Commons, CC BY-SA 2.0
167p. 앨런 튜링 조각상 © Jon Callas, Wikimedia Commons, CC BY 2.0
214p. 플라잉 스코츠맨 © Peter Trimming, Flickr, CC BY 2.0
231p. © Katy Blackwood, Wiki Commons, CC BY-SA 4.0
236p. 왕립 음악원 © Philafrenzy, Wiki Commons, CC BY 2.0
259p. 애거서 크리스티 집 © Spudgun67, Wiki Commons, CC BY-SA 4.0
273p. 데이비드 보위 © Adam Bielawski, Wiki Commons, CC BY-SA 3.0
277p. 홍차 세트 © Laika ac, Wiki Commons, CC BY-SA 2.0
317p. 위니 토피어리 © Jeff Kern, Flickr, CC BY 2.0
327p. 데이비드 호크니 그림
　　　Key 2(왼쪽 그림), David Hockney, Dagny Corcoran, 15th, 16th, 17th January 2014, Acrylic on canvas,
　　　121.9 x 91.4 cm © David Hockney Photo credit: Richard Schmidt.
　　　Key 55(오른쪽 그림), David Hockney Barry Humphries, 26th, 27th, 28th March 2015 Acrylic on canvas
　　　121.9 x 91.4 cm © David Hockney Photo credit: Richard Schmidt
378p. 빅 벤 © MOD(OGL)
392p. 스위치 하우스 © Jim Linwood, Wiki Commons, CC BY 2.0

84p, 85p, 95p, 115p, 120p, 137p, 168p, 211p, 262p, 347p, 348p, 357p, 358p, 361p, 363p, 382p의 사진은 모두 퍼블릭 도메인(CC 0)입니다.